جـادونـامـه

جادونامہ

جاوید اختر - ایک سفر

اروند منڈلوئی

ترجمہ

ڈاکٹر طارق قمر

MANJUL

منجُل پبلِشنگ ہاؤس

MANJUL

منجل پبلشنگ ہاؤس

کارپوریٹ اور ادارتی آفس:

- دوسری منزل، اوشا پریت کمپلیکس، ۴۲ مالویہ نگر، بھوپال - ۴۶۲۰۰۳

مارکیٹنگ آفس:

- سی -۱۶، سیکٹر -۳، نوئیڈا، اتر پردیش -۲۰۱۳۰۱

ویب سائٹ:

www.manjulindia.com

تقسیمی مراکز:

احمد آباد، بنگلورو، کوچی، کولکاتا، چینئی، حیدر آباد، ممبئی، نئی دہلی، پونے

یہ اردو ورژن ۲۰۲۵ میں پہلی بار منجل پبلشنگ ہاؤس پرائیویٹ لمیٹڈ کے ذریعے شائع ہوا

978-93-5543-633-7 **ISBN**

کور ڈیزائن: بیشا او برائے

پرنٹنگ و جلد سازی: ریپلیکا پریس پرائیویٹ لمیٹڈ

محترمہ شبانہ اعظمی کی نذر

- اروند منڈلوئی

- ڈاکٹر طارق قمر

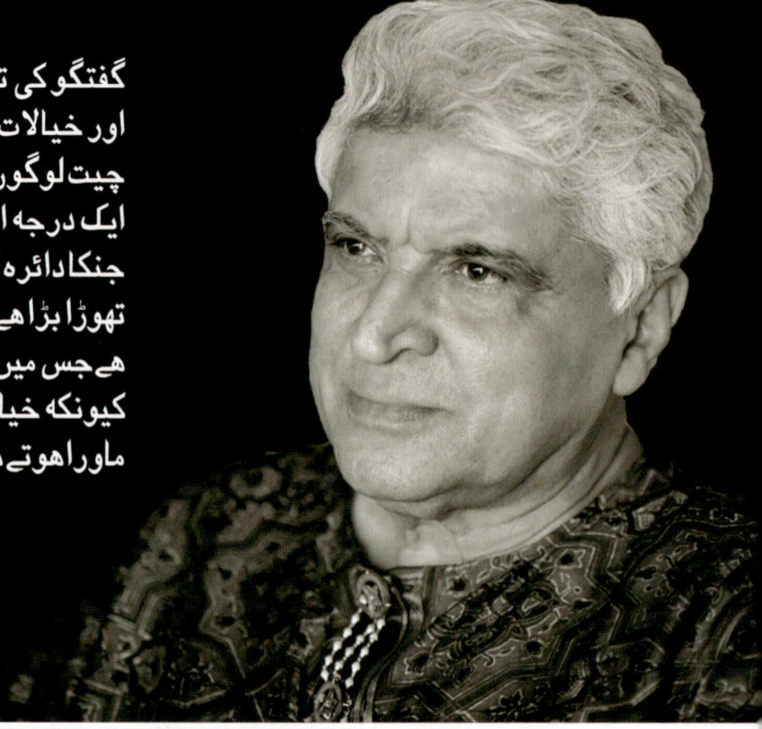

گفتگو کی تین سطحیں ہوتی ہیں - لوگ ، واقعات اور خیالات - اس میں سب سے نچلی سطح کی بات چیت لوگوں کے بارے میں ہوتی ہے، جب ہم اس سے ایک درجہ اوپر آتے ہیں تو واقعات کی سطح آتی ہے جنکا دائرہ لوگوں کے بارے میں بات چیت کرنے سے تھوڑا بڑا ہے - لیکن سب سے کام کی گفتگو وہ ہوتی ہے جس میں ہم خیالات کے بارے میں بات کرتے ہیں کیونکہ خیالات آفاقی ہوتے ہیں اور مقام وجگہ سے ماورا ہوتے ہیں-

- جاوید اختر

لوگ اکثر یہ کہتے ہیں کہ جاوید کی اور میری ارینج میرج ہونی چاہئے تھی کیونکہ ہمارے خاندان ایک طرح کے رہے، ہماری قدریں مشترکہ ہیں، ادب ، آرٹ اور دوسرے فنون میں دلچسپی کے ساتھ ساتھ انسان دوستی، عورت کی عزت واستحکام اور ہندوستان کی گنگا جمنی تہذیب کے احترام پر مبنی جذبے ہمیں ورثے میں ملے ہیں-

- شبانہ اعظمی

فہرست

۱- یہ کتاب آپ کے ہاتھوں میں کیوں ہے۔ ۱۰
۲- نام جادو ۲۰
۳- ۱۸۵۷ء کی جنگِ آزادی ۲۲
۴- دادا مضطر خیر آبادی ۲۷
۵- ...اور ان کا خرمن ۲۸
۶- بچپن، کرکٹ اور امیر بننے کا خواب ۲۹
۷- میرے لئے تمہارا جادو ہی بہت ہے ۳۴
۸- شاعری سے میرا پیدائشی رشتہ ۳۶
۹- ماں کی کمی کا لڑکپن میں احساس ۴۰
۱۰- مجاز اور آوارگی کا حسن ۴۲
۱۱- مجاہدِ آزادی انصار ہروانی ۴۴
۱۲- کورس کی کتابوں میں دل نہیں لگا ۴۶
۱۳- میری زندگی کا پہلا اور آخری ۴۸
۱۴- جاوید اختر کے جو سال علی گڑھ میں گزرے ۵۰
۱۵- کالج کمپاؤنڈ کا وہ کمرہ ۵۵
۱۶- مشتاق سنگھ کا کڑا ۵۸
۱۷- جنت مزدوروں کے پسینے میں چھپی ہے ۶۰
۱۸- ۴ر اکتوبر ۱۹۶۴ء ۶۶
۱۹- زندگی، جدوجہد اور جگدیش ۶۸
۲۰- فلم والوں کی زبان میں ۷۰
۲۱- جاوید نے کہا تھا کہ میں ۷۲
۲۲- سلیم صاحب سے ملاقات ۷۶
۲۳- ہمیں یقین تھا کہ... .... ۷۸
۲۴- اگر آپ میرے فلم کیریئر میں ۸۰
۲۵- اسکرین پلے کا کمال ۸۲
۲۶- خواتین (نسوانی) کرداروں میں تبدیلی ۸۴
۲۷- سیتا اور گیتا کے سیٹ پر ۸۶
۲۸- اگر میں سمجھدار آدمی ہوتا ۸۸
۲۹- فلمی پوسٹر پر نام ۹۷
۳۰- مدر انڈیا کے 'برجو' سے متاثر تھا ۹۸
۳۱- ذہین آنکھوں والے جادو میاں ۱۰۰
۳۲- ہم قریبی دوست رہے ہیں ۱۰۲
۳۳- ہماری ملاقات 'آنند' کے سیٹ پر ۱۰۴
۳۴- جن تین چار فلموں میں امیتابھ بچّن ۱۰۶
۳۵- گبّر خود اپنے الفاظ تراشتا رہا ۱۰۸
۳۶- جاوید اختر کا انفرادی تعاون ۱۱۰

۳۷-دو آدمی تھے جنہوں نے کہا ۱۱۲
۳۸- نہار سنگھ سے متاثر تھا سورما بھوپالی ۱۱۳
۳۹-شعلے ۱۹۷۵ء سے ۱۹۸۰ء تک لگاتار ۱۱۴
۴۰-تمہارا نام کیا ہے بسنتی ۱۱۶
۴۱-ضروری ہے کہ آپ کے پاس ۱۱۸
۴۲-فلم کی کامیابی کا راز ۱۲۰
۴۳-شہری جرائم پر مبنی فلمیں ۱۲۲
۴۴-وہ پُل کہیں ٹوٹ گیا تھا ۱۲۴
۴۵-ان کے قول و عمل میں کبھی ۱۲۶
۴۶-کیفی اور میں ۱۲۸
۴۷-ہم ایک ہی ماحول میں ۱۳۱
۴۸-میں سمجھتا ہوں کہ جو ادھورا پن ۱۳۲
۴۹-جاوید کو اپنی آپ بیتی ۱۳۳
۵۰-ہم بایولوجیکل نہیں ۱۳۹
۵۱-ڈیڈی کی میموری (یادداشت) ۱۴۰
۵۲-اگر جاوید سیاسی پس منظر ۱۴۲
۵۳-ابّا کچھ فرمائش کرتے ۱۴۳
۵۴-ایک وقت تھا جب ہندوستان ۱۴۴
۵۵-میری زندگی کا پہلا گانا ۱۴۶
۵۶-میں ان کی شاعری کا فین ہوں ۱۴۸
۵۷-ایچ ایم وی کی تاریخ میں ۱۵۰
۵۸-دلیپ صاحب کا نام ۱۵۳
۵۹-اخلاقیات پر سوالیہ نشان ۱۵۴
۶۰-وہ میرے دوست ہی نہیں میرے گرو دوست ہیں. ۱۵۶
۶۱-ہندی اسکرین پر نیا تھا ارجن ۱۶۰
۶۲-کشور کمار کی آواز میں ایسا جادو تھا ۱۶۴
۶۳-اور شری دیوی بن گئیں ہوا ہوائی گرل ۱۶۸
۶۴-میں جاوید صاحب کو اپنا گرو ۱۶۹
۶۵-ایک دو تین لکھ کر ۱۷۲
۶۶-جاوید صاحب اس کتاب کی طرح ہیں ۱۷۳
۶۷-اردو میں کرشن جی پر جتنی شاعری ہوئی ہے ۱۸۰
۶۸-ایک لڑکی کو دیکھا تو ایسا لگا ۱۸۲
۶۹-کئی حوالوں سے جاوید صاحب کی تحریریں ۱۸۶
۷۰-تاریخ میں نام یوں ہی نہیں لکھے جاتے ۱۹۰
۷۱-جاوید صاحب نغمے کو ایک الگ ہی سطح ۱۹۲
۷۲-وہ ہمیشہ دو، تین یا چار ۱۹۶
۷۳-جاوید اختر کے ساتھ کام کرنے ۲۰۰
۷۴-برسوں بعد ویر زارا میں ۲۰۵
۷۵-جاوید انکل کا گھر ایک طرح سے ۲۱۰
۷۶-نریٹو (بیانیہ) میں گیتوں کا بھرپور ۲۱۱
۷۷-لارجر دین لائف، فلمیں دیکھنا ۲۱۴
۷۸-زویا اور فرحان کی اپنی آواز ہے ۲۱۶
۷۹-میرے (فادر) والد نے مجھے کبھی ۲۳۰
۸۰-جن سے بھی میں ملتا ہوں وہ ہمیشہ مجھ سے ۲۴۰
۸۱-وہ مجھے جاوید نہیں نوجوان کہتے تھے ۲۴۳
۸۲-سُروں کا سمندر ۲۴۵

۸۳-جادوئی آواز ۲۴۹
۸۴-باصلاحیت گلوکار (سنگر) ۲۵۱
۸۵-جاوید صاحب میرے لئے فادر فگر ۲۵۲
۸۶-پرانے گانے جیسے تھے انہیں ۲۵۵
۸۷-سنیما میں برسوں سے کوئی بڑا ۲۵۶
۸۸-ہندوستانیوں کی جو فلمی موسیقی ہے ۲۵۸
۸۹-ہندی فلموں کے نغمے اور موسیقی ۲۶۰
۹۰-کلاسکس لیجنڈز: ہندی سنیما ۲۶۱
۹۱-ٹاٹا اسکائی- جاوید اختر ایکٹو ۲۶۲
۹۲-فیس آف- دوردرشن پر ۲۶۸
۹۳-آپ اعلیٰ تعلیم کی طرف ۲۷۴
۹۴-جاوید کو آج کا غالب کہہ دیں تو ۲۸۰
۹۵-کاش یہ گانا میں نے لکھا ہوتا ۲۸۲
۹۶-ہر دومنٹ کے بعد کچھ نہ کچھ ۲۸۴
۹۷-انعام و اعزاز ۲۸۶
۹۸-جہاں سوال کرنے کی اجازت نہیں ۲۸۷
۹۹-مارکیٹنگ اسٹرانگ ہو جائے تو ۲۹۳
۱۰۰-اگر جاوید صاحب رائٹر ۲۹۸
۱۰۱-یہ برسوں بعد ہوا ہے کہ ایک ۳۰۱
۱۰۲-بھارت ماتا کی جئے کہنا میرا ۳۰۴
۱۰۳-کیا ہم اپنی بنیادی حقیقت ۳۰۸
۱۰۴-دس سے پندرہ برس کی عمر میں ۳۱۴
۱۰۵-فیض صاحب سے ایک تشنگی ملاقات ۳۲۸
۱۰۶-اور میں نے زندگی چُنی ۳۲۹
۱۰۷-کرشن، گوتم، کبیر اور ۳۳۰
۱۰۸-گھٹّی میں جو چیز ملتی ہے ۳۳۵
۱۰۹-بچّوں پر مذہب نہیں تھوپنا ۳۳۷
۱۱۰-غالب صرف ہندوستان میں ہی ۳۴۰
۱۱۱-ہندوستان کی تحریکِ آزادی میں ۳۴۲
۱۱۲-زبان کو پیار کرنے کا نظریہ ۳۴۴
۱۱۳-اگر نظامِ انصاف اور تعلیمی نظام ۳۴۵
۱۱۴-لفظوں کی عزت کیجیے ۳۴۶
۱۱۵-نغمہ نگاری اور شاعری میں فرق ۳۴۸
۱۱۶-جو تلسی داس کے ساتھ ہُوا ۳۵۰
۱۱۷-فلموں میں آنا سوچا سمجھا قدم تھا ۳۵۱
۱۱۸-سب سے پہلے مجھے کرشن چندر نے ۳۵۳
۱۱۹-گیت لکھنا ہے تو یاد رکھئے ۳۵۴
۱۲۰-فرہنگ زبان ہے، ہی نہیں ۳۵۶
۱۲۱-آرٹ آپ کے اِموشن (جذبات) ہیں ۳۵۷
۱۲۲-ہماری تہذیب ایک مہا ساگر ہے ۳۵۸
۱۲۳-جہاں آپ پہنچ گئے ہیں وہاں منزل ۳۶۰
۱۲۴-ہم ہندوستانیوں میں یہ خوبی ۳۶۶
۱۲۵-سچ یہ ہے کہ سماج فلموں ۳۶۷
۱۲۶-زندگی کا بھی ایک کرافٹ ہے ۳۶۸
۱۲۷-میں تہواروں کو اپنی تہذیب اور روایت ۳۷۰
۱۲۸-مکمل قومی یکجہتی ۳۷۴

۱

یہ کتاب
آپ کے ہاتھوں
میں کیوں ہے

میری اس مختصر کہانی کے ساتھ سفر کرتے ہوئے جب آپ
جاوید اختر صاحب کی زندگی میں جھانکیں گے اور ان کے
ماضی سے روبہ رو ہوں گے تو آپ کو اس کہانی سے ملتے
جلتے کچھ عکس وہاں بھی نظر آئیں گے۔

-اروند منڈلوئی

اس پیش لفظ کی شروعات میں، اپنا رسمی تعارف آپ سے کراتا چلوں جسے پڑھ کر آپ سمجھ پائیں گے کہ یہ کتاب آپ کے ہاتھوں میں کیوں ہے۔ کچھ صدی پہلے خانہ بدوشی کے شکار میرے بزرگ، مدھیہ پردیش میں دھار کے قریب واقع امجھیرا گاؤں پہنچے اور وہیں آباد ہو گئے۔ مذہبی اسباب اپنی جگہ لیکن اس گاؤں کی پہچان اس لئے بھی ہے کہ ۱۸۵۷ سے قبل ملک کی آزادی کی جدوجہد میں یہاں کے راجہ رانا بختاور نے حب الوطنی اور شجاعت کا مظاہرہ کرتے ہوئے انگریزوں کی بڑی فوجی چھاؤنی ریسی ڈنسی کوٹھی اندور پر حملہ کر دیا تھا اور نتیجے میں انہیں گرفتاری کے بعد پیڑ سے لٹکا کر سرِ عام پھانسی دیدی گئی تھی رانا بختاور سنگھ کے ساتھ ہی ہمارے خاندانی بزرگ سلوک راؤ منڈلوئی کو بھی پھانسی دیدی گئی تھی، اس معرکے کے بعد امجھیرا سمیت آس پاس کے سات گانووں کا علاقہ گوالیار مہاراج کی حکومت کے تحت آ گیا تھا اور جاگیرداری انہیں مل گئی تھی۔

یہ جاگیرداری آزادی کے بعد ۱۹۵۰ میں جاگیرداری ابولیشن ایکٹ آنے تک قائم رہی، ایکٹ لاگو ہونے کے بعد ملے معاوضے کے ایک حصّے دار میرے دادا بھی تھے مگران کی مٹھی میں بھری مال وزر کی ریت کب پھسل گئی اور وہ کیسے تہی دست ہو گئے پتہ نہیں چلا۔ میرے دادا سرکاری اسکول میں ماسٹر ہو گئے، کم تنخواہ میں آٹھ بچوں کی پرورش وکفالت کس طرح ہوئی ہوگی اس کا اندازہ آپ بخوبی لگا سکتے ہیں۔ معیاری اور اچھی تعلیم کی تو بات ہی کیا زندگی کی بنیادی ضروریات بھی ٹھیک سے پوری نہ ہو سکیں، میرے والد بھائی بہنوں میں سب سے بڑے تھے اور بس یہی منصب مجھے بھی ورثے میں ملا۔ بچپن نے ہی مجھے زندگی کی تلخ حقیقتوں اور اپنے کھردرے پن سے روبہ رو کرا دیا، شعوری منزلوں کی طرف قدم بڑھنے ہی شروع ہوئے تھے کہ نیند وخواب دونوں روٹھ گئے بنیادی سبب یہ تھا کہ فاقوں نے روز کا آنا جانا چھوڑ کر گھر میں ہی ڈیرا ڈال دیا تھا اور میری کفالت کی ذمہ داری ہی بھکمری اور فاقہ کشی نے لے لی تھی۔

جو زندگی بنیادی ضرورتوں سے ہی محروم ہو اس میں حصول تعلیم کا تصور بھی محال ہے۔ جہاں تک بغیر فیس جمع کئے تعلیم حاصل کی جا سکتی تھی وہاں تک یہ میسر رہی۔ یہ سب لکھنے کا مقصد صرف یہ ہے کہ آپ اس غلط فہمی میں نہ رہیں کہ یہ کتاب میرے علم کا خزانہ ہے۔ اس کہانی کے ساتھ ساتھ جب آپ جاوید اختر صاحب کی زندگی میں جھانکیں گے تو اسی انداز کی کہانی کے کچھ عکس آپ کو وہاں بھی ملیں گے شاید یہی ایک بڑا سبب ہے کہ یہ کتاب آپ کے ہاتھوں میں ہے، زندگی کی کہانی کی یہ یکسانیت ہی ہمارے بیچ ایک رشتہ بناتی ہے۔

لفظوں کی گونج نے مجھے ہمیشہ ہمت وحوصلہ عطا کیا، قدیم

روایتوں میں لفظ و آواز کو ایک واہمہ بھی تصور کیا گیا ہے، ہاں وہ ایک قسم کی مثبت توانائی ہے جو آپ کو جدوجہد کرنے کا حوصلہ دیتے ہوئے زندگی کو بہتری کی طرف لے جاتی ہے۔ لاکھوں کروڑوں لوگوں کی طرح جاوید صاحب سے میری پہلی ملاقات بھی لفظوں 'ترکش' کے وسیلے سے ہی ہوئی تھی ترکش کا پہلا ایڈیشن آنے کے کتنے دن بعد میں نے یہ کتاب پڑھی یہ تو مجھے یاد نہیں لیکن یہ یاد ہے کہ اسے پڑھنے کے بعد مجھے یہ لگا کہ یہ تو میری ہی کہانی ہے۔ جاوید اختر کی زندگی کسی میدانی علاقے میں بہتی ہوئی ندی کی کہانی نہیں ہے بلکہ اونچائی سے گرتے ہوئے اس جھرنے کی داستان ہے جو پہاڑ سے میدان پر آ کر کنڈ بناتا ہے، کنڈ سے ندی کی تشکیل ہوتی ہے اور پھر اس کی دھارائیں کئی ندیوں کو اپنے ساتھ ملا کر سمندر میں جا ملتی ہیں۔ یہ کہانی ایک ایسے شخص کی کہانی ہے جسنے وقت کو اپنے ہاتھوں میں تھام کر ایک سانچہ بنایا جدوجہد اور محنت و مشقت کی بھٹی میں خود کو پگھلایا اور اپنے وجود کو سانچے میں ڈھال کر خود کو کامیابی کی ضمانت بنا ڈالا۔ کہاوت ہے کہ 'پوت کے پاؤں پالنے میں ہی نظر آ جاتے ہیں' ان کی ماں صفیہ اختر کے خطوط میں جاوید اختر کا ذکر آپ کو یہ احساس کرائے گا کہ انہوں نے اپنے تجربوں سے ان کی ذہانت کو پہلے ہی پڑھ لیا تھا۔

جاوید صاحب کی زندگی کی داستان کسی گھسی پٹی لیک پر نہیں چلتی، اسے پامال رستوں کا سفر اچھا ہی نہیں لگتا، انسانیت کی اعلیٰ قدروں کے ساتھ وہ سمندر میں رواں دواں اس جہاز کی طرح ہیں جس نے وقت کی کئی بندرگاہوں پر اپنا لنگر ڈالا۔ ان کے بچپن کے دن دیکھیں اور پھر ان کے ہوش سنبھالنے اور جوانی کے دنوں کا تجزیہ کریں، ان کی فلموں میں آمد اور ان کی شاعری پر نظر دوڑائیں، ایک نغمہ نگار کی حیثیت سے انہیں دیکھیں تو آپ یہ محسوس کریں گے کہ جہاز نے الگ الگ وقت پر الگ الگ بندرگاہوں پر لنگر ڈالا ہے مگر کسی بھی جگہ پر رکتے وقت اسنے اپنے

> انسانیت کی اعلیٰ قدروں کے ساتھ وہ سمندر میں رواں دواں اس جہاز کی طرح ہیں جس نے وقت کی کئی بندرگاہوں پر لنگر ڈالے ہیں

سفر کے مکمل ہونے کا اعلان نہیں کیا ہے، یہ جہاز ابھی بھی سفر میں ہے۔

سلیم جاوید کی کامیاب جوڑی نے اپنے کام کو آفاقی بنا کر یہ ثابت کر دیا کہ کامیاب فلموں کی ضمانت اسکرپٹ اور مکالمے بھی ہو سکتے ہیں، لوک کہاوت بن چکے وہ سارے ڈائلاگ صرف جاوید اختر ہی لکھ سکتے تھے۔ کمال یہ ہے کہ بیشتر ڈائلاگ تین پیڑھیوں کو زبانی یاد ہیں۔ اور آج بھی روزمرہ کی بات چیت میں لوگ ان سے محظوظ ہوتے رہتے ہیں۔

کچھ کمال کے ہنر جاوید اختر کو وراثت میں ملے ہیں اور کچھ انہوں نے حاصل کئے ہیں۔ ان کی یادداشت کا تو یہ عالم ہے کہ معروف قلم کار راہی معصوم رضا نے لکھا ہے کہ میں نے اپنی زندگی میں کمال کی یادداشت رکھنے والے دو ہی لوگ دیکھے ہیں ایک علی سردار جعفری اور دوسرے جاوید اختر جنہیں مختلف موضوعات پر الگ الگ شاعروں کے ہزاروں شعر یاد ہیں۔

بھوپال قیام کے دوران جاوید اختر کو ان کی زندگی نے وہ سب تلخیاں اور صعوبتیں دیں جو وہ دے سکتی تھی۔ مگر بھوک اور بے گھری کی حالت میں بھی جاوید اختر نے یہی اعلان کیا تھا کہ میں زندگی اپنی شرطوں پر ہی جیوں گا۔ کمال یہ ہے کہ یہاں سے بھی وہ اپنے لئے بہت سے دوست اور بے شمار خوشنما یادیں اپنے ساتھ لے گئے، ان خراب اور اذیّت ناک حالات میں بھی وہ ملحد (ناستک) تھے اور آج بھی ملحد ہیں۔ بھوپال میں کالج کے دنوں میں ان کے ذریعے کی گئی تقریر مذہبی دکھاوے کے خلاف خدا کے وجود پر سوال اٹھاتی ہے، زندگی کے اس کامیاب سفر کے بعد جب وہ 'انڈیا ٹوڈے کانکلیو' میں اپنی بات رکھتے ہیں تب بھی انکی پہلی تقریر کی چھاپ صاف دکھائی دیتی ہے۔ اپنے خیالات کو اتنی

مضبوطی کے ساتھ رکھنے والی دوسری مثال آپ کو مشکل سے ہی ملے گی۔ بھوپال اور اس شہر کی مہک ہمیشہ ان کے ساتھ سفر کرتی ہے، زخموں اور کانٹوں کے بیچ زندگی کے حسین پھول کھلا لینا اور ان کی مہک کو محسوس کرتے رہنا یہ ہنر صرف انہی کے پاس ہے۔ خالص بھوپالی لفظوں کا بول چال میں استعمال کرنا اس بات کو ظاہر کرتا ہے کہ بھوپال آج بھی ان کے ساتھ سفر کر رہا ہے، ان کی شاعری کے دونوں مجموعے 'ترکش' اور 'لاوا' زندگی سے ہماری گفتگو کو آسان کرتے ہیں مگر زندگی سے مکالمہ کرتی یہ کتابیں کسی بھی قسم کی جذباتی و مذہبی تبلیغ سے ماورا ہیں۔

انسانیت پر مبنی ان کے جذباتی رنگوں کو میں نے اپنے تجربے کی آنکھوں سے دیکھا ہے اور ان کا گواہ بھی رہا ہوں، چالیس پینتالیس سال تک گھریلو کام کاج کرنے والا رامو صرف ایک 'میڈ' نہیں بلکہ ڈرائیور بھی تھا منیجر بھی اور کیشئر بھی جس کی حیثیت جاوید اختر کے گھر میں ایک خاندانی فرد کی تھی۔ رامو کے رٹائر ہونے کے بعد اس کی دیکھ ریکھ بھی بالکل ایسے ہی ہوئی جیسے گھر کے ایک فرد کی ہوتی ہے۔ رامو کاکا کی خواہش تھی کہ زندگی کے آخری برس وہ اپنے گاؤں میں ہی گزاریں، کچھ بیمار تھے، بیٹا لینے آچکا تھا، اس دوران میں بھی کسی کام کے سلسلے میں جاوید صاحب کے ساتھ تھا، رندھے ہوئے گلے سے انہوں نے کہا تھا کہ شاید اس سے یہ میری آخری ملاقات ہو، پھر کسی کام سے جاوید صاحب اور شبانہ جی کو جانا تھا، میں ڈرائنگ روم میں ان کی آمد کا انتظار کر رہا تھا اتنے میں شبانہ جی ڈرائنگ روم میں داخل ہوئیں ،انہوں نے بتایا کہ جاوید صاحب اپنے روم میں پھوٹ پھوٹ کر رو رہے ہیں، میں نیچے گیا تو دیکھا کہ ان کے آنسو تو تھم گئے ہیں لیکن آنکھیں لال ہیں۔ میں نے کہا، جاوید صاحب یہ کیا؟۔۔ کہنے لگے میری آنکھیں خون رو رہی ہیں۔ حالات پر یوں رو لینا اور یوں مسکرا دینا یہ کیفیت سب کو میسر نہیں آتی سب کو یہ درد کہاں نصیب ہوتا ہے، کوئی کمال ہے جسنے انہیں یہ احساس عطا کیا ہے۔

ایک بار ہم لوگ بھوپال میں کسی کے گھر لنچ پر جا رہے تھے۔ جاوید صاحب کی پہلی بیوی محترمہ ہنی ایرانی کا فون ان کے فون پر آیا اور اچانک ان کے موبائل کا نیٹ ورک چلا گیا، انہوں نے میرے فون سے ہنی جی کو فون ملایا تو ہنی جی نے کہا۔۔ جادو،

جاوید اختر، امیتابھ بچن اور سلیم خان

جاوید اختر اور شبانہ اعظمی

خود کے لئے کوئی کسوٹی طے کرنا اور پھر
اس پر کھرے اترنا، اس جذبے کے تو
نرالے رنگ ہیں ان کی شخصیت میں۔

مجھے وہ فلاں آنکھ کے ڈاکٹر کا نمبر چاہئے میری آنکھوں میں بڑی تکلیف ہے۔' جاوید صاحب نے کہا نمبر تو میں تمہیں بھیج دونگا پر تم آنکھوں کے ڈاکٹر کے پاس جاکر کیا کروگی، آنکھوں سے جتنا کام تم لے سکتی تھیں لے چکیں'۔ ایک عورت جو کبھی آپ کی بیوی اور محبوبہ رہی ہو اس کے ساتھ بنا کڑواہٹ کے دوستی کا ایسا رشتہ رکھنا اور نبھانا حیرت انگیز ہے، ایسی مثالیں کم ہی ملتی ہیں۔ فون کٹتے ہی میں نے جاوید صاحب کی طرف سوالیہ نظروں سے دیکھتے ہوئے کہا کہ یہ کیسے ممکن ہے؟

تو انہوں نے جواب دیا کہ آپ زندگی میں کسی کے بھی ساتھ بنا کڑواہٹ کے اس انسان سے کوئی توقع رکھے بغیر اچھا کرتے چلے جایئے ایک دن آپ کے لئے یہ ممکن ہو جائے گا۔ جاوید صاحب اور شبانہ جی کی جو دوستی ہے وہ بھی شادی سے پہلے کی ہے اب یہ ظاہر ہے کہ ان کی شادی بھی ان کی دوستی کا کچھ نہیں بگاڑ پائی، خواتین کے لئے عزت و احترام کے جذبے رکھنا صرف جاوید صاحب کی بول چال، ان کی گفتگو یا ان کی فلموں کے نسائی کرداروں تک ہی محدود نہیں ہے بلکہ اہم بات یہ ہے کہ اپنی زندگی میں دخل رکھنے والی ہر عورت کو انہوں نے وہ ہی درجہ دیا ہے جس کی وہ حق دار ہے۔ مشہور افسانہ نگار کرشن چندر کے گھر ممبئی میں جاوید صاحب اکثر آیا جایا کرتے تھے اور اپنی جدوجہد کے دنوں میں ان کی شامیں وہیں گزرا کرتی تھیں کرشن چندر کی بیوی سلمہ صدیقی نے اپنے یہاں پیئنگ گیسٹ کے بطور رہ رہی سلطانہ جی سے جاوید صاحب کا تعارف کروایا تھا، وہ رشتہ آج تک قائم ہے، جاوید صاحب جب بھی کسی سے تعارف کرواتے ہیں تو یہ بتانا نہیں بھولتے کہ سلطانہ جی ان کی زندگی میں چھوٹے بھائی کی حیثیت رکھتی ہیں اور وہ خود سلطانہ جی کی بڑی بہن ہیں۔

ذرا سوچیے کہ آپ اپنی زندگی میں ایسے کتنے لوگوں سے ملے ہیں جنہوں نے اپنی زندگی میں ایک عورت کو یہ مقام دیا ہو۔ وہ عورت کے جذبات کے توانا اور حساس ہونے کے پہلو کا نہ صرف اعتراف کرتے ہیں بلکہ عوامی سطح پر اس کے اظہار میں بھی انہیں کوئی تکلف کوئی ہچکچاہٹ نہیں ہوتی۔ جدوجہد اور بھکمری کے حالات میں بھی انہوں نے اپنی غیرت اور انا سے کبھی سمجھوتہ نہیں کیا، لوگوں کے بارے میں اپنی صاف رائے بنالینا اور اس پر قائم رہنے کا ایک واقعہ ان کے دوست اور کوی شری سوریہ بھانو گپت نے سنایا تھا جو اس کتاب میں ان کے انٹرویو کا بھی حصہ ہے۔ جاوید صاحب نے شدید بھوک کے عالم میں بھی کسی دوسرے شخص کے اکاؤنٹ میں کھانا کھانے سے صرف اس لئے انکار کر دیا تھا کہ اس شخص کے بارے میں جاوید صاحب کی رائے اچھی نہیں تھی۔ سوریہ بھانو گپت جس شخص کے اکاؤنٹ میں کھانا کھا رہے تھے اس کے بارے میں جاوید صاحب کی رائے یہ تھی کہ وہ اچھا آدمی نہیں ہے، گپت جی کے بار بار گزارش کرنے اور یہ واضح

کرنے پر بھی کہ میں یہ کھانا ان کے اکاؤنٹ میں کھاتو رہا ہوں لیکن مفت میں نہیں میں ان کا حساب کردونگا پر جاوید صاحب اپنی رائے اور نظریے پر قائم رہتے ہوئے بھوکے ہی لوٹ آئے۔

ان کے فلم رائٹنگ کے اہم ساتھی سلیم خان سے وہ ملے بھی اور جدا بھی ہوئے۔اس جوڑی نے اپنے کام کے ذریعے وقت کی دیوار پر کامیابی کی جو عبارت لکھی ہے اسے لوگ پڑھ کر حیرت زدہ ہوجاتے ہیں مگر یہ راز آج تک راز بنا ہوا ہے کہ یہ جوڑی ٹوٹی کیوں؟ جاوید صاحب نے کبھی نہ تو ذاتی طور پر نہ عوامی سطح پر اس کا اظہار کیا کہ اس کے ٹوٹنے کی کیا وجہ رہی۔ بلکہ جب جب اچھے کام کی تعریف ہوئی تو ہمیشہ انہوں نے یہی کہا کہ سلیم صاحب کیے بغیر یہ کامیابی ناممکن تھی۔ پیشے ور جوڑیاں ہر پیشے میں بنتی اور ٹوٹتی ہیں اور ٹوٹنے کے بعد اکثر ان رشتوں میں آئی ہوئی کڑواہٹ اور کھٹاس کے سبب ٹوٹے ہوئے رشتوں سے ایک عجیب قسم کی بو آنے لگتی ہے اور وہ فاصلوں کو مزید بڑھا دیتی ہے، مگر اپنے کردار کو قائم رکھتے ہوئے انہوں نے اس جوڑی کے ٹوٹ جانے کے باوجود اب تک اس رشتے کو رسوا ہونے سے بچائے رکھا ہے۔

ایک جانے مانے شاعر کو تو یہ کہہ کر انہوں نے نغمہ نگاری کے موقعے دلوائے کہ اس سچویشن پر وہ مجھ سے بہتر لکھیں گے، یوں مدد کردینا اور آہستہ سے گم ہوجانا ان کی شخصیت کا ہی کمال ہے، جن پر انہوں نے احسان کئے ہوں اور اگر ایسے لوگوں کا ذکر آجائے تو جاوید صاحب ایک لائن میں بات ختم کردیتے ہیں کہ 'وہ بڑے ہنرمند

لوگ تھے اگر میں ان کے لئے کوشش نہ بھی کرتا تو بھی وہ اتنے ہی کامیاب ہوتے' ۔ کامیابی کے اتنے اونچے مقام پر کھڑے کئی دوسرے لوگوں کو میں ذاتی طور پر جانتا ہوں اور ان کے ذریعے لوگوں پر کئے ہوئے احسانوں کے قصے اکثر ان کی محفلوں کا ایک ضروری حصہ ہوتے ہیں، کبھی کبھی تو کئی قصے ذلت اور رسوائی کی حدیں بھی پار کر جاتے ہیں ،لیکن ایسے معاملوں میں جاوید صاحب کا مثبت اظہار اور معنی خیز خاموشی ان کی شخصیت کے ایک الگ رنگ کو ظاہر کرتی ہے اور یہ ایسا رنگ ہے جو قدرت کسی کسی کو ہی عطا کرتی ہے۔

خود کے لئے کسوٹی طے کرنا اور اس پر کھرے اترنا جاوید صاحب کی شخصیت کا نمایاں اور روشن پہلو ہے۔ اپنی پریشانی اور بے روزگاری کے دنوں میں مینا کماری کی 'فلم فیر ایوارڈ' کی ٹرافی کو ہاتھ میں لے کر یہ طے کرنا، کہ جب یہ ٹرافی مجھے ملے گی تب میں کس طرح لوگوں کا شکریہ ادا کرونگا، خود پر اتنا یقین یہ صرف ان کے ہی جگر کا کام ہے۔ گیت کار سنگیت کار کی رایلٹی کا قانون' ۔ جاوید صاحب کی کہانی کو گہرائی سے جاننے پر کبھی کبھی ایسا محسوس ہوتا ہے کہ اس آدمی کی زندگی میں ہر چیز کے لئے ٹائمنگ کتنی پرفیکٹ تھی۔ اس امر کو کچھ یوں سمجھتے ہیں کہ ان کی غیر معمولی یادداشت اور حافظے کے کمال سے راہی معصوم رضا ہی متاثر نہیں ہوئے، ان کے نانا کو بھی اس کا احساس رہا ہوگا۔ جاوید صاحب کا کہنا ہے کہ انہوں نے اپنے تمام خاندان میں صرف اپنے نانا نانی کو پنج وقتہ نمازی دیکھا ہے، وہ بتاتے ہیں کہ ان کی نانی جو اپنے زمیندار باپ کی اکلوتی

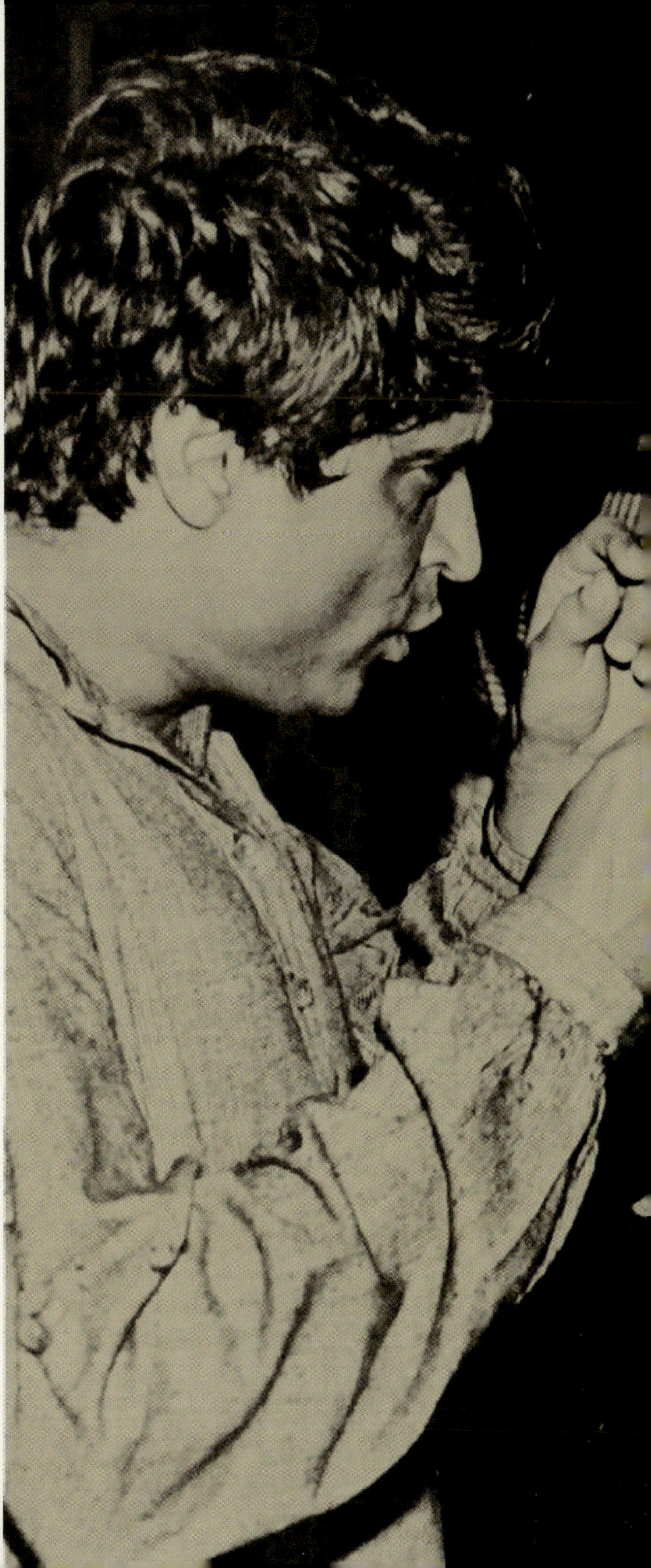

دیو آنند اور جاوید اختر

بیٹی تھیں لکھنے پڑھنے سے مکمل طور پر نابلد تھیں اپنے دستخط تک نہیں کرسکتی تھیں، ان کے والد کا کہنا تھا کہ میں اپنی بیٹی پر تعلیم کا بوجھ کیوں ڈالوں اسے کون سی نوکری کرنی ہے ۔لیکن اس کے باوجود وہ ایک انتہائی ذہین خاتون تھیں، میں نے جب انہیں دیکھا تو وہ انتہائی ضعیف، نحیف ونزار ہوچکی تھیں لیکن ہر حال میں پابندِ صوم وصلوٰۃ تھیں۔ تیمّم کیا ہوتا ہے یہ میں نے بچپن میں اپنی نانی کی وجہ سے ہی جانا تھا۔لکھنؤ کی شدید سردی میں جب وہ بیمار ہوتی تھیں تو بستر پر تیمم کرکے لیٹے لیٹے نماز ادا کرتی تھیں مگر نماز کبھی قضا نہیں کرتی تھیں۔ اپنی نانی سے وابستہ ایک واقعہ مجھے یاد ہے جس کی اہمیت کا احساس اُس وقت تو مجھے نہیں ہوا تھا مگر اب سوچتا ہوں تو واقعی ششدر رہ جاتا ہوں۔ ہوا یوں، میری عمر آٹھ برس رہی ہوگی میرے نانا نے مجھے قرآن کی ایک آیت دی اور کہا کہ اگر یہ ازبر کرلو تو میں تمہیں اٹھنّی دونگا۔ میں نے اٹھنّی دو دن میں کمالی۔ چند روز بعد میرے نانا مجھے پھر ایک آیت یاد کرنے کو دے رہے تھے لیکن میری پنج وقتہ نمازی نانی ان پر بگڑ گئیں اور انہوں نے کہا کہ تم اپنی مرحوم بیٹی کے خیالات و عقائد اچھی طرح جانتے ہو آج اگر وہ زندہ ہوتی اور یہ بچہ اس کے پاس ہوتا تو کیا وہ اس کو یہ سکھاتی، آج اس کا کمیونسٹ باپ انڈر گراؤنڈ ہے اس لئے یہ یتیم بچہ ہمارے گھر میں پل رہا ہے، اگر یہ اپنے باپ کے ساتھ رہتا تو کیا اس کا باپ اسے یہ سکھاتا۔ یہ یتیم بچہ ہمارے گھر میں ہے اس سے ہمیں یہ حق نہیں ملتا کہ اس پر ہم اپنا مذہب مسلّط کریں ہم اس کو صرف تحفظ دے سکتے ہیں باقی یہ جانے اور اس کا اللہ جانے۔ یہ واقعہ سوچتا ہوں تو حیران ہوجاتا ہوں کہ ردولی کی ایک ان پڑھ بوڑھی عورت جو اس قدر ان پڑھ تھی اس میں یہ وسیع النظری کہاں سے آئی جو آج ستّر سال کے بعد بھی اچھے اچھے پڑھے لکھوں میں نہیں ملتی۔ جاوید صاحب کی زبانی یہ قصہ دو تین بار الگ الگ موقعوں پر میں نے سنا تو یہ اندازہ لگایا کہ زندگی نے انہیں ہر چیز کے لئے ٹائمنگ کتنی پرفیکٹ دی۔

میں اپنی ذاتی زندگی حالات اور تجربات پر نظر ڈالتا ہوں تو یہ محسوس ہوتا ہے جیسے جاوید صاحب کی جدوجہد بھی میری ہی زندگی کا ایک حصہ ہے۔ اس پس منظر میں یہ کتاب اپنے حصے دار کا شکریہ ادا کرنے کے لئے وجود میں آئی ہے، شخصیت جتنی بڑی ہوتی جاتی ہے آدمی زمینی حقیقتوں اور روزمرہ کی تکلیفوں سے اوپر اٹھتا چلا جاتا ہے، اپنی بڑی شخصیت کے اٹھان کے ساتھ ساتھ خود وہ شخص بھی ان سے تقریباً اپنا دامن چھڑا لیتا ہے۔ ایک خاص قسم کے لوگوں سے گھرے رہنا اور انہی سے رشتے رکھنا معمول بن جاتا ہے، عموماً بڑی شخصیتوں کے ساتھ یہی ہوتا ہے، گاہے بہ گاہے اگر وہ نیچے کی طرف دیکھ بھی لیتے ہیں تو اسکا احساس ان سے ملنے والے آدمی کو فوراً ہوجاتا ہے۔ جاوید اختر نے اتنی بلندی حاصل کرنے کے بعد بھی بڑے لوگوں کی ان خرابیوں سے اپنے آپ کو دور رکھا آج بھی وہ عام آدمی سے رابطہ قائم رکھتے ہیں۔ اس کے درد کو محسوس کرتے ہیں، ان سے ملتے وقت آپ کو ذرا بھی یہ احساس نہیں ہوتا کہ آپ اتنے بڑے آدمی سے مل رہے ہیں۔ وہ زندگی کی تمام الجھنوں کے باوجود اپنے خیالات ونظریات پر قائم ہیں اور ان کو استحکام بھی بخش رہے ہیں، وہ ان کی ذاتی زندگی ہو یا کاروباری، انہوں نے ہمیشہ انسانیت کی حمایت میں کھڑے ہوکر اس کے حق کی لڑائی میں اپنا اہم کردار ادا کیا ہے۔

یقینی طور پر کل تاریخ میں جاوید صاحب کا نام ان کے باقی کاموں کے ساتھ ساتھ اپنے منفرد و مستحکم نظریات اور انسانیت کے حامی کی شکل میں بھی تحریر کیا جائے گا، ایسے کامیاب ذہین اور مشہور فنکار کے بارے میں کچھ لکھنا، جس کے بارے میں پہلے ہی بہت کچھ کہا اور لکھا جاچکا ہے، لفظوں کو دہرانے جیسا ہی ہے۔ دوستی ایسا رشتہ ہے جس میں کسی دوسری چیز کا کوئی دخل نہیں ہے۔ نہ دھرم اور نہ ذات پات۔ اس کی شروعات میں ہی محبت کے بیج پڑتے ہیں، یہ کتاب جاوید

صاحب سے خالص محبت کے نتیجے میں رونما ہونے والا ایک پہلو ہے، ان کی شخصیت نے میری زندگی میں کئی زاویوں سے تبدیلیاں پیدا کی ہیں اور اپنی موجودگی کا احساس بھی کرایا ہے۔ صرف جاوید صاحب نے ہی نہیں بلکہ شبانہ جی نے بھی اپنے حصے کا وقت پیار اور مخلصانہ جذبے مجھے عطا کئے، یوں کہوں کہ مجھے یہ احساس کرایا کہ ستاروں کے آگے جہاں اور بھی ہیں۔ یہ کتاب بس ان کا شکریہ ادا کرنے کی پہلی قسط ہے۔ شبانہ جی نے اس کتاب کو اور اس کے چھپ جانے کے خواب کو میرا نہیں اپنا خواب سمجھا۔ اب جب یہ خواب سچ ہوگیا ہے اور اب آپ کے ہاتھوں میں ہے تو ان کے تعاون اور قربانیوں کے بارے میں سوچتے وقت کئی بار میری آنکھیں نم ہو جاتی ہیں۔ یہ کتاب بالکل ایک فلم کی طرح ہے جس کے الگ الگ شعبوں میں میں مختلف لوگوں نے اہم کردار ادا کیا ہے۔ ان سبھی کے نام بشمول طارق قمر اس داستان کے آخری صفحے پر انکے بہت بہت شکریہ کے ساتھ درج ہیں۔

جیسا کہ میں نے پہلے بھی لکھا ہے کہ جاوید صاحب کی زندگی سمندر میں چلتے ہوئے جہاز کی طرح ہے اور میں نے اس کتاب میں ان کی زندگی کے مختلف پہلوؤں کا جائزہ لینے کی کوشش کی ہے اس کوشش کو نہ صرف میں اپنی خوش قسمتی سے تعبیر کرتا ہوں بلکہ اسے میں ایک ذمہ داری سمجھتا ہوں، اب یہ داستان آپ کے ہاتھ میں ہے صفحہ در صفحہ ایک سونار (سمندر کی گہرائی ناپنے کا آلہ) کی طرح ہے، اس کی کتنی کتنی گہرائیوں میں کیسے کیسے رنگ موجود ہیں اور ان رنگوں میں کتنی کشش ہے یہ آپ محسوس کریں اور زندگی کے رنگوں کے بدلتے ہوئے شیڈس سے محظوظ ہوں۔

۲

نام

جادو

عام طور پر گھر کا نام اصلی نام سے بنایا جاتا ہے، لیکن میرے ساتھ ٹھیک الٹا ہوا۔ جاوید کا مطلب ہے 'امر' اختر کے معنی ہیں 'ستارہ' یعنی 'امر ستارہ'

میں ۱۷ جنوری سن ۱۹۴۵ کو گوالیار کے کملا اسپتال میں پیدا ہوا، میرے والد اور ان کے دوست کمیونسٹ پارٹی کے دفتر سے اسپتال آگئے اور جب وہ اسپتال میں بیٹھے مجھے دیکھ رہے تھے اور میرے بارے میں باتیں کررہے تھے اسی وقت کسی نے کہا، کیا آپ لوگوں کو معلوم ہے کہ جب کسی مسلم گھر میں کوئی بچہ پیدا ہوتا ہے تو اس کے کان میں اذان پڑھی جاتی ہے، میرے والد کے دوستوں نے کہا لیکن ہمارا عقیدہ تو علیحدہ ہے تو پھر ہم کیا کریں؟ میرے والد نے اپنے ہاتھ میں کمیونسٹ مینیفسٹو لے رکھا تھا وہ بولے تو ٹھیک ہے ہم اس کے کان میں یہی پڑھ دیتے ہیں۔ کسی نے میرے والد کو یاد دلایا کہ جب انہوں نے میری والدہ صفیہ سے شادی کی تھی انہوں نے ایک نظم کہی تھی جس میں ایک لائن یہ بھی تھی، لمحہ لمحہ کسی جادو کا فسانہ ہوگا، تو اس کا نام جادو کیوں نہ رکھ دیں، تو انہوں نے میرا نام جادو رکھ دیا اور کافی وقت تک میں صرف جادو کے نام سے جانا جاتا تھا۔ جب مجھے اسکول بھیجنے کا فیصلہ کیا گیا تو لوگوں نے کہا کہ جادو کوئی سنجیدہ نام نہیں ہے لیکن تب تک جادو ہی میرا نام پڑ چکا تھا، اس لئے ان کو کوئی ایسا نام ڈھونڈنا پڑا جو جادو سے ملتا جلتا ہو تو اس طرح وہ جاوید نام پر پہنچے، عام طور پر گھر کا نام اصلی نام سے بنایا جاتا ہے لیکن میرے ساتھ ٹھیک الٹا ہوا۔ جاوید کا مطلب ہے 'امر'، 'اختر' کے معنی ہیں 'ستارہ'، 'امر ستارہ'۔

اپنے اسٹڈی روم میں جاوید اختر

۳

۱۸۵۷ کی جنگ آزادی

علّامہ فضلِ حق کی شخصیت کے کئی پہلو تھے اور ان کی کچھ کتابیں شکاگو یونیورسٹی کی لائبریری میں بھی موجود ہیں اور مصر میں بھی وہ نصاب کا حصہ ہیں۔

میرے والدین یوپی سے تھے میرے والد کا خاندان خیرآباد سے تھا جو لکھنؤ سے اسّی میل دور ہے، اور میری والدہ کا خاندان ردولی سے تھا جو شاید لکھنؤ سے اسّی یا سو میل دور ہے، میرے والد کے خاندان کے لوگ دانشور اور ادیب تھے، میرے پردادا کے والد جنکا نام فضلِ حق تھا وہ غالب کے دور میں تھے اور انکے بہت قریبی دوست بھی تھے، فضلِ حق فلسفے مذہب اور ادب کے اسکالر تھے اور انہوں نے غالب کے دیوان کی تدوین بھی کی تھی یعنی اس کو ایڈٹ کیا تھا، وہ اپنے زمانے سے بہت آگے تھے، اس وقت شاعری کی کتاب کو ایڈٹ کرنے کا کوئی رواج نہیں تھا لیکن غالب نے اپنا دیوان ایڈٹ کرنے کے لئے میرے پردادا کے والد کو دیا تھا کیونکہ غالب ان کی شاعرانہ عظمت و ذہانت کی بہت قدر کرتے تھے۔

فضلِ حق کی شخصیت کے مختلف پہلو تھے، ان کی کچھ کتابیں شکاگو یونیورسٹی کی لائبریری میں بھی موجود ہیں اور مصر میں بھی وہ نصاب کا حصہ ہیں، انہیں مذہب پر بھی اتھارٹی سمجھا جاتا ہے، انہوں نے ۱۸۵۷ کی جنگ آزادی میں کھل کر حصہ لیا تھا، اس لئے انہیں گرفتار کر کے انڈمان (کالا پانی) بھیج دیا گیا تھا جہاں ان کا انتقال ہوا۔ ان کی حرماں نام کی بیٹی تھیں جو انیسویں صدی کی ایک اہم شاعرہ تھیں، حرماں کے شوہر احمد حسین رسوا بھی اردو اور فارسی کے اہم شاعر تھے، ان کے دو بیٹے ہوئے بسمل اور مضطر اور وہ دونوں بھی شاعر تھے، مضطر چھوٹے تھے اور وہ میرے دادا تھے۔

خیرآباد ریلوے اسٹیشن اور جاوید صاحب کی اپنی بہن کے ساتھ تصویر

جاوید اختر کے پردادا، فضلِ حق کے گھر کوز میں دوز کرنے کے لئے ۱۸۵۷ میں جاری ہوا سرکاری احکام، کیونکہ انہوں نے برٹش حکومت کے خلاف بغاوت میں حصہ لیا تھا، یہ احکامات سزا کے طور پر انڈمان بھیجے گئے لوگوں کے گھروں کے لئے تھے، ایک غیرت مند ٹھاکر راجا صاحب کملاپور نے فضلِ حق خیرآبادی کے زمیں دوز گھر کے ملبے کو لے جانے کی اجازت لی اور ملبے کو اپنے اسٹیٹ میں محفوظ کرلیا۔

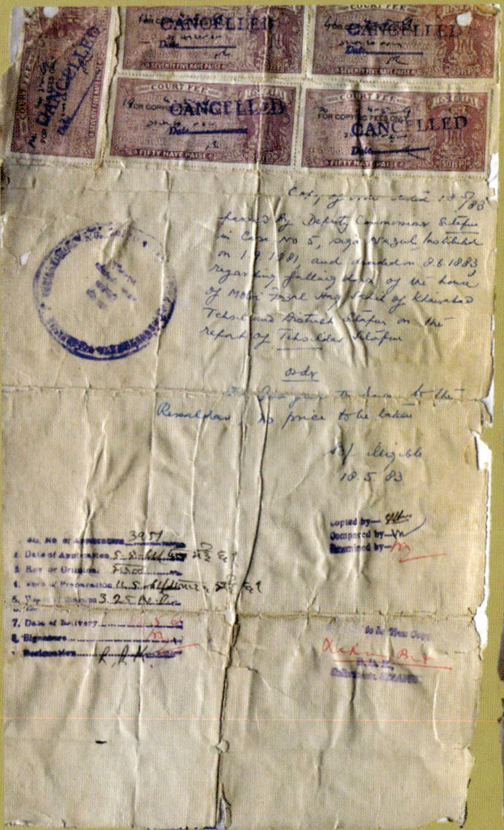

COURT FEE

FOR COPYING FEES ONLY

CANCELLED

FIFTY NAYE PAISE

Copy of order dated 18.5.83

Order

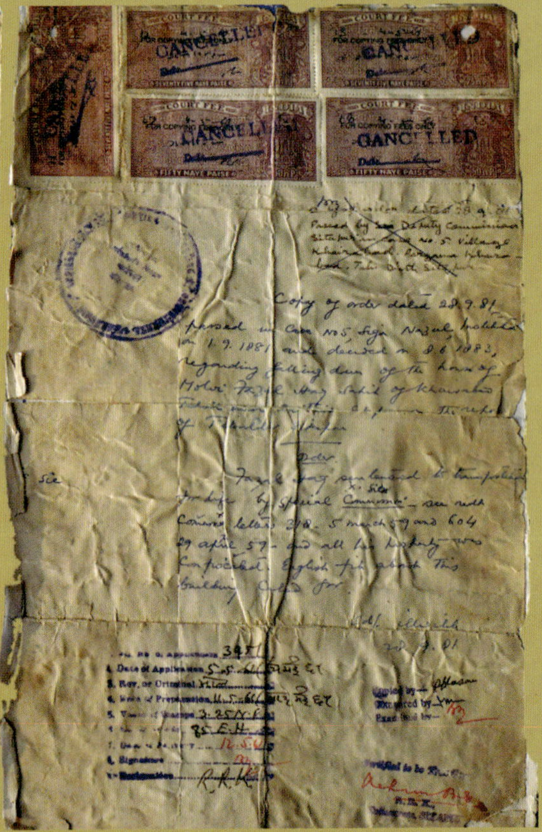

COURT FEE

FOR COPYING FEES ONLY

CANCELLED

FIFTY NAYE PAISE

Copy of order dated 28.9.81

Order

عظیم صوفی اسکالر، شاعر
اور مجاہد آزادی
مولانا فضلِ حق خیرآبادی
(۱۷۹۷ سے ۱۸۶۱)
کا مقبرہ (انڈمان)

مضطر خیرآبادی (۱۸۶۹ ے ۱۹۲۷)

٤

دادا

مضطر خیرآبادی

میرے دادا کی بہت سی شاعری آج بھی بہت مقبول ہے، انہوں نے ہر قسم کی شاعری کی، ہر صنف سخن میں طبع آزمائی کی یعنی نہ صرف غزلیں کہیں بلکہ قصیدے، کجری، ہولی، ٹھمری اور ہندی میں گیت بھی لکھے۔ ان کی ایک کجری (چھا رہی کالی گھٹا جیا را مورا گھبرائے ہے) کو بیگم اختر نے گایا تھا۔ وہ گوالیار اسٹیٹ میں سیشن جج تھے اور وہیں میرے والد پیدا ہوئے تھے۔ چاروں طرف شعر و شاعری کا ماحول تھا اور اس لئے انہوں نے چودہ برس کی عمر میں ہی شاعری شروع کر دی تھی۔

نہ کسی کی آنکھ کا نور ہوں
نہ کسی کے دل کا قرار ہوں
جو کسی کے کام نہ آسکے
میں وہ ایک مشتِ غبار ہوں

۵

...اوران کا

‘خرمن’

جاوید اختر نے 'خرمن' کو اپنی خاص توجہ
اور رفیقوں کی محنت اور لگن سے
ایک دستاویز کی حیثیت دے دی ہے

والد کے انتقال کے کئی سال بعد خاندان کے افراد کو یہ لگنے لگا تھا کہ جس مکان میں رہ رہے ہیں وہ چھوٹا پڑ رہا ہے اور اسے بدلنا چاہیے، اسی دوران ایک پلنگ کے نیچے بہت سارے کاغذات اور خطوط وغیرہ ملے۔ جب یہ کاغذات ملے تو ہم نے بھی انہیں رکھ دیا۔ کئی سال بعد جب اچانک یاد آیا اور ہم نے کاغذات کی پوٹلی کھولی تو نیچے مضطر خیرآبادی کی ڈھیروں غزلیں ملیں اور پھر 'خرمن' وجود میں آیا۔

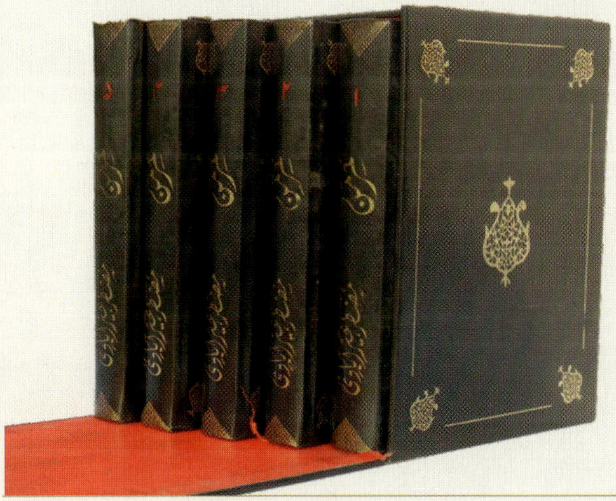

جاوید اختر نے 'خرمن' کو اپنی خاص توجہ اور رفیقوں کی محنت اور لگن سے ایک دستاویز کی حیثیت دے دی ہے۔ اس مجموعے میں شامل مشہور غزل 'نہ کسی کی آنکھ کا نور ہوں' کو بڑی ٹھوس دلیلوں کے ساتھ مضطر کی غزل ثابت کیا گیا ہے۔

▲ ۲۰۱۵ میں جاوید اختر کے ذریعے شائع کئے جانے والے مضطر خیرآبادی کی شاعری کا مجموعہ 'خرمن'۔

▶ خرمن کے اجراء کے موقع پر نائب صدر جمہوریہ حامد انصاری اور معروف ناقد پروفیسر گوپی چند نارنگ کے ساتھ جاوید اختر (نئی دہلی، ۲۰۱۵)

بچپن، کرکٹ
اور امیر

اسکول کھل گئے ہیں، میرا داخلہ لکھنؤ کے مشہور اسکول 'کولونِ تعلقدار' کالج میں چھٹی کلاس میں کرادیا جاتا ہے۔

لوگ جب اپنے بارے میں لکھتے ہیں تو سب سے پہلے یہ بتاتے ہیں کہ وہ کس شہر کے رہنے والے ہیں، لیکن میں کس شہر کو اپنا شہر کہوں؟ ... پیدا ہونے کا جرم گوالیار میں کیا، ہوش سنبھالا لکھنؤ میں، پہلی بار ہوش کھویا علی گڑھ میں پھر بھوپال میں رہ کر کچھ ہوشیار ہوا، لیکن اب ممبئی آکر کافی دنوں تک ہوش ٹھکانے رہے، تو آیئے ایسا کرتے ہیں کہ میں اپنی زندگی کا چھوٹا سا فلیش بیک بنالیتا ہوں اس طرح آپ کا کام یعنی پڑھنا بھی آسان ہوجائے گا اور میرا کام یعنی لکھنا بھی آسان ہوجائے گا۔

شہر لکھنؤ، کردار ... میرے نانا، نانی، دوسرے گھر والے اور میں ... میری عمر آٹھ برس ہے، باپ ممبئی میں ہیں، ماں قبر میں۔ دن بھر گھر کے آنگن میں اپنے چھوٹے بھائی کے ساتھ کرکٹ کھیلتا ہوں، شام کو ٹیوشن پڑھانے کے لئے ایک ڈراؤنے سے ماسٹر صاحب آتے ہیں۔ انہیں پندرہ روپئے مہینہ دیا جاتا ہے (یہ بات بہت اچھی طرح یاد ہے اس لئے کہ روز بتائی اور جتائی جاتی تھی)۔ صبح خرچ کرنے لئے ایک ادھنّا اور شام کو ایک اکنّی دی جاتی ہے، اس لئے پیسے کا کوئی مسئلہ نہیں ہے، صبح رام جی لال بنئے کی دوکان سے رنگین گولیاں خریدتا ہوں اور شام کو سامنے فٹ پاتھ پر خوانچہ لگانے والے بھگوتی کی چاٹ پر اکنّی لٹاتا ہوں، عیش ہی عیش ہیں، اسکول کھل گئے ہیں۔ میرا داخلہ لکھنؤ کے مشہور اسکول 'کولون تعلقدار کالج' میں چھٹی کلاس میں کرادیا گیا ہے۔ پہلے یہاں صرف تعلقداروں کے بچے پڑھ سکتے تھے، اب میرے جیسے کم ذاتوں کو بھی داخلہ مل جاتا ہے۔ اب بھی بہت مہنگا اسکول ہے، میری فیس سترہ روپئے مہینہ ہے (یہ بات بہت اچھی طرح یاد ہے کہ روز ... جانے دیجئے)۔ میرے کلاس میں کئی بچے گھڑی باندھتے ہیں، وہ سب امیر گھروں کے ہیں، ان کے پاس کتنے اچھے اچھے سویٹر ہیں، ایک کے پاس تو فاؤنٹین پین بھی ہے، یہ بچے انٹرویل میں، اسکول کی کینٹین سے آٹھ آنے کی چاکلیٹ خریدتے ہیں۔ اب بھگوتی کی چاٹ اچھی نہیں لگتی۔ کل کلاس میں راکیش کہہ رہا تھا کہ اس کے ڈیڈی نے کہا ہے کہ وہ اسے پڑھنے کے لئے انگلینڈ بھیجیں گے، کل میرے نانا کہہ رہے تھے ...ارے کمبخت میٹرک پاس کرلے تو کسی ڈاک خانے میں مہر لگانے کی نوکری تو مل جائے گی۔ اس عمر میں جب بچے انجن ڈرائیور بننے کا خواب دیکھتے ہیں میں نے فیصلہ کرلیا کہ بڑا ہوکر امیر بنوں گا...

چھٹکنیا

'بچپن میں وہ ہم لوگوں کے ساتھ خوب مار دھاڑ کرتے تھے، پھر سب کو منا بھی لیتے تھے۔ خوب شیطانی کرتے تھے، ہم لوگ امرود کے پیڑ پر چڑھ کر امرود توڑا کرتے تھے۔ دن میں کبھی سوتے نہیں تھے۔ اسکول سے آکر بستہ پھینک دیا کرتے تھے، پڑھائی تو بہت کم کیا کرتے تھے۔ ہم سب کو بٹھا کر خوب کہانی سناتے اور کہتے تھے کہ ہم جب بھی پکچر بنائیں گے تو مار دھاڑ والی بنائیں گے، اور تم دیکھنا چھٹکنیا، کبھی اداس نہیں دکھتے تھے، اکیلے ہی ایکٹنگ کرتے رہتے تھے ... جب سالوں بعد آئے تو ہمیں بلوا بھیجا اور ہم سے ملکر خوب روئے...

چھٹکنیا کے ماں باپ جاوید اختر کے نانا کے گھر کھانا بناتے تھے یہ دو بہنیں تھیں چھٹکنیا اور بڑکنیا۔ انہوں نے جاوید صاحب کے بچپن کو خوب اچھے سے دیکھا۔

▶ جاوید اختر، ۱۱ سال (لکھنؤ)

کولوِن تعلقدار کالج (لکھنؤ)

اپنی ماں صفیہ اختر کے ساتھ جاوید (دائیں) اور چھوٹے بھائی سلمان (بائیں) ۱۹۵۰

۷

میرے لئے

تمہارا جادو

ہی بہت ہے

جادو اگر شاعری کے چکّر میں پڑ گیا، جس کا پورا امکان ہے، تو پھر جان لو کہ اپنی سات پشتیں بھی نہ پنپ سکیں گی، سوائے اس کے کہ سرخ انقلاب ہی تباہی سے بچالے۔

جاوید صاحب کے والد جاں نثار اختر کو لکھے گئے ماں صفیہ اختر کے خطوط

۲۳ فروری ۱۹۴۶، علی گڑھ
خیر میرے لئے تمہارا جادو ہی بہت ہے، اس قدر شریر اور اودھمی ہو گیا ہے کہ میرے قابو میں نہیں رہتا، جتنی دیر سوتا ہے، امن محسوس ہوتا ہے۔ کل 'سوان' اِنک کی بھری شیشی زمین پر اُلٹ کر سارے جسم پر سیاہی پھیری اور روشنائی خوب جی بھر کر چاٹی اس وقت ایسا معصوم بنا سو رہا ہے جیسے معلم الملکوت (فرشتوں کو پڑھانے والا ٹیچر)۔

۱۵ مئی ۱۹۴۷، لکھنؤ
جادو کے حالات سنانے کے نہیں، بس دیکھ سکتے ہو۔ مست ہیں بری طرح، باتیں بے تحاشا بناتے ہیں۔ پوچھا جاتا ہے: 'تمہارا دادا کون ہے؟' جواب ملتا ہے: 'استالین'۔ اور تمہارے چچا کا نام: 'چچا دالب' (غالب)۔ چچا غالب کا تذکرہ ہر وقت کرتے ہیں اور ان کی تصویر کو لے کر ناچتے رہتے ہیں۔

۱۴ ستمبر ۱۹۵۱، بھوپال
جادو اور اویس تمہاری ایک ایک ادا یاد کر کے خوش ہوتے رہتے ہیں۔ موٹر کی خبر سن کر اویس پھولے نہ سمائے اور جادو کی وپنٹی کا ایسا صدمہ پہنچا کہ وہ فوراً رو پڑے۔ مصرعے بازی بھی جاری رہتی ہے۔ پرسوں رات اویس بستر پر اودھم مچا رہا تھا کسی طرح نہ سوتا تھا میں نے عاجز ہو کر تخت پر بیٹھے بیٹھے کہا، 'سو جاؤ میرے پیارے'، اور جادو صاحب مسہری پر لیٹے ہوئے وہاں سے برجستہ بولے، 'کیا ٹھاٹھ ہیں تمہارے'۔ جادو اگر شاعری کے چکر میں پڑ گیا جس کا پورا امکان ہے تو پھر جان لو کہ اپنی سات پشتیں بھی نہ پنپ سکیں گی، سوائے اس کے کہ سرخ انقلاب ہی تباہی سے بچالے۔

میرے والدین کی شادی شدہ زندگی نو سال کی تھی اور اس میں بھی زیادہ تر وقت وہ ایک دوسرے سے الگ الگ ہی رہے تھے۔ جتنے بھی خطوط میری ماں نے میرے والد کو لکھے تھے انہیں انہوں نے کتاب کی شکل میں شائع کرایا تھا۔ یہ ایک بے حد مقبول کتاب تھی اور سن ۵۴، ۵۵ سے لے کر اب تک ہر برس اس کتاب کے ایک دو ایڈیشن چھپتے رہے ہیں۔ میری ماں ایک زبردست خط نگار (مکتوبہ) تھیں اور تقریباً روزانہ خط لکھا کرتی تھیں۔

▶ ماں صفیہ اختر

٨

جاں نثار اختر

شاعری سے
میرا
پیدائشی رشتہ

شاعری سے میرا رشتہ پیدائشی اور دلچسپی ہمیشہ سے ہے۔
لڑکپن سے جانتا ہوں کہ چاہوں تو شاعری کر سکتا ہوں
مگر آج تک نہیں کی ہے۔

ہمارے اجداد عام طور سے کوئی پیسہ، پراپرٹی، کوئی فیکٹری کوئی زمین کوئی کھیت کھلیان تو اپنے بچوں کو دے کر نہیں جاتے، لیکن کچھ اور دے دیتے ہیں، ایک دوسری طرح کی سمجھ ایک دوسری طرح کی نالج جس کی قیمت نہیں لگائی جاسکتی، مجھے یاد ہے کہ میرے والد نے ایک بار مجھ سے کہا تھا کہ مشکل زبان میں لکھنا بہت آسان ہے لیکن آسان زبان میں لکھنا بہت مشکل ہے۔ آسان زبان میں آپ تب ہی لکھ سکتے ہیں جب اپنے خیال کے سلسلے میں آپ بالکل واضح ہوں کہ آپ کہنا کیا چاہتے ہیں، اگر آپ کی زبان صاف ستھری ہے تو صاف پتہ چلتا ہے کہ آپ کہہ کیا رہے ہیں، ایسے میں آپ کا خیال صحیح ہونا چاہئے، یہی میں جاں نثار اختر (والد) کی شاعری میں دیکھتا ہوں۔ ان کی شاعری میں بہت ہی کم مشکل الفاظ آتے ہیں، کچھ نظمیں ہیں جن میں مشکل الفاظ آئے ہیں، ان سے آپ کو یہ معلوم ہوتا ہے کہ اس آدمی کے پاس لفظیات کا خزانہ موجود ہے۔ ان کے پاس لفظوں کا ایک ذخیرہ موجود ہے، لیکن ان کی نوے (۹۰) فیصد شاعری جو ہے وہ ایک دم آسان اور صاف زبان میں ہے جو کہ ایک بہت اچھی بات ہے۔ جاں نثار کی شاعری دھیمی آنچ کی شاعری ہے۔

تمام کمیونزم، تمام ترقیاتی نظریات کے ساتھ ان کے اندر وہ پرانا رچاؤ بہت ساری باتوں کا جو تھا گیا نہیں تھا، عام طور پر ایسا مانا جاتا ہے کہ محبت ناکام ہوئی تو وہ امر ہوگئی لیکن اگر اختتام خوش کن ہوا تو شاعری نہیں ہوتی ہے مگر اختر صاحب نے پوری کتاب لکھی ہے (گھر-آنگن) جس میں ساری شاعری شادی کے بعد کی زندگی کے بارے میں ہے اور بہت خوبصورت ہے لیکن اس کے بعد بھی مجھے اس میں ایسا لگتا ہے کہ ان شعری پیکروں سے جو عورت نکل کر آتی ہے وہ ایک روایتی ہندوستانی خاتون ہے۔ اس کا مطلب کہیں ان کے تصور میں جو عورت ہے وہ روایتی ہندوستانی عورت ہے۔

۱۸ اگست ۱۹۷۶ کو میرے والد کا انتقال ہوتا ہے (مرنے سے نو ۹ دن پہلے انہوں نے مجھے اپنی آخری کتاب دستخط کر کے دی تھی اس پر لکھا تھا: 'جب ہم نہ رہیں گے تو بہت یاد کروگے'۔ انہوں نے ٹھیک لکھا تھا)۔ اب تک تو میں اپنے آپ کو ایک باغی اور ناراض بیٹے کے روپ میں پہچانتا تھا مگر اب میں کون ہوں۔ میں اپنے آپ کو پھر اپنے چاروں طرف نئی نظر سے دیکھتا ہوں کہ کیا بس یہی چاہئے تھا مجھے زندگی سے۔ اس کا پتہ ابھی دوسروں کو نہیں ہے مگر وہ تمام چیزیں جو کل تک مجھے خوشی دیتی تھیں جھوٹی اور نمائشی لگنے لگی ہیں۔ اب میرا دل ان باتوں میں زیادہ لگتا ہے جنہیں دنیا کی زبان میں کہا جائے تو جنکا کوئی فائدہ نہیں، شاعری سے میرا رشتہ پیدائشی ہے اور دلچسپی ہمیشہ سے ہے۔ لڑکپن سے جانتا ہوں کہ شاعری کر سکتا ہوں مگر آج تک کی نہیں، یہ بھی میری ناراضگی اور بغاوت کی ایک علامت ہے، ۱۹۷۹ میں پہلی بار شعر کہتا ہوں اور یہ شعر لکھ کر میں نے اپنی وراثت اور اپنے باپ سے صلح کر لی ہے۔

والد جاں نثار اختر (۱۹۱۴-۱۹۷۶)

اپنے والد جاں نثار اختر کے ساتھ
جاوید اور سلمان (لکھنؤ ۱۹۵۷)

9

گفتگو (جاوید اختر اور اروند منڈلوئی)

ماں کی کمی کا احساس،
اپنے لڑکپن اور کم عمری
میں بہت زیادہ رہا

ایک تو میری ماں کا انتقال اس وقت ہو گیا تھا جب میں آٹھ سال کا تھا اور میں دوسروں کے ہی گھر میں پلا بڑھا۔

سوال: آپ کی ماں کا انتقال اس وقت ہوا جب آپ بہت کم عمر تھے کبھی ایسا کوئی لمحہ آتا ہے کہ جب آپ کو لگتا ہے کہ اس وقت میری ماں کو ہونا چاہئے تھا؟

ارے بھائی یہ بھی مزے کی بات ہے۔ جب میری ماں کا انتقال ہوا تب وہ پینتیس ۳۵ سال کی تھیں، فی الحال تو میرے دونوں بچوں کی عمر ان سے زیادہ ہے تو میں اس ماں کے بارے میں سوچوں جو میرے بچوں سے چھوٹی ہے، اب کیسے سوچوں اور کتنا سوچوں؟ پہلے تو سوچنے اور دیکھنے کی ہمت نہیں تھی اس لئے کہ وہ زخم تازہ اور گہرا تھا لیکن اب اتنی دور آ گیا ہوں کہ مڑ کے دیکھتا ہوں تو مجھے احساس ہوتا ہے کہ میں نے زندگی میں اپنی ماں کو کتنا مس کیا ہے۔ اس وقت میں مانتا نہیں تھا، اپنے آپ سے بھی، اسی لئے کہ مانتا تو پھر خوش کیسے رہ پاتا اور پھر زندہ کیسے رہتا؟ لیکن یہ یقینی ہے کہ مجھے اپنی ماں کی کمی اپنے لڑکپن میں، اپنی کم عمری میں بہت زیادہ رہی پر پھر، وہی بات ہے کہ سین نمبر ۳۶ نکال دو گے تو ہوسکتا ہے سین نمبر ۶۴ جو ہائی لائٹ ہے کہانی کا، وہ بھی نکل جائے اب کیا پتہ میری ماں زندہ ہوتی تو میں کیا ہوتا۔ یا ہوسکتا ہے یہی ہوتا، تو اب زندگی میں سکھ دکھ تو بھیا سب کو ملتے ہیں۔

سوال: آپ کے والد اور آپ کے تعلق کو لے کر لوگوں میں ایک عجیب احساس ہے کہ آپ ایک باغی بیٹے تھے اور آپ ان سے کبھی ایسے پیش نہیں آئے جیسے ایک بیٹے کو آنا چاہئے، کیا آپ کو کبھی یہ احساس ہوا کہ یہ ایک ایسی چیز تھی جو مجھے اپنے والد کے ساتھ شیئر کرنی تھی اور ان کو اس میں شامل کرنا تھا؟ یا عمر کے اس مقام پر جبکہ آپ دادا بن گئے ہیں آپ کو لگتا ہے کہ جس طرح سے آپ کی ایک باغی بیٹے کی امیج بن گئی تو اس میں کہیں آپ سے کوئی کوتاہی ہو گئی۔

نہیں، وہ تو جو ہوا، ہونا ہی تھا۔ دیکھئے ایک تو باغی بیٹے کا کیا ہے کہ میری ماں مرگئی تھیں، جب میں آٹھ سال کا تھا اور میں دوسروں کے ہی گھر میں پلا، حالانکہ دوسرے بھی اپنے ہی تھے۔ نانا تھے اور میری خالہ تھیں۔ ان کے گھر میں رہا پھر اس کے بعد بھوپال آیا تو ایک سال تو میں اپنی سوتیلی ماں کے گھر رہا، ان کی جو فیملی تھی ان کے ساتھ رہا وہ ممبئی میں رہتی تھیں میرے والد کے ساتھ۔ اور پھر اس کے بعد میں الگ اپنے دوستوں کے ساتھ رہنے لگا، ممبئی بھی جب گیا تو شاید تین چار دن اپنے والد کے ساتھ رہا اور اس کے بعد الگ ہو گیا۔ اس لئے کہ اس گھر میں مجھے کوئی جگہ نہیں ملی۔

تو کامیابی کا جہاں تک تعلق ہے، ۱۹۷۰ سے مجھے کام ملنا شروع ہوا۔ ۱۹۷۳ میں 'زنجیر' ریلیز ہوئی جس سے مجھے صحیح معنوں میں نام ملا۔ ۱۹۷۰ سے یہ ہو گیا تھا کہ دو وقت کی روٹی کھانے لگا تھا، اور ۱۹۷۶ میں میرے والد کا انتقال ہو گیا۔ تو یہ جو میری کامیابی کا دور تھا وہ تو انہوں نے زیادہ سے زیادہ تین سال ہی دیکھا۔ لہٰذا ان کے سامنے میری کامیابی کا جو عرصہ ہے وہ تو بس اتنا سا ہی ہے، باقی تو میری ناکامی کا دور ہے جو ان کے زندہ رہتے ہوئے رہا۔ زیادہ تر تو میں ایک آوارہ بے گھر اور در بہ در پھرنے والا ہی بیٹا تھا لیکن خیر اب جو ہوا سو ہوا۔ لیکن جو یہ تین سال بھی تھے ان میں میرے والد سے میرے تعلقات کچھ ٹھیک سے ہو گئے تھے، اب ساری زندگی جو باپ بیٹے الگ رہے ہوں وہ ایک دن میں واپس نارمل باپ بیٹے ہو جائیں وہ تو ممکن نہیں ہوتا ہے لیکن میں نے یہ تجربہ کیا ہے کہ کتنا بھی کچھ ہو جائے زمین آسمان سے ٹکرا جائے، سورج چاند ٹکڑے ٹکڑے ہو جائیں، کچھ بھی ہو جائے لیکن کچھ رشتے ہیں ان سے محبت جاتی نہیں ہے، بظاہر جن میں کوئی وجہ نہیں ہوتی ہے کہ آپ کو محبت کیوں ہے، مگر پھر بھی ہوتی ہے اور شاید باپ بیٹے کا رشتہ بھی ایسا ہی ہے۔ تو ان کے لئے جو محبت اور عزت تھی کہیں نہ کہیں دل میں تھی اور ہے۔

▶ صفیہ سراج (اختر) اور جاں نثار اختر۔ جانی مانی قلمکار صفیہ، معروف شاعر مجاز کی بہن تھیں۔ (لکھنؤ، ۱۹۴۳)

۱۰

مجاز اور
'آوارگی'
کا حسن

مجاز لکھنوی کو اردو شاعری کا شیلی اور کیٹس کہا گیا ہے۔ مجاز کا ذکر آتے ہی جس نظم کا سب سے پہلے خیال آتا ہے اس کا عنوان ہے 'آوارہ'۔

شہر کی رات اور میں ناشاد و ناکارہ پھروں
جگمگاتی جاگتی سڑکوں پہ آوارہ پھروں

یہ جو آوارہ جانے پہچانے راستے چھوڑ دیتا ہے، اور انجان راستوں پر نکل جاتا ہے، اس کی قسمت میں تنہائیاں ہیں، اس کی قسمت میں دکھ بھی ہے، سرد راتیں بھی ہیں، نیند کا بوجھ بھی ہے لیکن کبھی وہ ایسے ہی ڈھونڈتے ڈھونڈتے منزل پالے، تو پھر یہی تمام آوارگی اس کی زندگی کا حسن بن جاتی ہے، جب یہی آوارگی آپ کو کہیں پہنچاتی ہے، تو وہ جگہ ایسی ہوتی ہے کہ وہ لوگ جو سیدھے راستے پر چلتے رہے، وہ حیرت سے اور عزت سے آپ کو دیکھنے لگتے ہیں۔

مجاز اپنے بھانجے بھانجیوں اور بھتیجیوں کے ساتھ۔ ان کے پیچھے سلمان اختر (بائیں) جاوید اختر (دائیں)

۱۱

مجاہدِ آزادی

انصار ہروانی

مجاھد آزادی رہے انصار ہروانی جاوید اختر کے ماموں تھے۔ کئی بار ممبر آف پارلیمنٹ رہ چکے، علی گڑھ مسلم یونیورسٹی سے گریجویٹ ہروانی صاحب نے ایل ایل بی کی تعلیم بھی حاصل کی تھی۔ وہ آل انڈیا اسٹوڈنٹ فیڈریشن کے بانی اور جنرل سکریٹری رہے (۱۹۳۶ سے ۱۹۳۹ تک)۔ ہروانی دوسری لوک سبھا (۱۹۵۷-۶۲) میں فتح پور انتخابی حلقے سے ایم پی رہے اور تیسری لوک سبھا (۱۹۶۲-۶۷ تک) اتر پردیش کے بسولی حلقے سے ایم پی رہے۔ ہروانی 'نیشنل ہیرالڈ' کے چیف رپورٹر 'امرت بازار' پتریکا اور 'بامبے کرانیکل' کے اسپیشل کارسپنڈنٹ یعنی خصوصی نمائندے بھی رہے۔ تاریخی اور سیاسی کتابیں پڑھنا ان کا شوق تھا۔ نیشنل کانگریس میں ان کی فعال سرگرمیوں کے سبب انہیں یونیورسٹی سے نکالا بھی گیا تھا۔ انہوں نے کچھ، نیوز شیٹس اور اشتہار وغیرہ بھی شائع کئے تھے۔ 'بھارت چھوڑو آندولن' کی سرگرمیوں میں فعال رہے اور ۱۹۴۲ سے ۱۹۴۶ تک ان سرگرمیوں کے سبب جیل میں بھی رہے۔ وہ لکھنؤ ضلع کانگریس کمیٹی کے صدر اور اکھل بھارتیہ کانگریس کمیٹی کے ممبر رہے۔ وہ اکھل بھارتیہ فارورڈ بلاک کی مجلس عاملہ کے رکن بھی رہے اور ۱۹۴۶ سے ۱۹۵۲ تک آل انڈیا یوتھ لیگ کے صدر بھی رہے۔

◀ جاوید اختر کے ماموں انصار ہروانی

▼ بائیں سے دائیں کھڑے ہوئے: محبوب عالم، توفیق الرحمان، رئیس الدین، اقبال حسین، خالد مختار، نوشاد احمد، ستیش کمار بجاج، حامد الدین، عبدالکریم، رسول علی۔

کرسیوں پر بیٹھے ہوئے: فرحان مجیب، مسٹر وزارت حسین، راج کشن رازدان، مسٹر سید محمد ٹونکے، احمد فضیل جعفری، جاوید اختر۔

زمیں پر بیٹھے ہوئے: حاجی احمد عادل حیات، شجاع بیگ چغتائی، نجم الحسن، منیس الرحمان۔

۱۲

’کورس‘
کی کتابوں میں
دل نہیں لگا

شہر علی گڑھ... کردار۔ میری خالہ دوسرے گھر والے اور میں... میرے چھوٹے بھائی کو لکھنؤ میں نانا کے گھر میں ہی رکھ لیا گیا ہے۔ اور میں اپنی خالہ کے حصے میں آیا ہوں۔ جو اب علی گڑھ آ گئی ہیں۔ ٹھیک ہی تو ہے، دو یتیم بچوں کو کوئی ایک خاندان تو نہیں رکھ سکتا۔ میری خالہ کے گھر کے سامنے، دور جہاں تک نظر جاتی ہے میدان ہے۔ اس میدان کے بعد میرا اسکول ہے۔ نویں کلاس میں ہوں، عمر چودہ برس ہے۔ علی گڑھ میں جب سردی ہوتی ہے تو جھوٹ موٹ کی نہیں ہوتی۔ پہلا گھنٹہ سات بجے ہوتا ہے، میں اسکول جا رہا ہوں، سامنے سے چاقو کی دھار جیسے نکیلی اور ٹھنڈی ہوا آ رہی ہے، چھو کر بھی پتہ نہیں چلتا کہ چہرہ اپنی جگہ ہے یا ہوا نے ناک کان کاٹ ڈالے ہیں۔ ویسے پڑھائی میں تو ناک کٹتی رہتی ہے۔ پتہ نہیں کیسے بس پاس ہو جاتا ہوں۔ علی گڑھ کے اسکول میں جسکا نام منٹو سرکل ہے، میرا داخلہ کراتے ہوئے میرے خالو نے ٹیچر سے کہا کہ ذرا خیال رکھئے گا کہ انکا دل پڑھائی میں کم فلمی گانوں میں زیادہ لگتا ہے۔ دلیپ کمار کی 'اڑن کھٹولا'، راج کپور کی 'شری ۴۲۰' دیکھ چکا ہوں۔ بہت سے فلمی گانے یاد ہیں لیکن گھر میں یہ فلمی گانے گانا تو کیا سننا بھی منع ہے۔ اسی لئے اسکول سے واپس آتے ہوئے راستے میں زور زور سے گاتا ہوں، معاف کیجئے گا کہ جاتے وقت تو اتنی سردی ہوتی ہے کہ صرف پکّے راگ ہی گائے جا سکتے ہیں۔

یہ اسکول یونیورسٹی کے حلقے میں ہی ہے، میری دوستی اسکول کے دو چار لڑکوں کے علاوہ زیادہ تر یونیورسٹی کے لڑکوں سے ہے۔ مجھے بڑے لڑکوں کی طرح ہوٹلوں میں بیٹھنا اچھا لگتا ہے۔ اکثر اسکول سے بھاگ جاتا ہوں، اسکول سے شکایتیں آتی ہیں، کئی بار گھر والوں سے کافی پٹا بھی، لیکن کوئی فرق نہیں پڑا۔ کورس کی کتابوں میں دل نہیں لگا تو نہیں لگا، لیکن ناول بہت پڑھتا ہوں، ڈانٹ پڑتی ہے لیکن پھر بھی پڑھتا ہوں۔ مجھے شعر بہت یاد ہیں، یونیورسٹی میں جب بھی اردو شاعری کی بیت بازی، انتاک چھڑی ہوتی ہے تب میں اپنے اسکول کی طرف سے جاتا ہوں اور ہر بار مجھے بہت سے انعام ملتے ہیں۔ یونیورسٹی کے سارے لڑکے لڑکیاں مجھے پہچانتے ہیں۔ مجھے اس کی خوشی ہے لڑکیاں بھی مجھے پہچانتی ہیں اس کی تھوڑی زیادہ خوشی ہے۔

جاوید اختر، ۱۴ سال (علی گڑھ ۱۹۵۷)

ایس ٹی ہائی اسکول، منٹو سرکل (علی گڑھ)

۱۳

میری زندگی کا پہلا اور آخری محبت نامہ (لو لیٹر، پریم پتر)

اب میں کچھ بڑا ہو چلا ہوں۔ اب میں پندرہ سال کا ہوں اور زندگی میں پہلی بار ایک لڑکی کو خط لکھ رہا ہوں، میرا دوست بیلو، میری مدد کرتا ہے۔ ہم دونوں مل کر یہ خط تیار کرتے ہیں۔ دوسرے دن ایک خالی بیڈمنٹن کورٹ میں وہ لڑکی مجھے ملتی ہے اور ہمت کر کے یہ خط میں اسے دے دیتا ہوں۔ یہ میری زندگی کا پہلا اور آخری محبت نامہ ہے (اس خط میں کیا لکھا تھا یہ تو یاد نہیں لیکن وہ لڑکی آج تک یاد ہے)۔ میٹرک کے بعد علی گڑھ چھوڑ رہا ہوں، میری خالہ بہت رو رہی ہیں اور میرے خالو انہیں چپ کرانے کی کوششوں کے دوران کہہ رہے ہیں کہ تم تو ایسے رو رہی ہو جیسے یہ بھوپال نہیں کسی جنگ کے میدان میں جا رہا ہو (اس وقت نہ وہ جانتے تھے اور نہ میں جانتا تھا کہ واقعی میں ایک جنگ کے میدان میں جا رہا تھا)۔

آج یوں تو زندگی مجھ پر ہر طرح مہربان ہے، مگر بچپن کا وہ ایک دن، ۱۸ جنوری ۱۹۵۳ اب بھی یاد آتا ہے۔ جگہ لکھنؤ، میرے نانا کا گھر، روتی ہوئی میری خالہ، میرے چھوٹے بھائی سلمان کو، جس کی عمر ساڑھے چھ سال ہے اور مجھے پکڑ کر گھر کے اس بڑے کمرے میں لے جاتی ہیں جہاں فرش پر بہت سی عورتیں بیٹھی ہیں۔ تخت پر سفید کفن میں لپٹی میری ماں کا چہرہ کھلا ہے۔ سرہانے بیٹھی میری بوڑھی نانی تھکی تھکی، ہولے ہولے رو رہی ہیں۔ دو عورتیں انہیں سنبھال رہی ہیں۔ میری خالہ ہم دونوں بچوں کو اس تخت کے پاس لے جاتی ہیں اور کہتی ہیں اپنی ماں کو آخری بار دیکھ لو۔ میں کل ہی آٹھ برس کا ہوا تھا، سمجھدار ہوں، جانتا ہوں موت کیا ہوتی ہے۔ میں اپنی ماں کے چہرے کو بہت غور سے دیکھتا ہوں کہ اچھی طرح یاد ہو جائے۔ میری خالہ کہہ رہی ہیں کہ ان سے وعدہ کرو کہ تم زندگی میں کچھ بنو گے۔ ان سے وعدہ کرو کہ تم زندگی میں کچھ کرو گے۔ میں کچھ کہہ نہیں پاتا بس دیکھتا رہتا ہوں اور پھر ایک عورت میری ماں کے چہرے پر کفن ڈال دیتی ہے۔

ایک کھلونا جوگی سے
کھو گیا تھا بچپن میں
ڈھونڈتا پھرا اس کو
وہ نگر نگر تنہا

اپنے پسندیدہ اداکار دیو آنند کے اسٹائل میں جاوید

۱۴

جاوید کے جو سال علی گڑھ میں بیتے، اس کی چھاپ جاوید کی زندگی اور شخصیت پر بہت گہری ہے: فرحان مجیب

جاوید کی جو رومانٹک شاعری ہے وہ مجھے بہت پسند ہے۔
میں جاوید کی شاعری کا دلدادہ ہوں۔
جاوید کی شاعری میں ماضی کی جھلک ہے۔

یہ ۱۹۵۷ کی بات ہے میں ساتویں۔آٹھویں کلاس میں تھا تبھی ان کا داخلہ ہوا تھا، ہم دونوں ایک سیکشن میں نہیں تھے لیکن ایک ہی کلاس میں تھے۔میرے خیال سے ہم کاریڈور میں ملے اور پھر ہم دونوں دوست بن گئے۔

جاوید اس زمانے میں بھی ہم تمام بچوں سے بالکل مختلف تھے۔ وہ بہت بردبار اور مستقل مزاج نظر آتے تھے، جاوید ایک بڑے شہر سے آئے تھے اور ایک چھاپ انہوں نے چھوڑ رکھی تھی کہ مجھے زندگی کے بارے میں سب معلوم ہے۔ وہ الفاظ کے ساتھ بھی کافی اچھا کھیل لیتے تھے جیسے کہ چٹکلے، مذاق، ان کی باتیں، ایکسٹروورٹ پرسنالٹی۔ جاوید میں خوداعتمادی بہت تھی، چار پانچ مہینوں میں ہی سارا اسکول جان گیا تھا کہ یہ کون ہے پھر ان کا نام جادو بھی دوسرے لوگوں کے مقابلے میں ذرا مختلف سا لگتا تھا۔ وہ چیزیں جن کے بارے میں ہم نے سنا بھی نہیں تھا جادو جانتے تھے، وہ ان لوگوں سے بھی مل چکے تھے جن کے ہم نے صرف نام سن رکھے تھے۔ ان کے بیشتر دوست ان کی عمر سے کافی بڑے تھے۔ یونیورسٹی کے لڑکوں سے دوستی تھی، یونیورسٹی کی لڑکیوں سے دوستی تھی۔ جادو کسی بھی آدمی سے چاہے وہ لڑکا ہو یا لڑکی، جوان ہو یا بزرگ بیٹھ کر کسی بھی موضوع پر بات کر سکتے ہیں۔ ایک بات اور ہے اور یہ علیگڑھ کا کلچر ہے۔ ایک لفظ ہے کھنچائی کرنا، جاوید کھنچائی کرنے میں بھی کافی اچھے تھے۔علی گڑھ میں جس زمانے میں جاوید یہاں پڑھ رہے تھے۔ بائیں بازو کی جماعت سے جڑے لوگوں کے نظریات کا یہاں گہرا اثر تھا۔ گھر پر یہ ساری باتیں ہوتی تھیں، انقلاب، آزادی اور مساوات۔ یہ بالکل روزمرہ کی بات چیت تھی۔

جس طرح جاوید اردو کو استعمال کرتے ہیں، جس طرح بولتے ہیں خاص طور پر ان کی ظرافت لاجواب ہے۔ میں سمجھتا ہوں کہ علی گڑھ میں جو سال گزرے وہ جاوید کے لئے بہت اہمیت کے حامل رہے ہیں۔علی گڑھ کا ایک خاص سینس آف ہیومر ہوتا ہے اور یہاں پر شاید ہی کوئی ایسا شخص ملے گا جس میں یہ ظرافت نہ پائی جاتی ہو۔ دیو آنند کو جاوید اپنا آئڈیل مانتے تھے۔ وہ بھی کالر کھڑا کر کے پف بنا کر ڈائلاگ بولتے تھے اور اچھی ممکری بھی کر لیتے تھے۔

ایک بات یہ ہے کہ جاوید کوئی بات کبھی بھولتے نہیں ہیں، یہ خوبی آپ کو امیتابھ بچن کے یہاں بھی دیکھنے کو ملے گی۔ میں بدلا لینے کے حوالے سے بات نہیں کر رہا ہوں، لیکن اگر کوئی بات انہیں تکلیف پہنچا گئی ہے، تب وہ اسے اتنے لمبے وقت تک یاد رکھتے ہیں کہ جب تک انہیں ان باتوں کو دفع کرنے کا موقع خود سے نہ مل جائے اور سامنے والے سے شکست کا اعتراف نہ کرالیں۔ میں جاوید کی شاعری کا دلدادہ ہوں جاوید کی کچھ رومانی شاعری مجھے بہت پسند ہے ان کی شاعری میں ماضی کی جھلک ہے، وہ اندر سے بے حد رومانٹک انسان ہیں اور یہ جو ان کی شخصیت کا 'کول' انداز ہے یہ خارجی ہے۔ وہ جذباتیت سے بھرے ہیں اور کبھی کبھی یہی جذباتیت ان کی شاعری میں بھی نظر آتی ہے جو خوبصورت احساس

▶ فرحان مجیب اور دیگر دوستوں کے ساتھ جاوید اختر۔

جاوید اختر، ۱۴سال (علی گڑھ، ۱۹۵۷)

سے دو چار کراتی ہے ان کی جو ایک غزل ہے 'میں اور میری آوارگی' یا ان کی ایک نظم جو مجھے بہت اچھی لگتی ہے 'بنجارہ' جس میں ان کے کسی کو پیچھے چھوڑ آنے کی پرانی یاد کا ذکر ہے۔

ان کے نغمے تو لاجواب ہیں، وہ ایک بہترین نغمہ نگار ہیں۔ 'سلسلہ' فلم میں کچھ گانے بہت اچھے لکھے ہیں جادو نے، 'گھر سے نکلتے ہی' بہت اچھا ہے یہ خالص علی گڑھ کا گانا ہے اس لئے کہ اسمیں جو ایک لڑکے کے جذبات ہیں کہ وہ ایک لڑکی کو چاہتا ہے اور کبھی نہیں بتاتا ہے۔ جب ہم لوگ ۱۴- ۱۳ سال کے تھے اور جادو یہاں تھے اسکول میں، کسی کو بھی یہ صاف طور پر اندازہ ہوجاتا تھا کہ یہ ایک مختلف قسم کا بچہ ہے، جو اپنی زندگی کسی اور طرح سے ڈھالے گا۔ یہ کوئی انجینئر، لائر یا ڈاکٹر نہیں بننے والا ہے۔ سب کا اندازہ تھا کہ یہ ڈگر سے ہٹ کر ایک انسان ہے۔ ان سے جب ۱۹٦۳ میں ملاقات ہوئی تب وہ بھوپال سے ایک دو دنوں کے لئے علی گڑھ آئے ہوئے تھے۔ اس کے بعد ۱۹۷۳ میں ملے پھر ۱۹۷۷ میں انگلینڈ میں ہم نے ایک مہینہ ساتھ گزارا اور اس کے بعد ہم بار بار ملتے رہے۔

جاوید ہمارے گھر آتے تھے، میرے روم میں بیٹھتے تھے، ہم فلموں کے گانوں، دوستوں کے بارے میں باتیں کرتے، لطیفے سناتے تھے کبھی کبھی گھنٹوں بیٹھے رہتے تھے۔ وقت گزرتا رہتا اور پھر اماں کہتیں تم کھانا یہیں کھا لینا۔ گرمی کی دوپہر میں پیچھے ڈرائنگ روم میں فرش پر لیٹ کر غپ شپ ہوتی رہتی تھی۔ ہمارے کزن سے بھی جادو کی دوستی تھی۔ وہ بیٹھے ہوئے ہیں، جھگڑا ہو رہا ہے، کشتی ہو رہی ہے، مطلب کچھ بھی۔ جاوید کو تھوڑے لبھاونے محبت بھرے گانے پسند تھے۔ 'جیون کے سفر میں راہی' جاوید کا پسندیدہ گانا تھا۔ میں ذرا کچھ سیدھا سادھا سا تھا، تو کافی سادہ گانے سنتا تھا۔ 'نین سے نین ناہی ملاؤ، ہم لوگ گھر پر بیٹھ کر گانے گاتے تھے۔ میری آواز ذرا اونچی تھی اور جادو کی آواز ذرا دبی ہوئی تو لڑکی کی آواز کو میں اور لڑکے کی آواز کو جاوید گاتے تھے۔ ایک گانا تھا 'ایک مسافر ایک حسینہ' کا، 'میں پیار کا راہی ہوں تری زلف کے سائے میں کچھ دیر ٹھہر جاؤں'۔ لڑکی کہتی ہے 'تم ایک مسافر ہو کب چھوڑ کے چل دو گے یہ سوچ کے گھبراوں'۔ اس میں ایک جگہ آتا ہے کہ 'ناز نیں تو نہیں جاسکے گی' اور جاوید میری طرف دیکھتے تھے اور ہماری ہنسی پھوٹ پڑتی تھی۔

میرا جو کمرہ تھا اس میں بک شیلف میں شیشے لگے ہوئے تھے۔ اس میں میرے پاس فیروز آباد میں بنے بہت سے شیشے کے جانور لگے رہتے تھے۔ وہ جاوید کو بہت پسند تھے اور اس نے بعد میں بھی مجھ سے کہا کہ وہ تمہیں یاد ہے کہ کیسے تمہارے گھر میں شیشے کے مورر کھے رہتے تھے، وہ مجھے بہت پسند تھے۔ تمہار کمرہ کتنا پیارا تھا، حالانکہ مجھے ٹھیک سے یاد نہیں لیکن جاوید نے کئی بار مجھ سے یہ بات کہی کہ اس کمرے میں جو کھلونے رکھے تھے وہ آج بھی مجھے یاد ہیں۔ مجھے نہیں پتہ کہ اس کا ذکر کرنا چاہئے کہ نہیں لیکن نظم میں جس کمرے کا ذکر ہے میں نے وہ کمرہ دیکھا ہے کیوں کہ میں نے وہاں خاصہ وقت گزارا ہے، ایک فنکار ادھر اُدھر سے کچھ نہ کچھ لیتا رہتا ہے لیکن وہ کمرہ شبانہ کا ہے۔ 'جانکی کٹیر' میں جس کمرے کی شبیہ ہے وہ شبانہ کا کمرہ ہے یہاں کا نہیں۔

جاوید نے کچھ لمحوں میں خود کو میرے سامنے ایسے واضح کیا ہے جسے کبھی کسی اور کے سامنے نہیں کیا ہوگا۔ مجھے ایسی ایک دو باتیں یاد ہیں۔ 'ڈان' فلم بن رہی تھی، 'ڈان' فلم کے پروڈیوسر میرے بہنوئی لگتے ہیں، تو جاوید ایک سیلیبرٹی ہونے کے سبب پروڈیوسر کے لئے خاص تھے۔ انہوں نے جاوید کو اور ہمیں کھانے پر بلایا تھا تو میں اور فوزیہ گئے تھے۔ اس زمانے میں جاوید شراب پیتے تھے، جب جاوید آئے تو شراب پیتے رہے۔ جاوید نے کہا تم گانا سناؤ، مجھے یاد ہے میں نے فیض کی غزل 'کب تک دل کی خیر منائیں' گائی تھی۔ اچانک سے جاوید کی آنکھیں نم ہوگئیں، میں نے جاوید کو پہلے کبھی روتے نہیں دیکھا، میں نے یہ محسوس کرلیا تھا کہ اندرونی طور پر جاوید کہیں نہ کہیں ضرور ہرٹ ہوئے ہیں۔ وہ لمحہ میری یادوں میں بس گیا۔

सै
फि
या
SAY "NO" TO ONE TIME USE PLASTIC
PLASTIC FREE CAMPUS
Use & Throw Plastic
Accessories in College
is Punishable Act.

■ بھوپال

۱۵

کالج کمپاؤنڈ کا وہ خالی کمرہ

مقام: شہر بھوپال، کردار: کئی مہربان، بہت سے دوست اور میں۔ علی گڑھ سے ممبئی جاتے ہوئے میرے والد نے مجھے بھوپال یا یوں کہئے کہ آدھے راستے میں چھوڑ دیا ہے۔ کچھ دنوں تو اپنی سوتیلی ماں کے گھر میں رہا اور پھر وہ بھی چھوٹ گیا۔ سیفیہ کالج میں پڑھتا ہوں اور دوستوں کے سہارے رہتا ہوں۔ اگر دوستوں کی فہرست بنانے بیٹھوں تو ٹیلی فون ڈائرکٹری سے زیادہ ضخیم کتاب بن جائے گی، ان دنوں میں بی اے سیکنڈ ائر میں ہوں، اپنے دوست اعجاز کے ساتھ رہتا ہوں، کرایہ وہ دیتا ہے، میں تو بس رہتا ہوں، وہ پڑھتا ہے اور ٹیوشن کر کے گزر بسر کرتا ہے، سب دوست اسے ماسٹر کہتے ہیں، ماسٹر سے کسی بات پر جھگڑا ہو گیا ہے، بات چیت بند ہے اس لئے میں آج کل اس سے پیسے نہیں مانگتا۔ سامنے ٹنگی ہوئی اس کی پینٹ میں سے نکال لیتا ہوں یا وہ بغیر مجھ سے بات کئے دو ایک روپے میرے سرہانے رکھ کر چلا جاتا ہے۔

میں بی اے فائنل میں ہوں، یہ اس کالج میں میرا چوتھا سال ہے، کبھی فیس نہیں دی، کالج والوں نے مانگی بھی نہیں، یہ شاید بھوپال میں ہی ممکن ہو سکتا ہے۔ کالج کے کمپاؤنڈ میں ایک خالی کمرہ بھی مجھے مفت دے دیا گیا ہے، جب کلاس ختم ہو جاتا ہے تو میں کسی کلاس روم سے دو بنچیں اٹھا کر اس کمرے میں رکھ لیتا ہوں اور ان پر اپنا بستر بچھا لیتا ہوں، یہ بستر آرام دہ ہے لیکن بنچوں میں کھٹمل بہت ہیں۔ جس ہوٹل میں ادھار کھاتا تھا وہ میرے جیسے مفت خوروں کو کھلا کھلا کر بند ہو گیا ہے اور اب ہوٹل کی جگہ وہاں جوتوں کی دوکان کھل گئی ہے۔ اس وقت کیا کھاؤں۔ اکیلا ہوں، جیب خالی ہے، بخار بھی زیادہ ہے اور بھوک بھی شدت کی لگی ہے، کالج کے دو لڑکے جن سے میری معمولی سی جان پہچان ہے میرے لئے ٹفن میں کھانا لے کر آتے ہیں۔ میری دونوں سے کوئی دوستی نہیں معمولی سے شناسائی ہے، پھر بھی دونوں بیوقوفی کی حد تک مہربان ہیں۔ میں بھی ذہانت سے کام لیتا ہوں انہیں اس بات کا احساس بھی نہیں ہونے دیتا کہ ان کے جانے کے بعد میں تنہائی میں روتا ہوں، دو تین روز میں میری طبیعت ٹھیک ہو جاتی ہے۔ وہ دونوں میرے بہت اچھے دوست ہو جاتے ہیں۔

مجھے کالج میں ڈبیٹ میں حصہ لینے کا خاصہ شوق ہو گیا ہے، پچھلے تین سال سے بھوپال روٹری کلب کی ڈبیٹ کا انعام جیت رہا ہوں۔ انٹر کالج ڈبیٹ کی بھی بہت سی ٹرافیاں میں جیت چکا ہوں، وکرم یونیورسٹی کی جانب سے دلی یوتھ فیسٹول میں بھی حصہ لیا ہے، کالج میں دو پارٹیاں ہیں اور الیکشن کے دوران دونوں پارٹیاں مجھے اپنی طرف سے بولنے کو کہتی ہیں۔ مجھے الیکشن سے کوئی سروکار نہیں بس بولنے سے مطلب ہے اس لئے میں دونوں پارٹیوں کی طرف سے تقریر کر دیتا ہوں۔

▶ بھوپال کے سیفیہ کالج میں

بھوپال کی یادیں:

بھوپال کے دوست

وہاج الدین انصاری

’ایک دن فتح اللہ جاوید اختر کو ہمارے کمرے میں لائے اور کہنے لگے کہ اب یہ تمہارے ساتھ رہیں گے، جاوید کے آتے ہی کمرے میں نئی زندگی آگئی۔ جاوید خاموش بیٹھنے والی تو ہستی تھے نہیں، وہ آتے ہی اس جاگیر کے حقدار بن گئے جواب تک ہماری تھی، میں جلد ہی جاوید سے گھل مل گیا۔ مجھے اس زمانے میں فلمیں دیکھنے کی اچھی خاصی لت پڑی ہوئی تھی۔ جاوید کو خاص طور پر انگریزی فلموں کی اچھی شُد بُد تھی۔ جاوید کے دوستوں کی پوری ٹیم تھی جو اکثر کمرے پر رہتی اور طرح طرح کے شگوفے پھوٹتے رہتے لطیفے چلتے رہتے۔‘

اعجاز انصاری

’جاوید بہت ذہین تھے، شروع سے ہی گفتگو کا بڑا سلیقہ اور شعور ہے ان کے یہاں، جہاں بھی بولنے جاتے چھا جاتے تھے۔ انہوں نے کالج میں کبھی کتابیں نہیں خریدیں، کتابیں خود جاوید کے پاس آکر گفتگو کرتی تھیں، ہم لوگ ابراہیم پورا میں ایک ساتھ رہا کرتے تھے، ایک ہمدرد دوست تھے جاوید اور ہمارے درمیان اچھی بانڈنگ تھی۔ آج بھی جب وہ کبھی مل جاتے ہیں تو ایک ایک کر کے سب کے بارے میں پوچھتے ہیں اور جب بھی یہاں آتے ہیں تو ہم سب کو بلا لیتے ہیں اور پھر وہی بے تکلف گفتگو شروع ہو جاتی ہے جس کے لئے وہ ہر دلعزیز ہیں۔ مجھے یاد ہے ان دنوں وہ اکثر کہا کرتے تھے دیکھنا ایک دن جب میں یہاں آؤنگا تو گاڑی میں آؤنگا۔‘

فتح اللہ

’ ہر قسم کی سماجی سرگرمیوں میں ہم لوگ ساتھ رہتے تھے، مندر کے پاس والے تالاب کے کنارے ہم سب دوست ساتھ بیٹھا کرتے تھے۔ جاوید سب کی نقلیں کر کے دکھاتا تھا، میرے حافظے میں ایسی کوئی ڈیبیٹ نہیں جس میں جاوید نے حصّہ لیا ہو اور وہ نہ جیتا ہو، یوتھ فیسٹیول کے لئے وکرم کالج کی ٹیم میں صرف جاوید کا سلیکشن ہوا تھا۔ آج مجھے جاوید کی ترقی پر کوئی حیرت اس لئے بھی نہیں ہوتی کیونکہ پوت کے پاؤں پالنے میں نظر آنے والی کہاوت کے مصداق یہ سب کو احساس تھا کہ جاوید کو بہت آگے جانا ہے۔ ‘

احسان

’ کالج میں ہم ساتھی تھے، جاوید کو فلموں کا بڑا شوق تھا۔ اپنے ماحول سے اسے بغاوت کرنے کی عادت تھی، شاعری اور فلمی ڈائلاگ اکثر سنایا کرتا تھا۔ ہمیں لگتا تھا کہ یہ کچھ بنے گا ضرور، جاوید نے اپنی ذہانت اور صلاحیت سے یہ ثابت کر دیا کہ بنیادی اور ضروری سہولیات کے بغیر بھی آدمی بڑا بن سکتا ہے وہ تقریریں بہت اچھی کرتا تھا، ہمیشہ سچ بولتا تھا اور اسے یہ احساس ہمیشہ سے تھا کہ انسانیت سب سے بڑی چیز ہے۔ ‘

منّان

’ ہم کالج میں ساتھ تھے، جاوید علی گڑھ سے یہاں بھوپال پڑھنے آئے تھے جبکہ لوگ بھوپال سے علی گڑھ پڑھنے جایا کرتے تھے۔ ہم لوگ کہتے تھے کہ شاید یہ علی گڑھ والوں کے بس میں نہ رہے ہوں گے۔ ان کی شخصیت میں خاصی کشش تھی، ہم لوگ بہت جلدی دوست بن گئے، ہمیں ان کے آنے کی خوشی اس لئے زیادہ ہوئی تھی کہ ہمیں ان کی شکل میں ایک چیمپئن مل گیا تھا۔ دراصل ان دنوں کالج میں بیت بازی کا ایک مقابلہ ہوتا تھا جس میں ہم لوگ لڑکیوں سے ہار جاتے تھے لیکن جاوید کے آنے کے بعد پھر ہم سے کوئی جیت نہ سکا۔ اکثر ایسا ہوتا تھا کہ جب سامنے والی ٹیم کوئی شعر پڑھ رہی ہوتی تھی تو شعر مکمل ہوتے ہی بغیر کسی تاخیر کے جاوید اس کا جواب دے دیا کرتے تھے۔ ممکری کرنے یعنی کسی کی نقل اتارنے کے تو وہ استاد تھے اور اس دوران ہمیشہ یہی کہا کرتے تھے کہ میں فلم انڈسٹری میں جاؤنگا۔ وہ ان دنوں فلموں میں جو شاعری، جو نغمہ نگاری کر رہے ہیں وہ ایک مشکل کام ہے، یہ ان کا بڑا کمال ہے۔ ‘

کالج گروپ فوٹو کی پہلی صف میں اپنے دوست مشتاق سنگھ کے ساتھ (بائیں سے دائیں ساتویں اور آٹھویں) کرسی پر بیٹھے ہوئے دونوں دوست۔

۱۶

مشتاق سنگھ کا کڑا

کالج کا یہ کمرہ بھی جاتا رہا۔ اب میں مشتاق سنگھ کے ساتھ ہوں، مشتاق سنگھ نوکری کرتا ہے اور پڑھتا ہے، وہ کالج کی اردو ایسوسی ایشن کا صدر ہے، میں بہت اچھی اردو جانتا ہوں اور وہ مجھ سے بھی بہتر جانتا ہے، مجھے بے شمار شعر یاد ہیں، اسے مجھ سے بھی زیادہ یاد ہیں، میں اپنے گھر والوں سے الگ ہوں اس کے گھر والے ہیں ہی نہیں، دیکھئے ہر کام میں وہ مجھ سے بہتر ہے، سال بھر سے وہ مجھ سے دوستی کھانے اور کپڑے پر نبھا رہا ہے، یعنی کھانا بھی وہی کھلاتا ہے اور کپڑے بھی وہی سلواتا ہے، پکّا سردار ہے لیکن میرے لئے سگریٹ خریدنا اس کی ذمہ داری ہے۔

اب میں کبھی کبھی شراب بھی پینے لگا ہوں، ہم دونوں رات کو بیٹھے شراب پی رہے ہیں، وہ مجھے ملک کی تقسیم اور اس زمانے کے قصے سنا رہا ہے۔ وہ بہت چھوٹا تھا لیکن اسے یاد ہے کہ کیسے دلّی کے کرول باغ میں دو مسلم لڑکیوں کو جلتے ہوئے تارکول کے ڈرم میں ڈال دیا گیا تھا اور کیسے ایک مسلمان لڑکے کو... میں کہتا ہوں، 'مشتاق سنگھ تو کیا چاہتا ہے جو ایک گھنٹے سے مجھے ایسے قصے سنا کر مسلم لیگی بنانے کی کوشش کررہا ہے۔ ظلم کی یہ تالی تو دونوں ہاتھوں سے بجی تھی۔ اب ذرا دوسری طرف کی بھی تو کوئی واردات سنا۔ مشتاق سنگھ ہنسنے لگتا ہے 'چلو سنا دیتا ہوں، جگ بیتی سناؤں یا آپ بیتی۔' میں کہتا ہوں، 'آپ بیتی'۔ وہ بتاتا ہے 'میرا گیارہ لوگوں کا خاندان تھا، دس میری آنکھوں کے سامنے قتل کئے گئے ہیں۔' مشتاق سنگھ تجھے ان لوگوں نے کیوں چھوڑ دیا، تیرے جیسے بھلے لوگ چاہے کسی ذات کسی مذہب میں پیدا ہوں ہمیشہ سولی پر چڑھائے جاتے ہیں۔ تو کیسے بچ گیا؟

جب ہم دونوں الگ ہو رہے تھے، تو میں نے اس کا کڑا اس سے لے کر پہن لیا تھا اور وہ آج تک میرے ہاتھ میں ہے اور جب بھی میں اس کے بارے میں سوچتا ہوں مجھے محسوس ہوتا ہے وہ میرے سامنے ہے اور کہہ رہا ہے:

بہت ناکامیوں پر آپ اپنی ناز کرتے ہیں
ابھی دیکھی کہاں ہیں آپ نے ناکامیاں میری

کچھ ضروری باتوں کا خلاصہ میں شروعات میں ہی کرنا چاہوں گا اور یہ کوئی راز بھی نہیں ہے کہ میں ناستک ہوں یعنی خدا میں یقین نہیں رکھتا ہوں، اور یہ کہ میرا نام جاوید اختر ہے میرا کوئی مذہبی یقین نہیں ہے، روحانیت پر بھی مجھے یقین نہیں ہے۔

۱۷

جنّت مزدوروں کے پسینے میں پوشیدہ ہے، تسبیح اور مالا کے دانوں میں نہیں

سولہ برس کی عمر میں کالج کے 'واد-وِواد' (بحث ومباحثہ) میں کی گئی جاوید اختر کی پہلی تقریر

جنابِ صدر اور ساتھیو!

اگر مذہب اس دنیا کو جنت بنا سکتا ہے تو دھرم کا علمبردار ایشیا صدیوں سے جہنم کیوں بنا ہوا ہے؟ اگر مذہب اس دنیا کو جنت بنا سکتا ہے تو اس نے ایک جنت دنیا کے اُس طرف آسمان پر کیوں بنائی، یقیناً مذہب کا عرش پر جنت بنانا اس بات کا سب سے بڑا ثبوت ہے کہ وہ اس دنیا میں جنت نہیں بنا سکتا۔

ہر وہ چمن جہاں ایکتا، امن ترقی اور شانتی کے پھول کھلتے ہوں اسے دنیا کی جنت کہلانے کا پورا حق ہے۔ امن کی ہر کلی کو دھرم کے ہاتھ نے بڑی بے دردی سے مسل دیا ہے۔ اگر مذہبوں کے نام پر بہایا ہوا خون جمع کیا جائے تو اس میں دنیا کے تمام مندر مسجد اور گرجا ڈوب جائیں گے، مجھے یقین ہے کہ محمود غزنوی کے پاس جہاد اور بُت شکنی جیسے دلفریب الفاظ نہ ہوتے تو اس کی دولت کی ہوس سومناتھ کے حسین مندر کو نہ اجاڑ پاتی۔

مجھے یقین ہے اگر دھرم ہندوستانیوں کے دل و دماغ پر جنون بن کر نہ چھا گیا ہوتا تو آج راوی اور چناب کے پانی سے انسانی خون کی بو نہ آ رہی ہوتی۔ جو لوگ یہ مانتے ہیں کہ ہٹلر ظالم و بتیارا تھا میں انہیں بتانا چاہتا ہوں کے اس جیسے درندے کو بھی روم کے پوپ کا آشیرواد و سرپرستی حاصل تھی، وہ لوگ جو مانتے ہیں کہ نازی فوجوں نے اس دنیا کو جہنم بنانے کی کوشش کی ہے، آج انہیں یہ بھی ماننا ہوگا کہ یہ کوشش مقدس بائبل کے سائے میں ہوئی ہے، ہر مذہب کہتا ہے کہ ظالموں اور گنہگاروں کو سزا تب دی جائے گی جب ان کے ظلم کے پیالے چھلک جائیں گے، جنابِ صدر! یہ بات تو کچھ ایسی ہوگی جیسے ایک پولس کانسٹبل چور کو تجوری توڑتے دیکھتا رہے اور کہے کہ میں اس چور کو تب پکڑوں گا جب یہ چوری کا سارا روپیہ خرچ کر چکا ہوگا۔ کیا ایسے چوکیدار کے ہاتھ میں اپنے گھر کے خزانے کی ذمہ داری سونپ دینا گھر کو لٹانے جیسا نہیں ہوگا۔ پھر اگر یہ مان بھی لیا جائے کہ مذاہب دنیا کو جنت بنا سکتے ہیں تو سوال یہ پیدا ہوتا ہے کہ کون سا مذہب یہ نیک کام انجام دینے کی صلاحیت رکھتا ہے؟ کیا وہ مذہب جو کہتا ہے : ڈھول، گنوار، اور شودر، پشو، ناری۔ سکل تاڑنا کے ادھیکاری، جو کہتا ہے کہ یہ نیچ ذات والے جانور ہیں یہ سب لاٹھیوں کے حقدار ہیں۔ یا وہ مذہب جو کہتا ہے کہ اپنی عورتوں سے کہو کہ ان کی آوازیں گھر کی چار دیواری کی باہر نہ نکلیں، یاد رکھئے وہ دنیا جنت نہیں جہنم ہوگی جہاں دنیا کی آدھی آبادی سسکتے ہوئے مر جائے گی۔

کیا وہ مذہب اس دنیا کو جنت بنائے گا جو کہتا ہے کہ انڈیل دو پگھلا ہُوا سیسا اس اچھوت کے کان میں جس نے غلطی سے ویدوں کے پاک شلوک سن لئے ہیں۔ یا وہ مذہب جس میں ایک کافر کے سامنے صرف دو راستے ہوتے ہیں موت یا جذیہ... میں پوچھتا ہوں کہ مذہب کے ہاتھوں بنایا ہوا وہ معاشرہ کیا جنت کہلانے کا حق دار ہوگا جس کے دروازے کافروں، ملیچھوں اور اچھوتوں کے لئے بند ہوں، میں پورے یقین کے ساتھ کہہ سکتا ہوں کہ مذہب نہ دنیا کو جنت بنا سکتا ہے اور نہ دنیا میں جنت بنا سکتا ہے، اور اگر وہ جنت سے ملتی جلتی کوئی چیز بنا بھی لے تو اس کی حدیں دنیا کے تمام رہنے والوں پر برابر مہربان نہیں ہو سکتیں، اور کم از کم میری نظر میں ایسی جگہ کو جنت کہلانے کا کوئی حق نہیں رکھتی، مذہب کبھی نہیں چاہتا کہ یہ دنیا جنت بنے اس لئے کہ دنیا اور جنت کے بیچ کا فاصلہ ہی مذہب کی عزت و عظمت کی سب سے بڑی وجہ بنا ہوا ہے، لوگ کہتے ہیں کہ مذہب ہی اس دنیا کو جنت بنا سکتا ہے

بھوپال کے پتے پر آئے خطوط

جبکہ سچائی یہ ہے کہ مذہب ہی ایک ایسی چیز ہے جس نے دنیا کو جنت بننے سے ہمیشہ روکا ہے۔

مجھے یاد ہے سقراط کو مذہب نے اس لئے زہر کا پیالا پلایا تھا کہ اس نے دنیا کے نوجوانوں کو اس دنیا کو جنت بنانے کا سلیقہ سکھانے کی کوشش کی تھی۔ مجھے یاد ہے عیسیٰ مسیح کو مذہب نے اس لئے صلیب پر لٹکا دیا تھا کہ انہوں نے اس دنیا کے ذرّے ذرّے کو جنت بنانے کی بات سوچی تھی۔ مجھے یاد ہے کہ گیلیلیو کو اہل مذہب نے اس لئے قید کر دیا تھا کہ اس نے دنیا کو علم کی وہ روشنی دینا چاہی تھی جس کے بغیر کسی بھی جنت کی تکمیل ممکن نہیں۔ یہ سچ ہے کہ مذہب کی تلواروں سے پھیلے ہوئے خون کی بوندوں کے تلے دنیا کے نہ جانے کتنے پھولوں کی خوشبوؤں نے دم توڑ دیا، ہمیں اعتراف کرنا ہوگا کہ اس دنیا میں جنت کی تعمیر ہتھوڑوں اور کدالوں سے تو ہو سکتی ہے، عبادت اور سجدوں سے نہیں۔ ہمیں تسلیم کرنا پڑے گا کہ اس دنیا کی جنت مزدوروں کے پسینے میں نہاں ہے، تسبیح اور مالا کے دانوں میں نہیں۔ ہمیں ماننا پڑے گا کہ جب تک دنیا کے چناب میں مذہب کی لہریں اٹھتی رہیں گی جنت کی سوہنی اسے پار نہ کر سکے گی۔ جب تک انسان زمین سے زیادہ آسمان سے محبت کرے گا تب تک جنت کی حوریں اس زمین پر پیر نہیں رکھ سکتیں۔ ہمیں ماننا پڑے گا کہ اس دنیا کو جنت مذہبی کتابیں نہیں بلکہ مزدوروں، ملچھوں کمزوروں، اچھوتوں اور مفلسوں کے ہاتھ بنا سکتے ہیں۔ مجھے یقین ہے کہ عرب سے سیریا اور اسپین جانے والی فوجیں وہاں جنت بنانے کے ٹھیکے لینے نہیں گئی تھیں، مجھے یقین ہے کہ اگر ہندستانیوں کے سر پر مذہب جنون بن کر نہ چھا گیا ہوتا تو شاید میرے ملک کے اس طرح ٹکڑے نہ ہوتے جیسے دو بھوکوں کے بیچ ایک روٹی بٹ جاتی ہے۔

بھلا کون انکار کر سکتا ہے کہ روس اور فرانس کے انقلاب اس دنیا میں جنت بنانے کے خواب کو حقیقت میں تبدیل کرنے کی کوشش تھے۔ تب دونوں ملکوں میں کسانوں اور مزدوروں کے ہاتھوں پادریوں کے قتل اس بات کے ثبوت ہیں کہ مذہب اس دنیا کو جنت بنانے کی راہ میں دیوار بن کر اڑ گیا ہے۔ ہو سکتا ہے کہ اسے یہ خطرہ ہو کہ اگر یہ دنیا جنت بن گئی تو شاید اس کی دنیا والی جنت کے ٹکٹ کے بھاؤ گر جائیں گے جیسے

آج بھی مذہبی پیشوا بیچتے ہیں۔ لوگ کہتے ہیں کہ اس دنیا میں جنت تعمیر ہوسکتی ہے، جبکہ سچائی یہ ہے کہ صرف مذہب نے ہی انسان کو جنت بنانے سے روکا ہے۔ اس کا تازہ ثبوت یہ ہے کہ آج سے چند سال پہلے جب سائنسدانوں نے اسپوتنک میں لائکا نامی ایک کتیا کو اسپیس میں بھیجا تھا تو یورپ کے تمام گرجا گھروں میں اس دن کتیا پر یہ بھیانک ظلم کرنے کے جرم میں سائنسدانوں کے خلاف قرارداد منظور کی گئی تھی، مگر اس وقت کہاں سو رہے تھے یہ پادری، جب اسی یورپ میں رومن کیتھلک اور پروٹیسٹنٹ کی سو سال لمبی جنگ میں ہزاروں لاکھوں انسان کتوں کی طرح موت کے گھاٹ اتار دئے گئے تھے۔ آخر اس دن ان کے رحم اور انسانیت پر مبنی جذبات پر ضرب کیوں نہیں لگی، اس لئے کہ مذہب کبھی نہیں چاہتا کہ دنیا اور جنت کے درمیان کا فاصلہ کبھی کم ہو، خود انسان نے جنت کو اپنے پاس بلانا چاہا مگر مذہب نے تلوار بن کر اس کے ہاتھوں کو کاٹ دیا جب انسان نے جنت کی طرف قدم بڑھانے چاہے تو یہ دھرم ہی تھا جو اس کے پیروں سے زنجیر بن کر لپٹ گیا۔

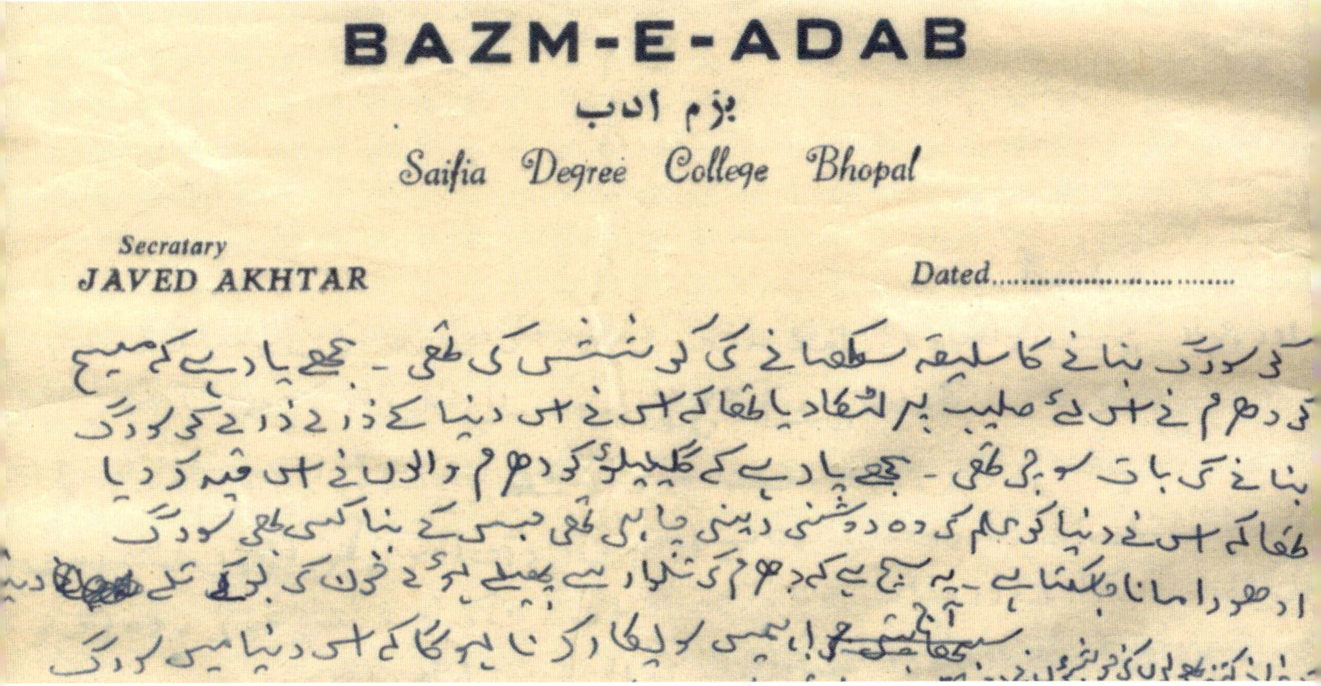
BAZM-E-ADAB

بزم ادب

Saifia Degree College Bhopal

Secratary

JAVED AKHTAR

Dated........................

کی سورگ بنانے کا سلیقہ سکھانے کی کوشش کی تھی - مجھے یاد ہے کہ مسیح
کو دھرم نے اس لئے صلیب پر لٹکا دیا تھا کہ اس نے اس دنیا کے ذرے ذرے کو سورگ
بنانے کی بات سوچی تھی - مجھے یاد ہے کہ گلیلیو کو دھرم والوں نے اسے قید کر دیا
تھا کہ اس نے دنیا کو علم کی وہ روشنی دینی چاہی تھی جس کے بنا کسی بھی سورگ
ادھورا مانا جا سکتا ہے - یہ سچ ہے کہ دھرم کی تلوار سے پھیلے ہوئے خون کی بوندیں تک دی
~~سمجھا جاتا~~ آج بھی ہمیں للکار کر ... ہوگا کہ اس دنیا میں سورگ

واد-وواد (بحث ومباحثہ) کے لئے جاوید اختر کے ذریعے لکھی ہوئی تقریر جس کے لئے ان کو پہلا انعام ملا تھا۔

سیفیہ کالج میں جاوید اختر (بھوپال)

بھوپال میں تالاب کے کنارے مندر کی سیڑھیوں پر بیٹھے ہوئے
جہاں دوستوں کے ساتھ شامیں گزارا کرتے تھے۔

لائیل بک ڈپو پر بک ڈپو کے مالک وکاس رکھیجا کے ساتھ۔ یہاں سے جاوید اختر نے
خواجہ احمد عباس کی کتاب 'انقلاب' خریدی تھی۔

بھوپال ٹاکیز کے سامنے، جہاں جاوید اختر نے ناصر حسین کی فلم 'جب پیار کسی سے ہوتا
ہے' تین بار دیکھی تھی، اور اس کے بارہ سال بعد انہوں نے ناصر حسین کی فلم 'یادوں کی
بارات' مشترکہ طور پر لکھی تھی۔

کوہِ نور ملز کا گیٹ، ممبئی

کوہِ نور ملز کے سامنے سے گزرتے ہوئے سوچتا ہوں کہ شاید سب بدل جائے لیکن یہ گیٹ تو رہے گا، ایک دن اسی گیٹ کے سامنے سے اپنی کار سے گزروں گا۔

کمال امروہوی اسٹوڈیو جو اب 'نٹراج اسٹوڈیو' ہے

میں اب سال بھر سے کمال اسٹوڈیو (جو کہ اب نٹراج اسٹودیو ہے) میں رہتا ہوں، کمپاؤنڈ میں کہیں بھی سوجاتا ہوں، کبھی کسی برامدے میں، کبھی کسی پیڑ کے نیچے، کبھی کسی بنچ پر اور کبھی کسی کاریڈور میں۔ یہاں میرے جیسے کئی بے گھر اور بے روزگار اسی طرح رہتے ہیں۔

۱۸

۴ اکتوبر ۱۹۶۴

ممبئی سینٹرل

ممبئی آنے کے چھ (۶) دن بعد والد کا گھر چھوڑنا پڑتا ہے، جیب میں ستائیس (۲۷) نئے پیسے ہیں۔ میں خوش ہوں کہ زندگی میں کبھی جو اٹّھائیس (۲۸) نئے پیسے بھی جیب میں آ گئے تو میں فائدے میں رہوں گا اور دنیا گھاٹے میں۔

مقام شہر ممبئی... کردار: فلم انڈسٹری، دوست، دشمن اور میں... ۱۴ اکتوبر انیس سو چونسٹھ، میں ممبئی سینٹرل اسٹیشن پر اترتا ہوں، اب اس عدالت میں میری زندگی کا فیصلہ ہونا ہے، ممبئی آنے کے چھ دن بعد باپ کا گھر چھوڑنا پڑتا ہے، جیب میں صرف ستائیس نئے پیسے ہیں میں خوش ہوں کہ اگر زندگی میں کبھی اٹھائیس نئے پیسے بھی میری جیب میں آ گئے تو میں فائدے میں رہوں گا اور دنیا گھاٹے میں۔

ممبئی میں دو سال ہونے کو آئے نہ رہنے کا ٹھکانہ ہے نہ کھانے کا، یوں تو ایک چھوٹی سی فلم میں سو روپئے مہینے پر ڈائلاگ لکھ چکا ہوں، کبھی کہیں اسسٹنٹ ہو جاتا ہوں، کبھی کہیں ایک آدھ چھوٹا موٹا کام مل جاتا ہے، اکثر وہ بھی نہیں ملتا، دادر میں اس پروڈیوسر کے یہاں اپنے پیسے مانگنے آیا ہوں جس نے مجھ سے اپنی فلم میں کامیڈی سین لکھوائے تھے۔ یہ سین اس مشہور رائٹر کے نام سے ہی فلم میں آئیں گے جو یہ فلم لکھ رہا ہے۔ آفس بند ہے، واپس باندرہ جانا ہے، جو کافی دور ہے۔ پیسے صرف اتنے ہیں کہ یا تو بس کا ٹکٹ لے لوں یا کچھ کھا لوں، مگر پھر پیدل واپس جانا پڑے گا، چنے خرید کر جیب میں بھرتا ہوں اور پیدل سفر شروع کر دیتا ہوں، کوہِ نور ملز کے گیٹ کے سامنے سے گزرتے ہوئے سوچتا ہوں کہ وقت کے ساتھ شاید سب بدل جائے لیکن یہ گیٹ تو رہے گا۔ ایک دن اسی کے سامنے سے اپنی کار سے گزروں گا۔

ایک فلم میں ڈائلاگ لکھنے کا کام ملا ہے، کچھ سین لکھ کر ڈائریکٹر کے گھر جاتا ہوں، وہ بیٹھا ناشتے میں انناس کھا رہا ہے، سین لے کر پڑھتا ہے اور سارے کاغذ میرے منہ پر پھینک دیتا ہے اور فلم سے نکالتے ہوئے مجھ سے کہتا ہے کہ میں زندگی میں کبھی رائٹر نہیں بن سکتا۔ تپتی دھوپ میں سڑک پر چلتے ہوئے میں اپنی آنکھ کے کونے میں آئے ہوئے آنسو کو پونچھتا ہوں اور سوچتا ہوں کہ میں ایک دن اس ڈائریکٹر کو دکھاؤں گا کہ میں... پھر جانے کیوں خیال آتا ہے کہ کیا یہ ڈائریکٹر ناشتے میں روز انناس کھاتا ہوگا۔

ممبئی کے ابتدائی دنوں میں جاوید اختر

۱۹

زندگی، جدوجہد
اور جگدیش

رات کے شاید دو بجے ہوں گے، ممبئی کی برسات، لگتا ہے جیسے آسمان سے سمندر برس رہا ہے، میں کھار اسٹیشن کے پورٹیکو کی سیڑھیوں پر ایک کمزور سے بلب کی مدھم سی روشنی میں بیٹھا ہوں۔ نزدیک ہی زمین پر اس آندھی طوفان سے بے خبر تین آدمی سو رہے ہیں، دور کونے میں ایک بھیگا ہوا کتا ٹھٹھر رہا ہے۔ لگتا ہے بارش اب کبھی نہیں رکے گی، دور تک خالی اندھیری سڑکوں پر موسلا دھار پانی برس رہا ہے، خاموش عمارتوں کی روشنیاں کب کی بجھ چکی ہیں، لوگ اپنے اپنے گھروں میں سو رہے ہوں گے، اسی شہر میں میرے والد کا بھی گھر ہے۔ ممبئی کتنا بڑا شہر ہے اور میں کتنا چھوٹا ہوں، جیسے کچھ بھی نہیں ہوں، آدمی کتنی بھی ہمت رکھے لیکن کبھی کبھی اسے بہت ڈر لگتا ہے۔

میں اب سال بھر سے کمال اسٹوڈیو (جو کہ اب نٹراج اسٹوڈیو ہے) میں رہتا ہوں، کمپاؤنڈ میں کہیں بھی سو جاتا ہوں، کبھی کسی برآمدے میں، کبھی کسی پیڑ کے نیچے، کبھی کسی بنچ پر تو کبھی کسی کاریڈور میں۔ یہاں میرے جیسے کئی بے روزگار اور بے گھر اسی طرح رہتے ہیں، انہی میں سے ایک جگدیش ہے، جس سے میری اچھی دوستی ہو جاتی ہے۔ وہ روز ایک نئی ترکیب سے سوچتا ہے کہ آج کھانا کہاں سے اور کیسے مل سکتا ہے، آج دارو کون اور کیوں پلا سکتا ہے؟ جگدیش نے برے حالات میں زندہ رہنے کا آرٹ سیکھ لیا ہے۔

میری جان پہچان اندھیری اسٹیشن کے پاس فٹ پاتھ پر ایک پرانی کتابیں بیچنے والے دوکاندار سے ہو گئی ہے، اس لئے کتابوں کی کوئی کمی نہیں ہے۔ رات رات بھر کمپاؤنڈ میں جہاں بھی تھوڑی روشنی ہوتی ہے وہیں بیٹھ کر پڑھتا رہتا ہوں، دوست مذاق اڑاتے ہیں کہ اگر میں اتنی کم روشنی میں رات رات بھر پڑھتا رہا تو بہت جلد اندھا ہو جاؤں گا۔ آج کل ایک کمرے میں سونے کا موقع مل گیا ہے، اسٹوڈیو کے اس کمرے میں چاروں طرف دیواروں سے لگی بڑی بڑی الماریاں رکھی ہوئی ہیں جن میں فلم پاکیزہ کے سیکڑوں کسٹیوم رکھے ہوئے ہیں۔

مینا کماری کمال صاحب سے الگ ہو گئی ہیں، اس لئے ان دنوں پاکیزہ کی شوٹنگ بند ہے، ایک دن میں الماری کی ایک دراز کھولتا ہوں، اس میں فلم میں استعمال ہونے والے پرانے جوتے چپل اور سنڈل بھرے ہوئے ہیں اور انہی میں مینا کماری کے تین فلم فیئر ایوارڈ بھی پڑے ہیں، میں انہیں جھاڑ پونچھ کر الگ رکھ دیتا ہوں، میں نے زندگی میں پہلی بار کسی فلم فیئر ایوارڈ کو چھوا ہے، روز رات کو کمرہ اندر سے بند کر کے وہ ٹرافی اپنے ہاتھ میں لے کر آئینے کے سامنے کھڑا ہوتا ہوں اور سوچتا ہوں کہ جب یہ ٹرافی مجھے ملے گی تو تالیوں سے گونجتے ہوئے ہال میں بیٹھے ہوئے لوگوں کی طرف دیکھ کر میں کس طرح مسکراؤں گا اور کیسے ہاتھ ہلاؤں گا۔ اس سے پہلے کہ اس بارے میں کوئی فیصلہ کر سکوں، اسٹوڈیو کے بورڈ پر لگے نوٹس پر نظر پڑتی ہے، لکھا ہے کہ جو لوگ اسٹوڈیو میں کام نہیں کرتے وہ کمپاؤنڈ میں نہیں رہ سکتے۔

ممبئی میں جدو جہد کے دنوں میں جاوید اختر

۲۰

فلم والوں کی زبان میں
’صحیح بریک ملنا‘

کمال اسٹوڈیو سے جب ہم نکالے گئے تب جگدیش مجھے پھر ایک ترکیب بتاتا ہے کہ جب تک کوئی اور انتظام نہیں ہوتا ہم لوگ مہاکالی کی گُپھاؤں میں رہیں گے (مہاکالی اندھیری سے آگے ایک علاقہ ہے جہاں اب ایک گھنی آبادی اور کمالستان اسٹوڈیو ہے، اُس زمانے میں وہاں صرف ایک سڑک تھی، جنگل تھا اور چھوٹی چھوٹی پہاڑیاں جن میں بودھ فقیروں کی بنائی ہوئی پرانی گپھائیں تھیں جو آج بھی ہیں، اُن دنوں ان میں کچھ چرس، گانجا پینے والے سادھو پڑے رہتے تھے)۔ مہاکالی کی گپھاؤں کے مچھّر اتنے بڑے ہیں کہ انہیں کاٹنے کی ضرورت ہی نہیں، آپ کے تن پر صرف بیٹھ جائیں تو آنکھ کھل جاتی ہے، ایک ہی رات میں یہ بات سمجھ میں آگئی کہ وہاں چرس پیے بنا کوئی سو ہی نہیں سکتا۔ تین دن جیسے تیسے گزارتا ہوں۔ باندرا میں ایک دوست کچھ دنوں کے لئے اپنے ساتھ رہنے کے لئے بلا لیتا ہے۔ میں باندرہ جا رہا ہوں۔ جگدیش کہتا ہے دو ایک روز میں وہ بھی کہیں چلا جائے گا (یہ جگدیش سے میری آخری ملاقات تھی۔ آنے والے برسوں میں زندگی مجھے کہاں سے کہاں لے گئی مگر وہ نہیں گیا، کچھ برس بعد وہیں انہی گپھاؤں میں چرس اور کچّی دارو پی پی کر مر گیا اور وہاں رہنے والے سادھوؤں اور آس پاس کے جھونپڑ پٹی والوں نے چندہ کر کے اس کا کریا کرم کر دیا۔ قصہ ختم۔ مجھے اور اس کے دوسرے دوستوں کو اس کے مرنے کی خبر بھی بعد میں ملی۔ میں اکثر سوچتا ہوں کہ مجھ میں کون سے لعل ٹنکے ہیں اور جگدیش میں ایسی کیا خرابی تھی۔ یہ بھی تو ہو سکتا تھا کہ تین دن بعد جگدیش کے کسی دوست نے اسے باندرہ بلا لیا ہوتا اور میں انہی گپھاؤں میں رہ جاتا۔ کبھی کبھی سب اتفاق لگتا ہے۔ ہم لوگ کس بات پر گھمنڈ کرتے ہیں)۔

میں باندرہ میں جس دوست کے ساتھ ایک کمرے میں آ کر رہتا ہوں وہ پیشہ ور جواری ہے۔ وہ اور اس کے دو ساتھی جوئے میں پتّے لگانا جانتے ہیں۔ مجھے بھی سکھا دیتے ہیں۔ کچھ دنوں ان کے ساتھ تاش کے پتّوں پر گزارا ہوتا ہے، پھر وہ لوگ ممبئی سے چلے جاتے ہیں اور میں پھر وہیں کا وہیں۔ اب اگلے مہینے اس کمرے کا کرایہ کون ادا کرے گا۔ ایک مشہور اور کامیاب رائٹر مجھے بلا کر آفر دیتے ہیں کہ اگر میں ان کے ڈائلاگ لکھ دیا کروں (ظاہر ہے میرا نہیں ان کا ہی نام جائے گا) تو وہ مجھے چھ سو روپے مہینہ دیں گے۔ سوچتا ہوں یہ چھ سو روپے میرے لئے چھ کروڑ کے برابر ہیں، یہ نوکری کر لوں، پھر سوچتا ہوں کہ نوکری کر لی تو کبھی چھوڑنے کی ہمت نہیں ہوگی، زندگی بھر یہی کرتا رہ جاؤں گا، پھر سوچتا ہوں اگلے مہینے کا کرایہ دینا ہے، پھر سوچتا ہوں، دیکھا جائے گا۔ تین دن سوچنے کے بعد انکار کر دیتا ہوں۔ دن، ہفتے، مہینے، سال گزرتے ہیں۔ ممبئی میں پانچ برس ہونے کو آئے، روٹی ایک چاند ہے، حالات بادل، چاند کبھی دکھائی دیتا ہے کبھی حالات کے بادلوں میں چھپ جاتا ہے۔ یہ پانچ برس مجھ پر بہت بھاری تھے، مگر میرا سر نہیں جھکا سکے۔ میں ناامید نہیں ہوں۔ مجھے یقین ہے کچھ ہوگا، کچھ ضرور ہوگا، میں یونہی مر جانے کے لئے نہیں پیدا ہوا ہوں۔ اور آخر نومبر ۱۹۶۹ میں مجھے وہ کام ملتا ہے جسے فلم والوں کی زبان میں صحیح بریک کہا جاتا ہے۔

۲۱

گفتگو (سوریہ بھانو گپت ۔ اروند منڈلوئی)

جاوید نے کہا تھا کہ میں اس انڈسٹری کا نمبر ون رائٹر بن کر دکھاؤں گا:

سوریہ بھانو گپت

آپ کا جاوید صاحب سے پہلا تعارف کب ہوا؟

پہلا تعارف تو دیکھئے یہاں ملاڈ نامی ایک چھوٹا سا قصبہ ہے وہاں مہینے کے ایک اتوار کو ایک نشست، گوشٹھی ہوتی تھی۔ تو میں بھی جاتا تھا، بیس اکیس (۲۱-۲۰) سال کی عمر تھی۔ اور شاعر لوگ بھی آتے تھے۔ شاید ۶۴ کی بات ہے کہ جاوید صاحب بھی شاعروں کا کلام سننے آئے اور ساتھ میں تاج صاحب بھی تھے، تاج بھوپالی۔ میں اس وقت صرف نظمیں کہتا تھا۔ غزل نہیں کہتا تھا۔ تو یہ لوگ سنتے تھے اور پسند کرتے تھے۔ اور ہوتا یہ تھا کہ جب ایک دور ہوجاتا تھا، تو دوسرے دور میں صرف انہی شاعروں کو پڑھواتے تھے، لوگ جنکو پسند کرتے تھے۔ اور دوسرے دور میں ہمیشہ میرا نمبر لگتا تھا جو کچھ شاعروں کو پسند نہیں آتا تھا۔ پر میں کیا کرسکتا تھا۔ یہ آتے رہے، تاج صاحب بھی آتے رہے۔ یہ ایسٹ میں رہتے تھے، پروگرام ویسٹ میں ہوتا تھا۔ تو یہ بھی جدوجہد کررہے تھے، پیر جمانے کی کوشش کررہے تھے۔ پھر ۱۹۶۵ کی ایک نشست میں میں نے ایک نظم سنائی جو جاوید صاحب کو بہت پسند آئی۔ 'سوریاستھ' نام تھا اس کا۔ پروگرام کے بعد وہ میرے پاس آئے اور بولے، 'یہ کیا آپ نے ہی لکھی؟ سچ مچ آپ نے ہی لکھی ہے؟'۔ تو ہم نے کہا، 'کیوں آپ کو کیوں شک ہورہا ہے؟' بولے، 'نہیں! آپ کی صحت دیکھ کر شک ہورہا ہے کہ اتنا صحتمند آدمی ایسی نظم کیسے لکھ سکتا ہے؟'۔ تو میں نے کہا، 'بھئی میں نے ہی لکھی ہے۔' تو ہنسنے لگے، 'اس کی کاپی مجھے ملے گی؟'۔ میں نے کہا، 'ہاں! میں اگلی نشست میں آپ کو دیدونگا'۔ تو پہلی ملاقات ایسے ہوئی۔

کچھ وقت کے بعد حالات کے پیش نظر کمال اسٹوڈیو میں رہنے آنا پڑا۔ کفیل آذر صاحب جو شاعر بھی تھے، اور نشست میں بھی آتے رہتے تھے، وہ بولے، تم میرے یہاں آجاؤ، کمال اسٹوڈیو، میرے ساتھ رہو، میرے کمرے میں، کوئی دقت نہیں، میں نے ویسا ہی کیا۔ تو وہاں اسٹوڈیو میں جاوید صاحب بھی تھے۔ اب تو وہاں روز ملنا ہوتا تھا۔ تو ایک دن یہ مجھ سے کہنے لگے کہ، کیوں سوریہ بھان صاحب! کیا ارادہ ہے آپ کا؟ میں نے کہا، 'میرا ارادہ تو یہاں رہنے کا نہیں

ہے۔ گھر کے حالات بہتر ہو جائیں گے سکون ہو جائے گا تو میں چلا جاؤنگا۔ پھر میں نے معلوم کیا آپ کیا کریں گے؟ بولے،'مجھے تو یہیں جینا مرنا ہے'۔تو میں نے کہا،'یہاں کا تو کچھ بھروسہ نہیں ۔آپ گریجویٹ ہیں کوئی نوکری آپ کو مل سکتی ہے'۔ بولے، یار! میں آپ سے وعدہ کرتا ہوں کہ اس انڈسٹری کا نمبر ون رائٹر بن کر دکھاؤں گا آپ کو۔ یہ وہ وقت تھا جب ان کو کھانے کے لالے پڑے تھے۔ اور ایک دن تو مجھ سے بولے، یار سوریہ بھان! میں نے تین دن سے کھانا نہیں کھایا، پیسے نہیں ہیں میرے پاس، آپ آج کھانا کھلائیے مجھے۔ میں نے کہا،'ہاں ہاں! کیوں نہیں، آیئے بغل کے ڈھابے میں چلتے ہیں، آج کل میں کفیل صاحب کے اکاؤنٹ میں کھانا کھا رہا ہوں۔ یہ سن کر جاوید بولے تو پھر میں نہیں کھاؤں گا۔ میں نے کہا،'ارے تین دن سے بھوکے ہو یار، میں کفیل صاحب کا حساب کرنے والا ہوں، یہاں سے جا کر میں ان کو پیسے دونگا، میں فری میں نہیں کھا رہا ہوں، اس لئے آپ بے تکلف ہو کر میرے ساتھ کھایئے'۔ بولے،'نہیں یار! آپ کا بہت بہت شکریہ، میں نے جاوید سے بہت کہا،'لیکن وہ نہیں مانے۔ میں نے یہ بھی پوچھا،'اچھا کیا بات ہے کیوں نہیں کھائیں گے آپ؟ کھانے میں کیا رکھا ہے، اور ویسے بھی پیسے تو مجھے ہی دینے ہیں'۔ کہنے لگے،'نہیں یار وہ آدمی مجھے پسند نہیں۔نہیں کھایا انہوں نے کھانا'۔ میرے لئے یہ بہت بڑی بات تھی کہ تین دن کا بھوکا آدمی صرف اس لئے کھانا نہ کھائے کہ کوئی آدمی اسے پسند نہیں۔ میں نے سوچا کہ یہ آدمی تو واقعی صاحب کردار اور خوددار ہے۔ واقعی خاندانی آدمی ہے جس کی زندگی کے ساتھ اس کی تہذیب اور روشن روایتیں بھی سفر کر رہی ہیں۔ اس کے بعد میں وہاں سے نکل گیا، مجھے ایک نوکری بھی مل گئی۔ اندھیری میں موتی محل کے سامنے والے فٹپاتھ پر بہاری نام کا ایک شخص کتابیں کرائے پر دیتا تھا وہی اڈّا تھا جاوید صاحب کا۔ وہاں یہ کتابیں لینے آتے تھے اور میں ایسے ہی جاتا تھا اڈّے بازی کے لئے ، وہاں اور بھی کئی شاعر آیا کرتے تھے تو ان سے ہفتے میں دو تین بار میری ملاقات ہو جاتی تھی۔ یہ کبھی کہتے چلئے چائے پیتے ہیں، چائے بھی ان دنوں سستی تھی، جب میں چائے کے پیسے دینے لگتا تو وہ مجھے کبھی پیسے نہیں دینے دیتے تھے۔ کہتے،'نہیں نہیں! میں آپ کو چائے پلانے لایا ہوں تو پیسے میں ہی دونگا'۔ میں یہ بھی کہتا کہ بھائی میں ابھی نوکری کر رہا ہوں میرے پاس پیسے ہیں جب آپکی انکم کا کوئی با قاعدہ حیلہ وسیلہ ہو جائے تو آپ دید یجئے گا۔ وہ کہتے،'نہیں نہیں! جس دن میرے پاس پیسے نہیں ہوں گے، میں کڑکا رہوں گا، اس دن آپ دید یجئے گا'۔ ان کی یہ بات بھی میرے دل کو بڑی چھو گئی، میں سوچتا رہا، یہ کیسا آدمی ہے بھائی! یہ تو کمال ہے۔ جب ان کے پاس پیسے نہیں ہوتے تھے تب ہی کہتے تھے یار چائے پلوایئے۔ تو بھائی میرے دل میں تو جو عزت ان کے لئے تب تھی وہ اب بھی ہے اور وہ بھی میری بہت عزت کرتے ہیں۔ مجھے ان کی بہت محبتیں ملی ہیں اور میں نے بھی ان سے بہت محبت کی، بڑی جدوجہد کی ہے اس آدمی نے۔ ان کو جو بھی ایوارڈ اور اعزاز ملے ہیں وہ ان کی محنت اور صلاحیت کے سامنے بہت کم اور بہت چھوٹے ہیں، سچ یہ ہے کہ آج کی دنیا میں ایسے سچّے اور اتنے خوددار لوگ میں نے کم دیکھے ہیں۔

جب یہ پہلی بار کامیاب ہوئے، پھر اس کے بعد آپ کی ملاقات کب اور کس طرح ہوئی؟

مجھے کہیں سے فون نمبر ملا تھا تو میں نے فون پر بات کی تھی۔ پھر ایک دن میں ان کے گھر پہنچ گیا۔ پھر کئی بار آنا جانا ہوا، کیونکہ دو تین مہینے میں ان کے یہاں ایک نشست ہوتی تھی، اس نشست میں دھرم ویر بھارتی، پشپا بھارتی، راج بیدی، شرد جوشی، پدما سچدیوا اور ان کے شوہر سریندر سنگھ سمیت کافی لوگ آتے تھے، دو تین گھنٹے کی اس نشست میں خوب ہاؤ ہو ہوتی تھی۔ سننا سنانا ہوتا تھا اور سب کھا پی کر اپنے اپنے گھر جاتے تھے۔ خاص بات یہ ہے کہ وہ رشتوں کو نبھانے والے انسان ہیں مجھ سے ہمیشہ گرم جوشی سے، لپک کر ملتے تھے، گلے لگتے تھے، ابھی بھی کہیں مل جائیں تو اسی طرح ملتے ہیں۔ ان کے دل میں جو محبت پہلے تھی وہ آج بھی ہے، اس میں کوئی کمی نہیں آئی۔ بہت سے نئے لوگ یہ دیکھ کر کبھی کبھی حیرت میں پڑ جاتے تھے، تعجب کرتے تھے کہ یہ کون آدمی ہے جس سے جاوید اختر اتنی محبت اور اتنے خلوص سے مل رہے ہیں۔

جاوید صاحب کی شاعری کے بارے میں آپ کو کب علم ہوا کہ یہ اسکرپٹ رائٹر کے علاوہ شاعر بھی ہو گئے ہیں؟

'دھرم یگ' میں تقریباً ڈیڑھ صفحے پر ان کا مختصر تعارف اور ان کی شاعری چھپی تھی، تعارف پشپا جی نے لکھا تھا، جب میں نے پڑھا تو مجھے بہت حیرت ہوئی اور ساتھ ہی بہت خوشی بھی۔ ملاقات ہوئی تو میں نے پوچھا 'یار یہ شاعری کب شروع کر دی'؟ بولے 'اس میں کیا بات ہے، مجھے معلوم تھا میں کبھی بھی شاعری کر سکتا ہوں'۔ تو میں نے کہا، 'تب پہلے کیوں نہیں کی؟'۔ تو بولے، 'میں نے سوچا پہلے روٹی ووٹی کا کچھ بندوبست کر لوں'۔ یہ جاوید کو یقین بھی تھا اور اپنی صلاحیتوں پر اعتماد بھی کہ میں شاعری تو کبھی بھی کر سکتا ہوں۔ میں شاعر کا ہی بیٹا ہوں اور ویسے بھی خاندان میں سب شاعر ہی شاعر ہیں۔

۲۲

سلیم صاحب سے ملاقات
اور ساتھ کام کرنے کا فیصلہ

میں نے پروڈیوسر وڈائریکٹر کمال امروہوی کے لئے پچاس روپے ماہوار کی تنخواہ پر ایک کلیپر بوائے کی حیثیت سے کام کیا۔ اس کے کچھ دنوں کے بعد ۱۹۶۵ میں مجھے ڈائریکٹر ایس ایم ساگر کے یہاں نوکری مل گئی، میں نے ان کے ساتھ ۱۹۶۶ کی ایک فلم 'سرحدی لٹیرا' میں بحیثیت اسسٹنٹ ڈائرکٹر اور کلیپر بوائے کام کیا۔ وہ اداکار شیخ مختار کو لے کر ایک اسٹنٹ فلم بنا رہے تھے جس میں سلیم صاحب بھی ایک رومانٹک رول کر رہے تھے۔ ایس ایم ساگر کو کوئی ڈائلاگ رائٹر نہیں مل رہا تھا، اس لئے میں نے ان سے پوچھا، 'کیا میں کچھ سین لکھ سکتا ہوں؟' اور میں نے دو تین سین لکھ کر بھی دکھائے، ان کو وہ سین اچھے لگے اور بولے، 'تم ڈائلاگ لکھو'۔ تو کلیپر بوائے کے ساتھ ساتھ میں ڈائلاگ رائٹر بھی بن گیا اور یہیں پر سلیم صاحب سے ملاقات بھی ہوئی۔ اس وقت بھی وہ کہانیاں بنالیا کرتے تھے۔ ایس ایم ساگر کی فلم پوری ہو جانے کے بعد بھی ہم ایک دوسرے سے ملتے رہے۔

۱۹۶۳ میں میں اندھیری میں رہ رہا تھا، پھر میں باندرہ چلا گیا اور وہاں رہنے کے لئے مجھے چھوٹی سی جگہ مل گئی۔ یہ جگہ سلیم صاحب کے گھر کے قریب تھی۔ اگر شام کو میرے پاس کوئی کام نہیں ہوتا تو میں ان کے گھر چلا جاتا تھا۔ اسی طرح ہمارے دوستی اور قربت بڑھتی گئی، ہم دونوں ایک ساتھ بیٹھتے تھے اور کہانیاں بُنتے، بناتے تھے۔ اس درمیان انہوں نے 'دو بھائی' کی کہانی برج کو بھیج دی۔ اس فلم میں اشوک کمار، جتیندر اور مالا سنہا اداکاری کر رہے تھے۔ اس فلم کی کہانی سلیم صاحب کی ہی تھی۔ حالانکہ فلم زیادہ چلی نہیں، لیکن اس سے کوئی فرق نہیں پڑا۔ میں نے 'یقین' فلم کے ڈائلاگ لکھے تھے، لیکن وہ بھی نہیں چلی۔ ان فلموں نے بطور فلم نگار ہماری کوئی مدد نہیں کی تو اس طرح ہم دونوں ہی بے روزگار تھے۔

اب قسمت کا کھیل دیکھئے۔ ہماری ملاقات ایک بار پھر ڈائریکٹر۔ پروڈیوسر ایس ایم ساگر سے ہوگئی۔ ان کو اس بات کا احساس تھا کہ سلیم صاحب اور میں لکھ سکتے ہیں۔ لہٰذا انہوں نے کہا کہ میرے پاس ایک کہانی ہے۔ میں اس کہانی کو اسکرین پلے میں بدلنے کے لئے تمہیں کچھ پیسہ دونگا، ہم مان گئے۔ سلیم صاحب اور میں نے یہ فیصلہ کیا کہ ہم اس فلم پر ایک ساتھ کام کریں گے اور اس طرح ہم نے 'ادھیکار' کا اسکرین پلے لکھا۔ اس فلم میں اشوک کمار اور نندہ تھے۔ ہمارے نام اس فلم کے کریڈٹ میں کہیں نہیں دئے گئے۔

اسکرپٹ پر تبادلۂ خیال کرتے ہوئے سلیم۔ جاوید

۲۳

ہمیں یقین تھا کہ کمرشیل سنیما بھی بامعنی ہوسکتا ہے:

سلیم خان

جب ہماری ملاقات ہوئی تھی تب ہم دونوں اسٹرگل کر رہے تھے۔ ہم دونوں ایک ہی جگہ مدھیہ پردیش سے آئے تھے۔ وہ بھوپال میں تھے اور میں اندور میں تھا۔ جاوید نے جب ممبئی میں میرے گھر آنا جانا شروع کیا تب وہ کہیں اپنے دوستوں کے ساتھ رہتے تھے یا شاید پیئنگ گیسٹ تھے۔ میں نے محسوس کیا کہ ان کے پاس ٹیلنٹ ہے جسے سامنے آنا چاہئے حالانکہ ان کی خواہش فلم ڈائریکٹر بننے کی تھی لیکن مجھے لگا کہ وہ ایک بہتر رائٹر بن سکتے ہیں۔ اس وقت میں ایک اسکرپٹ لکھ رہا تھا، انہوں نے میری اسکرپٹ میں مدد کرنا شروع کی، میں نے سوچا مدد کیوں لی جائے، کیوں نہ ہم ایک پارٹنر کے بطور کام کریں اور ہم نے پارٹنر کے طور پر کام کرنا شروع کر دیا۔ ہماری ٹیم نیچرل ٹیم تھی۔

دراصل ہماری پہلی فلم 'ادھیکار' تھی لیکن ہمارے نام نہیں دئے گئے تھے۔ اس فلم کے پروڈیوسر کے پاس ایک اسٹوری تھی، لیکن اس کو اسکرین پلے لکھنے والا کوئی نہیں مل رہا تھا۔ جب وہ میرے پاس آئے تو قسمت سے، جس پر میں بہت یقین کرتا ہوں، میرے پاس جاوید بیٹھے ہوئے تھے۔ انہوں نے ایک ریمیونریشن یعنی معاوضہ بھی طے کیا، دراصل جاوید نے اسے مجھ پر ہی چھوڑ دیا تو میں نے کہا کہ ہم آدھا آدھا بانٹ لیں گے۔ پھر اس کے بعد ہم نے رمیش سپّی کا اسٹوری ڈپارٹمنٹ جوائن کرلیا۔ وہ 'انداز' بنا رہے تھے، ہم نے 'انداز' میں کام کیا اور اس میں ہمارے نام بھی دئے گئے تھے۔ نام الگ الگ دئے گئے تھے یعنی سلیم خان اور جاوید اختر۔ اسکے بعد 'ہاتھی میرے ساتھی' میں ہمارے نام مشترکہ طور پر دئے گئے تھے یعنی سلیم۔جاوید۔

بہت سے لوگ سوچتے ہیں کہ ہم ایک طرح کے انسان رہے لیکن حقیقت یہ ہے کہ ہم بالکل الگ الگ طرح کے آدمی تھے۔ مثال کے طور پر میں لوگوں پر بھروسہ کرتا ہوں اور وہ لوگوں کو لے کر مشکوک رہتے ہیں۔ وہ بہت ہی آرگیومنٹل اور لوجیکل ہیں لیکن میں ذاتی طور پر کسی اموشن کسی جذبے سے مطمئن ہوجاتا ہوں، سمجھوتا کرلیتا ہوں۔ میری زندگی دوسری طرح کی تھی اور ان کی دوسری طرح کی۔

یہاں میں ان سے جڑے صرف اچھے دنوں کو ہی یاد کر رہا ہوں۔ ہم نے دیش کی کچھ لینڈ مارک فلموں کے بننے میں اپنا تعاون دیا جو اچھی اور کامیاب فلمیں رہیں۔ ہمارا یقین رہا کہ کمرشیل سنیما بھی بامعنی ہوسکتا ہے اور کرداروں کو زندگی کے بھی بہت قریب ہونا چاہئے۔ ہماری پہلی فلم جو فلاپ ہوئی وہ ہماری دسویں فلم تھی جبکہ ہم لگاتار نو (۹) سپرہٹ فلمیں دے چکے تھے۔

جاوید میں نغمہ نگاری اور شاعری کی صلاحیت تھی۔ وہ ایک اچھے نغمہ نگار ہیں۔ حقیقت میں مجھے ان کا وہ گانا بہت پسند ہے جو انہوں نے 'ساتھ ساتھ' کے لئے لکھا تھا 'تم کو دیکھا تو یہ خیال آیا' کبھی کبھی میں اس گانے کو بجاتا بھی ہوں، ٹیون اور لرِک کو دیکھیں تو وہ ایک کمپلیٹ سانگ ہے۔ ہر طرح سے مکمل اور بھرپور نغمہ ہے۔

۲۴

گفتگو

(جاوید اختر کے ساتھ اروند منڈلوئی)

اگر آپ میرے فلم کیرئر میں لوگوں کے
تعاون کے بارے میں پوچھیں گے،
تو میں ایک سے تین تک
سلیم صاحب کا ہی نام لونگا

ہم لوگ گیارہ سال پارٹنر رہے۔ گیارہ سال
ہم نے فلموں میں ساتھ کام کیا،
اٹھارہ۔انیس فلموں کی اسکرپٹ ساتھ میں لکھی۔

وہ کون دو تین لوگ ہیں جنہوں نے آپ کو اور آپ کی زندگی کو سب سے زیادہ متاثر کیا؟

میں کہوں گا ایک تو میری فیملی، فیملی مطلب پوری فیملی، جو میرے ماں باپ، آنٹس انکل، جو تمام لوگ تھے، انہوں نے مجھے متاثر کیا۔ اور جو خیال و فکر کی دنیا آباد ہوئی، وہ اسی ماحول سے پیدا ہوئی۔ انہوں نے سب سے زیادہ متاثر کیا۔ میرے ایک دوست تھے خسرو صاحب جو کہ گوالیار کے جاگیردار و زمیندار تھے۔ میں سمجھتا ہوں انہوں نے میری فکر کو بہت متاثر کیا، میرے سوچنے کے انداز، میری شخصیت، میری پسند ناپسند پر ان کے اثرات مرتب ہوئے۔ اور اگر آپ بات فلمی کیریئر کی ترقی میں تعاون کے حوالے سے کریں گے تو میں ایک سے تین تک سلیم صاحب کا ہی نام لوں گا۔ چوتھا کوئی اور ہو سکتا ہے، اس لئے کہ سلیم صاحب سے میں نے زندگی میں بہت کچھ سیکھا ہے۔ اور نہ صرف یہ کہ ہم لوگ گیارہ برس پارٹنر رہے۔ گیارہ سال ہم نے فلموں میں ساتھ ساتھ کام کیا۔ ۱۹-۱۸ فلموں کی اسکرپٹ ساتھ میں لکھی، لیکن ایک انسان کی حیثیت سے بھی میں نے ان سے بہت سی باتیں سیکھی ہیں۔ خود پر یقین رکھنا، برے سے برے وقت میں حوصلہ کم نہ ہونے دینا، یہ شاید کچھ خوبیاں مجھ میں پہلے سے رہی ہوں گی کیونکہ برے دن تو میں نے دیکھے تھے، لیکن جو ہمت سلیم صاحب میں تھی، میں اس کی داد دوں گا۔ ہم لوگوں نے جس طرح سے اور جس ٹرم اور کنڈیشن پر کام کیا، جو ہماری قیمت بڑھی، جو ہم نے اپنے کام کی بنیاد پر بڑی بڑی قیمتیں لیں، اپنے نام کو اعتبار و وقار کی منزلوں سے آشنا کیا۔ یہ سب سلیم صاحب کی ہی وجہ سے ہوا۔

◀ فلم 'شعلے' کے تھری ڈی ورژن کے لانچ کے موقع پر جاوید اختر اور سلیم خان۔

۲۵

اسکرین پلے کا کمال

فلم ’ہاتھی میرے ساتھی‘ ۱۹۷۱ کی سب سے ہٹ فلم رہی۔ یہ فلم راجیش کھنّا کی کامیاب ترین فلموں میں شامل رہی۔ یہ چنّپا دیور نے بنائی تھی اور اس فلم کی کہانی بھی دیور کی ہی تھی۔ یہ فلم سلیم جاوید کی پہلی پارٹنرشپ تھی، جس کے لئے انہیں باضابطہ طور پر اسکرین پلے رائٹر کے بطور متعارف کرایا گیا تھا، کریڈٹ دیا گیا تھا۔ فلم کے مضمون، موضوع اور اسکرین پلے کے حوالے سے سلیم جاوید کے ذریعے کئے گئے ٹریٹمنٹ نے ’ہاتھی میرے ساتھی‘ کو بچوں میں نہایت مقبول اور ان کی پسندیدہ فلم بنا دیا تھا۔ فلم کی ہیروئن ’تنوجا‘ یاد کرتی ہیں کہ کیسے ان کی بیٹیوں نے رامو ہاتھی کی موت کے لئے ان کو ہی (تنوجا کے ذریعے نبھائے گئے کردار کو) ذمہ دار ٹھہراتے ہوئے ہفتوں تک ان سے بات نہیں کی تھی۔

فلم: ہاتھی میرے ساتھی

ہدایت کار: ایم اے ترموگم

۱۹۷۱

۲۶

عورت کے کردار اور انداز پیش کش میں تبدیلی

باکس آفس پر 'سیتا اور گیتا' نے حیرت انگیز کامیابی حاصل کی تھی۔ یہ ۱۹۷۲ کی سب سے زیادہ کمائی کرنے والی فلم تھی۔ اس فلم کے بعد ہیما مالنی انڈسٹری کی نمبرون ہیروئن بن گئیں۔ 'سیتا اور گیتا' نے فلم انڈسٹری میں ایک نئی تاریخ رقم کی اور وہ یہ کہ خواتین 'ہیروئن' کے کردار کو لے کر جو انڈسٹری کی سوچ تھی، اس کو ہی اس فلم نے پوری طرح تبدیل کر دیا۔ اس فلم کے بعد، اب فلم بنانے والوں اور ہدایت کاروں کے لئے عورت کے کردار کو نئے رول اور نئے نداز سے پیش کرنے میں کوئی دشواری کوئی الجھن باقی نہیں رہی کیونکہ عورتوں کے ذریعے ایکشن سین کرنا اب فیشن میں آچکا تھا۔ فلم کو دوسری زبانوں میں بھی بنایا گیا جس میں تیلگو فلم 'گنگا منگا' (۱۹۷۳) اور تمل فلم 'وانی رانی' (۱۹۷۴) شامل ہیں۔

فلم: سیتا اور گیتا

ہدایت کار: رمیش سپّی

۱۹۷۲

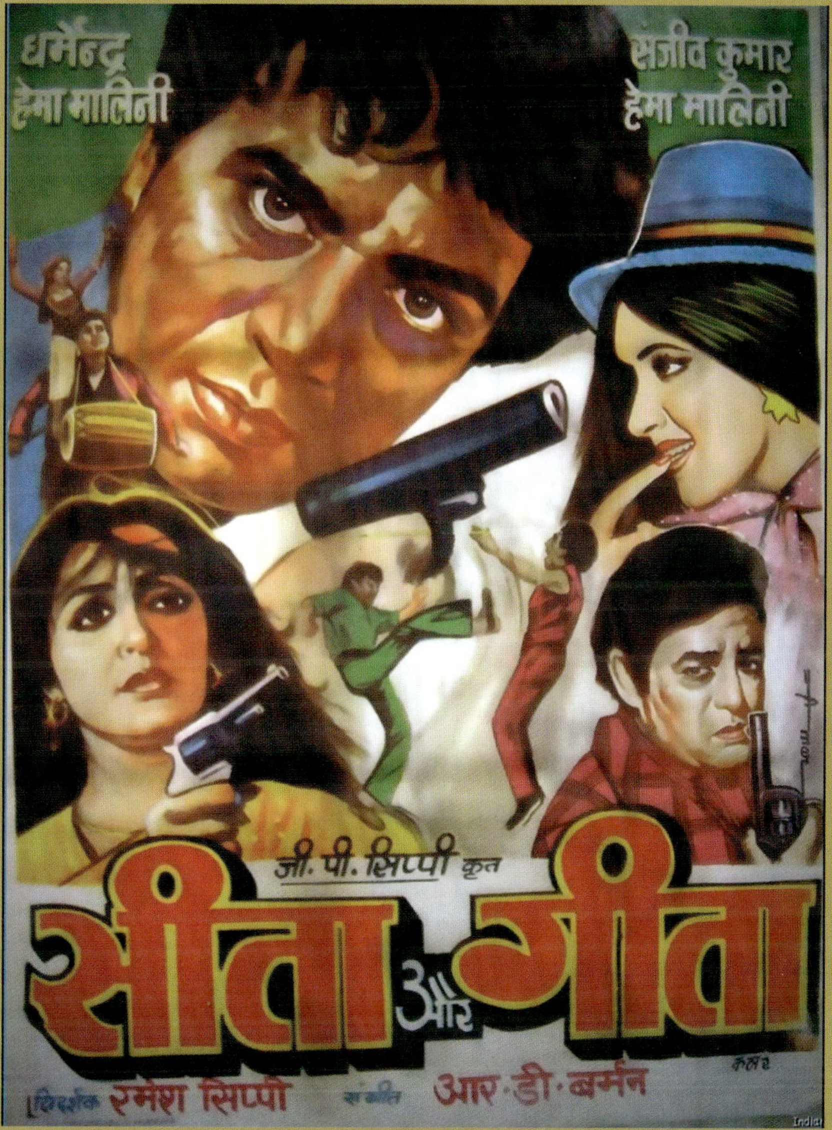

۲۷

'سیتا اور گیتا' کے سیٹ پر میری ملاقات ہنی ایرانی سے ہوئی

کامیابی بھی جیسے الہ دین کا چراغ ہے۔ اچانک دیکھتا ہوں کہ دنیا خوبصورت اور لوگ مہربان ہو گئے ہیں۔ سال ڈیڑھ سال میں بہت کچھ مل گیا اور بہت کچھ ملنے کو ہے۔ ہاتھ لگاتے ہی مٹی سونا ہو رہی ہے اور میں دیکھ رہا ہوں۔ اپنا پہلا گھر، اپنی پہلی کار۔ تمنائیں پوری ہونے کے دن آ گئے ہیں، مگر زندگی میں ایک تنہائی تو اب بھی ہے۔ 'سیتا اور گیتا' کے سیٹ پر میری ملاقات ہنی ایرانی سے ہوتی ہے۔ وہ ایک کھلے دل کی، کھری زبان کی اور بہت ہنس مکھ سبھاؤ کی لڑکی ہے۔ ملنے کے چار مہینے بعد ہماری شادی ہو جاتی ہے۔ میں نے شادی میں اپنے والد کے کئی دوستوں کو بلایا، مگر اپنے والد کو نہیں (کچھ زخموں کو بھرنا الہ دین کے چراغ کے دیو کے بھی بس کی بات نہیں۔ وہ کام صرف وقت ہی کر سکتا ہے)۔ دو سال میں ایک بیٹی اور ایک بیٹا زویا اور فرحان ہوتے ہیں۔

اگلے چھ (۶) برسوں میں ایک کے بعد ایک لگاتار بارہ سپرہٹ فلمیں، انعامات، تعریفیں، اخبارات اور میگزین میں انٹرویز، تصویریں، پیسہ اور پارٹیاں، دنیا کے اسفار، چمکیلے دن، جگمگاتی راتیں، زندگی ایک ٹیکنی کلر خواب ہے، مگر ہر خواب کی طرح یہ خواب بھی ٹوٹتا ہے۔ پہلی بار ایک فلم کی ناکامی (فلمیں تو اس کے بعد بھی ناکام ہوئیں اور کامیاب بھی، مگر کامیابی کی وہ خوشی اور خوشی کی وہ معصومیت جاتی رہی)۔ آہستہ آہستہ میرے اندر بہت کچھ بدل رہا ہے۔ ۱۹۸۳ میں میں اور ہنی الگ ہو جاتے ہیں۔

ہنی سے میری شادی ضرور ٹوٹ گئی مگر طلاق بھی ہماری دوستی کا کچھ نہیں بگاڑ سکی۔ اور اگر ماں باپ کے الگ ہونے سے بھی رشتوں اور بالخصوص بچوں میں کوئی ایسی کڑواہٹ نہیں آئی، تو اس میں میرا کمال بہت کم اور ہنی کی تعریف بہت زیادہ ہے۔ ہنی آج ایک بہت کامیاب فلم رائٹر ہیں اور میری بہت اچھی دوست۔ میں دنیا میں کم لوگوں کی اتنی عزت کرتا ہوں جتنی عزت میرے دل میں ہنی کے لئے ہے۔

جاوید اختر، ہنی ایرانی، فرحان اور زویا

۲۸

گفتگو

(جاوید اختر اور ہنی ایرانی کے ساتھ اروند منڈلوئی)

اگر میں سمجھدار آدمی ہوتا، جو ٹھنڈے
دماغ اور ٹھہراؤ کے ساتھ سوچ سکتا،
جو چیزوں اور حالات کی تبدیلی کو
بغیر کڑواہٹ لائے دیکھ سکتا،
تو شاید یہ شادی نہیں ٹوٹتی۔

آپ کی پہلی شادی کی ایک مکمل تصویر کیوں نہیں بن پائی، کیا وجہ تھی اس کی؟

مجھے لگتا ہے کہ جب ہماری شادی ہوئی، تب ہم دونوں ہی بہت ینگ تھے۔ اور بس یوں سمجھئے کہ ذرا سا ہی میرا کام ٹھیک ہوا تھا۔ میں ایک بہت ہی الٹی، سیدھی زندگی سے آیا تھا، جہاں بہت کڑواہٹیں تھیں، تلخیاں تھیں، ناکامیاں بھی تھیں اور جہاں بہت بار دل بھی ٹوٹا تھا۔ میں نہیں سمجھتا ہوں کہ میں بہت نارمل انسان تھا۔ اپنے اندر وہ جو ایک طوفان تھا، ہنگامہ تھا، جو تلخی تھی، کڑواہٹ تھی اسے دھیرے دھیرے ختم کرنے میں مجھے وقت لگا۔ تو جہاں شاید ایک طرف رائٹنگ میں وہ سب میرے کام بھی آیا ہوگا، تو کہیں میری پرسنل زندگی میں اس نے گڑبڑ بھی پیدا کی۔ اب میں مڑ کر دیکھتا ہوں، محسوس کرتا ہوں تو ایمانداری کی بات یہ ہے کہ اگر میں سمجھدار آدمی ہوتا، جس کی سوچ میں ٹھنڈک ہوتی، جو چیزوں کو بغیر کڑواہٹ لائے دیکھ سکتا، تو شاید یہ شادی نہیں ٹوٹتی۔ ہنی بھی بہت کم عمر تھی، ناتجربےکار تھی اور میں بھی کم عمر اور کم تجربےکار تھا، اور کافی دیوانہ اور پاگل سا تھا۔ تو وہاں گڑبڑ ہو گئی۔ لیکن خوشی کی بات یہ ہے کہ دونوں نے آہستہ آہستہ کہیں احساس کیا، ایک دوسرے کے لئے عزت اور قدر ہمارے دلوں میں پیدا ہوئی اور آج میری اور ہنی کی بہت ہی اچھی دوستی ہے۔ اور اس کے لئے میں اپنے سے زیادہ کریڈٹ ہنی کو دونگا کہ ہنی نے کوئی بھی کڑواہٹ بچوں میں نہیں آنے دی۔ اب چاہے کتنی بھی تہذیب اور شائستگی کے ساتھ ہم الگ ہوئے ہوں، جو کہ ہم ہوئے لیکن، پھر بھی کچھ نہ کچھ ٹوٹ پھوٹ اور تلخیاں تو ہو ہی جاتی ہیں۔ ہم دونوں نے ہمیشہ یہ خیال رکھا کہ بچوں کے بارے میں جو بھی فیصلہ کریں، وہ مل جل کر ہی کریں۔ یہ نہ ہو کہ باپ کچھ کہہ رہا ہے، ماں کچھ کہہ رہی ہے ایسا نہیں ہونا چاہئے۔ تو ہم نے کافی سمجھداری سے کام لیا۔ مگر جتنا ہم نے طلاق کے بعد سمجھداری سے کام لیا، اتنی ہی سمجھداری سے اگر طلاق سے پہلے کام لے لیتے تو شاید طلاق نہ ہوتی۔ لیکن خیر، اب زندگی میں یہی ہونا تھا۔ اور میں اتنے برسوں بعد بھی سچے دل سے کہتا ہوں کہ میں اپنی زندگی میں جن چند اچھے لوگوں سے ملا ہوں ان میں سے ایک ہنی ہے۔

فلم 'سیتا اور گیتا' کے سیٹ پر جاوید اختر اور ہنی ایرانی

کچھ لوگ بہت اچھے دوست بننے لائق ہوتے ہیں لیکن ہم ان کو شوہر یا بیوی بنا لیتے ہیں: ہنی ایرانی

آپ کی جاوید صاحب سے پہلی ملاقات کب اور کیسے ہوئی؟

جاوید صاحب سے میں پہلی بار شاید ۱۹۷۱ یا ۱۹۷۰ میں ملی تھی۔ رمیش سپّی جی کے آفس میں مجھے بلایا تھا، 'سیتا اور گیتا' کے لئے۔ وہیں میری ملاقات جاوید صاحب سے ہوئی تھی۔ وہ وہاں مجھے کہانی سنا رہے تھے۔ مجھے معلوم تھا کہ یہ فلم سلیم صاحب لکھ رہے ہیں تو مجھے ایسا لگا کہ جاوید صاحب ان کے اسسٹنٹ ہوں گے۔ اس وقت سلیم صاحب وہاں نہیں تھے۔ انہوں نے کہا کہ میں نے آپ کو 'کٹی پتنگ' میں دیکھا تو مجھے لگا کہ یہ رول آپ اچھی طرح کر سکیں گی۔ سیٹ پر مجھے پتہ چلا کہ یہ رائٹر ہیں۔ دونوں ساتھ میں لکھتے ہیں، وہ اسسٹنٹ نہیں ہیں۔ پر جو چیز مجھے جاوید صاحب کی بہت اچھی لگی، وہ تھی ان کی نالج اور ان کا سینس آف ہیومر۔ مجھے آج بھی ایسے لوگ اچھے لگتے ہیں، جاوید میں خود اعتمادی بہت تھی، کیونکہ اس دور میں ہم لوگ ایسے رائٹرز کے ساتھ کام کر چکے تھے جو بیچارے کچھ بول ہی نہیں پاتے تھے۔ اس وقت ایسا ہوتا تھا کہ بھائی، آجاؤ، کہانی سنا دو، اور جاؤ۔ لیکن سلیم جاوید نے جس طرح عزتِ نفس اور خود اعتمادی کے ساتھ کام کیا اسے دیکھنا حقیت میں ایک اچھا احساس تھا اور اس کے لئے میرے دل میں ان کی بہت عزت تھی۔

آپ دونوں کا عشق کیسے شروع ہوا؟

جاوید صاحب کا روز سیٹ پر آنا، روز ڈسکس کرنا چلتا رہا۔ رمیش جی نے کہا بھی کہ 'بھائی تم روز آجاتے ہو سیٹ پر، بات کیا ہے'؟ ویسے تو تم لوگ کبھی کبھی آتے ہو، بلانا پڑتا ہے۔ یہ روز آکر ان کو سین سنانا، میں تو سنا ہی دیتا ہوں، اور وہ تیار ہو کر آتی ہیں، تم لوگوں کی آپس میں کچھ بات چل رہی تھی؟ ہیئر ڈریسر نے سنا تھا۔ 'تو آئی لائکڈ ہم، آف کارس آئی لائکڈ ہم'۔ پھر انہوں نے بتایا کہ میں نے پہلی بار آپ کو گز بیو ریسٹورنٹ میں دیکھا تھا۔ آپ وہاں آئی تھیں، میں نے طے کر لیا تھا کہ اس لڑکی سے ملنا ہے، اور آج اتفاق دیکھو کہ ہم یہاں مل رہے ہیں۔

جاوید صاحب کی جوزندگی تھی، وہ بالکل ایک الگ طرح کی جدوجہد تھی۔ ماں کا نہ ہونا، صحیح معنوں میں باپ کی سرپرستی نہ ملنا، سوتیلی ماں سے تعلق کشیدہ ہونا اور ایک آوارگی کے حالات میں انہوں نے اپنی زندگی شروع کی۔

جب آپ لوگوں نے شادی کا فیصلہ کیا، تو جیسا کہ لوگ بتاتے ہیں کہ اس وقت آپ کی ماں نے کہا تھا کہ یہ شادی تو بس کچھ دن ہی چلے گی۔ وغیرہ وغیرہ؟

انہوں نے کہا تھا کہ 'اس کے پاس کچھ نہیں ہے۔ گھر نہیں ہے، کام نہیں ہے، تو کیسے سپورٹ کرے گا، کیا کرے گا، یہ شادی تو چلنے والی نہیں ہے'۔ لیکن میں اٹھارہ سال کی تھی یعنی اپنے فیصلے کرنے کے لئے صاحب اختیار، سو وہ کچھ زیادہ نہیں کر سکے۔ تو پھر میری ممی نے کہا کہ ٹھیک ہے، اس کو کر لینے دو شادی، یہ پھر واپس آ جائے گی۔ اس میں پریشانی کی کوئی بات نہیں ہے۔

تو وہ جدوجہد کے دن کیسے تھے آپ کے؟

میں نہیں کہوں گی کہ یہ کوئی بہت بڑا اسٹرگل تھا، کیونکہ اس وقت جو میری بڑی بہن تھیں، جن کی کامران بھائی سے شادی ہوئی تھی، جن کے بچے فرح اور ساجد ہیں، تو انہوں نے ہمیں بہت سپورٹ کیا تھا۔ کامران بھائی کے پاس ایک فلیٹ ایکسٹرا پڑا ہوا تھا تو انہوں نے کہا کہ جب تک تم لوگوں کو کوئی گھر نہیں ملتا تب تک تم لوگ یہاں رہ لو۔ تو ہم لوگ اس فلیٹ میں رہنے لگے۔ چھوٹا ایک بیڈ روم والا فلیٹ تھا، لیکن ایک نئے شادی شدہ جوڑے کے لئے کافی تھا۔ ہم لوگوں کو معلوم تھا کہ ایک مختصر بجٹ ہے جس میں چلنا ہے۔ تو جاوید صاحب نے کہا تھا کہ دیکھو کم سے کم دو سال تک کوئی نوکر وو کر نہیں ہوگا۔ نیا نیا افیئر ہوتا ہے تو ہر چیز اچھی لگتی ہے۔ جاوید بہت ہیلپ فُل رہے۔ پھر ان کی فلم 'زنجیر' بہت ہٹ ہوئی، پھر 'سیتا اور گیتا' ہٹ ہو گئی، 'ہاتھی میرے ساتھی' ہٹ ہو گئی۔ تب چیزیں اور حالات بہتر ہونے لگے۔ جاوید صاحب کی جو زندگی تھی، وہ بالکل الگ طرح کی اسٹرگل تھی، ماں کا نہ ہونا، باپ کی جانب سے باپ جیسی سرپرستی نہ ملنا، ان کی سوتیلی ماں سے پٹری نہ کھانا اور ایک آوارگی و دربدری کے حالات میں انہوں نے اپنی زندگی شروع کی۔

تو آپ کو جاوید صاحب سے الگ لے جانے والے اسباب کیا تھے؟

ایک تو جاوید صاحب اس وقت پیتے بہت زیادہ تھے۔ مطلب اگر شام سے شروع ہوئی ہے تو صبح تک پئیں گے ہی۔ تو یہ چیزیں ہمیں بعد میں تکلیف دینے لگی تھیں۔ لوگ آئے ہیں، صبح تک

مستقل وہیں بیٹھے ہوئے ہیں، غپیں مار رہے ہیں، شراب چل رہی ہے۔ اس لئے چیزیں گڑبڑانے لگیں۔ اور جب میں زیادہ اعتراض کرتی تو یہ باہر جا کر پیتے تھے، تو مجھے اور ٹینشن ہوتی تھی، اور ان کو گاڑی چلانے کا شوق تھا، ایکسیڈنٹ بھی کئی بار کئے ہیں تو یہ سارے تناؤ اور الجھنیں میرے لئے مسائل میں تبدیل ہوتے گئے اور یہ سنتے نہیں تھے۔ پارٹیاں تو خیر ہمارے یہاں بہت ہوتی تھیں اور میں بھی انہیں انجوائے کرتی تھی۔ پر جس کو کہتے ہیں کہ یہ زیادتیاں صحت کے لئے ٹھیک نہیں ہوتیں اور دیگر نقصانات کے اندیشے الگ رہتے ہیں۔ اور پھر یہ بھی ہوتا ہے کہ جب آپ ترقی کرتے ہیں، بلندی کی منازل طے کرتے ہیں تو آپ کے ہم پیالہ، ہم نوالہ، آزو بازو والے لوگ بھی آپ کو استعمال کرنے لگتے ہیں اور آپ اپنی راہ بھٹک جاتے ہیں۔ تکبر بڑھنے لگتا ہے۔ غلط فہمیاں بڑھنے لگتی ہیں۔ میں یہ نہیں کہوں گی کہ صرف جاوید صاحب نے غلطیاں کی ہیں، میری بھی غلطیاں رہی ہوں گی، میں بھی ینگ تھی۔ سو یہ ساری چیزیں ہم لوگوں کے درمیان فاصلے بڑھاتی رہیں۔

جاوید صاحب نے اپنی گفتگو کے دوران اعتراف کیا تھا کہ جتنی سمجھداری سے ہم نے علیحدگی کے بعد کام لیا اگر پہلے ہی اتنی عقلمندی سے چیزوں کو سمجھا ہوتا تو شاید یہ شادی ٹوٹنے سے بچ جاتی۔ آپ کیا سوچتی ہیں اور دوستی تو آج تک قائم ہے؟

میں یہ بات تو پوری ذمہ داری اور اعتماد کے ساتھ کہوں گی کہ ہم دونوں ایک دوسرے کے مطابق نہیں تھے۔ کیوں کہ جس بیک گراؤنڈ سے جاوید صاحب آتے ہیں اس سے میرا کوئی تعلق نہیں تھا۔ وہ شعروشاعری کا ماحول، اسی طرح کے لوگ، اس طرح کے لکھنے والے، ماحول اور مجموعی طور پر وہ ساری فضا میرے مزاج سے ہم آہنگ نہیں تھی۔ یہ سب میرے لئے بہت نیا سا تھا جس میں پوری طرح میں ایڈجسٹ نہیں کر پائی۔ جو میچیورٹی جو پختگی چاہئے تھی وہ شاید مجھ میں نہیں تھی لیکن مجھے لگتا ہے کہ میاں بیوی کے بجائے ہم لوگ دوست زیادہ اچھے ہو سکتے تھے۔

جب ایسے رشتے ٹوٹتے ہیں تو ان میں تلخیاں بھی آجاتی ہیں آپ نے ان تلخیوں کو کس طرح دور کیا؟

میں ایک چیز جانتی ہوں کہ کچھ بھی ہمارے بیچ ہوا ہو، جس وجہ سے بھی ہوا ہو۔ ہم نے اس کا تذکرہ نہیں کیا، جو گزر گیا وہ گزر گیا۔ لیکن میں اعتراف کروں گی کہ جاوید ایک بہت اچھے انسان ہیں۔ اس وقت تو بہت غصہ تھا، نفرت سی تھی، جو بھی تھا لیکن ان سب چیزوں کے درمیان بھی مجھے ایک بات پتہ تھی کہ خدانہ خواستہ کل اگر میرے ساتھ کوئی پرابلم ہوگی تو ایک شخص ایسا ضرور ہے جو میرے ساتھ کھڑا ہوگا اور میرے خیال سے یہی یقین ان کو بھی تھا کہ اگر کل کو کچھ ہوگا تو ہنی میرے ساتھ کھڑی ہوگی۔ کچھ لوگ بہت اچھے دوست بننے کے لائق ہوتے ہیں اور ہم انہیں ہسبنڈ یا وائف بنا لیتے ہیں، وہاں گڑبڑ ہو جاتی ہے۔ اگر ہم دوستی تک ہی رہتے تو شاید پرفیکٹ رہتے۔

جب آپ لوگوں نے آپس میں طے کیا کہ بچے آپ کے ساتھ رہیں گے تو پھر ان کی پرورش میں ایک باپ کی حیثیت سے جاوید صاحب کا رول کیسا رہا؟ اور آپ نے یہ اہم اور بڑی ذمہ داری اٹھانے کا فیصلہ تنہا کیسے کیا؟

پہلی بات تو یہ کہ جب ہم لوگوں نے یہ طے کیا کہ اب ہم لوگ الگ ہو جائیں گے تو میں نے دونوں سے بات کی اور کہا کہ جیسے آپ لوگوں کا جھگڑا آپ کے دوستوں کے ساتھ ہوتا ہے ویسے ہی آپس میں پیرنٹس کے ساتھ بھی ہوتا ہے۔ پرابلم جو ہے میرے اور پاپا کے بیچ ہے آپ سے کوئی لینا دینا نہیں ہے، دوسری بات یہ کہ انہوں نے ہمیں گھر دے دیا، منتھلی پیسے بھی آتے تھے سو ویسی کبھی کوئی پرابلم نہیں ہوئی، میری بہن جن کی کامران بھائی سے طلاق ہو چکی ہے، وہ لوگ بھی میرے ساتھ آ کر رہنے لگے جو ایک بہت بڑی 'بانڈنگ' تھی۔

یہ جو آپ نے الگ ہونے کے بعد اسکرپٹ رائٹنگ شروع کی تو کیا اس کے پیچھے بھی کہیں جاوید صاحب کوئی وجہ بنے؟

جاوید صاحب نے حوصلہ افزائی کی تھی کیونکہ جب ہماری شادی ہوئی تھی اس وقت میں مختصر کہانیاں 'شارٹ اسٹوریز' لکھا کرتی تھی اور میں کسی کو دکھاتی نہیں تھی، جاوید کو بھی نہیں دکھایا کیونکہ میری رائٹنگ بہت بری تھی، اسپیلنگ ٹھیک نہیں تھی، گرامر بھی خراب تھی اس لئے میں چھپا کر لکھتی تھی۔ ایک دن ان کو وہ کاپی مل گئی۔ انہوں نے کہا یار یہ تو اچھی کہانی ہے، تم تو اچھا لکھتی ہو۔ تم لکھو، اس کے بعد وہ بات آئی گئی ہو گئی۔ طلاق کے بعد میں لکھ تو رہی تھی، لیکن سوچتی تھی کہ کس کو دکھاؤں؟ لوگ کہیں گے کہ جاوید صاحب کی اسکرپٹ رہ گئی ہوگی اب ایرانی بیچ رہی ہے۔ تو یہ بات پیم چوپڑا سے ہوئی جو یش جی کی بیوی ہیں، وہ میری بہت اچھی دوست ہیں، جب انہوں نے میری کہانی سنی تو بولیں یار تم تو بہت اچھا لکھ رہی ہو۔ بس یونہی شروع ہو گئی رائٹنگ۔

آپ کافی وقت سے جاوید صاحب کو دیکھ رہی ہیں، آپ نے ان میں کیا تبدیلیاں محسوس کیں، ایسی کونسی کمیاں یا خامیاں ہیں جنہیں اگر جاوید صاحب دور کر لیتے تو یہ شادی نہ ٹوٹتی؟

سب سے بڑی تبدیلی تو یہ آئی کہ انہوں نے شراب چھوڑ دی۔ اور جب وہ چھوڑی تو انکے ساتھ اچھی چیزیں ہوتی گئیں، وہی ایک لت بری تھی ان کے اندر۔ شراب کی وجہ سے ان کی شخصیت بکھر گئی تھی 'جیکل اینڈ ہائڈ' کی طرح، تو کم سے کم یہ کمی دور ہو گئی، اب وہ زیادہ مطمئن و مستقل مزاج ہیں اور اس کے لئے بھی آپ کو کریڈٹ انہی کو دینا پڑے گا۔ ورنہ عام طور پر اتنا پینے والوں سے شراب چھوٹتی نہیں۔ خود ہی انہوں نے طے کیا کہ آج سے نہیں پیونگا، تو نہیں پی۔ کمال کی بات ہے۔ اب پرانی باتیں کرنے کا کوئی مطلب نہیں ہے، مجھے کوئی پچھتاوا نہیں ہے، اب دونوں کے دلوں میں ایک دوسرے کے لئے جو عزت ہے جو جگہ ہے وہ بنی رہے۔ بس یہی کافی ہے۔

جدا ہونے کے بعد بھی دوستی کے لمحے

شیر خان نے شادی نہیں کی

تو کیا ہوا، باراتیں بہت دیکھی ہیں

(شیر خان کے کردار میں پران)

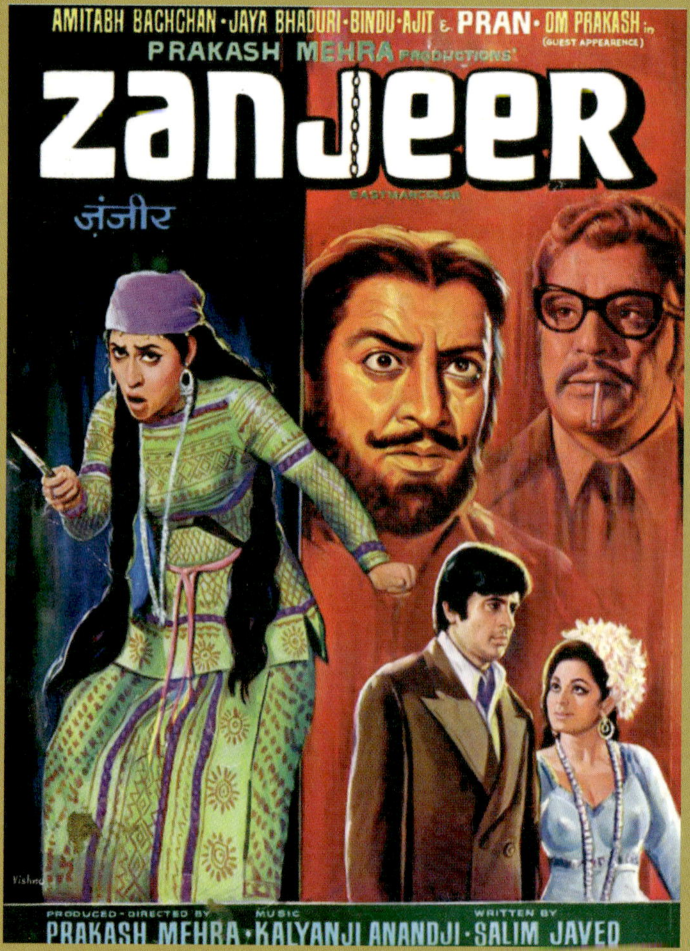

فلم: زنجیر

ہدایت کار: پرکاش مہرا

۱۹۷۳

۲۹

فلمی پوسٹر پر نام

فلم ’انداز‘ ’ہاتھی میرے ساتھی‘ اور ’سیتا اور گیتا‘ ہٹ ہو چکی تھیں۔ چوتھی فلم تھی ’زنجیر‘ جب ہم نے کہا، بھئی! ہمارا نام بھی پوسٹر پر ہونا چاہیے۔ تو ہمیں بتایا گیا کہ دیکھئے بھئی، ایسا ہوتا نہیں ہے۔ رائٹرز کا نام پوسٹر پر نہیں دیا جاتا ہے۔ یہ وہ وقت تھا جب پورے ملک میں فلمیں ایک ساتھ ریلز نہیں ہوتی تھیں، ستّر کی دہائی میں تو پہلے بڑے بڑے شہروں میں لگتی تھیں، پھر اس کے بعد چھوٹے شہروں میں لگتی تھیں اور پھر اس کے بعد اس سے بھی چھوٹے شہروں اور قصبوں میں جاتی تھیں۔ تو جب ممبئی میں زنجیر ریلز ہوئی تو ہم نے دو جیپیں کرائے پر لیں۔ تین چار آدمی ان جیپوں میں بٹھائے۔ انہیں سیڑھیاں دیں، پینٹ دیا اور کہا کہ پورے ممبئی میں جتنے پوسٹر لگے ہیں، ان پر جہاں جگہ ملے وہاں وہاں لکھ دو ’رٹن بائی سلیم جاوید‘۔ پوری رات وہ جیپیں گھومتی رہیں اور ہر پوسٹر پر لکھ دیا گیا۔ اس کے بعد فلم انڈسٹری نے کہا کہ بھئی ان کا نام دے دیا کرو۔

۳۰

’مدرانڈیا‘ کے ’برجو‘ سے متاثر تھا ’اینگری ینگ مین‘ کا کردار

بچپن میں جن فلموں نے مجھ کو متاثر کیا، ان میں تھی ’شری ۴۲۰‘ ’منیم جی‘ ’دو بیگھا زمین‘ ’جاگرتی‘۔ لیکن تھوڑا اور بڑا ہونے پر مجھے جن فلموں نے متاثر کیا وہ فلمیں تھیں ’پیاسا‘ ’مدرانڈیا‘۔ ان فلموں کا خاصہ گہرا اثر مجھ پر پڑا، ’مدرانڈیا‘ مجھے بہت اچھی لگی تھی۔ ’مدرانڈیا‘ میں شاید مجھے پسند آیا تھا وہ باغی کردار جو ’برجو‘ کا تھا، جو کہ ظلم کے خلاف آواز اٹھاتا ہے۔ وہ گاؤں کا بنیا جو سب کا خون چوس رہا ہے ’برجو‘ اس کے خلاف کھڑا ہوتا ہے۔ تو وہ جو باغی کردار تھا وہ مجھے بہت اچھا لگا تھا اور شاید برسوں کے بعد جب میں نے خود فلمیں لکھیں تو وہی ’برجو‘ کا کردار میری فلموں میں اپنے زمانے کا اینگری ینگ مین تھا، جسے آپ نے دیکھا۔

فلم 'زنجیر' کے مہورت شاٹ پر امیتابھ بچّن

۳۱

ذہین آنکھوں والے 'جادو میاں'

پشپا بھارتی

شاید ۱۹۷۵ یا ۱۹۷۶ کا سال تھا، جب اس کنبے میں ایک اور فرد جڑ گیا۔ ہوا یوں کہ ہمارے کنبے کے ایک اہم فرد کرشن چندر اور سلمٰی صدیقی کے بیٹے منیر 'جسے ہم سب 'بیلو' کہہ کر پکارتے تھے، کی شادی طے ہوگئی، شادی کی تیاریوں کی سلسلے میں ایک دن کرشن چندر جی کے گھر ہم سب کی محفل جمی ہوئی تھی۔ تھوڑی دیر بعد تین لوگ آئے، معلوم ہوا کہ بیلو کے دوست ہیں۔ ہمارا دھیان بار بار ان تینوں میں سے ایک لڑکے کی طرف کھنچ رہا تھا، بڑی بڑی بے ترتیب زلفیں، لاپروائی سے پہنے ہوئے کپڑے، دبلی پتلی شخصیت تھی اس کی، باقی کے نوجوان تو خاموشی اور شائستگی سے بیٹھے ہوئے اس کی باتیں سن رہے تھے۔ بہت تیز، ذہین آنکھوں والا وہ نوجوان بیچ بیچ میں کچھ ایسا بول دیتا تھا کہ سبھی مسکرا اٹھتے تھے۔ محفل قہقہ زار ہوجاتی تھی۔

اس کے بات کرنے کا ڈھنگ بھی دوسرے لوگوں سے بالکل مختلف اور انوکھا تھا۔ صرف جملے اور قصے ہی جاوید نہیں سنا رہے تھے، دورانِ گفتگو کچھ مزیدار فقرے اور جملے بھی چھوڑتے رہتے تھے۔ اس دن کی محفل میں ایک بڑے ایڈیٹر، افسانہ نگار شاعر کوی اور دیگر لوگ بھی موجود تھے۔ اچانک وہ نوجوان اٹھ کر اندر کے کمرے میں گیا، ایک ڈھول اٹھا لایا اور بولا 'بھئی ہمارے یار کی شادی ہے، کچھ گانا بجانا ہونا چاہئے'۔

تینوں لوگ بیلو کو بھی کھینچ لائے اور وہیں زمین پر بچھے قالین پر بیٹھ کر ڈھولک بجانے لگے۔ بیلو کو چھیڑ چھیڑ کر خوب لوک گیت گائے جانے لگے اور جب اس چمکتی آنکھوں والے نے گانا شروع کیا 'سروطہ کہاں بھولیائے پیارے نندوئیا' تو ایسا رس برسنے لگا کہ اپنے معیار و وقار کو بالائے طاق رکھتے ہوئے سارے کے سارے نامی گرامی لوگ، وہیں زمین پر آ کر بیٹھ گئے اور اس کے سر میں سر ملا کر ٹھیٹھ گوئیوں کے انداز میں گانے اور مٹکنے لگے۔ پتہ ہی نہیں چلا کہ کب وہ شام آدھی رات میں ڈھل گئی اور ان چند گھنٹوں میں ہی سب کے سب اس نوجوان کے مرید ہو گئے۔ یہ تو بعد میں پتہ چلا کہ یہ مہاشے تو جاوید اختر صاحب ہیں، درجنوں ہٹ فلموں کے رائٹر۔ یہ بھی پتہ چلا کہ جناب ایسے خاندان کے فرد ہیں، جس کے سارے کے سارے پُرکھوں پر پیڑھی در پیڑھی ماتا سرسوتی مہربان رہی ہے۔ 'برڈس آف سیم فیدرز فلوک ٹوگیدر' لازمی تھا کہ یہ بھی ہمارے اس کنبے کے لاڈلے رکن بن گئے، ہمیشہ کے لئے۔ اور ایسے رکن بن گئے کہ جب کبھی ہم سب اکٹھے ہوں اور جاوید نہ ہوں تو فوراً فون کھڑکائے جاتے اور ان کی تلاش ہونے لگتی۔ بے حساب زندہ دلی حاضر جوابی، لچھے دار لنترانیاں، ہنسی مذاق اور بات بات پر کھلکھلاہٹوں کے دور چلتے۔ جاوید کا ایک جملہ جب تب بولا جاتا 'یہ تو ٹو مچ کی بھی حد ہو گئی بھئی'۔ ایک کہے اور سارے کے سارے ہنس پڑیں۔ کوئی پوچھے یہ ٹو مچ کی حد کیا ہوتی ہے بھئی۔ اب کھانے کا اہتمام ہوا، کھانا میز پر لگایا جانے لگا، ارے آج کے لئے جو خاص ڈش بنائی گئی تھی، وہ تو میز پر ہے ہی نہیں، یہ کہتے ہوئے جاوید باورچی خانے کی طرف لپک کر گئے۔ کھانا پروسا جا رہا تھا کہ اچانک پورے گھر کی بجلی چلی گئی، فٹافٹ موم بتی وغیرہ کا انتظام ہو ہی رہا تھا کہ کچھ عجیب عجیب سی ڈراؤنی آوازیں سنائی دیں اور دیکھا کہ ایک بھوت کھڑا ہے جس کے پورے جسم پر کالے کالے بال بھرے ہوئے ہیں، اس کے ہاتھوں میں نکیلے بڑے بڑے ناخن دکھائی دے رہے تھے اور بڑی خطرناک آنکھیں چمک رہی تھیں، کبھی کبھی آوازوں کے ساتھ سفید پیلے دانت بھی دکھ جاتے تھے۔ باقی اوپر سے نیچے تک بال ہی بال، خانساماں، نوکر، بائی سب کو پکارا جانے لگا، 'ارے بھئی کوئی نکالو اسے باہر'۔ ہم لوگ جاوید کو ان کے گھریلو نام جادو سے ہی پکارتے تھے۔ سلمیٰ جی مارے ڈر کے ڈائننگ ٹیبل کے نیچے گھس گئیں اور کچھ بدبدانے لگیں۔ مجھے لگا، ضرور ہنومان چالیسا جیسی کوئی چیز پڑھ رہی ہوں گی۔ سبھی ایک دم چپ تھے، ہر طرف سناٹا چھا گیا۔ اچانک میں نے زور سے پکارا، 'جادو!' اور پلک جھپکتے ہی ادھر سے آواز آئی 'جی پشپا جی' اور ہنی بول پڑیں 'دھت تیرے کی' اور بھوت جی کی پول کھل گئی۔ جناب جاوید صاحب ہیلووین کے وقت امریکہ گئے تھے۔ ان دنوں وہاں ایک تہوار جیسا منایا جاتا ہے جس میں عورت مرد، بوڑھے، بچے سب مل کر طرح طرح کے مسخرے بنتے ہیں یا ڈراونی شکلیں اختیار کر کے مالز میں، سڑکوں پر موج مستی کرتے ہیں۔ وہیں سے شریمان جی یہ بھوت والی ڈریس خرید کر لائے تھے۔ سلمیٰ جی کو بمشکل تمام میز کے نیچے سے نکالا گیا، انہیں یقین ہی نہیں آ رہا تھا کہ وہ بھوت نہیں اپنے جادو میاں تھے۔

(سینئر رائٹر پشپا بھارتی کی کتاب 'یادیں، یادیں اور یادیں' کا ایک اقتباس)

► فلمی اداکارہ نرگس، نمّی اور رائٹر سلمیٰ صدیقی کے ساتھ جاوید اختر

۳۲

ہم قریبی دوست رہے ہیں،
اور ہم نے کئی قیمتی لمحے
ساتھ گزارے ہیں: امیتابھ بچّن

کسی بھی موضوع پر ان کی باتیں، عام اور سنی سنائی باتیں نہ ہوکر، ہمیشہ بہت ہی انوکھی اور الگ ہوتی ہیں اور وہ انہیں الگ نظریے سے اس طرح پیش کرتے ہیں کہ آپ حیرت میں پڑکر یہ سوچنے لگتے ہیں کہ میں نے ایسا کیوں نہیں سوچا۔

جاوید صاحب انڈین فلم انڈسٹری کے سب سے بہترین دماغ ہیں۔ وہ تخلیقیت سے بھرپور قلمکار ہیں۔ 'دیوار' بلاشبہ ہندی کمرشیل سنیما کے بہترین اسکرین پلے میں سے ایک تھی، اور یہ اظہار واعتراف اس لئے نہیں ہے کہ میں خود اس میں شامل تھا، بلکہ پوری انڈسٹری کے لوگ اسے مانتے ہیں۔ اس دور میں ایک بار ایک صحافی نے مجھ سے پوچھا تھا، 'آپ سلیم-جاوید کے ساتھ اتنی فلمیں کررہے ہیں، لیکن اگر سلیم-جاوید فیل ہوگئے تو کیا ہوگا؟' میں نے کہا تھا۔ 'اگر سلیم-جاوید فیل ہوگئے امیتابھ بچن فیل ہوجائے گا'۔ میرا ماننا ہے کہ جاوید صاحب کی تخلیقی صلاحیت اور ذہانت ہمیشہ حوصلے اور جوش سے بھر دیتی ہے۔ وہ خوب پڑھتے ہیں، ایسے کئی مواقع آئے جب ہم نے پیشے ورکاموں سے ہٹ کر، کئی دنوں اور گھنٹوں تک صرف دوسری چیزوں کے بارے میں بات کی ہے۔ وہ دنیا میں تقریباً سبھی موضوعات پر بات کرسکتے ہیں، بحث کرسکتے ہیں۔ ان کی باتیں کسی چیز کو لے کر عام، دنیاوی، سنی سنائی باتیں نہ ہوکر، ہمیشہ بہت ہی انوکھی اور الگ ہوتی ہیں اور وہ انہیں الگ نظریے سے اس طرح پیش کرتے ہیں کہ آپ کو تعجب ہوگا کہ اس سے پہلے میں نے ایسا کیوں نہیں سوچا۔ مجھے نہیں لگتا کہ میں نے کبھی انہی غصے میں دیکھا ہے، لیکن میں ان کے بہت سارے ایسے کرئیشن کا چشم دید گواہ رہا ہوں، جس میں غصہ ہے، ناراضگی ہے۔

انہوں نے اپنی تحریروں میں جو غصہ دکھایا ہے، اس غصے کو سمجھنے میں مجھے خاصہ مزا آیا، اور اس نے میرا کام بہت ہی آسان کردیا۔ اسکرپٹ میں بھرا ہوا غصہ میرا غصہ نہیں ہے، یہ ان کا درد، ان کا کرب ہے۔ میں ان جذبات کے اظہار کے لئے صرف ایک 'ٹول' رہا۔ ایک آرٹسٹ کے روپ میں میرے لئے جو کام جاوید صاحب نے کیا ہے، اس میں انہوں نے ہمیشہ نیاپن، گہرائی اور ہر بار کچھ الگ کرنے کی کوشش کی۔ ہم قریبی دوست رہے اور ہم نے کئی خاص اور اہم لمحے ساتھ گزارے ہیں۔ پیشہ ورانہ اور ذاتی طور پر۔ ہم دونوں کے والد شاعر رہے۔ یہ میری بدنصیبی رہی کہ میں ان کے والد سے نہیں مل سکا، لیکن میرے والد سے ان کی کئی ملاقاتیں ہوئی تھیں۔ شاعری سنتے سناتے اور تبادلہ خیال کرتے ہوئے ہم نے کئی شامیں ساتھ گزاری ہیں۔

جاوید اپنی شاعری کو لے کر تھوڑا پُرتکلف تھے، انہوں نے کئی شامیں میرے فادر کے ساتھ گزاریں اور میرے فادر ان لوگوں میں سے رہے جنہوں نے جاوید صاحب کو ان کی شاعری شائع کرنے، اسے منظر عام پر لانے کے لئے ترغیب دی۔ مجھے لگتا ہے کہ یہیں سے انہوں نے نغمہ نگاری کی شروعات کی اور آج ساری دنیا جانتی ہے کہ وہ کتنے اچھے رائٹر ہیں۔

جاوید اختر اور امیتابھ بچن

۳۳

ہماری ملاقات ’آنند‘ کے سیٹ پر ہوئی تھی

برسوں پہلے ’آنند‘ کے سیٹ پر جب امیتابھ بچن سے میرا تعارف ہوا تھا، تو میں نے پہلی بار ان گہری، گمبھیر، اور اندر اترتی ہوئی آنکھوں کو دیکھا تھا۔ اور پہلی بار اس آواز کو سنا تھا، جسے سن کر نہ جانے کیوں نیلے سمندروں کی گہرائی کا خیال آتا ہے، ہمالیہ کی بلندی کا خیال آتا ہے، گھنیرے بادلوں کا خیال آتا ہے۔ اس دن سیٹ پر ایک گیت فلمایا جا رہا تھا۔ ’کہیں دور جب دن ڈھل جائے...‘ اور سچ ہے کہ دن ڈھل رہا تھا۔ ایک عہد، ایک دور گزر رہا تھا اور ایک زمانہ مکمل ہو رہا تھا۔ آزادی کے بعد کروڑوں انسانوں نے جو خواب دیکھے تھے، ہندوستانیوں نے جو سپنے سجائے تھے، وہ ٹوٹ چکے تھے۔ کئی دلوں میں دکھ تھا، آویش تھا، غصہ تھا، جھنجلاہٹ تھی اور شاید ٹھیک تھی، یہی غصہ، یہی جھنجلاہٹ یہی آویش، جب کردار بنا تب امیتابھ بچن جیسا مہان اداکار اینگری ینگ مین کی شکل میں سامنے آیا۔

میرے پاس ماں ہے۔

(روی ورما کے کردار میں ششی کپور)

فلم: دیوار

ہدایت کار: یش چوپڑا

۱۹۷۵

۳۴

گفتگو (جاوید اختر کے ساتھ اروند منڈلوئی)

جن تین چار فلموں میں امیتابھ بچّن نے حیرت انگیز کام کیا ہے، ان میں ایک فلم 'ملی' ہے۔

سنیما میں آپ امیتابھ بچن کو بڑا جینئس مانتے ہیں، اس کی کیا وجہ ہے؟

جی ہاں! میں بہت لوگوں کا، جیسے دلیپ صاحب ہیں، گرودت ہیں، ان کا بھی فین ہوں۔ محبوب صاحب، بمل رائے نے جو فلمیں بنائی ہیں، راج صاحب نے شروع میں جو فلمیں بنائی ہیں 'آوارہ' اور 'شری ۴۲۰' یہ کوئی معمولی فلمیں نہیں ہیں، 'پیاسا' 'صاحب بیوی اور غلام' کوئی معمولی فلمیں نہیں ہیں۔ 'مدر انڈیا' بھی کوئی معمولی فلم نہیں تھی۔ 'گنگا جمنا' اور دلیپ صاحب کے پرفارمنس کوئی معمولی نہیں ہیں۔ یعنی بہت ساری فلمیں ہیں جن کا ذکر ہی نہیں ہوتا ہے۔ اگر کوئی بھی شخص جو ایکٹنگ کا قدردان ہے تو دیکھے 'مدھومتی' کو، ایک ایک سین دیکھے، جو کام انہوں نے کیا ہے، وہ دیکھنے لائق ہے۔ میں ان کا بہت بڑا فین ہوں۔ جہاں تک امیتابھ بچن کی بات ہے، امیتابھ بچن بہت ہی منفرد صلاحیتوں، ایکسپشنل ٹیلنٹ کے انسان ہیں۔ اچھا! ہے کیا کہ اتنے ٹیلنٹ سے آپ امیتابھ بچن بن جائیں تو اس کے ساتھ اور بہت ساری چیزیں چاہئیں۔

اس کے ساتھ اتنا ڈسپلن بھی چاہئے، جو امیتابھ بچن میں ہے۔اس ٹیلنٹ کے ساتھ اتنا فوکس بھی چاہئے جو امیتابھ بچن میں ہے۔اس کے ساتھ وہ ڈسکرپشن بھی چاہئے جو امیتابھ بچن میں ہے۔امیتابھ بچن کے منھ سے کبھی کوئی غلط بات کسی کے بارے میں نہیں نکلتی ہے۔آپ اتنا بڑا مقام حاصل کرلیں، اتنی پاور آپ کے پاس ہو، اس کے بعد بھی آپ اپنی زبان پر اتنا کنٹرول رکھیں، یہ معمولی بات نہیں ہے، یہ بہت مشکل کام ہے، بہت ہی مشکل کام۔یعنی آپ یہ دیکھئے کہ اپنے عروج پر ہوتے ہوئے بھی امیتابھ بچن ہر گروپ کے ساتھ کام کررہے تھے، وہ گروپ جو ایک دوسرے سے جنگ کر رہے تھے، یہ سب کے یہاں کام کرتے تھے۔'نہ کاہو سے دوستی نہ کاہو سے بیر'۔انڈیا کا سپر اسٹار سات ۷ بجے شوٹنگ کے لئے پہنچ جاتا ہے جبکہ یونٹ تک نہیں آئی ہے۔اور وہ گاڑی میں باہر بیٹھا انتظار کررہا ہے کہ فلور کا دروازہ کھلے تو اندر جاؤں۔ہم لوگوں نے جو آخری پکچر ایک ساتھ کی تھی وہ تھی 'میں آزاد ہوں'۔اس بات کو بھی کافی سال ہوگئے، لیکن اس وقت ایسا لگ رہا تھا کہ یہ امیتابھ بچن کو پہلی پکچر ملی ہے۔وہ جب بھی کام کرتے ہیں اس طرح سے کرتے ہیں جیسے بریک مل گیا ہے، اسی میں انہیں ثابت کرنا ہے کہ میں کام کرسکتا ہوں۔یہ فوکس، یہ پیشن، یہ انرجی، یہ کہاں ہوتی ہے لوگوں میں یہ بہت مشکل ہے۔

امیتابھ بچن کی سب سے اچھی فلم کون سی ہے، جو آپ نے لکھی ہے؟ آپ کے مطابق بچن جی کی سب سے عمدہ پرفارمنس کس فلم میں ہے؟

سب سے بہتر کے بارے میں تو میں نہیں بتا سکتا ہوں۔کیونکہ وہ بڑھیا ہی کرتے ہیں۔انہوں نے جو بھی کام کیا ہے وہ بالکل پرفیکٹ کیا ہے۔اگر پکچر کم چلی، تو اس کی اسکرپٹ میں کوئی کمی ہوگی۔شاید ۱۳ یا ۱۴ فلموں میں ہم نے ساتھ کام کیا ہے، رائٹرس بڑے سنکی لوگ ہوتے ہیں، 'صاحب یہ دیکھئے میں نے کیا لکھا تھا، کیسے بول دیا انہوں نے، یہ لفظ اسکرپٹ ہیں ہی نہیں'۔ یہ شکایت مجھے امیتابھ بچن سے کبھی رہی ہی نہیں۔ایک بار ہم لوگوں کی 'آج خوش تو بہت ہوگے تم' پر بحث ہورہی تھی کہ سین کہاں سے شروع کرنا چاہئے، کس سُر میں، اور کس سُر میں ختم کرنا چاہئے۔ایک مرتبہ ہم لوگوں کا اس پر تبادلۂ خیال ضرور ہوا تھا اور بعد میں ثابت ہوا کہ وہی ٹھیک کہہ رہے تھے۔تو مجھے کبھی شکایت ہی نہیں ہوئی امیتابھ بچن سے۔'یار میرا تو مطلب کچھ اور تھا اور انہوں نے کیا بول دیا۔ارے یہ ٹائمنگ ہی غلط ہے، یہ تو جملے کا مطلب ہی انہوں نے تبدیل کردیا اپنے سے'۔نہیں فلولیس، کوئی غلطی نہیں، پرفیکٹ، بلکہ کئی بار اس طرح سے بولا کہ جو میں نے لکھا تھا اس کا اثر اور بڑھ گیا۔میں آپ کو ایک دوسری بات بتاؤں، میری فلمیں چھوڑئے۔کئی فلمیں امیتابھ بچن کی ایسی ہیں، جس میں ان کا انتہائی لاجواب کام ہے لیکن ان فلموں کا ذکر نہیں ہوتا۔جیسے 'ملی'۔اب 'ملی' جو ہے بنیادی طور سے اس کی کہانی تو گھوم رہی تھی جیا جی کے چاروں طرف اور جیا کوئی معمولی ایکٹریس تو نہیں ہیں۔انہوں نے بھی بہت زبردست کام کیا تھا۔لیکن میں کہوں گا کہ جن تین چار فلموں میں امیتابھ بچن کے بہت اچھے پرفارمنس ہیں، ان میں سے ایک ہے 'ملی' اور کبھی 'ملی' کا کوئی ذکر نہیں کرتا...کیا کام کیا تھا اس آدمی نے... واہ واہ واہ...کتنے سال ہوگئے ملی کو، لیکن آج تک مجھے یاد ہے کہ ایک جگہ غصے میں اس نے اپنی جیب سے رومال نکال کر صوفے پر پھینکا ہے، یہ ایک عجیب سا جیسچر ہے۔جیب میں سے رومال نکال کر صوفے پر پھینکا، یہ آپ پلان نہیں کرسکتے ہیں، یہ کوئی ایکٹر پلان تھوڑی کرے گا کہ میں یہاں پر جیب سے رومال نکال کر صوفے پر پھینک دونگا، ایسا ممکن نہیں ہے۔وہ آدمی اس لمحے کو جی رہا ہے تو فطری طور پر یہ کام ہوگیا، بہت اچھا کام تھا، بہت ہی اچھا کام۔

جاوید اختر اور امیتابھ بچن

۳۵

گبّرخود اپنی ووکیبُلری (لفظیات) بناتا رہا

پورے کیریئر میں جن کرداروں کو لکھتے ہوئے مجھے بہت مزا آیا ان میں گبّر سنگھ کا کردار بھی شامل ہے۔ اس کی وجہ یہ ہے کہ گبر خود اپنی ووکیبُلری بنا رہا تھا۔ مجھے خوب یاد ہے کہ جب میں 'شعلے' لکھ رہا تھا تو میں یہ سوچ کر بہت پُرجوش ہو جاتا تھا کہ جب میں دو سین ختم کرلوں گا تو وہ سین آئے گا جس میں گبّر ہوگا اور دیکھئے کہ اب وہ کیا کہتا ہے۔

کتنے آدمی تھے؟

(گبّر کے کردار میں امجد خان)

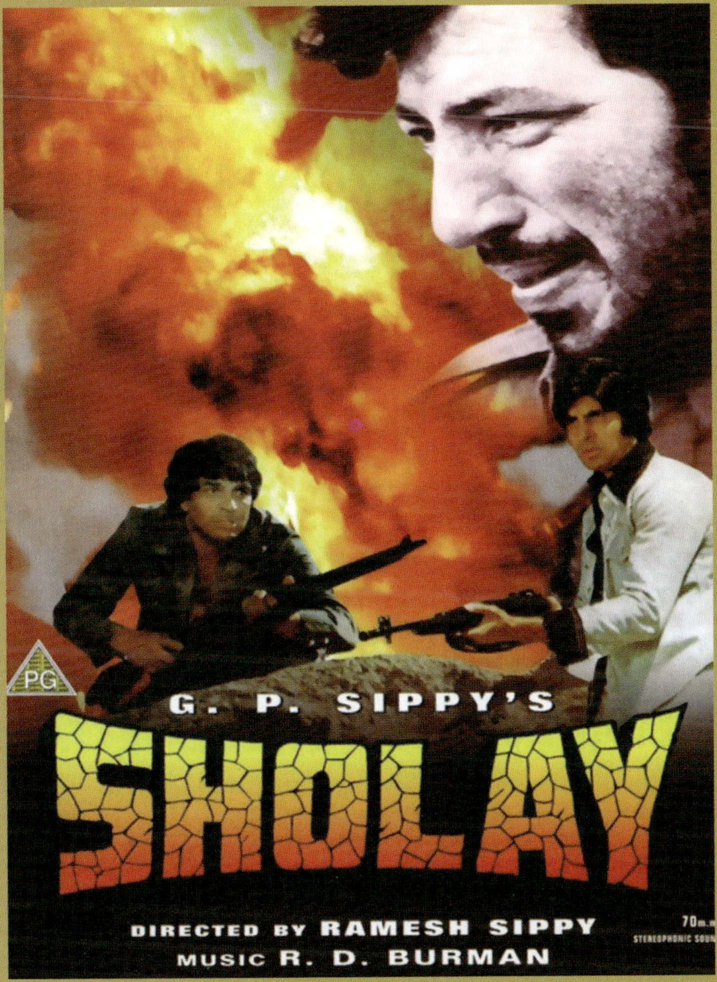

فلم: شعلے

ہدایت کار: رمیش سپّی

۱۹۷۵

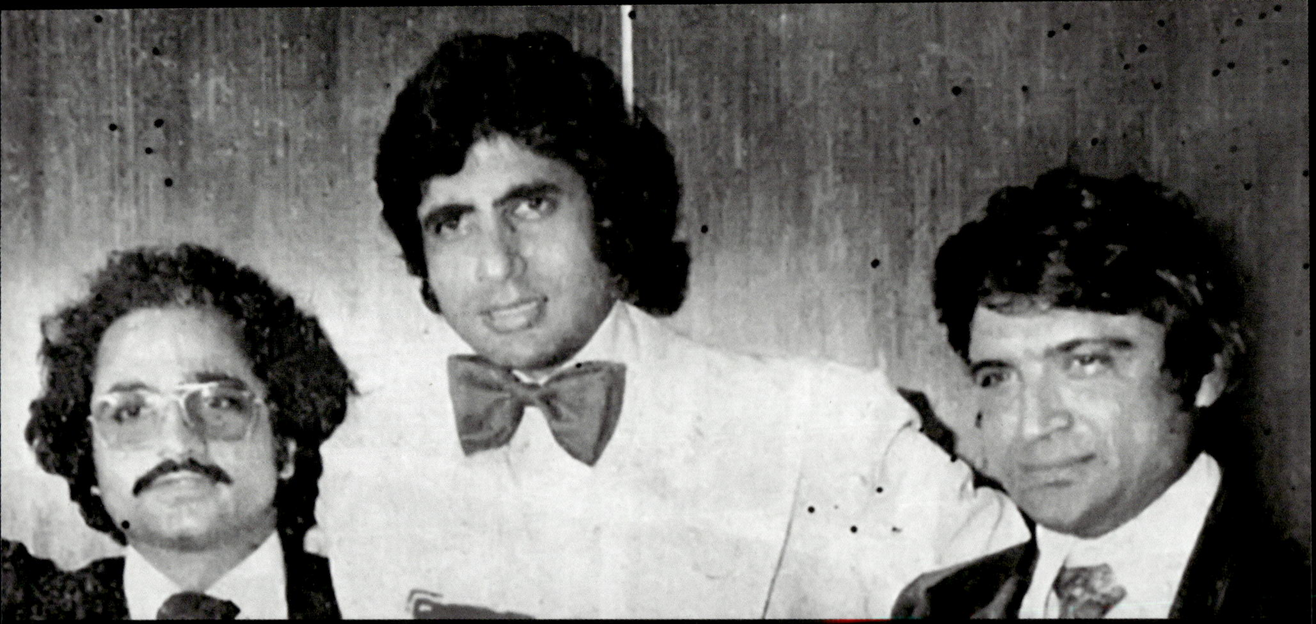

۳۶

گفتگو (رمیش سپّی کے ساتھ اروند منڈلوئی)

جاوید صاحب کا انفرادی تعاون (انڈیویجول کنٹریبیوشن) بہت ہی بڑا تھا: رمیش سپّی

دسمبر ۶۹ میں ہم رائٹنگ ڈپارٹمنٹ شروع کرنے جا رہے تھے۔ نریندر بیدی جو ہمارے ساتھ کام کرتے تھے انہوں نے بتایا کہ جولڑکے اچھا کام کر رہے ہیں، اگر آپ کہیں تو ایک میٹنگ کے لئے بلا لیں۔ سلیم۔جاوید ہماری بیٹھک میں آئے، جاوید صاحب نے کہا کہ ہم آپ کو ایک اسکرپٹ سنانا چاہتے ہیں۔ اور ایک طرح کا چیلنج دیا کہ 'ایک بار میں نے شروع کیا تو آپ روک نہیں پائیں گے' اور واقعی ایک بار انہوں نے شروع کی تو 'شروع سے آخر تک روک نہیں پائے'۔ حالانکہ اس پر کبھی فلم نہیں بنی۔ جنوری ۱۹۷۰ سے سلیم۔جاوید نے ۷۵۰ روپئے کی سیلری پر جوائننگ کر لیا۔ اس وقت 'انداز' کافی حد تک مکمل ہو چلی تھی جس کی اسکرپٹ ہم نے سچن بھومک کے ساتھ بیٹھ کر بنائی تھی۔ اور گلزار صاحب کو ڈائلاگ کے لئے لیا گیا تھا۔

سلیم۔جاوید نے 'انداز' کے رشز دیکھے اس میں ان کا بھی تھوڑا بہت تعاون رہا۔ پھر ہم نے ایک آئیڈیا دیا کہ اگر 'رام اور شیام' کی تھیم پر دو لڑکیوں کو لے کر فلم بنائیں تو کیسا رہے گا؟ جاوید صاحب نے کہا تھا کہ یہ تو بالکل ہو سکتا ہے۔ تو اس طرح ہنستے کھیلتے 'سیتا اور گیتا' بھی بن گئی۔ ایک سال میں۔ اس کے بعد ہم نے 'شعلے' کی پلاننگ کی۔

دونوں کا کنٹریبیوشن بڑھیا رہا، لیکن میرے خیال سے ڈائلاگ رائٹنگ کے حوالے سے جاوید صاحب کا اہم تعاون رہا۔ کہانی، کردار وغیرہ پر تبادلۂ خیال ہو جانے کے بعد، کبھی کبھی جاوید صاحب اکیلے آیا کرتے تھے، آ کر بتاتے کہ دیکھئے 'یہ کیسا رہے گا۔ کیا کہتے ہیں آپ۔؟' پھر گبّر کی بات نکلی۔ تو میں نے کچھ ایکسپریشن سجھائے تھے۔ جاوید صاحب کا ذاتی تعاون بہت ہی اہم اور معنی خیز تھا۔ میرے لئے سلیم جاوید کے نام کو الگ الگ کر کے دیکھنا تھوڑا غیر مناسب سا ہے۔ لیکن جیسے میں نے پہلے کہا ہے کہ۔ ڈائلاگ رائٹنگ واقعی جاوید صاحب نے کی، لیکن اب اتنے برسوں بعد توڑ پھوڑ کرنا اچھی بات نہیں ہے۔ جس کا جو تعاون ہے، وہ درج ہونا چاہئے۔ جاوید صاحب کا ذاتی تعاون فراموش نہیں کیا جا سکتا، میری زندگی میں بھی، اور کافی لوگوں کی زندگی میں بھی۔ امیتابھ بچن کی زندگی میں بھی۔ میری فلم 'ساگر' کے لئے اسکرپٹ، ڈائلاگ اور نغمے سب کچھ جاوید صاحب نے ہی لکھے۔

◀ معروف ہدایت کار، رمیش سپّی اور امیتابھ بچن کے ساتھ جاوید اختر

‘شعلے’ کے سیٹ پر کیمرہ مین دوارکا دویچا، دھرمیندر، رمیش سپّی، سنجیو کمار، امیتابھ بچن اور امجد خان

۳۷

دو آدمی تھے جنہوں نے کہا کہ ‘گبّر کا رول ہمیں دے دو’

فلم 'شعلے' یقیناً ٹیم کا ہی جادو تھا، کبھی کبھی چیزیں جو ہیں سہی جگہ بیٹھ جاتی ہیں، اور یہ وہ فلم ہے جس میں بہت ساری چیزیں بالکل سہی بیٹھ گئیں۔ ایک تو اس کی اسکرین پلے کا کینو اس ایسا تھا کہ اس میں کرداروں کی ویرائٹی کمال کی تھی۔ بنیادی کہانی تو سلیم صاحب کی تھی۔ یہ ایک اسٹوری لائن تھی ان کی، جس میں ایک رٹائرڈ آرمی میجر تھا، جس کے دونوں ہاتھ بم پھٹنے سے اڑ گئے تھے اور ضابطوں کی خلاف ورزی کی وجہ سے فوج سے نکالے گئے دو جوان تھے لیکن جب اسکرین پلے بنا تو اس کا دامن پھیلتا ہی گیا۔ خاص طور سے گبّر کا جو کردار ہے وہ اتنا اہم ہے کہ جب اس کردار کا ڈائلاگ ورجن سنایا گیا تب دو آدمی تھے جنہوں نے کہا کہ یہ رول ہمیں دے دو۔ ایک تو تھے سنجیو کمار اور دوسرے تھے امیتابھ بچن۔ رمیش سپّی کی ہدایت کاری تو لاجواب تھی ہی، دوار یکا دوبیچا، جنکا کبھی کوئی ذکر نہیں ہوتا، جو اس فلم میں کیمرہ مین تھے، ان کا بھی بہت اہم تعاون ہے۔

نہار سنگھ سے متاثر تھا سورما بھوپالی کا کردار

ایک پرانا قصہ ہے، کیلیفورنیا میں ایک بیچارہ پاگل سا آدمی تھا جو خود کو شہر کا راجہ سمجھتا تھا، ایک پورا شہر اسے اسی غلط فہمی میں رکھتا تھا، اس کے انتقال پر بھی لوگ اس کی آخری رسومات ادا کرنے کے لئے راجہ کی طرح ہی لے گئے۔ ایسے ہی سورما نہار سنگھ تھے، انکے ساتھ پرانے بھوپال میں ایسا ہی سلوک، ایسا ہی مان سمّان کیا جاتا تھا جیسے کہ وہ بہت بڑے دادا ہوں، جبکہ وہ تھے نہیں۔ کسی نے ان سے کہا کہ تمہارے نام پر کردار لکھ کر جاوید ممبئی میں خوب پیسے بنا رہا ہے، تمہیں اس پر مقدمہ کرنا چاہئے، وکیل بھی کیا گیا، بلکہ مقامی اخبار میں قانونی کاغذات وکیل کو دیتے ہوئے سورما بھوپالی کی فوٹو بھی چھپی۔ ظاہر ہے یہ سب کچھ مذاق میں کیا گیا تھا۔ اسی بیچ فلم دیوار آ گئی، تو وہ اپنے وکیل اور دوستوں کے ساتھ فلم دیکھنے صرف اسی لئے پہنچے کہ اس فلم میں تو کوئی گڑبڑ نہیں کی، اس فلم میں سورما بھوپالی کا کردار تو تھا نہیں تو ان کو امیتابھ کا ڈائلاگ 'میرے پاس بنگلہ، گاڑی ہے، بنک بیلنس ہے۔ تمہارے پاس کیا ہے؟' چبھ گیا۔ بول پڑے، یہ امیتابھ نہیں بلکہ جاوید مجھ سے کہہ رہا ہے۔

اتنا سنّاٹا کیوں ہے بھائی!

(امام صاحب کے کردار میں اے کے ہنگل)

۳۹

’شعلے‘ ۱۹۷۵ سے ۱۹۸۰ تک لگاتار پانچ سال چلی تھی

ممبئی کے گرانٹ روڈ پر پندرہ سو سیٹوں والے منروا تھیٹر میں ۱۵ اگست ۱۹۷۵ کو جی پی سپّی کی فلم ’شعلے‘ ریلیز ہوئی تھی، جو ۱۹۷۵ سے ۱۹۸۰ تک لگاتار پانچ سال تک چلی تھی، اور دو سال تک تو یہ حال رہا کہ جب تک آپ ایک ہفتے پہلے ٹکٹ بک نہیں کرتے، تب تک آپ کو ٹکٹ نہیں مل سکتا تھا۔ ’شعلے‘ آج بھی ہندوستانی فلم انڈسٹری میں کمرشیلٹی کی ایک شاندار مثال ہے۔ دلّی میں حال یہ تھا کہ پلازہ تھیٹر تک مداحوں کو لے جانے کے لئے پنجاب سے بسیں چلی تھیں، جن پر ’شعلے اسپیشل‘ پینٹ کیا رہتا تھا۔ سن ۲۰۰۰ میں فلم کی ۲۵ ویں سالگرہ پر اسے بی بی سی انڈیا کے ذریعے ’فلم آف دی ملینیم‘ کے اعزاز سے نوازا گیا تھا۔

MINERVA

5TH
BIG
YEAR
AT MINERVA
G.P.SIPPY'S
SHOLAY
RAMESH SIPPY
SALIM JAVED R.D.BURMAN ANAND BAKSHI DWARKA DIVECHA

G.P.SIPPY'S
SHOLAY
RAMESH SIPPY
5 th

۴۰

تمہارا نام کیا ہے بسنتی؟

(’جے‘ کے کردار میں امیتابھ بچن)

ہندی سنیما کی سب سے بڑی بلاگ بسٹر مانے جانے والی فلم ’شعلے‘ کے چالیس سال پورے ہونے پر بی بی سی نے اپنے فیس بک پیج کے ذریعے ریڈرز سے ’شعلے‘ کا پسندیدہ ڈائلاگ جاننے کی کوشش کی۔ اس سروے میں جس ڈائلاگ کو سب سے زیادہ پسندیدہ ڈائلاگ قرار دیا وہ ہے ’تمہارا نام کیا ہے بسنتی؟‘ فلم میں یہ ڈائلاگ جے کا کردار نبھانے والے امیتابھ بچن نے بسنتی کا کردار نبھانے والی ہیما مالنی سے مخاطب ہوتے ہوئے بولا تھا۔

‘شعلے’ ریلیز ہونے کے ایک ہفتے کے بعد فلمی پنڈتوں اور تنقید نگاروں نے اسے ایک فلاپ فلم قرار دے دیا تھا۔ تب سلیم-جاوید نے یہ اشتہار دیا تھا۔ ’دی ٹریڈ گائڈ‘ میں چھپے ’شعلے‘ کے اس اشتہار جیسا اشتہار نہ پہلے کبھی آیا اور نہ کبھی بعد میں۔ اس اشتہار نے فلم انڈسٹری کو ’منتر مگدھ‘ یعنی خوشیوں سے سرشار و حیران کر دیا تھا۔

‘شعلے’ کے رکارڈز اور آڈیو کیسٹز کی غیر معمولی بکری ہوئی تھی اور پانچ لاکھ رکارڈز اور آڈیو کیسٹز بکے تھے، جن میں فلم کے بے حد مقبول ڈائلاگ والے کیسٹ بھی تھے، شعلے ’پلیٹنم ڈسک‘ حاصل کرنے والی پہلی ہندوستانی فلم تھی، جو ان دنوں رکارڈز کی تین لاکھ سے زیادہ کاپیوں کی بکری کے لئے دیا جاتا تھا، شعلے نے میوزک مارکٹ میں دس کروڑ روپے کی کمائی کی، جس کی پچاس فیصد کمائی فلم کے ڈائلاگ سے ہوئی تھی۔ شعلے نے پہلے رن میں ہی ۳۵ کروڑ روپئے کمائے تھے، اور باکس آفس پر شعلے کا یہ رکارڈ انیس سال تک بنا رہا۔

۴۱

گفتگو (جاوید اختر کے ساتھ اروند منڈلوئی)

ضروری ہے کہ آپ کے پاس الفاظ کا ایک بہت بڑا ذخیرہ ہو اور یہ ذخیرہ اچھّے ادیبوں کو پڑھ کر ہی ملتا ہے۔

جاوید صاحب، بات ہو رہی تھی آپ کے کرداروں کی زبان کے حوالے سے۔ یہ جو آسان زبان ہے، یہ جو فلموں میں آئی، یہ جو ڈائلاگ ہیں، جو آج لوک محاورے بن چکے ہیں، جیسے کوئی آدمی کسی کی چغلی کرتا ہے تو لوگ کہتے ہیں کہ 'ہری رام نائی' ہے، یا کسی کی تعریف کرتے ہیں تو کہتے ہیں کہ 'یہ لمبی ریس کا گھوڑا ہے'۔ تو یہ جو زبان ہے، جو فلموں سے سماج میں آئی ہے، یہ کیسے ممکن ہو پایا۔ یہ زبان کس طرح وجود میں آئی، کس طرح اس نے اپنا سفر طے کیا، اس کا پروسز کیا تھا؟

دیکھئے میں نے تو فکشن بہت پڑھا ہے اور انگریزی اور اردو دونوں زبانوں میں پڑھا ہے۔ آپ جب فکشن بہت پڑھتے ہیں، اگر آپ اچھے رائٹرز کو پڑھتے ہیں تو آپ کی ووکیبلری بہت اچھی ہو جاتی ہے چاہے آپ سانگ رائٹر ہوں یا ڈائلاگ رائٹر ہوں، اس کے لئے گریٹ رائٹر ہونے کی ضرورت نہیں ہے۔ اگر یہ ہے تو بہت اچھی بات ہے، ضروری یہ ہے کہ آپ کے پاس جو آپ کی لفظیات ہے، وہ بہت بڑی ہو اور آپ ہر رنگ میں لکھنا جانتے ہوں۔ جیسے کہ اگر یہ آدمی جو گبّر ہے، یہ کیسے بولے گا۔ گبّر کے بارے میں ذکر کروں گا کہ مجھے لگتا ہے کہ گبّر سے تو ایک نئی زبان بنی۔ گبّر کا بات چیت کرنے کا انداز اس کا محاورہ اس کا طور طریقہ اس کی جو زبان ہے وہ بالکل الگ ہی طرح کی ہے۔ وہ اچھے رائٹرز کو پڑھ پڑھ کر اور سن سن کر ہی آتی ہے۔ پھر آپ کے کان جو ہیں تیز ہو جاتے ہیں، جہاں کوئی اچھا لفظ یا نیا لفظ آپ نے سنا، تو آپ کی سماعت سے وہ آپ کی میموری میں چلا جاتا ہے اور ایک خاص وقت میں کام آ جاتا ہے۔ تو میں یہ سمجھتا ہوں کہ مجھ پر ان قلمکاروں کا بڑا احسان ہے جنہیں میں نے برسوں تک پڑھا ہے۔ اگر آپ کو الفاظ کا ذخیرہ چاہئے تو وہ تب ہی ملتا ہے جب آپ اردو، ہندی اور دوسری زبانوں کا لٹریچر پڑھتے ہیں۔

۴۲

فلم کی کامیابی کا راز

فلم 'ترشول' میں ایسی باتیں دکھائی گئی تھیں جو پہلے کبھی نہیں دکھائی گئی تھیں۔ اب ہم اس فلم کی بات کررہے ہیں تو وہ باتیں بہت معمولی لگ سکتی ہیں، لیکن کوئی بھی ایسی چیز جو پہلے کبھی نہیں آزمائی گئی ہو وہ ہندوستانی فلم میکر کو خطرناک اور جوکھم بھری لگتی ہیں، ترشول کا ہیرو صحیح معنوں میں ہندی فلموں کا پہلا ناجائز بچہ تھا، اس کے ماں باپ بنے تھے سنجیو کمار اور وحیدہ رحمان۔ انہیں دنیا کی نظروں میں نہ سہی، بھگوان کی نظروں میں بھی اپنے آپ کو شادی شدہ دکھانے کے لئے کسی مندر میں جا کر ایک دوسرے کے گلے میں مالائیں ڈالتے ہوئے نہیں دکھایا گیا ہے۔ ساتھ ہی وہ اسی لئے سیکس نہیں کرتے کہ باہر برسات ہو رہی ہے۔ آپس میں ان کا ایک مستقل و مستحکم جسمانی رشتہ ہے اور فلم میں یہ بات صاف طور پر دکھائی گئی ہے، ہیرو کی ماں اسی طرح سے حاملہ ہوتی ہے۔ اس طرح کی بات ہندی فلموں میں پہلے کبھی نہیں دیکھی گئی۔ سالوں بعد ہیرو کا مشن ہوتا ہے اپنے ہی باپ کو ختم کرنا۔ یہ بھی پہلے کبھی نہیں دیکھا گیا تھا۔ جب 'ترشول' ریلیز ہوئی تو ایس مکھرجی نے مجھ سے کہا تھا، میں نے اس فلم کی کامیابی کا راز جاننے کے لئے اسے تین بار دیکھا لیکن میں تمہیں اتنا بتا دوں کہ تم یہ اسکرپٹ لے کر میرے پاس آئے ہوتے تو میں تو اسے نہ لیتا۔

زندگی میں کچھ باتیں فائدے

اور نقصان سے اُوپر ہوتی ہیں۔

(وجے کمار کے کردار میں امیتابھ بچن)

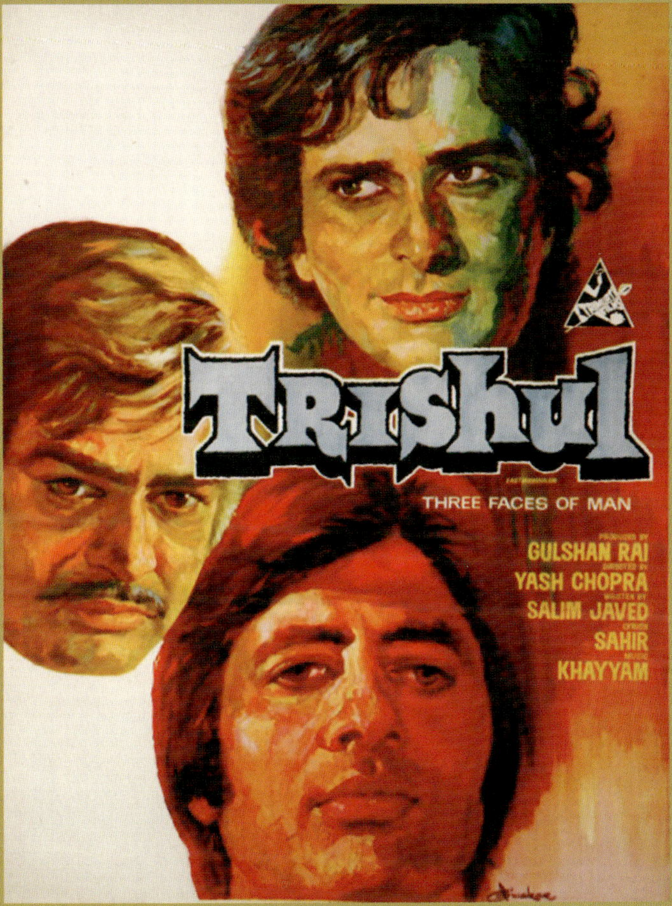

فلم: ترشول

ہدایت کار: یش چوپڑا

۱۹۷۸

۴۳

شہری جرائم پر بنی فلموں کو ملی الگ پہچان

۱۹۷۰ کی دہائی میں جرائم کی تھیم پر بنائی جانے والی فلموں کا پروڈکشن اپنے عروج پر پہنچ چکا تھا، اور آگے چل کر فلم ’ڈان‘ نے اسے مزید بلندیوں پر پہنچاتے ہوئے نئے افق اور نئے زاویے دیدئے تھے۔ شہری جرائم کے حوالے سے بنی اس فلم کی ایک الگ شناخت الگ پہچان بنی۔ ہندی سنیما کے ماہرین کا بھی ماننا ہے کہ ڈان سے پہلے ہندی سنیما میں جرائم کو اتنے سلیقے اور اس انداز میں نہیں پیش کیا گیا تھا۔ ڈان کا اسکرین پلے اور ڈائلاگ اتنے زبردست رہے کہ فلم نے ڈان فرنچائزی کو جنم دیا۔

جاوید اختر کے بیٹے فرحان اختر نے اس فلم کا ’ری میک‘ بنایا ’فلم ،’ڈان: دی چینج بگنس اگین، (۲۰۰۶) اور اس کے سیکوئل ڈان۔۲ (۲۰۱۱) بنائی گئی۔ فرحان نے سلیم۔جاوید کی بنیادی تھیم کو برقرار رکھتے ہوئے، اسکرین پلے کو ایک نیا موڑ دیا۔

'ڈان' کو پکڑنا مشکل ہی

نہیں نا ممکن ہے۔

(ڈان کے کردار میں امیتابھ بچن)

فلم: ڈان

ہدایت کار: چندرا بروٹ

۱۹۷۸

۴۴

گفتگو

(جاوید اختر کے ساتھ اروند منڈلوئی)

وہ پُل کہیں ٹوٹ گیا تھا، جس سے ہم ایک دوسرے کی سوچ اور ایک دوسرے کے دل تک پہنچ پاتے تھے۔

سلیم صاحب کے ساتھ آپ کی جو پروفیشنل جوڑی تھی، وہ جب ختم ہوئی، تو کیا کوئی خاص وجہ، یا ایسا کون سا موڑ آیا جس کی وجہ سے یہ طے کرنا پڑا کہ اب دونوں ساتھ کام نہیں کر پائیں گے؟

دیکھیے، ایک تو سلیم صاحب سے جو میرا رشتہ تھا، اسے میں پروفیشنل رشتہ نہیں کہوں گا، یہ الگ بات ہے کہ ہم دونوں ساتھ میں فلمیں لکھ رہے تھے، ہم دونوں کا نام بھی ساتھ میں آتا تھا، لیکن وہ اس لئے ہو رہا تھا کہ ان سے ایک محبت کا، اپنائیت کا اور یقین کا رشتہ تھا، بہت گہرا بہت ہی گہرا۔ میں سمجھتا ہوں کہ ایک طریقے سے سلیم صاحب میری زندگی میں فادر فیگر رہے۔ سلیم صاحب کی جو بیوی ہیں سلمیٰ، جنہیں میں بھابی کہتا ہوں، وہ میری زندگی میں ایک طرح سے مدر فگر تھیں، حالانکہ عمر میں شاید میرے برابر ہی ہوں گی، یا مجھے حیرت نہیں کہ مجھ سے شاید ایک سال چھوٹی یا بڑی ہوں۔ اور وہی ان دونوں سے میرا رشتہ رہا ہے۔ میرا سلیم صاحب سے یا بھابی سے رشتہ برابری کا نہیں تھا نہ ہے۔ وہ بڑے ہیں میرے اور ان دونوں کو میں آج بھی اپنا بڑا ہی سمجھتا ہوں۔ ہم میں اتنی محبت اور اتنی قربت تھی اور ہم ایک دوسرے کے اتنے نزدیک تھے کہ ہم یہ کام کر سکتے تھے۔ چونکہ سیمنٹ کی فیکٹری میں پارٹنرز ہونا تو مشکل بات نہیں ہے، بھلے ہی آپس میں میل ہو یا نہ ہو، محبت ہو یا نہ ہو وہ اس لئے کہ سیمنٹ کی بازار میں قیمت ہے۔ اتنے میں بنتی ہے۔ اتنی قیمت ہوئی اور، اتنا فائدہ ہوا، بھئی آدھا آدھا لے لو۔ یہی بات آپ اسٹیل فیکٹری یا ٹیکسٹائل فیکٹری کے بارے میں بھی کہہ سکتے ہیں۔ لیکن جب آپ اسکرپٹ ساتھ میں بناتے ہیں، تو نہ ایسا کوئی ترازو ہے نہ کوئی فٹ، گز یا میٹر ہے جس سے آپ سین کو ناپ سکیں یا تول سکیں۔ اب جب دو آدمی بیٹھ کر ایک سین بنا رہے ہیں، تو ایک دوسرے پر پورا یقین کرنا لازمی ہے کہ اگر میں سین کے تعلق سے کچھ اور کہہ رہا ہوں تو اس وجہ سے نہیں کہہ رہا ہوں کہ میں کہہ رہا ہوں، یا وہ میری بات نہیں مان رہے، تو اس کی یہ وجہ نہیں ہے کہ وہ اپنی بات منوانا چاہتے ہیں، بلکہ ہم دونوں سین کے بارے میں سوچ رہے ہوتے تھے۔ سین اور بس کامیاب سین۔ جب تک اپنی زندگی میں یہ اعتماد نہ ہو، یہ بھروسہ نہ ہو تو پھر ایک ساتھ کام کرنا دشوار ہو جاتا ہے۔ یہ کوئی آسان کام نہیں ہے۔

جب تک یہ رشتہ اس انداز اس خوش اسلوبی سے چلتا رہا۔ ہم کام کرتے رہے اور بغیر کسی تلخی، ترشی، اور کڑواہٹ کے، پھر کیا ہوا کہ زندگی نے ہمارے حلقۂ احباب کو الگ کر دیا۔ میرے کچھ دوست الگ ہو گئے۔ انکے کچھ دوست الگ ہو گئے۔ ایسا کبھی نہیں ہوتا تھا کہ ہم کسی شام بھی ایک دوسرے سے الگ بیٹھ سکیں اور پھر ہم اپنی شامیں الگ الگ گزارنے لگے، اس طرح ہم میں دوریاں ہونے لگیں فاصلے بڑھنے لگے اور یہ جو کچھ ہوا کس کی وجہ سے ہوا کیسے ممکن ہوا یہ تو میرے ذہن میں نہیں۔ اور میں اسے سمجھا بھی نہیں پاؤنگا، کیونکہ یہ چیزیں اتنی آہستگی سے اور فطری طور پر ہوتی ہیں کہ آپ کو ان کا احساس تک نہیں ہوتا۔ لیکن ایک دن میں نے محسوس کیا کہ ہمارا آپس میں وہ رشتہ جس میں ہم ایک دوسرے کی ان کہی باتوں کو بھی سن لیتے تھے، بے ساختہ مشوروں کو سن کر ان پر عمل بھی کرتے تھے وہ کہیں کھوتا جا رہا ہے۔ اگر وہ رشتہ باقی نہیں رہا تو پھر ہم مل کر کام بھی نہیں کر سکتے تھے۔ اس لیے نہیں کہ انہوں نے میرے ساتھ کوئی بے ایمانی کی ہے۔ یا میں نے ان کے ساتھ کوئی بے ایمانی کی ہے۔ ہمارے درمیان کبھی نام، کام یا دام کو لے کر کوئی اختلاف نہیں ہوا ایک لمحے کے لئے بھی نہیں۔ لیکن وہ پُل کہیں ٹوٹ سا گیا تھا جس کے ذریعے ایک دوسرے کے خیالات و احساسات ایک دوسرے کے دل تک پہنچ سکتے تھے۔

۴۵

ان کے قول و عمل میں کبھی کوئی فرق نہیں دیکھا

عجیب آدمی تھا وہ
محبتوں کا گیت تھا
بغاوتوں کا راگ تھا
کبھی وہ صرف پھول تھا
کبھی وہ صرف آگ تھا
عجیب آدمی تھا وہ...

۱۹۴۷ کے بعد اردو پر کچھ عذاب سا آیا۔ اگرچہ میں پورے یقین کے ساتھ نہیں کہہ سکتا لیکن ایک روایت یہ بھی ہے کہ 'اپٹا' نے بہت سی فلمیں بنائیں اور اس کے بعد تمام ترقی پسند شاعر فلموں میں آگئے، انہیں تمام تر پروموشن بھی ملے، انہوں نے ماس میڈیا کے ذریعے اپنے پیغامات ہندوستان کی عوام تک پہنچائے ان میں خواجہ احمد عباس، کرشن چندر اور عصمت چغتائی جیسے ادیب تھے جو اسکرپٹ رائٹر بنے۔ دوسری طرف ساحر، مجروح اور شیلندر جیسے قلم کار تھے جو نغمہ نگار بنے، اگر آپ انکے نغمے ان کی کہانیاں دیکھیے تو آپ کو احساس ہوجائے گا کہ ان لوگوں نے کمرشیل فلموں کے ذریعے سوشلزم اور سماجی زندگی کی جتنی تشہیر کی وہ دوسری جگہ یا دوسرے پلیٹ فارم سے ممکن نہیں تھی یوں کہیں وہ اور کہیں ممکن ہی نہیں تھی۔ اگر آپ ان کے نغموں اور فلموں کو بغور سنیں اور دیکھیں ان کا سنجیدہ تجزیہ کریں تو آپ محسوس کریں گے کہ یہ فلمیں ایک مستحکم سماجی و سیاسی نظریہ پیش کر رہی ہیں۔

میرا ایسا خیال ہے کہ بنیادی طور پر جتنے بھی ترقی پسند شاعر تھے، سوائے مجروح کے، غزل کے شاعر نہیں بلکہ نظم کے شاعر ہیں، ایسا نہیں کہ انہوں نے غزلیں نہیں کہیں یا اچھی غزل نہیں کہہ سکتے تھے لیکن نظم ان کے مزاج کے زیادہ قریب تھی، آپ کو یاد ہوگا کہ ۱۹۳۶ میں لکھنؤ میں ترقی پسند تحریک کا پہلا اجلاس منعقد ہوا تھا، جس کی صدارت منشی پریم چند نے کی تھی اور جس میں گرو دیو رویندر ناتھ ٹیگور نے بھی اپنا پیغام بھیجا تھا، اس اجلاس میں منشی پریم چند نے اپنے صدارتی خطبے میں کہا تھا کہ یہ وقت گل و بلبل اور کوئے جاناں کی بات کرنے کا نہیں بلکہ زندگی کے مسائل کو آشکار کرنے کا ہے۔ ہمارے شاعروں اور قلمکاروں کو آج کی، اس وقت کی شاعری میں، عدم مساوات، روزگار، سیاسی، سماجی اور معاشی مسائل اور ایسے ہی موضوعات پر قلم اٹھانا چاہئے۔ ظاہر ہے کہ جب آپ کو اتنے پیغامات دینے ہوں تو نظم کی طرف توجہ ہونا فطری بات ہے لہٰذا ان قلم کاروں کی توجہ غزل سے زیادہ نظم کی طرف تھی۔

غزل تو اشاروں میں بات کرتی ہے کیفی صاحب کا جو پہلا مجموعہ ہے اس میں غزل تھی ہی نہیں۔ اس کے بعد انہوں نے غزلیں بھی خوب لکھی ہیں لیکن بنیادی طور سے ان سارے شاعروں کی، چاہے وہ جعفری صاحب ہوں، چاہے ساحر ہوں، چاہے کیفی صاحب ہوں ان لوگوں کی پہچان اپنی نظموں سے بنی ہے اور ان کا خاص رنگ بھی ان کی نظموں میں ہی کِھلتا اور کُھلتا ہے، فیض صاحب کے یہاں بھی غزل ہے لیکن فیض صاحب کی نظم ان کی غزل پر بھاری ہے، مخدوم کے یہاں بھی غزلیں ہیں پر نظم ان کی غزلوں پر بھاری ہے۔

ایک بات عام طور پر کہی جاتی ہے کہ شاعروں کے قول و عمل میں بڑا فرق ہوتا ہے، یہ صحیح بات ہے ہوتا ہے اس لیے کہ ان کے قول ان کی گفتگو اتنی اچھی ہوتی ہے کہ اس پر عمل کرنا، اتنے اچھے کام کرنا بہت مشکل ہوتا ہے تو کچھ نہ کچھ فرق رہتا ہی ہے، لیکن میں پورے یقین سے کہتا ہوں کہ جس نے یہ بات کہی تھی اس کی ملاقات کیفی صاحب سے نہیں ہوئی تھی، کیفی صاحب نے اگر مزدوروں، کسانوں کی بات کی تو گھر میں بیٹھ کر اپنے سارے آرام کے ساتھ نہیں کی بلکہ ان کسانوں کے ساتھ کام کیا، ان مزدوروں کے ساتھ کام کیا، خود انکے درمیان رہے۔ کیفی صاحب نے اگر سیکولرزم کی بات کی تو سیکولرزم ان کے لیے کوئی نعرہ نہیں تھا یا کوئی فیشن نہیں تھا بلکہ ان کے جینے کا طریقہ تھا، وہ ایسے ہی جیتے تھے ان کی روزمرہ کی زندگی میں یہ سب دکھائی دیتا تھا کیفی صاحب نے اگر وومن ایمپاورمنٹ یعنی عورتوں کے استحکام کی بات کی تو یہ باتیں ان کے گھر کی چوکھٹ پر آ کر رکتی نہیں تھیں بلکہ ان کے گھر کے سنسکار اور تہذیبی قدریں بھی وہی تھیں۔ انہوں نے جو کہا وہ کیا اور جو کیا ویسے ہی لکھا بھی۔ دلچسپ بات یہ ہے کہ انہوں نے جب رومانٹک شاعری کی تو رومانٹک شاعری کی، اور جب انقلابی شاعری کی تو انقلابی شاعری ہی کی اور ان کی شاعری میں یہ دونوں رنگ ہی مکمل طور پر موجود تھے۔

کیفی اعظمی اور شوکت اعظمی

۴۶

'کیفی اور میں'
ترتیب ایسی جمی کہ
ایک کہانی بن گئی

۴۹

گفتگو

(شبانہ اعظمی اور اروند منڈلوئی کے درمیان)

جاوید کو اپنی آپ بیتی ضرور لکھنی چاہیئے کیونکہ ان کی زندگی کئی لوگوں کیلئے باعث ترغیب ہو سکتی ہے،. بہت لوگوں کو انسپائر کر سکتی ہے: شبانہ اعظمی

جاوید صاحب سے آپ کی پہلی ملاقات کب اور کیسے ہوئی تھی؟

جاوید صاحب سے میری ملاقات پہلی بار کب ہوئی مجھے یاد نہیں۔ ان کا کہنا ہے کہ جب وہ پانچ سال کے تھے تب اپنی والدہ صفیہ آپا کے ساتھ ریڈ فلیگ ہال (کمیونسٹ پارٹی کے کمیون) آئے تھے جہاں ہم ایک دوسو اسکوائر فٹ کے کمرے میں رہتے تھے، دراصل جادو کے والدین اور میرے ابا امی کی گہری دوستی تھی کیونکہ اختر صاحب اور ابا پروگریسو رائٹر ایسوسی ایشن سے جڑے ہوئے تھے اور کمیونسٹ پارٹی کے ممبر تھے، اس لیے ایک دوسرے کے گھر آنا جانا رہتا تھا۔ لیکن صحیح معنوں میں ہماری ملاقات سئی پرانجپے کے گھر پر ہوئی۔ جاوید نے 'اسپرش' دیکھی اور انہیں اتنی پسند آئی کہ انہوں نے سئی سے اصرار کیا کہ آپ مجھے اپنی یونٹ کے لوگوں سے ملوایئے۔ میں نے پایا کہ انہوں نے فلم بہت باریکی اور سنجیدگی سے دیکھی تھی اور انہیں فلم کے ڈائیلاگ تقریباً یاد ہو گئے تھے۔ مجھے کافی حیرت ہوئی کہ مین اسٹریم سنیما کے ایک اتنے بڑے رائٹر کو یہ چھوٹی فلم اتنی پسند آئی۔ میں نے سن رکھا تھا کہ سلیم۔ جاوید بہت مغرور ہیں، مگر میں جس آدمی سے مل رہی تھی وہ ایک بہت ذہین حاضر جواب انسان ہے، جن کا سینس آف ہیومر لاجواب ہے، وہ ابا سے ملنے آیا کرتے تھے کیونکہ ان دنوں انہوں نے شاعری لکھنا شروع کی تھی، جسے وہ ابا کو سنایا کرتے تھے۔ میں بھی ابا کے ساتھ بیٹھنے لگی اور مجھے لگا کہ جاوید کئی معنوں میں بالکل ابا کی طرح تھے۔ بڑوں سے تہذیب سے پیش آنا، اردو سے محبت اور سیاست میں دلچسپی، دونوں کو کھانا بھی ایک جیسا پسند تھا۔ ارہر کی دال، شامی کباب، آلو گوشت کا پتلا شوربہ۔ جادو سے دوستی بڑھی تو ایسا لگا جیسے میں اپنی جڑوں سے واقف ہو رہی ہوں۔ کوئی حیرت کی بات نہیں کہ لوگ یہ کہتے ہیں کہ ہم لوگوں کی تو ارینج میریج ہونی چاہئے تھی۔

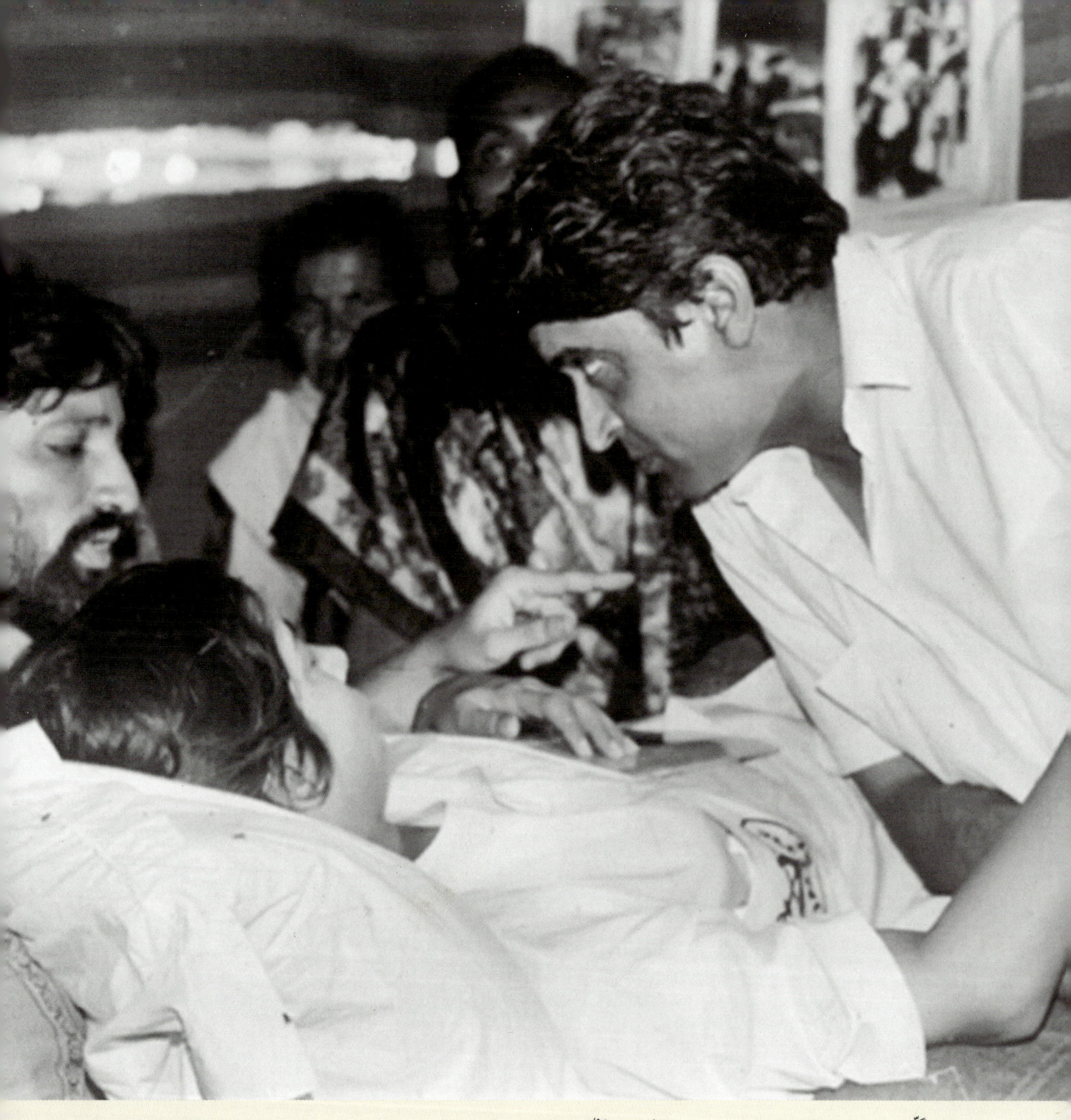

ممبئی میں جھگّی بستی میں رہنے والوں کے حق میں دھرنے پر بیٹھی شبانہ اعظمی،
ساتھ میں بات کرتے ہوئے جاوید اختر اور ڈاکیومنٹری فلم میکر آنند پٹوردھن (۱۹۸۶)

ناٹک 'کیفی اور میں' مجھ سے اچانک لکھوا دیا گیا، اگر مجھے پہلے بتا دیا ہوتا کہ مجھے ایک ناٹک لکھنا ہے، جو لگاتار ہوتا رہے گا تو میں 'اپٹا' کے رمیش تلوار اور تمام لوگوں سے پہلے ہی ہاتھ جوڑ لیتا کیونکہ ناٹک لکھنا مجھے آتا ہی نہیں ہے۔

دراصل یہ تو صرف ایک پروگرام ہی کی بات تھی۔ ہوا یوں تھا کہ کیفی صاحب کی تیسری برسی پر 'اپٹا' پروگرام کے لیے کچھ نیا کرنا تھا اور طے کیا گیا کہ شوکت اعظمی کی کتاب سے کچھ اہم مواد لے کر اور کچھ کیفی صاحب کی باتیں لے کر اسے اسٹیج پر پیش کیا جائے گا۔ بیچ بیچ میں کچھ ان کی نظمیں ڈال دی جائیں گی، بس اتنا ہی تھا اور جب کام کرنے بیٹھے تو ترتیب ایسی جمی کی ایک کہانی بن گئی۔

جس شام ہمیں 'پلے' ناظرین وسامعین کے سامنے پیش کرنا تھا یہ دوپہر تک تیار ہی نہیں ہوا تھا، صرف دو گھنٹے پہلے پورا ہوا اور کچھ نہ کچھ کاٹ چھانٹ ہوتی رہی اور آخر کار اس پلے کی پہلی ریڈنگ سیدھے 'آڈیئنس' یعنی ناظرین وسامعین کے سامنے ہی ہوئی۔

یہ ناٹک شوکت اعظمی کی کتاب 'یاد کی رہگزر' پر مبنی ہے۔ کیفی کے انٹرویوز، تحریروں اور کتابوں کے پیش لفظ اور تمہیدی مضامین سے کچھ باتیں لے کر انہیں اس طرح پرویا گیا ہے کہ خوبصورت کہانی بن گئی ہے۔ اسٹیج پر دو میزوں کے سامنے بیٹھے دو کردار، کوئی موومنٹ نہیں، صرف آواز کے اتار چڑھاؤ اور ہاؤ بھاؤ سے ساری حقیقت بیاں ہونے لگتی ہے، ناٹک کی شروعات حیدرآباد سے ہوتی ہے جہاں ایک مشاعرے میں آٹوگراف لینے آئی شوکت سے کیفی کی ملاقات ہوتی ہے اور یہ ملاقات آگے چل کر محبت میں تبدیل ہوجاتی ہے۔

'کیفی اور میں' ناٹک کا ایک منظر (اندور، ۲۰۱۰)

خوش شکل بھی ہے وہ یہ الگ بات ہے مگر
ہم کو ذہین لوگ ہمیشہ عزیز تھے

۴۷

ہم ایک ہی ماحول میں پلے۔ بڑھے ہیں

یقین مانیے یہ مجھے یاد بھی نہیں ہے کہ میں شبانہ سے پہلی بار کب ملا، ہم دونوں کی پیدائش و پرورش ایک ہی ماحول میں ہوئی ہے، ممبئی میں اس زمانے کے جو ترقی پسند ادیب و شاعر تھے، جیسے سردار جعفری، کیفی اعظمی، عصمت چغتائی، کرشن چندر، جاں نثار اختر، مجروح سلطان پوری، راجندر سنگھ بیدی یہ سبھی ایک قبیلے کی طرح تھے یا پھر آپ کہہ سکتے ہیں کہ ایک وسیع خاندان کے افراد تھے۔ یہ سب ایک دوسرے کے گھروں میں آتے جاتے تھے، ایک دوسرے کے بچوں کو جانتے تھے اور ان کے بچے بھی ایک دوسرے کو جانتے تھے۔ تو اس پھیلتے ہوئے خاندان میں میری اور شبانہ کی پہلی بار ملاقات کب ہوئی ہوگی مجھے یاد نہیں ہے۔ شاید وہ ایک سال کی رہی ہوں گی اور میں چار سال کا، مجھے یاد نہیں ہے کہ شبانہ کے والدین کیفی صاحب اور شوکت آپا کو میں نے زندگی میں پہلی بار کب دیکھا، نہ شبانہ کو پتہ ہے کہ انہوں نے مجھے پہلی بار کب دیکھا۔ بس اتنا معلوم ہے کہ ہم ایک ہی ماحول میں پلے بڑھے ہیں، کبھی کبھی لوگ مذاق میں بولتے ہیں کہ ہماری ارینج میرج ہونا چاہئے تھی کیونکہ ہمارے خاندانی پس منظر، ایک جیسے ہیں، میرے والد اور ان کے والد بہت عزیز دوست ہوا کرتے تھے۔

میری ماں شبانہ کی ماں سے بڑی تھیں تو ان کو اپنی چھوٹی بہن کی طرح مانتی تھی۔ اس طرح کہہ سکتے ہیں کہ ہمارا رشتہ جو ہے وہ ہماری پیدائش سے بھی پہلے کا ہے۔

میری غزلوں اور نظموں کا مجموعہ 'لاوا' کا نیا ایڈیشن آیا ہے، اس میں میری ایک نظم ہے 'شبانہ'۔ اس کی کچھ لائنیں اس طرح ہیں:

یہاں جانا وہاں جانا اسے ملنا اسے ملنا
ہمارے سارے لمحے ایسے لگتے ہیں
کہ جیسے ٹرین کے چلنے سے پہلے ریلوے اسٹیشنوں پر
جلدی جلدی اپنے ڈبے ڈھونڈنے والے مسافر ہوں
جنہیں کب سانس بھی لینے کی مہلت ہے
کبھی لگتا ہے تم کو مجھ سے مجھ کو تم سے ملنے کا خیال آئے،
کہاں اتنی بھی فرصت ہے
...
مگر جب سنگ دل دنیا میرا دل توڑتی ہے تو
مجھے اس موڑ پر بس اک تمہاری ہی ضرورت ہے

میں سمجھتا ہوں کہ جو ادھورا پن مجھ میں تھا، وہ شبانہ سے مل کر ختم ہوا

گفتگو

(جاوید اختر اور اروند منڈلوئی کے درمیان)

محبت کے علاوہ کون سے جذبے اور چیزیں تھیں، جنھوں نے آپ کی دوستی کو شادی میں تبدیل کر دیا؟

محبت کیا ہے اس کو بھی بیان کرنا بڑا مشکل ہے دوست۔ ہوتا یہ ہے کہ آپ اپنی زندگی میں، اپنے دل میں، جذبات و احساسات میں جو کمی پاتے ہیں کہ یہ خانے خالی ہیں، کوئی آ کر ان خانوں کو بھر دیتا ہے تو آپ کو اس سے محبت ہو جاتی ہے۔ اب ہر ایک کے دل میں الگ الگ خانے ہیں جو خالی ہیں، تو لوگوں کو الگ الگ لوگوں سے محبت ہوتی ہے میں نے شبانہ کے بارے میں لکھتے ہوئے کہیں مجاز کی ایک لائن لکھی تھی 'میں جس دنیا میں رہتا ہوں وہ اس دنیا کی عورت ہے'۔ سو میں سمجھتا ہوں کہ جو ادھورا پن مجھ میں تھا میرے اندر تھا میری اپنی شخصیت میں تھا وہ شبانہ سے مل کر ہی ختم ہوا۔ شبانہ سے میرا رشتہ جو ہے وہ جیسا ایک ریگولر ہسبینڈ وائف کا ہوتا ہے وہ نہیں ہے، ہم دونوں دوست ہیں جو ساتھ میں رہتے ہیں، ان کی اپنی بھی زندگی ہے ان کے اپنے بھی کمٹمنٹ ہیں، وہ بہت کام کر رہی ہیں، بہت مصروف رہتی ہیں، میں بھی مصروف رہتا ہوں تو ہم لوگ زیادہ تر بھاگ دوڑ میں لگے رہتے ہیں لیکن یہ ہے کہ چاہے وہ ہوں، چاہے میں ہوں۔ جب بھی کوئی الجھن یا پریشانی ہوتی ہے یا کہیں کوئی اکیلے پن کا احساس ہوتا ہے، کوئی پس وپیش میں مبتلا کرنے والا ایسا خیال کہ ایسا کریں یا ویسا کریں؟ تو ہم دونوں ایک دوسرے کی رائے پر بھروسہ کرتے ہیں اور وہ صحیح بھی نکلتی ہے۔ تو میں تو یہی کہتا ہوں کہ ہماری دوستی ایسی ہے کہ شادی بھی اس کا کچھ نہیں بگاڑ سکی ہے۔

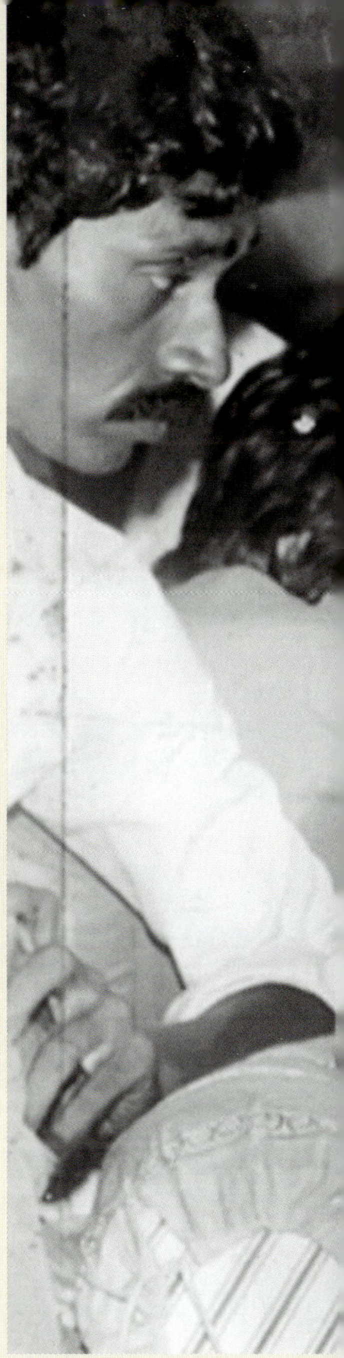

آپ جاوید اختر صاحب کے سینما کے کام کو کس طرح دیکھتی ہیں؟ انڈسٹری میں ان کے تعاون اور قربانیوں کو کس طرح دیکھتی ہیں؟ ایک اداکارہ کے بطور کیا محسوس کرتی ہیں؟

مجھے ایسا لگتا ہے کہ جب بھی ہندی سینما کی بات ہوگی ، جب تاریخ لکھی جائے گی جاوید اختر کا نام ہمیشہ احترام سے لیا جائے گا، سنہرے الفاظ میں لکھا جائے گا۔ سلیم ۔ جاوید جو ۷۰ کی دہائی کی شروعات میں آئے اور انہوں نے سینما کی جو اُس وقت کی شکل تھی جو روپ تھا اُس کو بالکل ہی تبدیل کر دیا، اور ایک کے بعد ایک ہٹ فلمیں دیں۔ بنیادی طور پر جو ہمارا ہیرو ہے اس ہیرو کے کردار کو انہوں نے بدل دیا اور مجھے ایسا لگتا ہے کہ اس ہیرو کی زندگی کے جو مسائل ہیں، اس میں بہت سارا جو اسٹرگل ہے، جو جدوجہد ہے اس سے جاوید خود گزرے ہیں اور لائف میں انہوں نے جو مشکل حالات دیکھ رکھے ہیں، ان کا بہت سا حصہ ان کے ذریعے لکھی گئی فلموں کے کرداروں میں بھی آ گیا ہے۔ مجھے ہمیشہ سے ایسا لگتا ہے کہ جب کلاکار یا فنکار کی زندگی سے کوئی چیز نکل کر آتی ہے یا اندر سے کوئی بات نکلتی ہے تو وہ زیادہ متاثر کرتی ہے، زیادہ اثر انداز ہوتی ہے۔

جاوید صاحب کی ایک اسکرپٹ تھی 'میں آزاد ہوں'، آپ نے اس میں ایک اداکارہ کے طور پر کام کیا ہے وہ تجربہ کیسا رہا؟

بہت اچھا تھا، میں چاہتی تھی کہ اس کے بعد ہم لوگ دوبارہ کام کریں لیکن افسوس کہ وہ موقع ہم کو نہیں ملا۔ لیکن 'میں آزاد ہوں' مجھے لگتا ہے کہ ایک انڈر ریٹڈ فلم رہی ہے اس کو جتنی توجہ ملنی چاہیے تھی وہ نہیں مل پائی۔ لیکن وہ ایک اچھی اور اہم فلم ہے۔

جاوید اختر صاحب کی اسکرپٹ رائٹنگ میں آپ نے ایک اداکارہ کے طور پر جو خاص بات محسوس کی ہے اور جو ان کو دوسرے اسکرپٹ رائٹرز سے مختلف کرتی ہے وہ کیا ہے؟

ان کی جو اس زمانے کی فلمیں ہیں جب انہوں نے پہلی بار ہی کام کرنا شروع کیا تھا اگر آپ دیکھیں تو ان کی لکھی ہوئی فلموں کی جو عورتیں، جو ہیروئنیں ہیں، وہ اس زمانے میں جس طرح کی ہیروئنیں تھیں ان سے بالکل مختلف ہیں، اور ماں کا جو کردار ہے وہ بہت اہم رہا ہے کیونکہ ان کی خود کی ماں ان کی زندگی میں بہت اہم رہی ہیں، لیکن کیونکہ اس وقت لڑکیوں کے اتنے بڑے رول نہیں ہوتے تھے، جتنے کے ہیرو کے ہوتے تھے۔ تو لوگوں کو اس بات کا خیال نہیں ہے کہ سلیم ۔ جاوید کی فلموں میں جو لڑکیاں ہیں، وہ ہندی فلموں کی اس زمانے کی فیمیل کرکٹرز یعنی نسوانی کرداروں سے بالکل علیحدہ تھیں۔ سلیم ۔ جاوید کی ہیروئن ہر فلم میں ایک ایسی لڑکی ہے جو اپنے فیصلے خود کرتی ہے۔ اپنے پیسے خود کماتی ہے، کام کرتی ہے۔ اس زمانے کی اگر آپ دوسری

فلمیں دیکھیں تو ایسا لگتا ہے کہ ہندوستانی عورتیں سوائے پیلی شفان کی ساڑی پہن کے، زندگی میں ناچ گانے کے اور کوئی کام نہیں کرتیں، ان کو کوئی کام کوئی پیشہ دیا ہی نہیں جاتا تھا۔ جاوید کی رائٹنگ میں مجھے یہ بات سب سے اچھی لگتی ہے کہ وہ جب کرکٹر لکھتے ہیں تو بالکل وہ وہی زبان استعمال کرتے ہیں، جو اس کردار کی زبان ہونی چاہئے، اور سب سے زیادہ قابلِ تحسین اور اہم بات یہ ہے کہ جو ویلیوز ہیں، جو سسٹم ہے، وہ بالکل صحیح ہے۔ تو اگر ان کا ہیرو قانون کے خلاف بھی جاتا ہے تو اس کی بہت بڑی وجہ ہوتی ہے۔

مجھے لگتا ہے آج کے دور میں جب ہم اینٹی ہیرو بنانے کی کوشش کرتے ہیں تو کہیں گڑبڑ کر دیتے ہیں کیونکہ وہ جو اینٹی ہیرو ہے اس کی اخلاقیات، مورالٹی غلط ہو جاتی ہے۔ اگر اپ رمیش سپّی کی 'شکتی' دیکھیں، اس میں جو کردار امیتابھ بچن اور دلیپ کمار کے ہیں، وہ بہت، بہت ہی خوبصورت ہیں۔ جب 'دیوار' میں وہ بڑا سین دیتے ہیں، ششی کپور امیتابھ بچن، نروپا رائے کا، وہ تینوں اپنے اپنے لوجک دیتے ہیں اور وہ اتنے اچھے لوجک تھے کہ جس کی بات سنو لگتا ہے کہ وہ بالکل صحیح ہے، یہ جاوید کی بہت بڑی خوبی ہے۔

جاوید صاحب کی کون سی بات اپ کو سب سے زیادہ پسند ہے؟

اوپری طور پر ایسا لگتا ہے کہ جاوید بہت لاپرواہیں لیکن وہ ایک ذمہ دار انسان ہیں۔ کسی نے اگر ان کے برے دنوں میں ساتھ دیا ہو اسے وہ اسے کبھی نہیں بھولتے، کبھی فراموش نہیں کرتے 'ہی از اے ویری گریٹفل پرسن' لیکن وہ ہمیشہ کہتے ہیں کہ اگر تم نے کسی کا بھلا کیا ہے تو اسے کبھی یاد نہیں رکھنا، نہ ہی کوئی امید رکھنا کہ وہ بدلے میں تمہارے لیے کچھ کرے گا، کبھی کسی پر احسان نہیں جتانا۔

مجھے کچھ باتیں ہمیشہ یاد رہیں گی، میرا ایک بھتیجا تھا

> سارا جو اسٹرگل ہے، اس سے جاوید خود گزرے ہیں۔ اور زندگی میں انہوں نے جو مشکلات ومسائل دیکھے ہیں اس کا بہت سا حصہ ان کے کرداروں میں بھی آ گیا ہے۔

کامران رضوی، وہ فلموں میں کام کرنے کے لیے اسٹرگل کر رہا تھا، جب کبھی ہمارے گھر آتا تھا تو جادو نے گھر کے باورچی سے کہہ رکھا تھا کہ کامران صاحب جب بھی آئیں، چاہے وہ دوپہر کے چار بجے ہوں یا رات کے ۱۱ بجے ہوں، بغیر پوچھے ہی ان کے لیے کھانا لگا دینا۔ جب میں نے کہا کہ 'چار بجے بھی کوئی کھانا کھاتا ہے' جادو نے جواب دیا 'میں بھوکا رہ چکا ہوں، میں جانتا ہوں پیٹ بھر کھانا ملنا کتنا مشکل ہے۔ اگر اس سے پوچھوگی تو وہ جھوٹ بول دے گا، کہ میں نے کھانا کھالیا ہے، میں ایسا ہی کرتا تھا، تین دن سے بھوکے ہونے کے باوجود میں کسی کے گھر جاتا تھا جہاں لوگ کھانا کھا رہے ہوتے تھے تو میں کہتا تھا کہ میں نے کھانا کھالیا ہے، ایک کپ چائے پی لوں گا۔ ہمارے گھر کا جو اسٹاف ہے جادو نے سب کے لیے گھر خرید کر دیے ہیں۔ بہت لوگوں کی مدد کرتے ہیں، کسی کو بتاتے بھی نہیں، پچھلے دنوں آئی وبا میں جب وہ ہجرت کر رہے لوگوں کو اپنے بوریا بستر سمیت اپنے خاندان کے ساتھ دھوپ میں پیدل چلتے ہوئے دیکھتے تھے تو ان کا دل کٹ کر رہ جاتا تھا، کسی کی تکلیف ان سے برداشت نہیں ہوتی۔ ایک دن 'جانکی کٹیر' میں یہ ہوا کہ کھانا کھانے کے دوران ایک بلّی پلیٹ سے روٹی لے کر چھت پر چڑھ گئی، جب اسٹاف کے ایک ممبر نے اسے بھگانے کی کوشش کی تو جادو چیخ کر بولے 'لے جانے دو اسے وہ اپنے بچوں کے لیے لے جا رہی ہے'۔ وہ اوپر سے جتنے سخت دکھائی دیتے ہیں اندر سے اتنے ہی نرم ہیں۔

آپ بھی اپنے پروفیشن میں کامیاب ہیں، وہ بھی اپنے پیشے میں کامیاب ہیں، تو کبھی آپ کے بیچ ایسی کوئی بات، کوئی ایسا مسئلہ کھڑا ہوتا ہے جس کی وجہ انا ہو، احساس برتری ہو؟

نہیں نہیں نہیں! انا کی تو کوئی بات ہی نہیں کیونکہ ہم ایک

مشہور فلمساز ستیہ جیت رے کے ساتھ شبانہ اور جاوید اختر

دوسرے کی بے حد عزت کرتے ہیں۔ ایک دوسرے کے کام کی بے حد عزت کرتے ہیں اور اگر ہم ایک دوسرے سے کسی بات پر متفق نہ بھی ہوں تو اس میں انا کبھی درمیان میں نہیں آتی، میں اپ کو ایک بہت دلچسپ بات بتاؤں، ہمارا ایک بہت خوبصورت گھر ہے کھنڈالہ میں، اس کا نام ہے 'سکون'۔ جب ہم وہ گھر بنا رہے تھے تو جاوید اور میری خوب لڑائیاں ہوتی تھیں کیونکہ میں بالکل الگ طرح کا گھر سوچ رہی تھی اور وہ ایک بالکل الگ قسم کا گھر سوچ رہے تھے، ہر بات پر جھگڑا ہوتا تھا، پھر ان کے میرے ایک بہت گہرے دوست فرحان مجیب تھے، افسوس کہ وہ اب اس دنیا میں نہیں رہے، انہوں نے مجھے ایک بات کہی کہ دیکھو شبانہ! جاوید سڑکوں پر سوئے ہیں، جاوید بے گھر رہے ہیں، تین تین دن تک انہیں کھانا نصیب نہیں ہوا ہے، انہوں نے جو اسٹرگل دیکھا ہے کیونکہ آپ نے وہ دیکھا ہی نہیں، اس لیے ان کا جو خواب ہے اس خواب کو پورا کرنے کے لیے یہ ضروری ہے کہ وہ جیسا گھر بنانا چاہیں تم ان کو بنانے دو۔ اور ایک بات یہ سمجھ لو کہ تم 'انگر' ہو اور وہ 'شعلے'۔ یہ بات مجھے اچھی لگی اور سمجھ میں بھی آ گئی تو درحقیقت اب ہم ایک دوسرے کو مکمل کرتے ہیں اور یہی تکمیل زندگی ہے۔

جاوید صاحب سے جڑا ایسا کوئی واقعہ جو آج کی جنریشن کے ساتھ آپ شیئر کرنا چاہیں؟

بہت سارے ایسے واقعات ہیں، دیکھیے جاوید اور میں میاں بیوی ہیں لیکن جو میاں کا رول ہے اور جو بیوی کا رول ہے وہ ہم ایک دوسرے پر نہیں لادتے، ہم دونوں کی بہت مصروف زندگی ہے، ایسا کئی بار ہوتا ہے کہ میں صبح اٹھتی ہوں، پوچھتی ہوں، 'جاوید صاحب کہاں ہیں'؟ پتہ چلتا ہے کہ وہ تو چلے گئے ہیں، یا وہ اٹھتے ہیں اور پتہ لگاتے ہیں کہ شبانہ کہاں گئی ہیں، جواب ملتا ہے، وہ تو چلی گئیں حیدر آباد۔ دراصل جاوید کی ایک نظم ہے 'شبانہ'، وہ اسی موضوع پر ہے، تو ہم لوگ مصروف بہت ہیں لیکن خاص بات یہ ہے کہ ہمارا ہمارے

لیے کوئی رول پلے نہیں ہے کہ شوہر ایسا ہی کرے گا یا بیوی ایسا ہی کرے گی۔ آج کی جو نسل ہے وہ برابری کا مطلب بالکل غلط سمجھتی ہے وہ سمجھتی ہے کہ برابری کو آج لیجسلیٹ کر سکتی ہے، دائروں اور خانوں میں مقید کر سکتی ہے، اسی وجہ سے بہت سے مسائل آتے ہیں۔ دیکھیے، ایک مرتبہ میں امریکہ میں تھی اور وہاں میں جاوید کا کرتا استری کر رہی تھی، تو ہماری کوئی جاننے والی خاتون تھیں، وہ آئیں، اور انہوں نے کہا، یہ آپ کیا کر رہی ہیں، میں نے کہا کرتا استری کر رہی ہوں۔ تو انہوں نے کہا کہ آپ کس طرح کی فیمینسٹ ہیں کہ اپنے شوہر کا کرتا استری کر رہی ہیں، کیا وہ آپ کے کرتے پر استری کریں گے؟ میں نے کہا اس کا فیمینزم سے کوئی تعلق نہیں ہے۔ میں اپنا کرتا ان کو دوں گی ہی نہیں، کیونکہ اگر میں دے دوں تو پھر وہ جل جائے گا، جادو نے تو مجھ سے کبھی نہیں بولا کہ استری کرو، میں چاہتی ہوں کہ وہ اس طرح کا کرتا پہنیں، اس لیے میں کر رہی ہوں، اور یہ چیزیں جس کو آپ برابری کے نام پر ناپتے تولتے ہیں، یہ بالکل بچکانی بات ہے۔ برابری تو تب ہوگی جب مجھے ایسا لگتا ہے کہ جس بات کو میں کہہ رہی ہوں، اس کو وہ اتنی ہی اہمیت دیتے ہیں جتنی کہ اپنی بات کو دیتے ہیں اور میں ان کی بات کو۔

یہ چیزیں جس کو آپ برابری کے نام پر ناپتے تولتے ہیں، یہ بالکل بچکانی بات ہے۔

ایک بار آپ کی شاید کچھ طبیعت خراب ہو گئی تھی اور آپ ہسپتال میں ایڈمٹ تھیں، میں نے جاوید صاحب کو فون کیا تھا تو وہ بڑے جذباتی ہو گئے تھے۔ ان کی آواز کافی بھرّائی ہوئی تھی اور مجھے انہوں نے کہا کہ جب بال کو کھینچو تو پتہ چلتا ہے کہ یہ کھال میں کتنی گہرائی تک پیوست ہے۔ جب شبانہ کو کچھ ہو جاتا ہے تو مجھے یہ احساس ہوتا ہے کہ میں شبانہ سے کتنا پیار کرتا ہوں آپ کیا سوچتی ہیں؟

بہت سارے ایسے قصے ہیں لیکن میں ایک بات آپ کو بتاتی ہوں۔ ابھی حال ہی میں صفدر ہاشمی کی ۳۱ویں برسی پر جاوید کے ساتھ گئی تھی، اس لیے یہی واقعہ مجھے یاد آ رہا ہے۔ ۱۹۸۹ میں انٹرنیشنل فلم فیسٹیول میں صفدر ہاشمی کے مرڈر کو لے کر ایچ کے ایل بھگت، جو کانگریس کے منسٹر تھے، ان کے سامنے اسٹیج پر میں نے پرچہ پڑھا، جس میں میں نے کانگریس کو دوشی ٹھہرایا اور کہا کہ یہ فلم فیسٹیول کرنے کا کوئی مطلب ہی نہیں ہے جب ہم اپنے کلچرل ایکٹیوسٹ کو اس طرح مار ڈالتے ہیں۔ اور مجھے ایسا لگا جیسے پتہ نہیں کیا ہو گیا، لیکن اس وقت جاوید کا مجھے فون آیا ممبئی سے اور انہوں نے کہا کہ 'آئی ایم سو پراؤڈ آف یو، تم نے اتنی بہادری کا کام کیا ہے، صرف اتنا ہی نہیں وہ پلین لے کر فوراً دلّی آ گئے میرے پاس۔ ان کے اس اقدام سے مجھے طاقت ملی، حوصلہ ملا۔ جاوید میرے ساتھ ہیں تو پھر مجھے کسی چیز سے ڈر نہیں لگتا۔

فی الحال آپ ایسا کون سا کام پسند کریں گی جو اب جاوید صاحب کو کرنا ہی چاہیے؟

مجھے ایسا لگتا ہے کہ جاوید کو اپنی آپ بیتی ضرور لکھنی چاہیے کیونکہ ان کی زندگی کئی لوگوں کو انسپائر کر سکتی ہے، کئی لوگوں کے لیے باعثِ ترغیب بن سکتی ہے۔ جاوید بہت غیر معمولی آدمی ہیں، ان کی شخصیت ہمہ جہت ہے اور یہ بہت ضروری ہے کہ ان کی ذاتی زندگی کے بارے میں ایک کتاب ہو۔ اور کاش وہ ایک فلم بھی ڈائریکٹ کر لیتے تو مجھے بہت خوشی ہوتی۔

کوئی بات جو آپ پبلکلی۔ یعنی کھلے طور پر عوامی سطح پر جاوید صاحب سے کہنا چاہیں گی؟

جاوید کا جو پرمانٹ ڈائیلاگ میری زندگی میں ہے وہ ہے 'رک جاؤ' 'ٹھہر جاؤ' 'ابھی سوچتے ہیں' تو یہ جو رک جاؤ، ٹھہر جاؤ، ابھی سوچتے ہیں ہے اگر وہ یہ چھوڑ دیں اور میرا کہا ہوا کام اسی وقت پر ہو جائے تو یہ میری زندگی کا سب سے قیمتی اور نایاب تحفہ ہوگا۔

اپنے بھائی سلمان اختر کے ساتھ جاوید

۵۰

ہم بایولوجیکل نہیں، سائکلوجیکل ٹوئنز ہیں: سلمان اختر

ہم ایک دوسرے سے ۱۷ مہینے چھوٹے بڑے ہیں، ہم بایولوجیکل ٹونز نہیں پر سائیکلوجیکل ٹونز ہیں۔ میں مدر اوریئنٹڈ چائلڈ بن گیا، وہ فادر اورینٹڈ چائلڈ بن گئے۔ لیکن زندگی اتنی سیدھی سپاٹ نہیں ہوتی، کیونکہ جب آپ والدین میں سے کسی ایک سے نزدیکی جڑاؤ محسوس کرتے ہیں تو دوسرا پیرنٹ آپ کے اندر کہیں چھپا رہتا ہے، جو بعد میں عمر کے کسی حصے میں باہر نکلتا ہے۔ پہلے جاوید فادر کے راستے جاتے ہیں پھر مدر کی طرف لوٹتے ہیں، میں پہلے مدر کے راستے جاتا ہوں اور پھر فادر کی طرف لوٹتا ہوں۔ ہماری زندگی بریڈ ڈ، یعنی عورتوں کی چوٹی کی طرح گتھی ہوئی گتھی ہوئی رہی ہے، حالانکہ جاوید اسٹیج پر ایکٹنگ، ممکری، ڈبیٹ وغیرہ پہلے سے کرتے رہے ہیں لیکن میں سوچتا ہوں کہ ۱۸ سال کی عمر میں ہی جب وہ بھوپال میں تھے، تب ان میں فلموں میں جانے کا شوق اور گہری لگن پیدا ہوگئی تھی۔ وہ فلموں کے بارے میں مسلسل پڑھتے رہتے تھے۔ ایک مرتبہ وہ جیمس میچنر کا ناول 'کارواں' پڑھ رہے تھے، انہوں نے مجھ سے اسے پڑھنے کے لیے کہا، میں نے بھی پڑھا، پھر جاوید نے کہا کہ تمہیں پتہ ہے کہ جیمس نے یہ ناول کیوں لکھا ہے؟ میں نے کہا نہیں، پھر جاوید نے کہا کہ اس نے یہ ناول اس لئے لکھا ہے کہ ایک دن اس پر میں ایک فلم بناؤں گا۔ تو فلموں میں جانے کی لگن جنون کی حد تک تھی جاوید میں۔

عمر میں تو یہ مجھ سے کوئی ڈیڑھ سال چھوٹا ہے لیکن شاعری میں مجھ سے پورے دس سال بڑا ہے: جاوید اختر

(۱۹۷۶ میں ڈاکٹر سلمان اختر کے ہندی اردو میں شائع ہوئے غزل کے پہلے مجموعے 'کو بہ کو' کی رسمِ اجرا کے موقع پر)

گفتگو

(شاہد اختر کے ساتھ اروند منڈلوئی)

ڈیڈی کی میموری ایسی تھی کہ انہیں ہزاروں شعر یاد تھے، وہی خوبی جادو میں بھی ہے، ان کی میموری بہت تیز ہے: شاہد اختر

پہلی بار جب آپ نے اپنے بڑے بھائی جاوید اختر کو دیکھا ان سے بات ہوئی تو وہ کون سا لمحہ تھا؟ وہ کیسا پل تھا، انکا اسٹرگل ان کی جدوجہد بھی آپ نے دیکھی ہے؟

مجھے ٹھیک سے یاد نہیں، ہم لوگ میرے خیال سے راہی معصوم رضا کے گھر پر تھے، ہم لوگ بہت چھوٹے تھے، اتنے چھوٹے تھے کہ ہم یہ بھی نہیں سمجھ سکے کہ یہ کیا ہو رہا ہے؟ یہاں کون کون لوگ ہیں۔ اتنا معلوم تھا کہ یہ بھائی ہیں۔ میں نے ان کے اسٹرگل کا ہر زمانہ ہر پہلو دیکھا ہے، میں نے بھوپال کی ہلال منزل سے لے کر ہرائزن ہوٹل کے پیچھے، پالی ہِل کی ہرائزن بلڈنگ کے اوپر ایک چھوٹے سے گھر اور بعد میں بینڈ اسٹینڈ کے اپارٹمنٹ تک سب دیکھا ہے۔ مجھے یاد ہے جب انہوں نے کالی ایمبسڈر خریدی تھی، تو خریدنے کے بعد ان کے پاس پیسے نہیں تھے کہ اب اس میں پیٹرول کیسے ڈالیں، تو اِدھر اُدھر سے کہیں سے بھی پیسے لے کر پیٹرول خریدا گیا تھا۔ ایک بار انہوں نے مجھ سے کہا تھا کہ تم کو آگے بڑھنا ہے اور کچھ کرنا ہے تو گاڑی خریدو۔ اس سے تم کو کانفیڈنس ملے گا۔ تو سب سے پہلے میں نے گاڑی خرید لی۔ انہوں نے گھر لینے میں بھی میری مدد کی تھی۔ تو انہوں نے زندگی کے ہر موڑ پر ہر قدم پر ساتھ نبھایا۔

جاوید صاحب اور جاں نثار اختر میں کیا آپ کوئی یکسانیت، کوئی ایسی خوبی دیکھتے ہیں جو دونوں میں پائی جاتی ہو؟

ڈیڈی کی میموری ایسی تھی کہ ان کو ہزاروں شعر یاد تھے، وہی خوبی جادو میں بھی ہے، ان کی یادداشت بھی بہت تیز ہے۔

▶ بھائی شاہد اختر اور بہنوں کے ساتھ جاوید

گفتگو (بابا اعظمی کے ساتھ اروند منڈلوئی)

اگر جاوید پالیٹیکل بیک گراؤنڈ پر لکھیں تو بہترین فلم بنے گی: بابا اعظمی

جاوید صاحب کے ساتھ آپ نے کام کیا ہے، ان کے ساتھ پرسنل اور پروفیشنل طور پر کام کرتے ہوئے آپ کیا فرق محسوس کرتے ہیں؟

پروفیشنلی اور پرسنلی دونوں طرح کی ڈیلنگ میں ایک کامن فیکٹر جو ہے انکا ہیومر ہے، وہ ان کی رائٹنگ میں بھی نظر آتا ہے اور ان کی پرسنل لائف میں بھی نظر آتا ہے، لوگ سمجھتے ہوں گے کہ جاوید صاحب بہت سیریس قسم کے آدمی ہیں، لیکن ہمیشہ ایسا نہیں ہوتا، مگر جاوید صاحب جس محفل میں بھی ہوتے ہیں محفل کے مرکزی کردار ہوتے ہیں۔ ان کا سینس آف ہیومر ایسا نہیں ہے کہ صرف ان کے ہم عمر لوگوں کے ساتھ میں ہی ان کا انٹرایکشن ہو، ہماری فیملی میں یا دوستوں میں جتنے جونیئرز ہیں وہ سب جاوید صاحب کے چاروں طرف ہی بیٹھے رہتے ہیں اور کچھ نہ کچھ ہیومر، ہنسی مذاق چلتا رہتا ہے۔ میں نے ان کے ساتھ ان کی 'مسٹر انڈیا' 'روپ کی رانی چوروں کا راجہ' 'ارجن' اور 'پریم' جیسی فلمیں کی ہیں۔ میں نے کئی اور لوگوں کی اسکرپٹ پر بھی کام کیا ہے لیکن جاوید صاحب کی رائٹنگ کی جو خوبی ہے، ان کی رائٹنگ میں جو اے گریڈ چیز ہے وہ یہ ہے کہ آپ کو اسکرپٹ اٹھانا ہے اور سیٹ پر جا کر شوٹ کرنا ہے، اتنی تفصیلی وضاحت اور رائٹنگ کا یہ سلیقہ بہت کم نظر آتا ہے۔

جاوید صاحب نے بہت کمال کے گانے لکھے ہیں۔

جی ہاں 'ارجن' کا 'مامیہ کرو کرو ماما' اور 'ایک دو تین' میرے فیورٹ ہیں۔ بھائی، 'ایک دو تین' ہم سب سنتے ہیں اور سپر ہٹ ہوگیا ہے تو ہم کو آسان لگتا ہے لیکن اس کو اس طرح سے میوزک میں بٹھانا اور وہ ساری چیزیں 'آئی تھنک اٹ از گریٹ' 'ایک لڑکی کو دیکھا تو ایسا لگا' آئکان گانا ہے۔ لوگ سمجھتے ہیں کہ جاوید صاحب 'ریپ' نہیں لکھ سکتے لیکن مجھے پورا یقین ہے کہ وہ ریپ لکھیں گے اور اس میں بھی خوبی یہ ہوگی کہ اس میں کوئی غلط زبان نہیں ہوگی، 'راک آن' کے گانے آپ دیکھیں نا، ان گانوں میں جو لائٹ نیس اور جو ہم عصریت ہے، کمال کی ہے۔ ایسا تو نہیں ہے کہ اب جاوید صاحب آج کے گانے نہیں لکھ سکتے، راک آن کے گانے یوتھ کی زبان میں ہیں، آج کی زبان میں ہیں، اور کوئی ایک لفظ بھی اس میں ایسا نہیں ہے کہ آپ کو سن کر تھوڑا سا بھی اٹ پٹا لگے، آک ورڈ لگے۔

سینما میں ان کے تعاون ان کی قربانیوں کو آپ کس طرح دیکھتے ہیں؟

اگر اسکرپٹ جاوید صاحب کی ہو تو ڈائریکٹر کا ستر (۷۰) فیصد کام ہو جاتا ہے کیونکہ اس میں شاٹ ڈویژن یعنی سین کو کس طرح سے ماؤنٹ کرنا ہے، کہاں سے سین کو شروع کرنا ہے، کہاں تک لے جانا ہے، یہ ساری چیزیں پیپر پہ چھپی رہتی ہیں، اور حقیقت میں اچھے رائٹر کی یہ پہچان بھی ہوتی ہے۔ جاوید صاحب سے ایک درخواست کرنا چاہوں گا کہ اب وہ پولیٹیکل بیک گراؤنڈ پر لکھیں اگر جاوید صاحب دل سے پولیٹیکل بیک گراؤنڈ پر لکھیں تو مجھے لگتا ہے اس سے بہترین فلم کوئی نہیں ہوگی اور انٹرنیشنل لیول پر ہوگی، سو فیصد۔

شبانہ اعظمی، جاوید اختر، تنوی اعظمی اور بابا اعظمی

۵۳

گفتگو (تنوی اعظمی اور اروند منڈلوئی کے مابین)

ابّا کچھ فرمائش کرتے، پھر جاوید صاحب سناتے: تنوی اعظمی

کیفی صاحب اور جاوید صاحب کا کوئی قصہ یا ایسی کوئی یاد جو آپ کے ذہن میں ہو؟

مشترکہ طور پر دونوں کا کوئی قصہ فی الحال تو میرے ذہن میں نہیں۔ لیکن ہوتا یہ تھا کہ شام کو اگر کوئی بھی نہ ہو تو ہم چھ لوگ بیٹھ جاتے تھے، مطلب شبانہ، جاوید صاحب، ممی، ابا، بابا اور میں اور کوئی نہ کوئی دوست بھی آ ہی جاتا تھا، تو اس انداز کی نشست میں اب ان کی شعر و شاعری اگر شروع ہو جاتی تھی تو ماحول شاعرانہ ہو جاتا تھا، پھر ابا کچھ فرمائش کرتے تو جاوید صاحب کچھ سناتے تو یہ ہمارے لیے دلچسپ اور معنی خیز تجربہ ہوا کرتا تھا۔ جب میری شادی ہوئی تو شبانہ اور جاوید صاحب امی ابا کے ساتھ جانکی کٹیر والے گھر میں رہتے تھے، اب یہ ہوتا تھا کہ کیونکہ دونوں یوپی کے ہیں تو بے انتہا تکلف کرتے تھے، اگر ہم نے بول دیا کہ آیئے بھئی کھانا لگ گیا اور اگر دونوں ایک ساتھ اپنے اپنے کمرے سے نکلے تو وہ پہلے آپ پہلے آپ کے چکر میں رہ جاتے تھے۔ جاوید صاحب کا اور میرا ایک ذاتی سا مزاحیہ قصہ یہ ہے کہ ہم دونوں کہتے ہیں کہ ہم آج بھی خاندان والوں سے الگ ہیں کیونکہ ہم تو ٹھہرے باہر والے۔ اپنی اپنی شادیوں کی وجہ سے اس اعظمی خاندان کا حصہ بن گئے ہیں۔ تو ہم اکثر ایک جُٹ ہو جاتے ہیں اور پھر ہم بہت تمسخر کرتے ہیں، مذاق اڑاتے ہیں اپنے سسرال والوں کا اور سسرال کا، حقیقت میں یہ سب بہت مذاقیہ طور پر ہوتا ہے، تمسخر کے لیے ہوتا ہے اور اس کو ہم لوگ سنجیدگی سے نہیں لیتے بس انجوائے کرتے ہیں۔

۵۳

ایک وقت تھا جب
ہندوستانی فلمی گیتوں کا
مطلب ہی آنند بخشی تھا

’زندگی کے سفر میں گزر جاتے ہیں جو مقام...‘

ایک وقت تھا جب ہندوستانی فلموں کے ۸۰ فیصدی گانے آنند بخشی صاحب لکھ رہے تھے۔ اس دور میں ہندوستانی فلمی گیت کا مطلب ہی آنند بخشی ہو گیا تھا۔ ۱۹۶۵ میں فلم ’ہمالیہ کی گود میں‘ آئی تھی جس سے بخشی صاحب کو پہچان ملی تھی مگر اسی سال ان کے گیتوں سے سجی ایک اور فلم آئی ’جب جب پھول کھلے‘۔ اس فلم کا ایک ایک گیت اتنا زیادہ ہٹ ہوا کہ مارکیٹ میں صرف آنند بخشی ہی چھا گئے۔ انہوں نے اپنے کیریئر میں ۶۳۶ فلموں میں گانے لکھے، ساڑھے تین ہزار گانوں سے اوپر لکھے۔ حالانکہ انہوں نے فلموں میں ایک سے ایک گیت لکھے ہیں، ان کی لکھی ہوئی غزلیں بھی فلموں میں آئیں مگر انہوں نے کبھی شاعر ہونے کا دعویٰ نہیں کیا، وہ ہمیشہ یہی کہا کرتے تھے دیکھو بھائی! میں شاعر نہیں ہوں، گیت کار ہوں، وہ بھی فلمی گیت کار۔ مجھے یہ کہنے میں کوئی گریز نہیں کہ بخشی صاحب ان لوگوں میں سے ایک ہیں جنہوں نے گیت لکھنے کے لیے میری حوصلہ افزائی کی۔ ایک بار پیارے لال جی کے یہاں، پارٹی میں، میں نے بخشی صاحب کو اپنی کچھ شاعری سنائی جو انہیں بے حد پسند آئی۔ اس کے بعد سے جب بھی وہ مجھے کہیں ملتے تو کہتے کہ دیکھیے آپ کو گانے لکھنے چاہئیں اور آپ بہت اچھے گانے لکھیں گے، ایسا میرا یقین ہے۔

آنند بخشی صاحب کا لکھا جو گانا مجھے بہت اچھا لگا وہ تھا ’زندگی کے سفر میں گزر جاتے ہیں جو مقام...‘ میں ایک پارٹی میں ان سے ملا، تب میں گانے نہیں لکھتا تھا صرف اسکرپٹ لکھا کرتا تھا، میں نے ان سے کہا کہ بخشی صاحب! مجھے آپ کا یہ گانا اتنا پسند آیا ہے کہ مجھے وہ قلم چاہیے جس سے آپ نے یہ گانا لکھا ہے۔ اس پر بخشی صاحب بہت خوش بھی ہوئے، مسکرائے بھی، کہنے لگے کہ بھائی وہ جو قلم ہے وہ تو مجھے آشا بھوسلے جی نے بطور تحفہ دیا ہے۔ وہ قلم کسی کو دینا اخلاقی طور پر ٹھیک نہیں لگتا، لیکن آپ نے مجھے یہ محبت دی ہے، عزت دی ہے تو میں آپ کو قلم ضرور دونگا۔ اور پھر ایک خوبصورت قلم بطور تحفہ مجھے اگلے دن ملا، جسے میں نے آج تک سنبھال کر رکھا ہے۔

یہ گیت میرے بہت فیورٹ گانوں میں ہے۔ اگر آپ مجھ سے کہیں گے کہ جب سے فلمیں بننا شروع ہوئی ہیں، گیت لکھنے شروع ہوئے ہیں، ان گانوں کی چھوٹی سے چھوٹی لسٹ بناؤ جو تمہیں پسند ہیں، تو کتنی بھی شارٹ لسٹ ہو، اس میں یہ گانا ضرور شامل ہوگا۔

دیکھیے! یہ ایک طرح سے ’ورڈ ہیوی سانگ‘ ہے، اس میں بہت سارے لفظ ہیں لیکن اس کی دھن ایسی ہے کہ الفاظ کو آپ کے اوپر کوئی بوجھ نہیں بننے دیتی، ورنہ بہت زیادہ الفاظ ہوں تو آدمی سوچنے لگتا ہے تو ٹیون میں ڈرائنیس کا خطرہ ہو جاتا ہے لیکن اس میں جو آرکسٹرائزیشن ہے، جو اس کی کمپوزیشن ہے، وہ اتنی ہی کمال کی ہے جتنے کمال کے الفاظ ہیں۔ یہ گیت واقعی ایسا تھا کہ جتنا میں اُس وقت متاثر ہوا تھا اتنا ہی اثر اس گیت کا مجھ پر آج بھی ہے۔

معروف گیت کار و نغمہ نگار آنند بخشی کے ساتھ جاوید اختر

۵۵

میری زندگی کا پہلا گانا لتا جی اور کشور دا نے گایا تھا

ایک دن یش چوپڑا صاحب صبح صبح گھر آئے جن کے لیے میں نے بطور اسکرپٹ رائٹر کئی فلمیں لکھی ہیں، کہنے لگے کہ میں ایک فلم بنا رہا ہوں 'سلسلہ'، تم اس کے گانے لکھ دو۔ ان دنوں میں شاعری تو کرتا تھا، لیکن وہ شاعری میں اپنے پاس ہی رکھتا تھا، صرف چار چھ لوگ تھے جنہیں معلوم تھا کہ میں شاعری کرتا ہوں، غزلیں نظمیں لکھتا ہوں۔ جن لوگوں نے وہ شاعری سنی تھی ان میں یش جی کا نام بھی شامل تھا۔ میں نے ان سے کہہ دیا کہ میں نہیں لکھنا چاہتا ہوں۔ میں شاعری صرف اپنے لیے کرتا ہوں، میں تو صرف اسکرپٹ لکھتا ہوں وہی کافی ہے، مگر وہ میرے پیچھے ہی پڑ گئے اور انہوں نے لکھوا ہی لیا مجھ سے، میں نے انہیں ٹالنے کی لاکھ کوششیں کیں۔ اتنی کوششیں کہ وہ ناراض ہو جائیں، لیکن وہ ناراض نہیں ہوئے۔ یہ بات مجھے بعد میں معلوم ہوئی کہ یش چوپڑا صاحب نے مجھے اتنا پیچھے پڑ کر لکھوانے کی ضد کیوں کی۔ حالانکہ انہیں بھی پوئٹری کا سینس تھا، اس میں کوئی شک نہیں، ساحر صاحب سے لکھواتے تھے۔ ہوا یوں، کہ انہوں نے لتا جی سے پوچھا کہ دیدی، ساحر صاحب تو بیمار ہیں، اب میں کس سے لکھواؤں اور فلم میں مجھے چاہئے شاعری۔ اس پر لتا جی نے کہا 'میری ایک دوست ہیں پدما، پدما نے جاوید صاحب کی غزلیں سنی ہوئی ہیں، ان کی نظمیں بھی سنی ہوئی ہیں، وہ تعریف کر رہی تھی، وہ تو خود بھی اچھی شاعرہ ہے، تو تمہارے تو اچھے اور خوشگوار تعلقات ہیں جاوید اختر سے، تم اور کسی سے مت لکھوانا جاوید سے ہی لکھوانا۔ تو میرے گانے لکھنے کی جو وجہ تھی اس کے پیچھے لتا جی بھی چھپی ہوئی تھیں۔ میری قسمت بھی دیکھیے کہ میری زندگی کا پہلا گانا بھی لتا جی اور کشور دا نے گایا۔ لتا جی کے ہزاروں گیت ہیں، ایک ہندوستانی ان کی وجہ سے ہندوستانی ہونے پر فخر کرتا ہے۔

میں ایک رائٹر ہوں، اور ایک بات میں دعوے کے ساتھ بول رہا ہوں کہ میں نے لتا جی کے گانے سنے ہیں، اور آپ لوگوں نے بھی سنے ہیں، مگر میں نے آج تک ان سے کبھی کسی لفظ کا غلط تلفّظ نہیں سنا، غلط ادائیگی نہیں سنی۔ یہ غلطیاں دوسروں سے ہوئی ہیں، ایسا نہیں ہے کہ نہیں ہوتی ہیں، کہیں نہ کہیں کوئی غلطی بڑے سے بڑے سنگر سے بھی ہو ہی جاتی ہے لیکن لتا جی کے یہاں میں نے یہ غلطی نہیں دیکھی... 'پرفیکٹ فلالیس ایکسنٹ'۔

ایک بار مجھے پنڈت جس راج نے بڑا دلچسپ قصہ سنایا، کہنے لگے کہ میری زندگی کا ایک دلچسپ پرانا قصہ ہے، اس وقت جب بطور سنگر میرا تھوڑا بہت نام بھی ہو گیا تھا، لیکن ظاہر ہے کہ بڑے غلام علی خاں تو استادوں میں تھے، میرے بزرگ سینئر تھے، میں امرتسر میں تھا اور مجھے معلوم ہوا کہ بڑے غلام علی خان آئے ہوئے ہیں، وہ کہیں ٹھہرے ہوئے ہیں۔ خیر میں وہاں گیا جا کر میں نے پیر چھوئے، بیٹھا، بات کی ان سے۔ بڑے غلام علی خاں مجھ سے باتیں کر ہی رہے تھے کہ اچانک انہوں نے مجھے چپ رہنے کا اشارہ کیا اور میں گھبرا کے چپ ہو گیا۔ میں نے دیکھا وہ غور سے کچھ سن رہے ہیں، اور نیچے ہوٹل میں فلم انارکلی کا گانا بج رہا تھا 'یہ زندگی اسی کی ہے جو کسی کا ہو گیا'... یہ سب دیکھ کر میں حیران ہوا کہ بڑے غلام علی خان اتنے بڑے استاد، گانا سن رہے ہیں اور وہ بھی پورے غور و خوض کے ساتھ۔ جب گانا ختم ہوا تو حیرت سے مسکرائے اور کہنے لگے کمبخت کبھی بے سُری ہوتی ہی نہیں ہے۔

لتا منگیشکر کے ساتھ جاوید اختر

۵۶

فلم ڈائریکٹر یش چوپڑا اور جاوید اختر

میں ان کی شاعری کا 'فین' ہوں: یش چوپڑا

پہلی بار فلم 'دیوار' کے سلسلے میں جاوید صاحب سے ملاقات ہوئی، میں مانتا ہوں کہ 'دیوار' ان کی زندگی کی بیسٹ اسکرپٹ ہے۔ تب سے آج تک ہم تینوں یعنی میں، سلیم صاحب اور جاوید صاحب دوست ہیں، کئی بار ہماری محفلوں میں ہم جاوید صاحب کی غزلیں اور نظمیں سنتے تھے۔ تب میں کہتا تھا کہ آپ فلموں میں گانے کیوں نہیں لکھتے؟ اور وہ ہمیشہ ٹال جاتے تھے۔ جب میں نے 'سلسلہ' بنائی تب میں نے پھر ان سے ریکویسٹ کی کہ آپ اس کے گانے لکھیں اور وہ راضی ہو گئے۔

اس کے بعد انہوں نے کئی فلموں کے گانے لکھے اور یہ ثابت کر دیا کہ وہ ایک 'بہترین نغمہ نگار' ہیں۔ میں ان کی شاعری کا فین ہوں، وہ جدید شاعر ہیں، 'بارڈر' کے گانے انہوں نے خوب لکھے۔ انہوں نے جتنی فلمیں کیں ان کی اسکرپٹ انہوں نے پوری تفصیل کے ساتھ دی۔ اس سے پہلے میں نے ایسا کرتے صرف پنڈت مکھرا مشرا کو دیکھا تھا۔ ان کی یادداشت بھی کمال کی ہے، یہ انکا ایک بڑا سرمایہ ہے۔ ہم نے کئی شامیں ایک ساتھ گزاری ہیں، وہ محفلوں کی رونق ہوتے ہیں جانِ محفل ہوتے ہیں۔

یہ گانا یوں تو میرے اور شیو ہری دونوں کے کیریئر کا پہلا پہلا گانا تھا، 'دیکھا ایک خواب تو یہ سلسلے ہوئے'۔ یہ گانا یوں تو دی گئی طرز پر لکھا گیا تھا، لیکن میرے خیال میں لفظوں کے ساتھ طرز کو ٹھیک سے بٹھانے کے لیے انہوں نے طرز تھوڑی بدلی تھی۔ اس وقت مجھے زیادہ تجربہ نہیں تھا، بات یہ تھی کہ طرز کے آخر میں تھوڑا گھماؤ تھا، لیکن میں نے جو لفظ لکھے تھے ان میں یہ گھماؤ نہیں تھا، اگر میں نے یہ لکھا ہوتا 'دل نے تیرا نام گنگنایا ہے' تو کام بن جاتا لیکن ان کو پہلی والی لائن اتنی اچھی لگی کہ انہوں نے طرز کو ویسے ہی ڈھال لیا۔

میں اور میری تنہائی
اکثر یہ باتیں کرتے ہیں
تم ہوتیں تو کیسا ہوتا
تم یہ کہتیں تم وہ کہتیں
تم اس بات پہ حیراں ہوتیں
تم اس بات پہ کتنا ہنستیں
تم ہوتیں تو ایسا ہوتا
تم ہوتیں تو ویسا ہوتا

سنگر: لتا منگیشکر، امیتابھ بچن
موسیقی: شیو۔ہری

فلم: سلسلہ
ہدایت کار: یش چوپڑا
۱۹۸۱

۵۷

ایچ ایم وی کی تاریخ میں سب سے زیادہ بکنے والا کیسٹ

میں نے 'سلسلہ' کے بعد ایک نئے موسیقار کلدیپ سنگھ کے ساتھ ایک بہت چھوٹی سی فلم کی تھی۔ یہ فلم تھی 'ساتھ ساتھ'، اس کے گانے جگجیت سنگھ اور چترا سنگھ نے گائے تھے۔ یہ گانے کافی ہٹ ہوئے تھے اور آج بھی سنے جاتے ہیں۔ 'ساتھ ساتھ' اور 'ارتھ' کا کامبنیشن کیسٹ ایچ ایم وی کی تاریخ میں سب سے زیادہ بکنے والا کیسٹ ہے۔

یہ تیرا گھر یہ میرا گھر کسی کو دیکھنا ہو گر
تو پہلے آکے مانگ لے تری نظر مری نظر

جو چاندنی نہیں تو کیا یہ روشنی ہے پیار کی
دلوں کے پھول کھل گئے تو فکر کیا بہار کی
ہمارے گھر نہ آئے گی کبھی خوشی اُدھار کی
ہماری راحتوں کا گھر ہماری چاہتوں کا گھر

فلم: ساتھ۔ساتھ
گلوکار: جگجیت سنگھ، چترا سنگھ
سنگیت: کلدیپ سنگھ

فلم: ساتھ۔ساتھ
ہدایت کار: رمن کمار
۱۹۸۲

SAN FRANCISCO

۵۸

دلیپ صاحب کا نام ہی ان کا مکمل تعارف ہے

کسی عظیم فنکار، مہان کلاکار کے لیے کچھ کہنا بہت مشکل بھی ہے اور بہت آسان بھی ہے، آسان اس لیے کہ دلیپ صاحب کا نام ہی ان کا پورا تعارف اور مکمل تعریف ہے اور مشکل اس لیے کہ کوئی کس طرح سے بتائے کہ سورج میں کتنی روشنی ہے، کوئی کس طرح بتائے کہ سمندر میں کتنی لہریں ہیں، کوئی کس طرح بتائے کہ یہ کائنات کتنی وسیع ہے، اور کوئی کس طرح یہ اظہار کرے کہ دلیپ صاحب کے فن کی اونچائیاں کیا ہیں اور گہرائیاں کیا ہیں۔ میں بھی ان کروڑوں لوگوں میں سے ایک ہوں جو ان کے فین تھے فین ہیں اور فین رہیں گے۔

جاوید اختر، دلیپ کمار اور امیتابھ بچن

۵۹

اخلاقیات (نیتِکتا)
پر سوالیہ نشان ہے 'شکتی'

میرے خیال میں میری سب سے زیادہ اخلاقی (نیتک) فلم ہے 'دیوار'۔ میں نیتک یعنی اخلاق جیسے لفظ کو چھوٹے معنی میں استعمال نہیں کر رہا ہوں بلکہ اس کو شعور اور لاشعور کی سطح پر لے جا رہا ہوں، ایسی ایک اور فلم جو، یہ صحیح ہے اور یہ غلط کہہ کر، اخلاقیات پر سوالیہ نشان لگاتی ہے وہ ہے 'شکتی'۔ وہ بلیک اینڈ وائٹ میں جواب نہیں دیتی کیونکہ شاید ایسے جواب تھے ہی نہیں 'شکتی' اس کی بہترین مثال ہے۔ وہ مختلف قدروں اور اخلاقیات والی تین شخصیتوں پر مشتمل فلم ہے لیکن تینوں شخصیات اپنی اپنی جگہ صحیح ہیں۔

فلم: شکتی

ہدایت کار: رمیش سپّی

۱۹۸۲

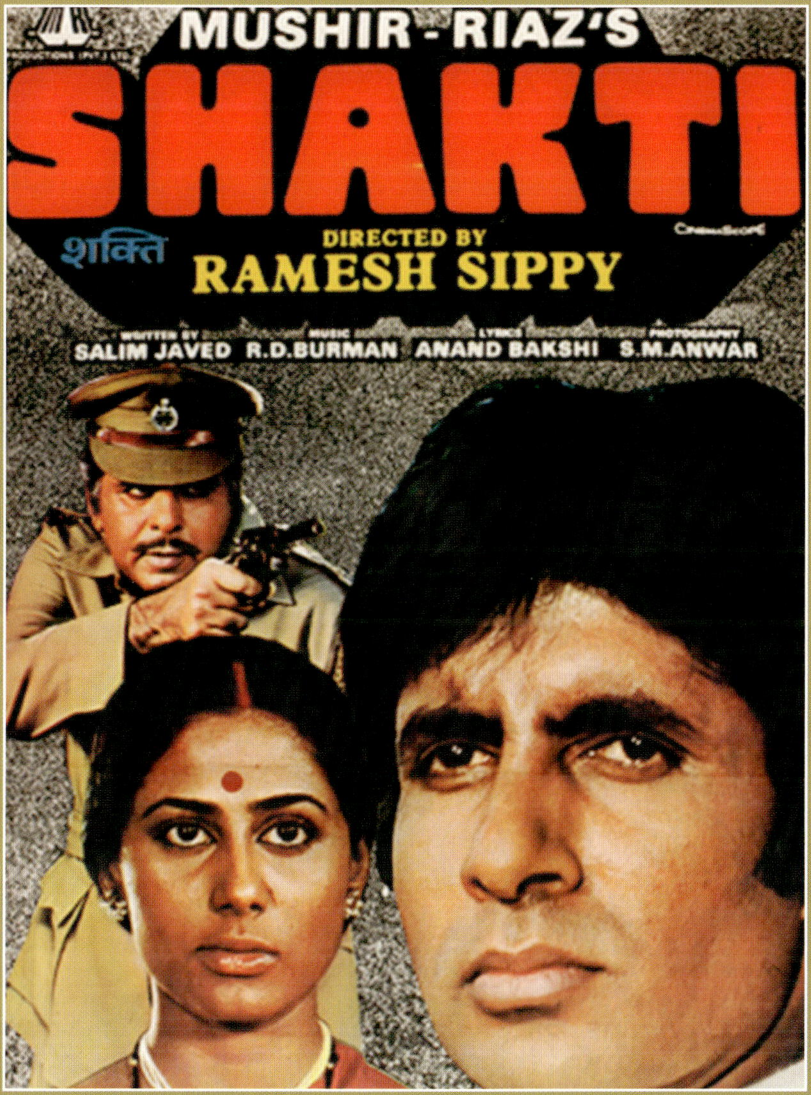

شتروگھن سنہا، سبھاش گھئی، جاوید اختر اور ریحانہ گھئی

٦٠

وہ میرے دوست ہی نہیں بلکہ میرے گرو دوست ہیں: سبھاش گھئی

ممبئی میں اسٹرگل کرنے والے دنوں سے ہم دوست ہیں۔ فلم لائن کے وہ میرے پہلے دوست ہیں، انہوں نے مجھے فلم لائن کے بارے میں کافی کچھ بتایا، وہ میرے دوست ہی نہیں میرے گرو دوست ہیں۔ ان کا اور میرا ایک جذباتی رشتہ ہے، مختلف سمتوں اور میدانوں میں ان کی معلومات، ان کی غیر معمولی صلاحیت، بڑی خوبیاں ہیں ان میں۔ وہ کشور کمار وغیرہ کی نقل، ممکری بھی کر سکتے ہیں، وہ پارلیمنٹ میں بھی بات کر سکتے ہیں، یو این میں بھی اور ورلڈ فورم میں بھی۔ ان کے دل میں ایک بچہ ہے اور یہی ان کا سینس آف ہیومر کریئیٹ کرتا ہے۔ ان کے اسٹرگل کے وقت کا جو غصہ تھا وہ آج بھی ان میں دکھتا ہے۔ اپنی کامیابی کو وہ بہت سمجھداری سے بلندیوں پر لے کر گئے ہیں۔ وہ اپنی ذمہ داریوں سے کبھی نہیں بھاگے۔ وہ سوچتے ہیں کہ اگر میں کچھ آگے نکل آیا ہوں تو میرے گھر والے بھی پیچھے نہیں رہنے چاہئیں۔ یہ انسانیت کی اعلیٰ قدریں ہیں، جو مکمل اور بھرپور طور پر ان کے اندر موجود ہیں۔ ہم نے صرف دو بار ساتھ میں کام کیا 'میری جنگ' اور 'کرشنا' میں۔ میں ان سے شاید زیادہ امید کرتا ہوں، ایک دوست ہونے کے ناطے شاید میرا حق بھی بنتا ہے کہ میرے کام کو وہ زیادہ فوقیت دیں، اسی وجہ سے شاید میرے کچھ ایسے مطالبات بھی ان سے رہتے ہیں جو نہیں رہنے چاہئیں، اور اسی لیے ہم لوگ زیادہ کام ایک دوسرے کے ساتھ نہیں کر سکے، لیکن دوست ہمیشہ رہے۔ یہ احساس رہتا ہے کہ ساتھ کام کرنے سے ہمارے بیچ جو پیارا سا رشتہ ہے اس میں گڑبڑ نہیں ہونی چاہیے۔ کبھی کبھی میں ڈر جاتا ہوں، میں انہیں کھونا نہیں چاہتا۔ ہماری دوستی اسٹرگل کے دنوں کی دوستی ہے۔ انہیں کتنے ایوارڈ ملے یہ الگ بات ہے، پر انہوں نے فلم رائٹرز کو ایک بہت بڑا رتبہ دلایا ہے، یا ان کا اس انڈسٹری میں بہت بڑا تعاون اور اچیومنٹ ہے۔ وہ ناستک ہیں، خدا کو نہیں مانتے اسی لئے انہوں نے خدا پر نہیں خود پر یقین کیا ہے۔

شطرنج کے مہرے وہی ہیں

لیکن بازی پلٹ چکی ہے

(ارُن ورما کے کردار میں انل کپور)

فلم: میری جنگ

ہدایت کار: سبھاش گھئی

۱۹۸۵

فٹپاتھوں کے ہم رہنے والے
راتوں نے پالا ہم وہ اجالے
پیروں تلک ہے دور تک یہ زمیں
اور تو اپنا کوئی نہیں
فٹپاتھوں کے ہم...

ہیں بچپن میں کھیلے غم سے
نردھن گھروں کے بیٹے
پھولوں کی سیج نہیں
کانٹوں پہ ہم ہیں لیٹے
بھوکے رہے سو غم سہے،
دل یہ کہے
روٹی جہاں ہے، سورگ اپنا وہیں
اور تو اپنا کوئی نہیں
فٹپاتھوں کے ہم رہنے والے...

سنگر: انوپ جلوٹا، ہری ہرن، شیلیندر سنگھ، سریش واڈکر
موسیقی: ہردیہ ناتھ منگیشکر

فلم: مشعل

ہدایت کار: یش چوپڑا

۱۹۸۴

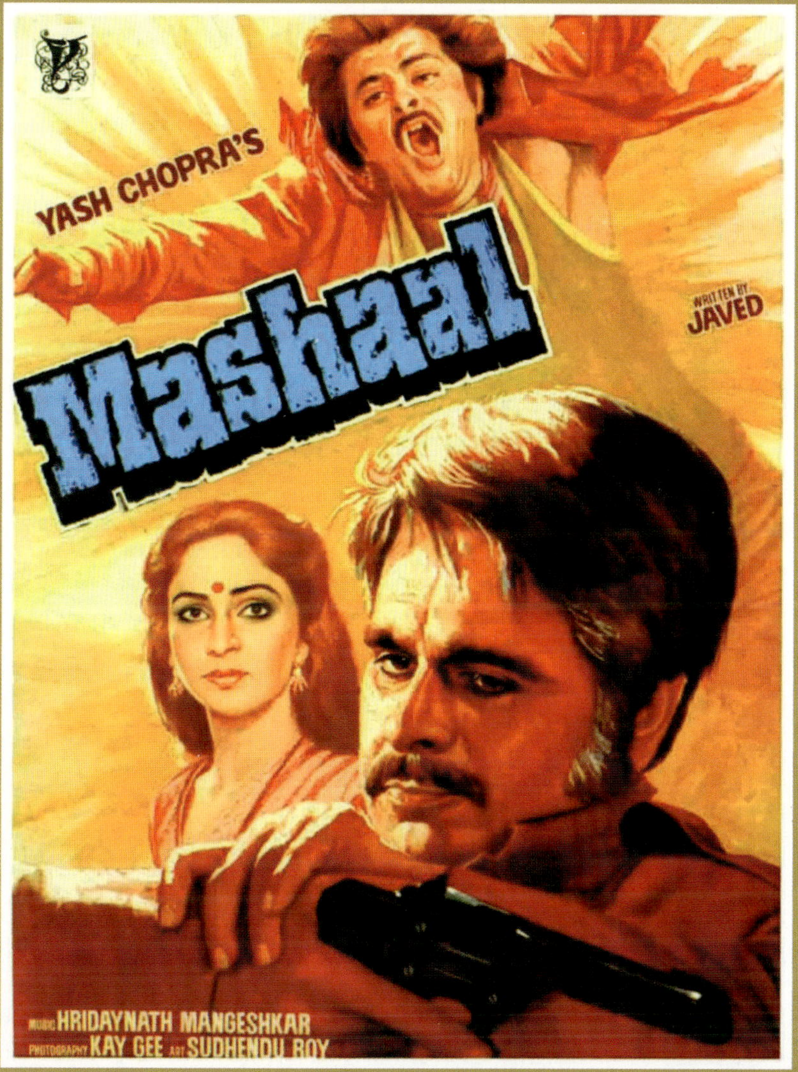

٦١

ہندی اسکرین پر
نیا تھا
’ارجن‘ کا کردار

کبھی کبھی کیا ہوتا ہے کہ آپ نے بہت سارے کام ٹھیک کر لیے، اور ایک کام میں کوئی ایک چیز گڑبڑا گئی تو اس سے بات خراب سی ہو جاتی ہے۔ مجھے ایسا لگتا ہے کہ ’ارجن‘ جو ہے ایک بہت اچھی اسکرپٹ تھی اور باوجود اس کے اس کو آپ سپر ہٹ فلموں میں نہیں کاؤنٹ کر سکتے، ’اِٹ واز اے ہٹ فلم‘۔ کامیاب پکچر تھی، لیکن جیسے کہ ’دیوار‘ ہے جیسے کہ ’ترشول‘ ہے، ’شعلے‘ ہے یا ’ڈان‘ ہے، یہ اتنی کامیاب فلم نہیں تھی۔ اس کے باوجود اتنے برسوں بعد بھی وہ لوگوں کو یاد ہے، لوگ مجھ سے کہتے ہیں کہ اسے دوبارہ بنانا چاہیے اور اس کا جو فرسٹ ہاف تھا، وہ بے مثال تھا۔ سیکنڈ ہاف میں رائٹر کے طور پر کہیں میں تھوڑا سا لڑکھڑا گیا، تو اگر وہ غلطی جس کا مجھے بعد میں احساس ہوا، کہ مجھے کیا کرنا چاہیے تھا۔ اگر یہ احساس مجھے اس وقت ہو گیا ہوتا، تو یہ پکچر جو ہے یہ انہیں پکچروں میں گنی جاتی جن کا میں نے ابھی ذکر کیا ہے۔ باوجود اس کے دیکھیے کہ ارجن کا جو کردار تھا، ہندی اسکرین پر نیا تھا۔ اس کے بعد بہت ساری فلمیں بنی ہیں، جس میں ارجن جیسا کردار استعمال کیا گیا ہے۔

فلم: ارجن

ہدایت کار: راہل رویل

۱۹۸۵

سچ مرے یار ہے، بس یہی پیار ہے

جس کے بدلے میں کوئی تو پیار دے

باقی بیکار ہے، یار میرے...

جس ہاتھ میں

ایک ہاتھ ہے

اس ہاتھ کی کیا بات ہے

کیا منزلیں، کیا فاصلے

اک ہم سفر گر ساتھ ہے

جس کی قسمت کوئی یوں سنوار دے

وہی دلدار ہے یار میرے...

فلم: ساگر

سنگر: ایس پی بالاسبرامنیم **موسیقی:** آر ڈی برمن

ٹھیک ہے،

سمندر ہماری جاگیر نہیں ہے،

لیکن اس کی لہروں پر،

تمہاری کمپنی کا

ٹھپا بھی نہیں لگا ہے

(راجہ کے کردار میں کمل ہاسن)

فلم: ساگر

ہدایت کار: رمیش سپّی

۱۹۸۵

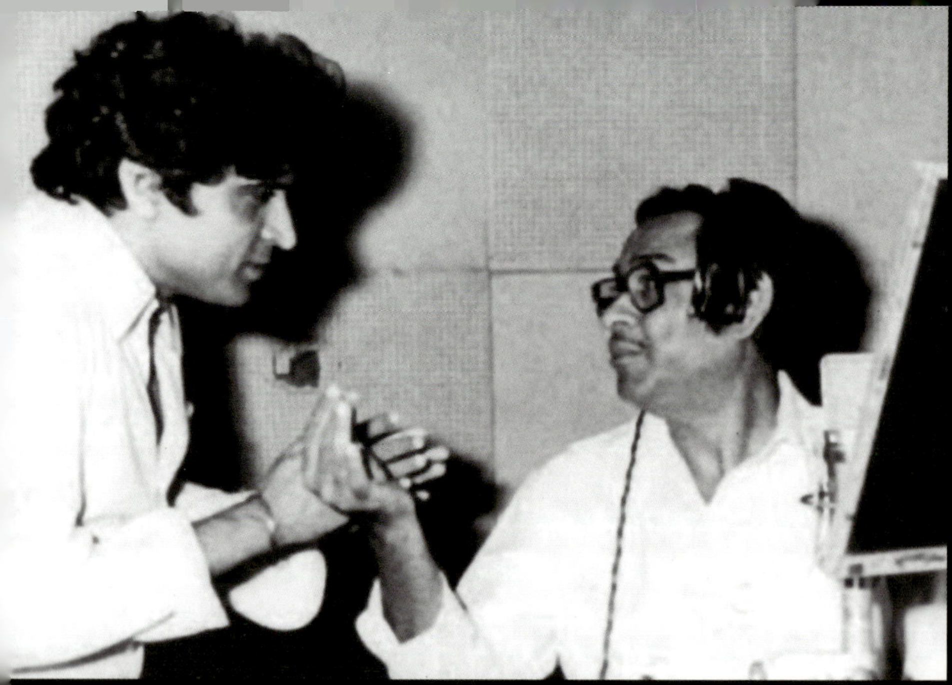

۶۲

گفتگو

(اروند منڈلوئی اور جاوید اختر)

کشور کمار کی آواز میں ایسا جادو تھا، جس کا کوئی جواب ہی نہیں

کشور کمار کے بارے میں آپ کا کیا کہنا ہے؟

جہاں تک کشور کمار کی بات ہے اب آپ کیا کہیں گے کہ ایک آدمی کی ایسی آواز ہے کہ وہ بس ایک سیدھا سا الاپ لیتا ہے اور دلوں پر چھا جاتا ہے۔ فلم 'آرادھنا' میں گیت کورا کاغذ سے پہلے جو الاپ ہے نہ اس میں کوئی مرکی ہے، نہ اس میں کوئی تان ہے، نہ کوئی حرکت ہے، سیدھا سا وہ ایک الاپ ہے، اس سے زیادہ سادہ الاپ ہو ہی نہیں سکتا، لیکن وہ آپ کو آج ۵۰ سال بعد بھی کیوں یاد ہے؟ اس میں صرف کشور کمار کی آواز ہی آواز تھی۔ وہ ایسی جادو بھری آواز ہے جو اپنے سننے والوں پر سحر طاری کر دیتی ہے۔ کتنے بڑے بڑے گلوکار ہوئے ہیں۔ میں رفیع صاحب کو بہت اہم سنگر مانتا ہوں اور میں انہیں حقیقتاً دنیا کا پہلا پلے بیک سنگر تسلیم کرتا ہوں۔ اس لیے کہ گانے والے تو بہت تھے لیکن محمد رفیع وہ پہلا شخص تھا جس نے یہ دیکھ کر کہ کون سا اداکار اسکرین پر ہے، اسی انداز و آواز میں، یوں کہوں کہ آواز بنا کر گانا گایا۔ یہ بہت مشکل کام ہے، دلیپ صاحب کے لیے جب وہ گاتے تھے تو الگ انداز ہوتا تھا، جب وہ دیو آنند کے لیے گاتے تھے الگ انداز ہوتا تھا، جب وہ شمی کپور کے لیے گاتے تھے تو مختلف انداز ہوتا تھا، جب وہ جانی واکر کے لیے گاتے تھے تو جدا انداز۔ وہ آواز تک چینج کرتے تھے۔ راجندر کمار کی آواز بھرّائی ہوئی آواز تھی، اب آپ دیکھیے کہ راجندر کمار کے لئے جو رفیع صاحب نے گانے گائے ہیں ان میں ایک بھرّاہٹ سی محسوس ہوتی ہے۔ تو یہ تو بہت کمال کے لوگ ہیں، منّا ڈے کا جو لاجواب کنٹرول کلاسیکل میں تھا وہی کنٹرول کمیڈی سانگ میں بھی دکھائی دیتا تھا، محمود کے لیے گائے ان کے گانے دیکھیے اور دوسری طرف بڑے سنجیدہ قسم کی کلاسیکل سانگس دیکھئے۔ سب باتیں اپنی جگہ، سب بڑے ہیں، مکیش جی کی آواز میں جو درد تھا جو اثر تھا وہ کہاں ہے؟ لیکن ایک شخص تھا کشور کمار جس کی آواز میں ایک ایسا پیدائشی جادو تھا جس کا کوئی جواب ہی نہیں۔

میں ایک بات بہت ڈرتے ڈرتے، جھجکتے جھجکتے، کہنا چاہوں گا لیکن کہوں گا ضرور، اس لیے کہ میں کشور کمار کا بڑا ہارڈ کور فین ہوں، کشور کمار نے جب بھی کسی کے ساتھ گانا گایا ہے تو آپ کو ایک فرق محسوس ہوا ہی ہوگا، کہ سننے والے کا دھیان کشور کمار کی آواز پر ہی رہتا ہے۔ پھر چاہے وہ کسی کے بھی ساتھ ہو، میل سنگر ہو یا فیمیل سنگر۔ سارے سنگرز گریٹ سنگر تھے اور ہیں، اسی لیے بلندیوں پر ہیں، مگر کشور کمار میں کچھ الگ بات تھی۔

میں خوابوں کی شہزادی

میں ہوں ہر دل پہ چھائی

بادل ہیں میری زلفیں

بجلی میری انگڑائی

کہتے ہیں مجھکو ہوا ہوائی

سمجھے کیا ہو نادانوں

مجھکو بھولی نا جانو

میں ہوں سانپوں کی رانی

کاٹا مانگے نا پانی

ساگر سے موتی چھینوں

دیپک سے جیوتی چھینوں

پتھر سے آگ لگالوں

سینے سے راز چرالوں

فلم: مسٹر انڈیا

گلوکارہ: کویتا کرشنا مورتی **موسیقی:** لکشمی کانت پیارے لال

موگمبو خوش ہوا

(موگمبو کے کردار میں امریش پوری)

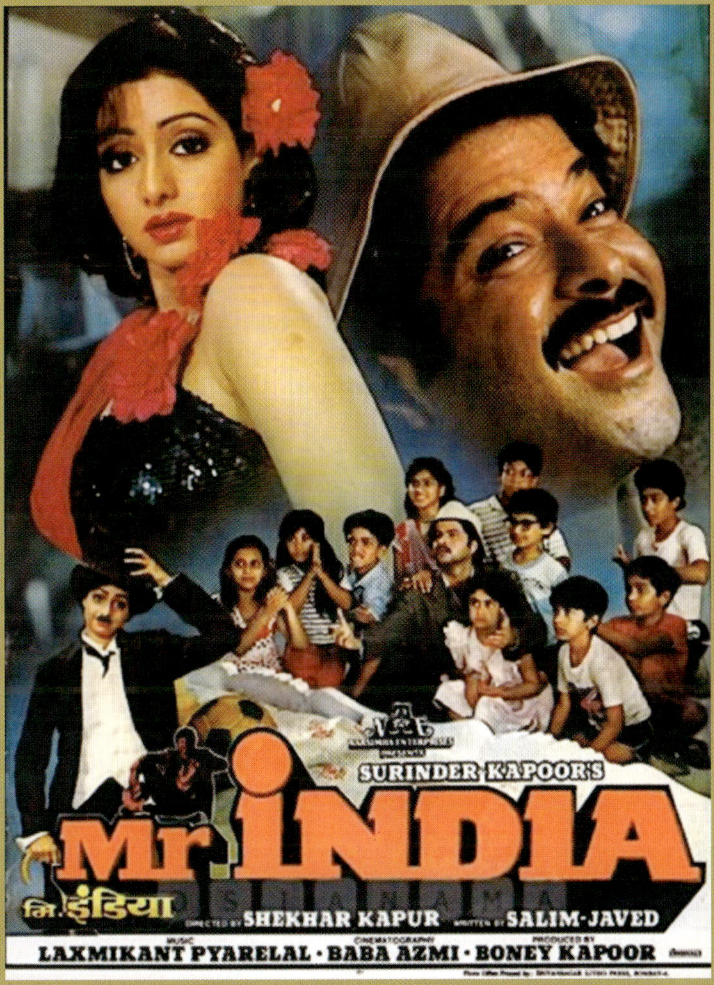

فلم: مسٹر انڈیا

ڈائریکٹر: شیکھر کپور

۱۹۸۷

۶۳

اور شری دیوی بن گئیں
’ہوا ہوائی گرل‘

دراصل میں نے ’مسٹر انڈیا‘ کی اسکرپٹ لکھی تھی، اس فلم میں ایک سین ہے جس میں ہیروئن شری دیوی یہ دکھاتی ہے کہ وہ ہوانا کی ایک کیبرے ڈانسر ہے، وہ اپنا نام ’مس ہوائی‘ بتاتی ہے۔ ہمارے یہاں ایک محاورہ ہے ’بھائی! کہاں ہوا ہوائی گھوم رہے ہو؟‘ یہ یو پی میں چلتا ہے۔ ہوا ہوائی کا ساؤنڈ ہی کافی دلچسپ ہے۔ تو اس طرح شری دیوی ’ہوانا کی ہوا ہوائی‘ بن گئیں۔ جب میں نے اس سچویشن کے لیے گانا لکھا تو میں نے اس نام کو گانے میں استعمال کیا ’کہتے ہیں مجھ کو ہوا ہوائی‘۔ آپ کو معلوم ہے جب ’مسٹر انڈیا‘ اور ’تیزاب‘ ریلیز ہوئی تھیں تب شری دیوی اور مادھوری دیکشت ایک دوسرے سے آگے نکلنے کی ہوڑ میں تھیں۔ میڈیا نے ان دونوں کا نام ’مس ہوا ہوائی‘ اور ’ایک دو تین گرل‘ رکھ دیا تھا۔ مزے کی بات یہ ہے کہ یہ دونوں گانے میں نے ہی لکھے تھے۔

جاوید اختر اور ایکٹر ستیش کوشک

گفتگو (اروند منڈلوئی اور ستیش کوشک)

میں جاوید صاحب کو اپنا گرو کہنا چاہوں گا، کیونکہ میں نے ان سے زندگی جینے کا گرو منتر سیکھا ہے: ستیش کوشک

’جانے بھی دو یارو‘ کی جو اسکرپٹ تھی اس کے اور ایک ایکٹر کی شکل میں شناخت حاصل کرنے میں جو فاصلہ ہے اس میں آپ تھیٹر کرتے رہے، ڈرامے کرتے رہے، جاوید صاحب سے آپ کی ملاقات کب ہوئی؟

سب سے پہلے اگر کمرشل فلمیں دیکھیں تو وہ فلمیں جاوید صاحب کے ذریعے ہی ملی تھیں۔ بھائی ’جانے بھی دو یاروں‘ کے بعد تو ’ساگر‘ پکچر ریلیز ہوئی۔ ’ساگر‘ شاندار پکچر تھی، پریمیئر پر میں، شبانہ اور جاوید صاحب اکٹھے گئے تھے، اس کے بعد ’جو شیلے‘ آئی پھر ’مسٹر انڈیا‘ آئی۔ ’مسٹر انڈیا‘ میں ہی ان کو لگا کہ مجھے اسسٹنٹ ڈائریکٹر ہونا چاہیے، پر میں نے کہا کہ سرکار آپ کو اس میں ہونا پڑے گا۔ وہ مجھے کہانی سنانے کے لیے میرے ون بیڈ روم فلیٹ میں سانتا کروز ایسٹ آئے، کہانی سنائی، کہنے لگے کہ اس میں اسسٹنٹ بننا پڑے گا تم کو، بونی اور وہ دونوں آئے تھے۔ ان کا سینس آف ہیومر، سینس آف رائٹنگ غضب کا ہے۔ ’مسٹر انڈیا‘ کمال کی اسکرپٹ تھی، تو وہ اسکرپٹ لکھتے لکھتے، اسسٹ کرتے کرتے میرا ان کا ایسا گہرا تعلق ہو گیا کہ انہوں نے سوچ لیا کہ ’مسٹر انڈیا‘ کے بعد تو ستیش کو ڈائریکٹر بننا ہی ہے۔

'مسٹر انڈیا' کی اسکرپٹ رائٹنگ اور وہ ساری چیزیں آپ کے اتنے قریب سے گزری ہیں تو یہ جو 'کلینڈر' کا کریکٹر تھا جس نے آپ کو ایک پہچان دی یہ کیسے وجود میں آیا، اصل میں اس کا کریئیشن کیسے ہوا؟

کیا ہے کہ بیٹھے بیٹھے ایک دن بات ہو رہی تھی، اور وہ جاوید صاحب کی اور ہماری خرافاتیں تھیں۔ اصل میں کیونکہ ہم کچھ نہ کچھ نیا کرتے رہتے ہیں زندگی کے بارے میں، ہم نے بہت کردار منتخب کئے، گلیوں کے کردار سلیکٹ کیے۔ میرے والد بنواری لال کوشک سیلز مین تھے، ان کا ایک ڈیلر تھا، میں جاوید صاحب کو ان کا ایک قصہ سنا رہا تھا، کہ جاوید صاحب میرے فادر نے مجھے ایک قصہ سنایا تھا۔ ایک آدمی کا تکیہ کلام تھا 'کیلنڈر'۔ وہ بیچ بیچ میں کیلنڈر بولتا تھا، جاوید صاحب نے کہا کیلنڈر، یار کیلنڈر کسی شخص کا تکیہ کلام کیسے ہوسکتا ہے۔ میں نے بولا 'باؤ جی مجھے بتاتے تھے، کہ وہ آدمی کہتا تھا 'پنڈت جی! پانچ بیٹیاں آئی ہیں، پانچ بیٹیوں میں سے ایک کیلنڈر چار بیٹیاں کیلنڈر خراب نکلیں، اب دیکھو ۱۰ لاکھ کا مال کیلنڈر، دو لاکھ کا رہ گیا، اب ایسے ہی چلتا رہا کیلنڈر، تو ہمارا کیا چلے گا'۔ جاوید صاحب کہنے لگے 'کیلنڈر، یار یہ تو بڑا کمال ہے۔ ان دنوں وہ گگ کا کریکٹر ورک آؤٹ ہو رہا تھا، اچھا میری کوشش یہ تھی کہ میں جاوید صاحب کو کوئی مناسب موقع دیکھ کر یہ بول دوں کہ جاوید صاحب یہ رول مجھے دے دیجیے۔ جاوید صاحب نے کہا 'یار! اس کا نام کیلنڈر ہی کیوں نہ رکھ دیں' اور پھر وہ کیلنڈر نام گگ کا طے ہوا اور پھر اس کا حلیہ ڈیزائن کیا گیا۔ تو اس طرح کیلنڈر جو ہے یہ باتوں باتوں میں خرافاتوں میں بن گیا۔ پر جاوید صاحب نے کہا یار کیلنڈر کے نام کو جسٹیفائی کرنا پڑے گا تب جاوید صاحب نے وہ ڈائیلاگ لکھا ایک تو سمجھ میں نہیں آتا تیرا نام کیلنڈر رکھ کس نے دیا؟ جواب میں کیلنڈر کہتا ہے کہ کچھ نہیں! میرے ممی ڈیڈی ہیں نہ، کچھ انگریزی میں نام رکھنا چاہتے تھے۔ اور جاوید صاحب نے اس قصے سے وہ کیلنڈر نام نکالا۔

پھر بنی 'روپ کی رانی چوروں کا راجہ'؟

'روپ کی رانی چوروں کا راجہ' سب سے بڑی ڈزاسٹر ثابت ہوئی، بہت بڑا دھکا لگا۔ جاوید صاحب اور ہم لوگ ایک دم سکتے میں آگئے، پکچر میں کوئی برائی نہیں تھی، پر پانچ سال لگ گئے بننے میں، کیا ریزن تھے، کیا اسباب تھے، کسی کو نہیں پتہ چلا۔ نہ کوئی ایکسپیٹ کرنا چاہتا ہے۔ اہم بات یہ ہے کہ آج بھی پکچر جب دیکھی جاتی ہے تو ردعمل اس طرح کے آتے ہیں، ارے کیا پکچر تھی؟ یار!۔ ٹی وی پر ہٹ ہے، لگاتار چلتی رہتی ہے، کتنے ڈائریکٹرز بولتے ہیں 'یار! روپ کی رانی چوروں کا راجہ میں دوبارہ بنانا چاہتا ہوں۔' آئی وانٹ ٹو میک اٹ اگین'۔ ینگ ڈائریکٹرز اکثر بولتے ہیں کیونکہ اس کی جو میکنگ تھی، وہ کمال تھی کمال۔

جاوید صاحب کے بارے میں اگر کچھ ایک لائن میں کہنا ہو تو آپ کیا کہیں گے؟

میں جاوید صاحب کو ایک سنت کہوں گا، میری لائف میں تو کم سے کم وہ ایک سنت کی طرح ہیں، جس کی سنگت میں بیٹھ کر میں نے ہمیشہ کچھ نہ کچھ حاصل ہی کیا ہے اور آج میری پرسنلٹی میں، میری شخصیت میں اگر کوئی اچھی تبدیلی ہوئی ہے، کچھ اچھا بدلاؤ آیا ہے تو اس سنت کی وجہ سے ہی آیا ہے۔ تو میں جاوید صاحب کو اپنا گرو کہنا چاہوں گا، میں نے ان سے گرو منتر سیکھا ہے، فلم انڈسٹری کے بارے میں ہی نہیں زندگی جینے کا بھی گرو منتر سیکھا ہے۔

کوئی ایسی بات ایسا واقعہ جو جاوید صاحب کے تعلق سے آپ کے ذہن میں آتا ہو؟

سب سے بڑی بات یہ ہے کہ مجھے ایسا لگتا ہے کہ ایک رائٹر اور ڈائریکٹر کی حیثیت سے ہم کو ایک بار پھر کام کرنا چاہئے، اب جو ہمارا کام ہوگا نہ وہ حقیقت میں بہت سلجھا ہوا کام ہوگا۔ میں ان کو اور انکی اسکرپٹ رائٹنگ کو ڈبل پروو کرنا چاہتا ہوں، 'وی شُڈ کم بیک ایز اے رائٹر اینڈ ڈائریکٹر'۔ میری ان سے ۸۴-۸۵ میں ملاقات ہوئی تھی، کتنے سال ہو گئے، اس لمبے عرصے میں کم و بیش بیس سال کا عرصہ ہم نے ایک دوسرے کے بہت قریب گزارا ہے۔

...

چودہ کو تیرا سندیسہ آیا

پندرہ کو آئو نگا یہ کہلا یا

چودہ کو آیا نہ پندرہ کو تو

تڑپا کے مجھ کو تو نے کیا پایا

سولہ کو بھی

سولہ کو بھی سولہ کئے تھے سنگار

آجا پیا آئی بہار

ایک دو تین چار پانچ چھ سات آٹھ نو

دس گیارہ بارہ تیرہ

تیرا کروں دن دن گن کے انتظار

...

سنگر: الکا یاگنک

موسیقی: لکشمی کانت پیارے لال

فلم: تیزاب ڈائریکٹر: این چندرا

۱۹۸۸

٦٥

ایک دو تین لکھ کر منی ایچر فارم میں بارہ ماسہ لکھ دیا

ایک گانے کے لیے کئی لوگوں نے اعتراض کیا۔ مجھ سے کہا کہ بھائی! آپ تو شاعر ہیں اور آپ نے لکھ دیا، ایک دو تین چار پانچ چھ سات آٹھ نو دس گیارہ بارہ تیرہ‘۔ دراصل لکشمی جی ’لکشمی کانت پیارے لال‘ نے تیرہ تک گا کر مجھے یہ ٹیون بتائی تھی، مجھے ایک آئیڈیا آیا، میں نے کہا ’اسے ایک سے تیرہ تک ایسے ہی رہنے دیجیے، اسے نہیں بدلنا، اس کے آگے جو ٹیون ہے اس پر میں ورڈس لکھوں گا، یہ سن کر لکشمی جی بھی ذرا نروس سے ہو گئے۔ کہنے لگے بھائی ایک دو تین، آج ہم موسم ہے رنگین، یہاں تک تو ٹھیک ہے لیکن تیرہ تک گننا تو بڑا خراب لگے گا۔ میں نے کہا ’آپ اس کی فکر نہ کریں، جو میں گانا آگے لکھوں گا میں اسے جسٹیفائی کر دوں گا۔ تو یہ گیارہ بارہ تیرہ، تیرا کروں دن دن گن کے انتظار، آجا پیا آئی بہار۔ سولہ کو بھی سولہ کئے تھے سنگار، آجا پیا آئی بہار۔ ہمارے یہاں ایک ٹریڈیشن ہے۔ اردو شاعری کی قدیم روایت ہے، بارہ ماسہ کہلاتا ہے۔ بارہ ماسہ جو ہے وہ برہ یعنی ہجر یا یوں کہئے کہ جدائی کا گیت ہوتا ہے، جس میں ایک برہن اپنے پریتم سے دور ہے، وہ تنہائی میں گزرنے والے بارہ مہینے کا ڈسکرپشن دیتی ہے کہ میں نے بارہ مہینے تیرے بغیر کیسے کاٹے ہیں۔ تو میں نے منی ایچر فارم میں بارہ ماسہ لکھ دیا کہ ایک مہینے میں ایک ایک دن اس نے کیسے کاٹا، اس طرح سے اس کا جسٹی فکیشن بھی ہو گیا، اور وہ گانا بھی بہت ہی پاپولر ہوا۔

جاوید اختر اور انل کپور

٦٦

گفتگو

(انل کپور کے ساتھ اروند منڈلوئی)

جاوید صاحب اس کتاب کی طرح ہیں
جس کو جب پڑھو تو اس میں ہر بار
کچھ نہ کچھ نیا ہی ملتا ہے: انل کپور

جاوید صاحب سے آپ کی پہلی ملاقات کیسے ہوئی؟

جاوید صاحب سے میری پہلی ملاقات شبانہ جی کے ساتھ میں ہوئی تھی ،شبانہ جی نے ہمیشہ میری حوصلہ افزائی کی ۔شروع میں مجھے ایسا لگتا تھا کہ جاوید صاحب مجھے پسند نہیں کرتے ۔سرسری سی ایک بات چیت تو تھی لیکن اس میں وہ کیفیت نہیں تھی۔ پھر انہوں نے میرا کام دیکھا تو وہاں سے ایک قسم کا بونڈ شروع ہوا۔ پھر مجھے ایسا لگا کہ انہوں نے دو تین جگہ میری سفارش کی تو وہاں سے اصل شروعات ہوئی۔

جب آپ ایک اداکار کی حیثیت سے اپنی زندگی کے سفر کو دیکھتے ہیں تو اس میں کہیں جاوید صاحب کی موجودگی کا احساس بھی ہوتا ہے؟

سب سے پہلے شروعات تو شبانہ جی نے کی، یہ تو میں کبھی زندگی میں نہیں بھولوں گا۔ اس کے بعد سے جاوید صاحب نے مجھے سجیسٹ کیا تو شکتی بنی، لیکن میرے کریئر کی ٹرننگ پوائنٹ تھی فلم 'مشعل' جب جاوید صاحب نے یش جی کو میرا نام سجیسٹ کیا۔

وہاں سے جب آپ کا سفر شروع ہوا تو شاید پھر ایک ٹرننگ پوائنٹ آیا 'مسٹر انڈیا' کی شکل میں اور پھر 'میری جنگ' کے روپ میں؟

مجھے بھی اور پوری انڈسٹری کو بھی لگتا ہے کہ میرے کیریئر کا ٹرننگ پوائنٹ یہ دو فلمیں تھیں اور دونوں میں جاوید صاحب کا ہی ہاتھ ہے، بہت زبردست ہاتھ۔ 'میری جنگ' اور 'مشعل' اگر یہ دونوں فلمیں نہیں ہوتیں تو شاید 'مسٹر انڈیا' میں، میں ہوتا ہی نہیں۔

اگر ان دونوں فلموں کی اسکرپٹ کی بات کریں تو ان میں کیا خاص بات تھی جس نے آپ کو مطمئن بھی کیا اور مشہور بھی؟

جاوید صاحب جب بھی کوئی کردار دیتے ہیں، اس وقت، اور ابھی بھی، تو وہ لینڈ مارکس ہوتے ہیں۔ جیسے 'زنجیر'، 'دیوار'، 'میری جنگ' اور 'مشعل' کے کردار اس کی اہم مثال ہیں۔ اینگری ینگ مین کا جو کردار ہے تو سمجھ لو کہ اس وقت کے یہ اینگری ینگ مین تھے۔ اور وہ جو جلوہ تھا ان ایکٹرز کا وہ آج ایک خواب ہے۔ وہ تو کسی بھی کلاکار کو مل جائے، کسی بھی ایکٹر کو مل جائے تو اس کے کیریئر میں اس سے بہتر تو کچھ ہو ہی نہیں سکتا تھا۔ تو یہ جو کردار تھے، ان کی جو اسکرپٹ تھیں وہ کہیں نہ کہیں مجھے ایسا لگتا ہے کہ آگے بھی جو فلمیں میری بنی ہیں ان میں بھی وہ بنیادی کردار ادا کرتی رہی ہیں۔

ایک اداکار کے طور پر جب آپ سوچتے ہیں تو جاوید صاحب کی کون سے خوبی آپ کو متاثر کرتی ہے؟

میں تو جاوید صاحب سے غائبانہ طور پر روز سیکھتا ہوں، آج تک سیکھ رہا ہوں۔ جب بھی ان سے ملتا ہوں میں کچھ نہ کچھ سیکھ کر لوٹتا ہوں، یہ سفر جو ہے ہمارا وہ روز کا ہے، مطلب روز کچھ نہ کچھ ان کی باتیں یاد رہتی ہیں۔ کبھی شعوری تو کبھی لاشعوری طور پر کچھ نہ کچھ تو چلتا ہی رہتا ہے۔ وہ سلسلہ ابھی بھی چل ہی رہا ہے۔ دیکھیئے کچھ کتابیں ایسی لکھی گئی ہیں جن کو لے کر ایسا نہیں ہوتا کہ پڑھا اور بھول گئے۔ وہ پسندیدہ کتاب پھر کسی وقت آپ اٹھا لیتے ہیں، پھر پڑھتے ہیں پھر مزہ آتا ہے، دس سال کے بعد پھر پڑھتے ہیں پھر مزہ آتا ہے، پھر تیس سال کے بعد اس کتاب کو اٹھا لیتے ہیں پھر کچھ نیا مل جاتا ہے، تو جاوید صاحب ایک ایسی ہی کتاب کی طرح ہی ہیں، ان سے جب بھی ملیئے کچھ نہ کچھ الگ ملتا ہے۔ یہ جو بات تھی اس وقت تو مجھے سمجھ میں نہیں آئی لیکن اب سمجھ میں آ رہی ہے۔

جاوید صاحب کی شخصیت کا کوئی ایسا پہلو جس نے آپ کو بہت زیادہ متاثر کیا ہو یا آپ محسوس کرتے ہوں کہ یہ بات تو لوگوں تک پہنچنی چاہیئے؟

مجھے لگتا ہے کہ اس جنریشن کو یہ سندیش پہنچنا چاہیے کہ جاوید صاحب سے ینگ آدمی کوئی ہے ہی نہیں، وہ ہمیشہ ینگ بنے رہتے ہیں۔ آپ چاہے کوئی بھی ہوں کوئی فلم میکر ہوں، کوئی آدمی ہوں، شاعر ہوں، سیاست داں ہوں، لیڈر ہوں کچھ بھی ہوں آپ کو جاوید صاحب سے مل کر کچھ فائدہ ہی ہوگا اور جن لوگوں کی ملاقات ان کے ساتھ نہیں ہوئی ہے، ان کے ساتھ بات چیت نہیں ہوئی ہے، تو یہ ان لوگوں کی کم نصیبی ہے ایسا میرا ماننا ہے۔

ان ساری نفرتوں کے اندھیروں سے
جو انسان کو انسان سے دور کرتے ہیں
کہو کہ - میں آزاد ہوں
(آزاد کے کردار میں امیتابھ بچّن)

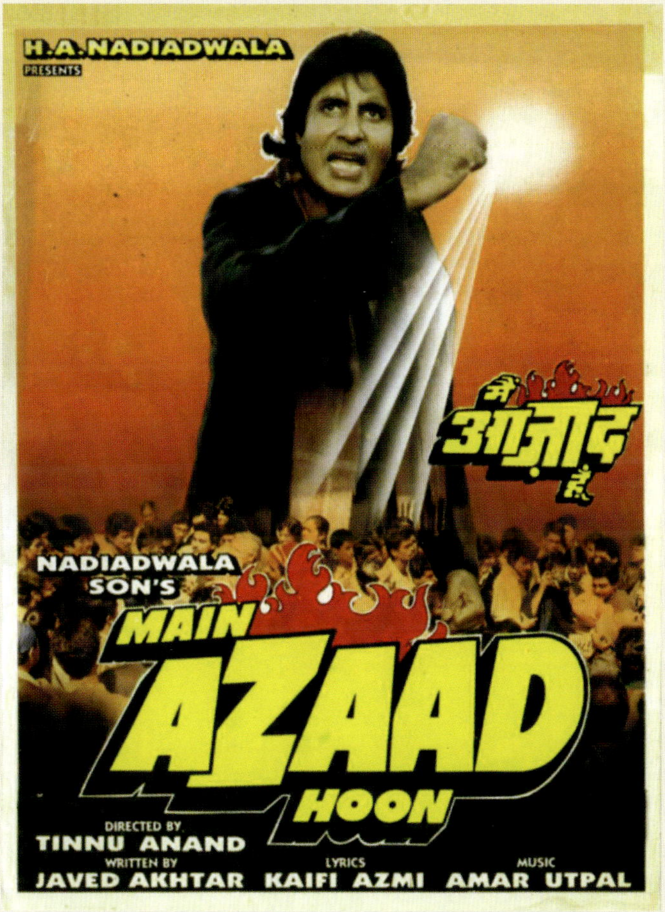

فلم: میں آزاد ہوں   ڈائریکٹر: ٹینو آنند

۱۹۸۹

گھر سے نکلتے ہی کچھ دور چلتے ہی
رستے میں ہے اس کا گھر
کل صبح دیکھا تو بال بناتی وہ
کھڑکی میں آئی نظر
معصوم چہرہ، نیچی نگاہیں
بھولی سی لڑکی، بھولی ادائیں
نہ اپسرا ہے - نہ وہ پری ہے
لیکن یہ اس کی جادوگری ہے
دیوانہ کردے وہ، اک رنگ بھر دے وہ
شرما کے دیکھے جدھر
...

سنگر: اُدت نارائن
موسیقی: راجیش روشن

فلم: پاپا کہتے ہیں

ڈائریکٹر: مہیش بھٹ

۱۹۹۶

وہ کرشن کنھیّا مرلی دھر
منموھن کنج بھاری ھے
گوپال منوھر دکھ بھنجن
گھنشیام اٹل بنواری ھے
وہ کنس وِناشک مہارتھی
سُدرشن چکر دھاری ھے
بن کنج برھیّا ساوریا
نندلالا کانھا مراری ھے
ھر روپ نرالے ھیں اس کے
ھر لیلا اس کی نیاری ھے
وہ گوپی ناتھ مدن موھن
وہ شیام پِتامبر آئے گا
آئے گا یو گاندھر آئے گا

سنگرز: امت کمار، کویتا کرشنا مورتی
موسیقی: لکشمی کانت - پیارے لال

فلم: یوگاندھر

ڈائریکٹر: این چندرا

۱۹۹۳

٦٧

اُردو میں 'کرشن' جی پر جتنی شاعری ہوئی ہے، اس کی کوئی حد ہی نہیں ہے

این چندرا صاحب کی ایک فلم تھی 'یوگا ندھر'۔ یوگا ندھر میں میرے گانے تھے اور لکشمی کانت پیارے لال جی کی موسیقی تھی۔ ایک دن میں گیا، میوزک سے متعلقہ ان کی میٹنگ تھی، تو ان کے میوزک روم میں لکشمی جی بھی بیٹھے ہوئے تھے اور این چندرا بھی بیٹھے ہوئے تھے۔ دونوں کو دیکھ کر لگا جیسے کسی پس وپیش میں ہیں، کسی الجھن میں نظر آرہے تھے، جیسے کچھ کہنا چاہتے ہوں، لیکن کیا کہیں، کیسے کہیں؟ میں نے پوچھا کہ بات کیا ہے بتایئے۔ کہنے لگے در اصل کیا ہے کہ کرشن کی آرتی کا ایک سچویشن ہے، فلم میں کرشن جی کی آرتی ہورہی ہے وہ لکھنی تھی۔ اس بات پر ان کے چہرے پر جو بے چینی تھی، ڈسکمفرٹ تھا وہ میری سمجھ میں آگیا، کہ انہوں نے سوچا کہ بھئی اب یہ شاعری واعری کرتے ہیں تو وہ ٹھیک ہے لیکن اب یہ آرتی لکھ پائیں گے کہ نہیں کیونکہ یہ ذرا ٹیڑھی کھیر ہے۔ تو میں نے کہا اچھا ٹھیک ہے ایسا کیجیے کہ ٹیون مجھے دے دیجیے کل ملتے ہیں۔ کچھ کوشش کرتا ہوں تو انہوں نے مجھے ٹیون دے دی۔

میں گھر گیا میں نے لکھا اور اگلے دن پھر میں گیا ان کے پاس اور کہا کہ آرتی لکھ لی ہے لیکن دیکھیے آرتی کا ایک کریسینڈو ہوتا ہے وہ اس میں نہیں تھا، یہ تو صرف ایک گانے کی ٹیون تھی۔ ایک کریسینڈو بھی چاہیے وہ میں نے اپنی طرف سے لکھ لیا ہے۔ تو وہ آپ لے لیجیے تو باقی تو گانا آپ سنیے گا لیکن اس کا جو کریسینڈو ہے وہ میں آپ کو سناتا ہوں، اور یہ کریسینڈو جو ہے صرف کرشن جی کے ناموں سے لکھا ہے:

وہ کرشن کنہیا مرلی دھر منموہن کانہا مراری ہے
گوپال منوہر دکھ بھنجن گھنشیام اٹل بنواری ہے
بن غنج بریّا سانور یا نندلالا کانہا مراری ہے
وہ کنس وناشک مہارتھی سدرشن چکر دھاری ہے
سب روپ نرالے ہیں اس کے ہرلیلا اس کی نیاری ہے
وہ گوپی ناتھ مدن موہن
وہ شیام پیتامبر آئے گا۔ آئے گا یوگا ندھر آئے گا
آئے گا یوگا ندھر آئے گا

یہ لوگ بڑے حیران ہوگئے، کہنے لگے صاحب کرشن کے اتنے نام تو ہمیں بھی نہیں معلوم ہیں، آپ کو کیسے پتہ؟ میں نے کہا دو وجوہ ہیں اس کی، ایک تو میں سچ مچ اودھ کا رہنے والا ہوں، اودھ میں سب سے زیادہ جو مہیما ہے وہ کرشن کی ہے، دوسرے میں اردو لٹریچر پڑھا ہوا ہوں اور پرانی اردو شاعری سے واقف ہوں، یہ سارے نام میں نے اودھ سے اور اردو شاعری سے سیکھے ہیں۔ بہت کم لوگ جانتے ہیں کہ اردو میں جتنی شاعری ہوئی ہے کرشن پر سو سال پہلے، ڈیڑھ سو سال پہلے، دو سو سال پہلے، اس کی کوئی حد ہی نہیں ہے۔ وہ میں نے پڑھی ہے اور یہ سارے نام جو ہیں مجھے وہیں سے معلوم ہوئے ہیں۔ دیکھیے لوگوں کا یہ خیال ہے کہ اردو شاعری کا مطلب ہے جام وشراب اور محبوب کی گلی۔ جسے گانے والوں نے پاپولر کر دیا ہے، ورنہ اردو میں جو ہمارا پرانا کلچر ہے، جو ہماری مائتھالوجی ہے، اس پر اتنی پوئٹری لکھی گئی ہے کہ کوئی حد ہی نہیں ہے۔

کچھ نا کھو کچھ بھی نا کھو
کیا کھنا ھے کیا سننا ھے
مجھکو پتہ ھے تمکو پتہ ھے
سمے کا یہ پل تھم سا گیا ھے
اور اس پل میں کوئی نہیں ھے
بس اک میں ہوں بس اک تم ہو

سنگر: کمار سانو، لتا منگیشکر
موسیقی: آر ڈی برمن

فلم: ۱۹۴۲ اے لو اسٹوری
ڈائریکٹر: وِدھو ونود چوپڑا
۱۹۹۴

۶۸

'ایک لڑکی کو دیکھا تو' ایسے لکھا گیا

گانے وانے میرے ٹھیک ہی چل رہے تھے، لیکن ایک اسپرنگ بورڈ ملتا ہے، جس سے آپ ایک بڑا گیت لکھتے ہیں، اور اس اسپرنگ بورڈ کے لیے میں اپنی زندگی کے آخری دن تک ودھو ونود چوپڑا کا شکرگزار رہوں گا۔ اس لیے کہ اس درمیان ایک ایسا دور آ گیا تھا کہ گانے بڑے چالو قسم کے، بڑے بازارو گانے ہو گئے تھے، اور وہ چل رہے تھے، تو لوگوں کا یہ ایمان ہو چلا تھا کہ اب ایسے ہی گانے چلتے ہیں، اس وقت ایک پروڈیوسر، ڈائریکٹر بالکل الگ طرح کے گانے مانگے اور جس طرح کے گانے میں لکھوں، انہیں منظور بھی کرے، یہ آج آپ کو شاید معمولی بات لگے، لیکن اس وقت واقعی یہ ہمت کا کام تھا بڑی بات تھی۔ یہ وِدھو ونود چوپڑا کا یقین واعتماد تھا کہ انہوں نے ایسے گانوں کی مجھ سے توقع کی۔

ہوا یوں کہ ایک روز آر ڈی برمن کے میوزک روم میں ایک بیٹھک ہوئی، جہاں پر وِدھو ونود چوپڑا نے اپنی اسکرپٹ سنائی، اسکرپٹ سن کر میں نے کہا کہ گانوں کی سچویشن آپ نے بتا دی بہت بہتر ہے، لیکن ایک گانا اس خاص جگہ پر آ سکتا ہے جہاں اس لڑکے نے اس لڑکی کو پہلی بار دیکھا ہے اور اسے ڈھونڈ رہا ہے۔ میری یہ بات ان کے گلے نہیں اتر رہی تھی، پھر بھی میں نے زور دے کر کہا کہ یہاں ایک بہت اچھا گانا ہو سکتا ہے، میری بات سن کر کہنے لگے، اچھا ٹھیک ہے آپ گانا لکھ دیجیے، اور اگر اچھا ہوا تو رکھ لیں گے، اس میں کیا پرابلم ہے۔ تو پھر کب لکھیں گے؟ ویڈنس ڈے کو ملتے ہیں چار بجے۔ خیر صاحب ہم نے وعدہ کر لیا لیکن ہوا یہ کہ میں نے ویڈنس ڈے تک کچھ نہیں لکھا۔ اب میں جب چار بجے ملنے جا رہا تھا، میں خود ہی کار چلا رہا تھا تو راستے میں سوچ رہا تھا کہ میں وہاں جا کر کیا کہوں گا، کیا منہ دکھاؤں گا، میں نے تو بڑی بحث کی تھی کہ گانا ہو سکتا ہے، جبکہ وہ لوگ پس و پیش میں تھے۔ یہ تو بڑی بے وقوفی ہو جائے گی، میں بالکل بے وقوف لگوں گا۔ جُوہو میں ایک لیڈو سینما ہال ہوا کرتا تھا، اس کے سامنے سے میں گزر رہا تھا تبھی ایک خیال میرے ذہن میں آیا، تو صاحب میں گیا اندر، انہوں نے کہا کہ بھائی کیا ہوا گانے کا، میں نے کہا بھائی، بہت اچھا اینگل ہے، اور میں سوچ رہا تھا کہ اگر آپ کہیں کہ ہاں گانا ٹھیک ہے تو یہ تو میں کر دیتا ہوں۔ اینگل یہ ہے کہ 'ایک لڑکی کو دیکھا تو ایسا لگا' اور اس کے بعد سملیز آئیں گی جیسے یہ جیسے وہ، اب یہ صرف بچنے کے لیے میرے دھیان میں آیا تھا، کہ کچھ تو مجھے کہنا پڑے گا اپنے بچاؤ میں۔ آر ڈی نے کہا کہ بہت اچھا آئیڈیا ہے، پہلا انترا یہیں لکھ دیجیے، میں نے پہلا انترا وہیں لکھا۔ آر ڈی نے سامنے رکھا اور گانے لگا، اس نے سیکنڈ بھی نہیں لگایا، اور ٹیون بنا دی، وہ بھی وہی ٹیون جو آپ سنتے ہیں۔ اب انہوں نے کہا کہ بھائی اس میں اور کچھ نہیں ہوگا، ایسے ہی انترے ہوں گے تین اب آپ دو اور انترے لکھ دیجیے، میں نے کہا ٹھیک ہے، دوسرا انترا بھی آسانی سے لکھ دیا لیکن تیسرے انترے تک پہنچتے پہنچتے میری سانس تھوڑی پھولی، میں عام طور پر گانے ایک سٹنگ ایک ہی نشست میں فوراً ختم کر دیتا ہوں لیکن اس گانے کو لکھنے میں مجھے دو دن لگے۔ عام طور پر تو میں گانا آدھے گھنٹے میں ایک گھنٹے میں لکھتا ہوں لیکن اس میں مجھے دو تین دن اس لیے لگے کہ کچھ خاص مثالیں میں لانا چاہتا تھا، میں یہ چاہ رہا تھا کہ گانے میں ایک خاص طرح کی پیورٹی اور معصومیت رہے، اس میں لسٹ نہ ہو، میں اس میں یہ لائن بھی لکھ سکتا تھا کہ 'جیسے چھلکا ہو جام' مگر جس سے ہوس ذرا سی بھی دکھے یا ذرا سا بھی پاپ جھلکے ایسی کوئی مثال نہیں لانا چاہتا تھا میں، میرا خیال تھا کہ اتنی پاکیزگی رہنی چاہیے اس میں۔ بہر حال تیسرا انترا مکمل ہوا۔ یہ گانا اکیس ۲۱ سملیز سے بنا، بہت پسند کیا گیا، بہت چلا۔ زندگی میں پہلی بار مجھے اس سانگ پر ایوارڈ ملا، ٹرافیز ملیں اس گانے پر۔

'۱۹۴۲-اے لو اسٹوری': آر ڈی کا ناک آؤٹ پنچ

آر ڈی برمن جو ایک نئی ساؤنڈ ایک نیا ردم ایک نئی حسّاسیت وجذباتیت لے کر آئے، جوان سے پہلے نہیں تھی، وہ ایک نہایت نفیس انسان تھے۔ اور افسوسناک پہلو یہ ہے کہ اتنے بڑے جینیس کو بھی لوگوں نے تج دیا تھا۔ محمد علی کلے نے اپنی سوانح میں بہت اچھی بات لکھی ہے کہ چمپئن وہ ہے جو، جب زمین پر گرنے والا ہو اور اس وقت کہیں اپنے سسٹم میں سے انرجی اکٹھا کر کے ناک آؤٹ پنچ میں سامنے والے کو مار سکے۔ اور یہی کام آر ڈی برمن نے کیا۔ حالات نے انہیں پوری طرح زخمی کر دیا تھا، توڑ دیا تھا، لیکن وہ تھا آر ڈی برمن، چمپئن تھا، اس نے اپنے اندر یہ ساری انرجی جمع کر کے '۱۹۴۲-اے لو اسٹوری' کے میوزک میں دکھا دیا۔

رنگ بھی ہے اور ان کا اپنا رنگ بھی ہے، اس میں وہ ٹھہراؤ اور گہرائی ہے، اور ٹھہراؤ گہرائی کا مطلب یہ نہیں کہ آپ کسی کو بور کرنے لگیں۔ اس ٹیون میں اس گانے میں ایک جادو ہے۔ پنچم کے ساتھ لکھے گانوں میں یہی گانا میرا فیورٹ گانا ہے، ویسے تو پنچم نے بہت سارے سنگرز کے ساتھ کام کیا، بہت سارے لرکس رائٹرز کے ساتھ کام کیا لیکن ان کی ایک ٹیم جو تھی وہ تھی آر ڈی برمن، کشور کمار، آنند بخشی۔ انہوں نے کچھ بہت ایکسپشنل میوزک، اور غیر معمولی گانے دیے ہیں، جیسے 'کچھ تو لوگ کہیں گے لوگوں کا کام ہے کہنا' 'زندگی کے سفر میں گزر جاتے ہیں جو مقام'۔ پنچم اپنے وقت سے

آر ڈی برمن اور جاوید اختر

جیسے جیسے وقت گزر رہا ہے مجھے لگتا ہے کہ لوگوں میں آر ڈی برمن کی قدر بڑھتی جا رہی ہے۔ بڑے آدمی کی نشانی یہی ہوتی ہے کہ وقت جو ہے بڑے آدمی کو اور بڑا بناتا ہے... 'ٹائم از کائنڈ ٹو گریٹ پیپلز'۔

۱۹۴۲-اے لو اسٹوری پنچم اور میرے لیے کئی طرح سے امپورٹنٹ تھی، یہ وہ فلم تھی کہ اگر وہ زندہ ہوتے تو واپس اپنے اسی مقام پر آجاتے جس کے وہ واقعی حقدار تھے۔ اسی پکچر کے ایک گانے کو لوگ ہمیشہ یاد کرتے ہیں وہ ہے 'ایک لڑکی کو دیکھا تو ایسا لگا' لیکن اگر آپ مجھ سے پوچھیں گے تو مجھے اس پکچر کا سب سے زیادہ اچھا گانا لگا ہے 'کچھ نہ کہو، کچھ بھی نہ کہو'۔ مجھے ایسا لگتا ہے اس میں پنچم کی ہی نہیں بلکہ برمن فیملی کی پوری ٹریڈیشن اور سنسکار رہیں جو اس گانے میں آ گئے ہیں۔ اس میں ان کے فادر کا

آگے تھا، ہم دھیرے دھیرے پنچم کی طرف جا رہے ہیں، ہمارے لیے اب وہ اور زندہ ہو رہا ہے، پنچم کو کوشش نہیں کرنی پڑتی تھی، سنگیت اس کے اندر سے نکلتا تھا، گانوں کی دھن وہ ایک دو منٹ میں بنا دیا کرتا تھا، مجھے کبھی کبھی احساسِ فخر ہوتا ہے کہ میں نے پنچم کے ساتھ کام کیا ہے۔

آر ڈی برمن بہت کم عمر میں ہی اسکول چھوڑ کے ممبئی آ گئے، جہاں ان کے فادر سچن دیو برمن ایک بہت کامیاب میوزک ڈائریکٹر تھے۔ اب بڑے باپ کے بیٹے ہونے سے بہت سے فائدے ہیں لیکن یقین کر لیجئے کہ کئی نقصان بھی ہیں، ہوتا یہ ہے کہ لوگوں میں ایک طرح کا ریزرویشن، ایک طرح کا کچھ چڑچڑا پن رہتا ہے، بھئی یہ بڑے باپ کے بیٹے ہیں تو کیا سمجھتے ہیں یہ بھی باپ کی طرح بن جائیں گے۔ لیکن وہ بہت باصلاحیت تھے اور باقی جسے انگریزی میں کہتے ہیں 'وردی سن آف وردی فادر'... وہ لائق باپ کی لائق اولاد تھے۔

بہت کم عمر میں انہوں نے اپنا بھرپور تعاون دینا شروع کر دیا تھا۔ ایک پکچر تھی ۱۹۵۸ میں ریلیز ہوئی تھی 'سولہواں سال'۔ اس میں بڑا مشہور گانا تھا 'ہے اپنا دل تو آوارہ نہ جانے کس پہ آئے گا'۔ اس میں جو ماؤتھ آرگن بج رہا تھا وہ اس ینگ لڑکے نے بجایا تھا۔ دوستی ۱۹۶۴ میں بھی جو ماؤتھ آرگن بجا ہے وہ آر ڈی برمن نے ہی بجایا ہے 'جانے والو ذرا مڑ کے دیکھو مجھے'۔ ایک وقت تھا کہ جب ہندی فلم انڈسٹری کی جو موسیقی تھی وہ تقریباً آدھی آر ڈی برمن کے پاس ہوتی تھی اور تقریباً آدھی لکشمی کانت پیارے لال کے پاس، اور جو باقی بچتی تھی وہ دوسرے میوزک ڈائریکٹرز کے پاس جاتی تھی۔

مجھے ایک قصہ یاد آ رہا ہے جو آر ڈی برمن نے ہی مجھے سنایا تھا، وہ یہ کہ، آر ڈی برمن کے والد کو بڑا شدید ہارٹ اٹیک پڑا۔ ہاسپٹل میں آئی سی یو میں ایڈمٹ تھے، وہ اپنے فادر سے ملنے اندر گئے تو ایس ڈی برمن لیٹے ہوئے تھے۔ وہ سامنے دیکھ رہے تھے اور سامنے وہ کارڈیوگراف تھا جس کی اسکرین پر وہ ہارٹ بیٹ۔ ٹک ٹک ٹک، ٹک ٹاک ٹک، ٹک ٹک ٹاک ایسی آواز آ رہی تھی۔ انہوں نے اشارہ کیا اور بڑی آہستہ اور کمزور آواز میں اپنے بیٹے سے کہا، دیکھو زندگی کی اصل بیٹ تو یہ ہے، جب تک تمہارے گانے میں یہ ہارٹ بیٹ موجود ہے، تمہارا گانا ٹھیک ہے، کیا خوبصورت بات کہی سچن دیو برمن نے۔ مجھے لگتا ہے کہ آر ڈی برمن نے یہ بات اپنی گرہ میں باندھ لی، اور آر ڈی برمن کے میوزک میں شاید دل کی دھڑکن ہمیشہ اسی لئے رہتی ہے۔ اس لیے کہ گانے دل سے بنائے جاتے ہیں، اب دل جو ہے وہ تو الگ الگ لمحوں میں الگ الگ طرح کا ہوتا ہے، کبھی وہ شرارت سے بھر جاتا ہے، کبھی محبت سے، کبھی غم سے، لیکن جو بھی جذبہ ہے، جو بھی اموشن ہے، جو بھی احساس ہے جب اسے آر ڈی برمن نے ادا کیا تو دل سے ہی کیا۔

سندیسے آتے ھیں، ھمیں تڑپاتے ھیں
جو چٹھّی آتی ھے، تو پوچھے جاتی ھے

کسی دل والی نے کسی متوالی نے
ھمیں خط لکھا ھے یہ ھم سے پوچھا ھے
کسی کی سانسوں نے، کسی کی دھڑکن نے
کسی کی چوڑی نے کسی کے کنگن نے
کسی کے کجرے نے، کسی کے گجرے نے
مھکتی صبحوں نے، مچلتی شاموں نے
اکیلی راتوں نے، ادھوری باتوں نے
ترستی بانھوں نے
اور پوچھا ھے ترستی نگاھوں نے
کہ گھر کب آؤگے، لکھو کب آؤگے
کہ تم بن یہ گھر سونا سونا ھے

سنگر: سونو نگم، روپ کمار راٹھور
موسیقی: انو ملک

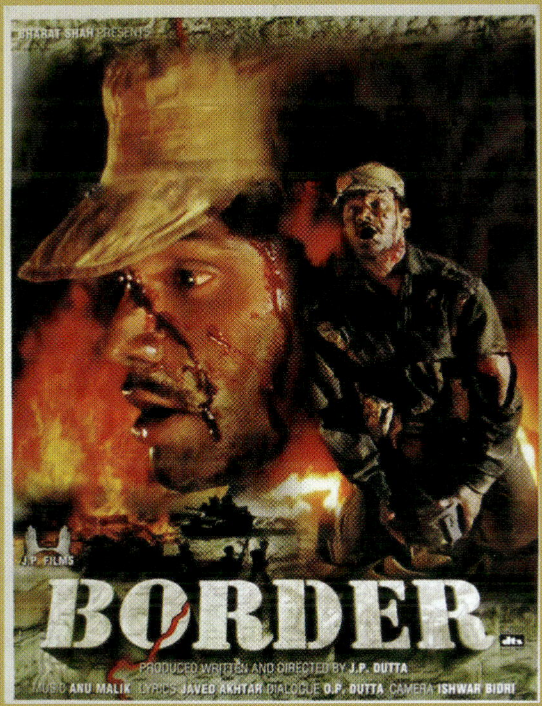

فلم: بارڈر
ڈائریکٹر: جے پی دتّا
۱۹۹۷

٦٩

کئی اعتبار سے جاوید صاحب
کی رائٹنگ وقت سے
کافی آگے ہے: انو ملک

ہم ساتھ میں اس لیے اچھا کام کرتے ہیں کیونکہ وہ زندگی سے بھرپور جوشیلی اور میٹھی دھنوں کو پسند کرتے ہیں، اور اگر بیس یعنی بنیاد کلاسیکل پر ہو تو انہیں زیادہ اچھا لگتا ہے۔

میں پہلی بار جاوید صاحب سے ان کی ایک فلم کے ذریعے ملا تھا جب میں بچہ تھا۔ وہ ایک مہان قصہ گو رہے ہیں۔ ان کی ٹیم سلیم-جاوید تھی۔ میں زنجیر کو یاد کر رہا ہوں، میں نے جب جاوید صاحب کو ان کی فلم 'سلسلہ' میں نغمے لکھنے کے ذریعے جانا، 'دیکھا ایک خواب تو یہ سلسلے ہوئے' مجھے پسند ہے۔ ان کی فلموں کی وجہ سے میں ہمیشہ ان کی عزت کرتا رہا اور میں جب جب بھی میں ان سے ملا میں نے ہمیشہ انہیں ایک خوش اخلاق اور زندہ دل انسان پایا، وہ انسان جو کامیابی کو اپنے اوپر لاد کر نہیں چلتا، وہ جو ہندی فلم انڈسٹری میں اہم کارنامے انجام دینے اور اپنے غیر معمولی تعاون کے باوجود بھی کبھی یہ نہیں کہتا کہ میں نے یہ کیا، میں نے وہ کیا، یہ وہ انسان ہے جو آگے بڑھ کر ہمیشہ کچھ نیا اور بہتر کرنا چاہتا ہے، دوسری فلموں کے پروجیکٹ پر ہم کام کر رہے تھے، لیکن میں فلم 'بارڈر' کچھ زیادہ براؤنی پوائنٹس دوں گا۔ میں جے پی دتا کا شکریہ ادا کرتا ہوں کہ انہوں نے یہ یقین کیا کہ ہماری جوڑی ایک اچھا کام کرے گی، میں نے جاوید صاحب کی پوئٹری کے ساتھ کافی ایوارڈز بھی پائے ہیں، لوگ مجھ سے کہتے ہیں کہ جب آپ جاوید اختر صاحب کے ساتھ کام کرتے ہیں تو اچھا کام ہوتا ہے۔ چاہے میرا کوئی بھی گانا ہو جیسے 'کس کا ہے یہ تم کو انتظار میں ہوں نا' وہ ایک غیر معمولی قلمکار ہیں، وہ یہیں بیٹھے بیٹھے ایک غیر معمولی لائن لکھ دیں گے، اور ہم کو آسانی سے یقین نہیں ہو پائے گا یہ کیسے ہو گیا۔ جیسے کہا کہ ہو جا اور ہو گیا۔ وہ بڑے دل کے انسان ہیں، تنقید اور مشورے کا استقبال کرتے ہیں لیکن تب ہی جب انہیں ایسا محسوس ہو۔ آپ کو ثابت کرنا ہوگا کہ دیکھو یہ صحیح نہیں ہے اور وہ پوچھیں گے کیوں؟ اگر آپ صرف تنقید برائے تنقید کر رہے ہیں تو وہ ناراض ہو جائیں گے، کیونکہ آپ بغیر ضروری یا اہم جانکاری کے صرف تنقید کر رہے ہیں۔ وہ بہت ذمہ دار اور عقلمند انسان ہیں، بہت اصول پسند بھی ہیں، کسی بھی موضوع پر بات کرتے ہوئے انہیں معلوم رہتا ہے کہ وہ کس بارے میں بات کر رہے ہیں، وہ بہت نالج ایبل، بہت معلومات رکھنے والے انسان ہیں، وہ آپ کو دیکھیں گے، اگر پتہ چلے کہ آپ صحیح ہیں تو وہ جھکیں گے۔ آپ کی بات کو تسلیم کریں گے، شرط یہی ہے کہ آپ صحیح ہوں۔

جاوید اختر کے بارے میں بہت ساری باتیں ہیں، وہ بالکل بچوں جیسے ہیں، وہ بہت جلدی ناراض ہو جاتے ہیں، وہ بہت جلدی سدھار بھی کر لیتے ہیں۔ وہ ایسے دکھتے ہیں جیسے سب کو کنٹرول کر رہے ہوں لیکن وہ ہمیشہ ایسا نہیں کرتے۔ ان کے مزاج میں ظرافت ہے، ہیومر ہے، وہ بہت زندہ دل انسان ہیں، بہت مذاق کرتے ہیں، ان کے پاس دلچسپ لطیفے ہیں، تمسخر سے بھری باتیں ہیں، کئی حوالوں سے ان کی تحریریں اپنے وقت سے آگے ہیں اور ہم ساتھ میں اس لیے اچھا کام کرتے ہیں کیونکہ وہ زندہ دل اور جوشیلے انسان ہیں اور میٹھی مدھر دھنوں کو پسند کرتے ہیں اور اگر بیس کلاسیکل ہو تو انہیں زیادہ اچھا لگتا ہے۔ 'میں ہوں نا' کے 'گوری گوری' گانے کو ہی دیکھ لیجیے، یہ رفیو جی کے گانے 'ایسا لگتا ہے' سے کافی الگ ہے۔ صرف ایک قلمکار کے لئے ہی نہیں بلکہ ایک سنگیت کار کے لیے بھی یہ الگ ہے۔

انو ملک اور جاوید اختر

ماٹی رے ماٹی رے ماٹی رے
رُت آئے دن آئے جو آئے دکھ لائے
دیکھ لے ہم نے کیسے عمر یا کاٹی رے ... ماٹی رے

دیش چھوٹا گاؤں چھوٹا چھوٹے گھر آنگن
کاٹ ہی ڈالے دکھوں نے جنموں کے بندھن
درد نے ہی دل کی کھائی پاٹی رے ... ماٹی رے

میں بھی باوری تھی
اب کہوں میں کیا
ہر گھڑی جیسے بھنور میں تھی میری نیّا
تھک گئی ہوں لڑتے لڑتے اپنے جیون سے
گود لے لے مجھے ماٹی میری مئیّا
ہے اندھیری موت کی یہ گھاٹی رے
ماٹی رے ماٹی رے ماٹی رے ماٹی رے...

سنگر: لتا منگیشکر موسیقی: وشال بھاردواج

فلم: گاڈمدر

ڈائریکٹر: وِنے شکلا

۱۹۹۹

تاریخ میں نام یونہی نہیں

لکھ جاتے: وِنے شکلا

فلم انڈسٹری کو یہ احساس سلیم جاوید نے کرایا کہ 'اسکرین پلے' لکھنا ایک ٹیکنیکل آرٹ ہے، ایک تکنیکی کلا ہے۔

جاوید صاحب کے لکھے مکالموں میں لفظ صرف لفظ نہیں ہوتے وہ لفظوں میں ڈھلی ہوئی ایک سوچ ہوتی ہے، فکر ہوتی ہے۔ 'دیوار' کا وجے جب کہتا ہے میں کسی کے پھینکے ہوئے پیسے نہیں اٹھاتا۔ تو اس میں صرف وجے کا ہی نہیں بلکہ تمام انسانیت کا احترام شامل ہے، وہ دیوار کی کال گرل انیتا کو بھی وہی عزت دیتے ہیں، جو شعلے کی رادھا کو۔ (یہاں میں یہ کہنا مناسب سمجھتا ہوں کہ سلیم۔ جاوید کی لکھی فلموں میں، اسکرپٹ دونوں ساتھ لکھتے تھے مگر ڈائیلاگ لکھنے کی ذمہ داری صرف جاوید صاحب کی ہوتی تھی۔) جاوید صاحب کے ڈائیلاگ میں ان کا مزاج بولتا ہے، وہ جب بولتے ہیں نہ تو ان کے اندر بیٹھا ہوا ایڈیٹر ہمیشہ ڈیلیٹ بٹن پر انگلی رکھ کے بیٹھا رہتا ہے، اسی لیے ان کے سین اور ڈائیلاگ اتنے چست ہوتے ہیں۔ ان کی پنچ لائن بھی لاجواب ہوتی ہے، وہ 'ریٹرک' کا بھی استعمال کرتے ہیں مگر ان کی بیان بازی کسی عام لکھنے والے کی طرح صرف لفظوں کا انبار نہیں ہوتی، ان میں کرداروں کا احساس اور ان کی جذباتیت ہوتی ہے۔ جہاں ایک طرف اگر وہ الفاظ سے کھیلنا جانتے ہیں تو سلیم۔ جاوید کی اسکرپٹ میں سائلنس (خاموشی) کا استعمال بھی اسی خوبی سے ہوتا ہے۔ 'شعلے' میں رادھا اور جے کا ان کہا پیار، 'شکتی' میں وجے کا اپنی ماں کی موت پر گھر آنا اور بنا کچھ بولے اپنے غم کا اظہار کر دینا۔ 'شعلے' ہی میں احمد کی لاش کے ساتھ گھوڑے کی ٹاپ اور امام صاحب کا پوچھنا 'اتنا سناٹا کیوں ہے بھائی؟'

کہا جاتا ہے کہ ادب سماج کا آئینہ دار ہوتا ہے۔ اچھے اسکرین رائٹر کے ہاتھ میں فلم بھی ایک لٹریچر کا درجہ حاصل کر لیتی ہے، ادبی شاہکار معلوم ہوتی ہے۔ دیوار اس کی بہترین مثال ہے، اس میں ہمیں ۱۹۷۰ کے دہائی کے بھارت کا عکس دکھائی دیتا ہے۔ اس بھارت کی آتما، اس کی روح گاؤں سے شہر کی طرف چل پڑی تھی، کسان کے ساتھ ساتھ مزدور کے کاندھوں پر بھی دیش کا بار آ گیا تھا، اخلاقی قدریں تیزی سے بدل رہی تھیں، بے روزگاری اور بڑھتی مہنگائی نے عام آدمی کے دماغ میں غصہ بھر دیا تھا، ایک احتجاج پیدا کر دیا تھا، اور سلیم۔ جاوید نے اس غصے، اس احتجاج کو کردار بنا کر سنیما کے پردے پر 'وجے' کی شکل میں پیش کیا، جو نہ کالا تھا، نہ گورا، جو ہر طرح کی خوبیوں سے بھرپور کوئی ہیرو نہیں تھا بلکہ ہماری اور آپ کی طرح کا انسان تھا، جو ہیروئن کی زلفوں میں نہیں، زندگی کی الجھنوں میں الجھا ہوا تھا۔ اس انوکھی پیش کش سے ہندوستان کی فلموں کو نیا ہیرو مل گیا تھا۔

یہ وہ دور تھا جب عموماً فلم شروع ہو جاتی تھی۔ اور اسکرین پلے شوٹنگ شیڈیول کے حساب سے بنتا بگڑتا رہتا تھا۔ حیرانی کی بات یہ ہے کہ صحیح معنوں میں اسکرین پلے کیا ہوتا ہے، اس کی سمجھ زیادہ تر فلم لکھنے والوں کو بھی نہیں تھی، اسکرین پلے کا مطلب ہیرو ہیروئن کا رومانس، ولین کی ولینی، ایکشن گانے اور میلوڈرامہ ہوا کرتا تھا، کہانی جو بھی ہو اسے ٹھوک پیٹ کر فارمولے میں فٹ کر دو، غور کیجیے 'زنجیر' 'دیوار' اور 'شعلے' میں امیتابھ کا کریکٹر ایک بھی گانا نہیں گاتا۔ تو اس سے معلوم ہوتا ہے کہ کردار کے نفسیاتی پہلو، سائکولوجیکل ڈائمنشن بھی ہوتے ہیں۔ کہانی کہنے میں لوجک ہونا چاہئے۔ فلم انڈسٹری کو یہ احساس کہ فلم لکھنا ایک تکنیکی آرٹ ہے سلیم۔ جاوید نے کرایا۔

انہوں نے ایک کے بعد ایک کامیاب فلمیں دے کر یہ ثابت کر دیا کہ اسکرین پلے نہ صرف فلم کی ریڑھ کی ہڈی ہوتا ہے بلکہ اس کا دل بھی ہوتا ہے اور یہ تب ہی ممکن ہے جب شوٹنگ شروع ہونے سے پہلے پوری اسکرپٹ آپ کے ہاتھ میں ہو۔ سلیم۔ جاوید نے فلم رائٹرز کا ایسا ڈنکا بجایا کہ اس کی آواز نہ صرف پروڈیوسرز اور ڈائریکٹرز کو سنائی دی بلکہ عام دیکھنے والے کو بھی سنائی دی۔ انہوں نے فلم رائٹنگ کو ایک وقار عطا کیا، رائٹرز کو اس کی اہمیت کا احساس کرایا، اسے اس کی قیمت سمجھائی، تاریخ میں نام یونہی نہیں لکھے جاتے۔

◄ فلم ڈائریکٹر۔ رائٹر ونے شکلا اور جاوید اختر

۱۷

جاوید صاحب گانے کو ایک الگ
ہی سطح پر لے جاتے ہیں:
آشوتوش گوواریکر

اگر آپ کے پاس ایک ڈبّہ ہو تو آپ اس کے چھ مختلف پہلو ہی دیکھتے ہیں، لیکن جاوید سر اس ڈبّے کا ساتواں پہلو بھی دیکھ لیتے ہیں، اسی نظر اور نظریے کا نام جاوید اختر ہے۔

شاید نو سال کی عمر میں میں نے فلم 'زنجیر' دیکھی تھی جو مجھے خاص لگی تھی، تب 'زنجیر' فلم میں جاوید صاحب کا کیا تعاون ہے اور کس حیثیت سے ہے، مجھے اس کا پوری طرح احساس نہیں تھا۔ فلم دیکھنے کے بعد میں اینگری ینگ بوائے بن گیا تھا۔ اس نے مجھے کئی سطحوں پر متاثر کیا۔ پھر کئی سال کے بعد میں نے جوہو بیچ پر ایک ہارڈنگ لگی دیکھی تھی جس میں لکھا تھا سلیم-جاوید کی 'ترشول' اور اس میں نہ ڈائریکٹر کا کوئی ذکر تھا، نہ ہی پروڈیوسر کا نام، اور نہ ہی کسی ایکٹر کا، لیکن یہ تو رائٹر تھے جن کا نام ٹائٹل کے بھی اوپر تھا، تب میں نے پھر سے موڈ بنا کر خود کو بیدار کر کے 'زنجیر' دیکھی۔ ان کی فلموں میں چاہے ہیرو کا خاندان سے ذاتی تعلق ہو، گرل فرینڈ سے ہو یا پھر وائف یا سماج سے، اس کے ری ایکشن بلا کے مختلف اور الگ الگ تھے۔ اس وقت اینگری ینگ مین کی امیج ایسی تھی کہ جس کے ذریعے پورا دیش ریفلیکٹ ہو رہا تھا، سسٹم سے ناراضگی غم وغصہ اور سسٹم کے خلاف احتجاج کی لے تیز ہو رہی تھی اور یہ سب کچھ ان کی فلموں کے 'وجے' نام کے کردار کے ذریعے ریفلیکٹ ہو رہا تھا، مجھے کئی بار شک ہوتا ہے اور اس کا اظہار میں نے جاوید صاحب سے کیا بھی، میں نے کہا کہ مجھے ایسا لگتا ہے کہ آپ ہی 'وجے' ہیں، آپ ہی وہ اینگری ینگ مین ہیں اور آپ ہی 'وجے' کے کردار کا وہ رومانی پہلو ہیں۔ وہ ہمیشہ اس بات پر ہنستے رہے لیکن نہ تو کبھی انہوں نے اس کا اقرار کیا اور نہ ہی اسکی تردید کی۔

'لگان' لکھتے وقت میری دماغ میں خاص طور پر ایک بات آ رہی تھی کہ اگر اے آر رحمان اس میں میوزک دیں تو بہت ہی اچھا ہوگا اور جاوید صاحب لرکس لکھ دیں تو یہ بہت ہی اچھا ہو جائے گا۔ اور جیسا کہ تقدیر نے ساتھ دیا میں نے جو سوچا تھا ویسے ہی ہوا۔ مجھے جاوید صاحب کے ساتھ کام کرنے کا موقع ملا۔ میری ان سے پہلی ملاقات، مجھے صاف طور پر یاد ہے وہاں ہوئی جہاں مجھے انہیں 'لگان' کی اسکرپٹ پڑھ کر سنانی تھی، انہوں نے مجھے چار گھنٹے کا وقت دیا، انہوں نے اسکرپٹ سنی، اپنے خیالات کا اظہار کیا، تبصرے کیے، اپنے شک وشبہات اور اندیشے ظاہر کیے۔ مجھے لگ رہا تھا کہ وہ ہاں نہیں کریں گے، لیکن میرے لیے یہ حیرت انگیز تھا جب انہوں نے کہا کہ میرا تبصرہ صرف اور صرف اسٹوری ٹیلنگ تک، اسکرین پلے ڈائیلاگ تک ہے، میرا یہ فیصلہ گانے لکھنے کے فیصلے کے بیچ بالکل نہیں آنے والا ہے، یہ صرف اسکرپٹ کے بارے میں میرے مشورے ہیں، جو میں محسوس کرتا ہوں، اسے درج کرنا ضروری ہے۔ جب میں نے 'سودیس' بنائی تو چیزیں میرے لیے پہلے سے زیادہ آسان ہو گئیں، اہم بات یہ ہے کہ گانے لکھنے کے بعد پھر وہ گانے کو ایک الگ ہی سطح پر لے جاتے ہیں، ان کے گانے لکھنے کا کام پورا ہوتے ہی گانے کے پہلے اور گانے کے بعد کا منظر بالکل الگ سطح پر پہنچ جاتا ہے۔

جاوید سر کے بارے میں میری ایک اپنی رائے ہے، میرا اپنا آبزرویشن ہے اور یہ میں صرف ان کے کام کرنے کے طریقے کے حوالے سے ہی نہیں، یا پھر ان کی لرکس رائٹنگ یا اسکرپٹ رائٹنگ کے تعلق سے ہی نہیں بلکہ میں ان کے اس خاص نظریے کے حوالے سے کہہ رہا ہوں جو دوسرے رائٹرز کے پاس نہیں، وہ یہ ہے کہ اگر آپ کے پاس ایک ڈبّہ ہو تو آپ اس کے چھ مختلف پہلوؤں کو دیکھتے ہیں لیکن جاوید سر اسی ڈبے کا ساتواں پہلو بھی دیکھ لیتے ہیں۔ اس نظر اور نظریے کا نام ہی جاوید اختر ہے۔

▶ فلم ڈائریکٹر آشوتوش گوواریکر اور جاوید اختر

بار بار ہاں بولو یار ہاں
اپنی جیت ہو ان کی ہار ہو
کوئی ہم سے جیت نہ پائے
چلے چلو چلے چلو
مٹ جائے جو ٹکرائے، چلے چلو
بھلے گھور اندھیرا چھائو،
چلے چلو چلے چلو
کوئی راہ میں نہ تھم جائے، چلے چلو
ٹوٹ گئی جو انگلی اٹّھی
پانچوں ملیں تو بن گئی مُٹّھی
ایکتا بڑھتی ہی جائے
چلے چلو، چلے چلو

سنگر: اے آر رحمان، شری نواس
موسیقی: اے آر رحمان

فلم: لگان

ڈائریکٹر: آشوتوش گوواریکر

۲۰۰۱

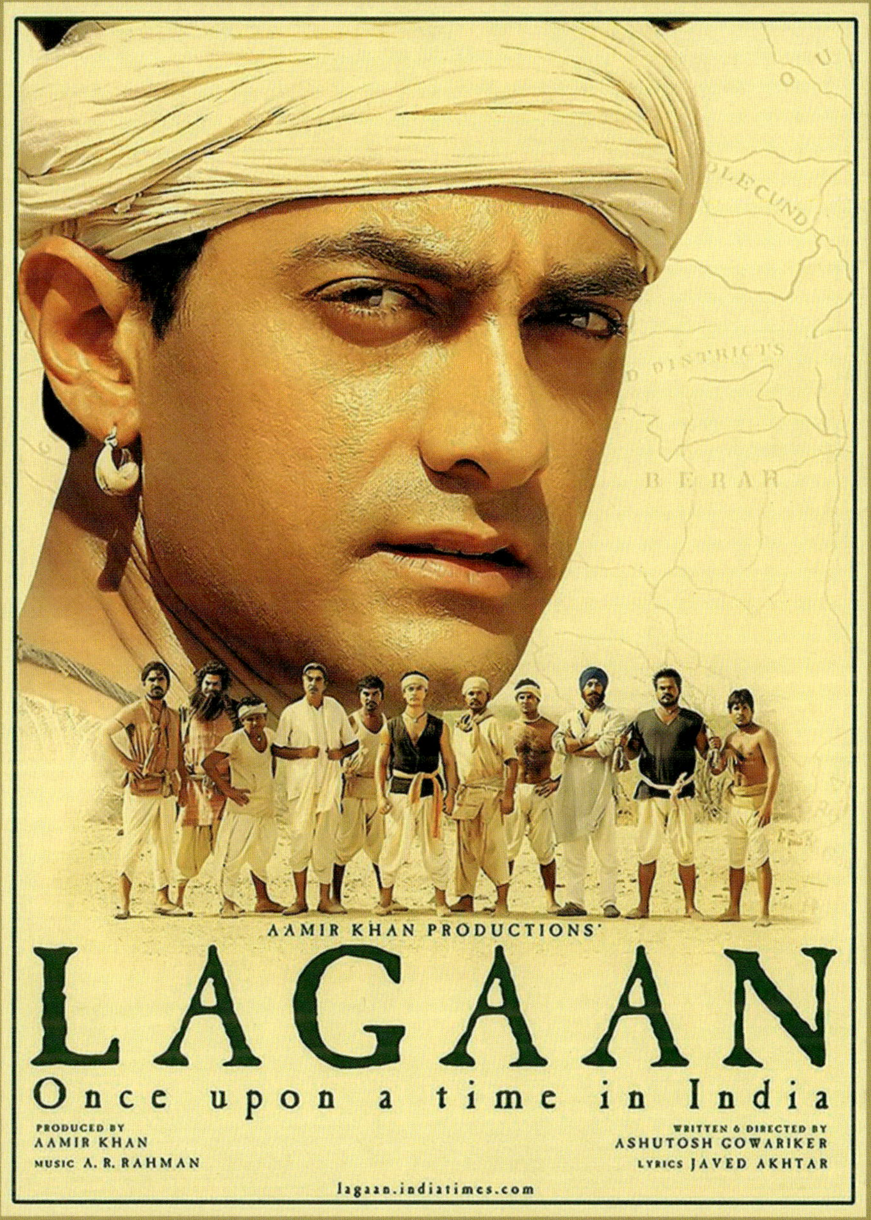

۷۲

وہ ہمیشہ دو، تین یا چار سمتوں (ڈائمینشنز) میں لکھتے ہیں: کرن جوہر

جب جاوید صاحب کسی کے ساتھ کمفرٹ محسوس کریں، اس پر بھروسہ کریں، اسے پسند کریں تو ماحول اچھے کام کے لیے کافی سازگار ہو جاتا ہے۔

میرے والدین، جاوید صاحب اور ہنی آنٹی دوست تھے۔ میں فرحان اور زویا کے ساتھ بڑا ہوا، چھٹیوں کے دنوں کی فلم شوٹس کی ڈھیر ساری یادیں ہیں۔ میرے فادر نے ایک فلم پروڈیوس کی تھی 'دوستانہ' جسے جاوید صاحب اور سلیم صاحب نے لکھا تھا، اس کے بعد ہمارے خاندانوں کی دوستی اور گہری ہو گئی، لمبے وقت تک جاوید صاحب ہم سے جڑے رہے، میرے فادر نے دوسری فلم جو بنائی تھی وہ تھی 'دنیا'۔ اس وقت تک سلیم صاحب اور جاوید صاحب رائٹرز کے طور پر الگ ہو چکے تھے، دنیا پوری طرح سے جاوید صاحب نے ہی لکھی تھی۔ انہوں نے ہی اس کے گانے بھی لکھے تھے۔

جب میں اپنی پہلی فلم 'کچھ کچھ ہوتا ہے' کو ڈائریکٹ کر رہا تھا، تب میں نے ان سے فلم کے لیے گانے لکھنے کو کہا، انہوں نے ایک گانا لکھا، ہمارے بیچ کمیونیکیشن کی کمی رہی، جس نے ہمارے سوچنے کے طریقے کو متاثر کیا اور اس وقت ہم نے دوستانہ طریقے سے اپنے راستے الگ کر لیے۔ میرے دل میں ان کے کام اور ان کی صلاحیت کے لئے ہمیشہ سے بے پناہ عزت اور احترام ہے۔ وہ ایک جینیس ہیں، مجھے لگتا ہے کہ وہ فلم انڈسٹری کے سب سے ذہین لوگوں میں سے ایک ہیں، اور میں ان کے ساتھ کام کرنے کو ترس رہا تھا، تب میں نے انہیں کال کیا اور کہا دیکھیے آپ کو میرے ساتھ اس فلم پر کام کرنا ہے، اور جب انہوں نے 'کل ہو نہ ہو' کی پہلی چار لائینیں لکھیں تو میں نے سوچا کہ او کے! میرے جینیس کی گھر واپسی ہو چکی ہے۔ اب میں ان کے علاوہ کسی اور کے ساتھ کام کرنے کے بارے میں سوچتا بھی نہیں۔

جب میں 'کچھ کچھ ہوتا ہے' لکھ رہا تھا، تب میں نیا تھا، کچھ زیادہ ہی خود اعتماد اور عجلت پسند تھا، لیکن آج میں پہلے سے زیادہ محتاط و سنجیدہ ہوں۔ آج ان کا مجھ پر بھروسہ ہے، میری جان پہچان کے دائرے میں جتنے لوگ ہیں، ان میں وہ سب سے عقلمند سب سے جینیس انسان ہیں۔ ان سے میرا اختلاف صرف فلم کے ٹائٹل کو لے کر ہی تھا اور میں اس پر ہی قائم رہنا چاہتا تھا۔ انہیں فلم کی اسکرپٹ پسند آئی تھی، ان کا کہنا تھا کہ مجھے زیادہ انٹینس ٹائٹل لینا چاہئے، میں نے کہا تھا کہ یہ ٹائٹل زباں زدِ خاص و عام ہونے جا رہا ہے اور ایسا ہی ہوا۔ جب ہم نے 'کل ہو نہ ہو' میں ساتھ کام کیا تب ایک لفظ بھی ایسا نہیں تھا جس پر ہم نے بحث کی ہو۔ ہم ایک دوسرے کو بہتر ڈھنگ سے سمجھ چکے تھے۔ جب جاوید سر کسی کے ساتھ کمفرٹ محسوس کریں، اس پر بھروسہ کریں، اسے پسند کریں، تو ماحول اچھے کام کے لیے کافی سازگار ہو جاتا ہے۔

لرکس رائٹنگ کے دنیا میں ان کا پہلا کام ہے 'سلسلہ'۔ 'دیکھا ایک خواب تو یہ سلسلے ہوئے'، 'پھول بھی ہوں درمیاں تو فاصلے ہوئے'۔ یہ ان کی سب سے بہترین چار لائینیں ہیں۔ یہ چار لائینیں سب کچھ کہہ گئیں۔ پیار، رومانس، دھوکا، بے وفائی، وہ اپنے مخصوص انداز اور لہجے میں کم لفظوں میں بھی بہت کچھ کہہ جاتے ہیں۔ وہ ہمیشہ دو، تین یا چار ڈائمنشنز میں لکھتے ہیں۔ وہ لکھتے تو اپنے مخصوص انداز میں ہیں لیکن ان کی لائینیں نغمہ نگاری پسند کرنے والے دنیا کے ہر شخص کو ایک دوسرے سے جوڑ دیتی ہیں۔

فلم پروڈیوسر-ڈائریکٹر کرن جوہر اور جاوید اختر

ہر گھڑی بدل رہی ہے روپ زندگی
چھاؤں ہے کبھی، کبھی ہے دھوپ زندگی
ہر پل یہاں جی بھر جیو
جو ہے سماں کل ہو نہ ہو
چاہے جو تمھیں پورے دل سے
ملتا ہے وہ مشکل سے
ایسا جو کوئی کہیں ہے
بس وہی سب سے حسیں ہے
اس ہاتھ کو تم تھام لو
وہ مہرباں کل ہو نہ ہو
ہر پل یہاں جی بھر جیو
جو ہے سماں کل ہو نہ ہو

سنگر: سونو نگم
موسیقی: شنکر احسان لائے

فلم: کل ہو نہ ہو

ڈائریکٹر: نکھل اڈوانی

۲۰۰۳

۷۳

یہ میری خوش نصیبی ہے کہ مجھے جاوید صاحب کے ساتھ کام کرنے کا موقع ملا ہے: شاہ رخ خان

جاوید سر کو میں تب سے جانتا ہوں، جب سے میں نے ممبئی میں قدم رکھا، میری جو ذہن سازی ہوئی ہے، خیالات تبدیل ہوئے ہیں، بہت ساری چیزیں جو میں نے سیکھی ہیں وہ جاوید سر سے سیکھی ہیں۔ جو لوگ ہندی سنیما میں اپنی قربانیاں دینے کا دعویٰ کرتے ہیں، جاوید اختر نے ان لوگوں سے کہیں زیادہ تعاون دیا ہے، قربانیاں دی ہیں۔ ان کے لکھے گانوں، مشوروں اور وقتاً فوقتاً ان سے تبادلۂ خیال نے بھی میری کامیابی میں اہم رول ادا کیا ہے۔ میں سنجیو کمار، بلراج ساہنی اور مدھوبالا جیسے اداکاروں کے ساتھ کام نہ کر پانے کی کمی محسوس کرتا ہوں اور میں یہ بھی مس کرتا ہوں کہ راج کپور یا کے آصف یا گرودت کو میں نے اسٹوڈیو میں نہیں دیکھا لیکن یہ میری خوش نصیبی ہے کہ جاوید سر کے ساتھ مجھے کام کرنے کا موقع ملا ہے۔

یش چوپڑا کے لیے اچھا گانا لکھنا آسان بھی تھا اور مشکل بھی

'ویر زارا' میں نے یش جی کے ساتھ کی تھی۔ مشعل کے بعد یش چوپڑا صاحب تو ان لوگوں میں سے تھے جو زبان کو سمجھتے تھے، شاعری کو سمجھتے تھے، اور زبان کی اور شاعری کی باریکیوں کو سمجھتے تھے۔ ان کے لیے اچھا گانا لکھنا بہت آسان بھی تھا اور بہت مشکل بھی۔ آسان اس لیے تھا کہ آپ ٹھیک لکھیں گے تو وہ بہ آسانی سمجھیں گے۔ اور مشکل اس لیے کہ اگر ذرا سا بھی آپ ٹھیک نہیں لکھیں گے تو بھی وہ سمجھ لیں گے کہ یہ غلطی ہے۔ ایسے لوگوں کے ساتھ کام کرنے میں مزہ آتا ہے اس لیے کہ آپ اپنے آپ کو کھینچتے ہیں، دکھاتے ہیں کہ ہم بہتر سے بہتر کیا کر سکتے ہیں، اس میں آپ کو بھی اپنے آپ کو مکمل طور پر ظاہر کرنے کا موقع ملتا ہے۔ ایک گانا تھا جو روپ کمار راٹھور اور لتا جی نے گایا تھا 'تیرے لیے' ان لوگوں کو بہت پسند آیا۔ اس گانے اور اس فلم کے بارے میں بہت عجیب بات یہ رہی کہ اس فلم کے میوزک ڈائریکٹر مدن موہن تھے جو اس دنیا سے برسوں پہلے جا چکے تھے۔

فلم 'میں ہوں نا' کے سیٹ پر جاوید اختر کے ساتھ شاہ رُخ خان (فلم سٹی، ممبئی ۲۰۰۴)

جانم دیکھ لو مٹ گئیں دوریاں

میں یہاں ہوں، یہاں ہوں یہاں ہوں، یہاں

کیسی سرحدیں کیسی مجبوریاں

میں یہاں ہوں، یہاں ہوں یہاں ہوں، یہاں

تم چھپا نہ سکوگی میں وہ راز ہوں

تم بھلا نہ سکوگی وہ انداز ہوں

گونجتا ہوں جو دل میں تو حیراں ہو کیوں

میں تمھارے ہی دل کی تو آواز ہوں

سن سکو تو سنو دھڑکنوں کی زباں

میں یہاں ہوں، یہاں ہوں یہاں ہوں، یہاں

سنگر: اُدِت نارائن

موسیقی: مدن موہن

فلم: ویرزارا

ڈائریکٹر: یش چوپڑا

۲۰۰۴

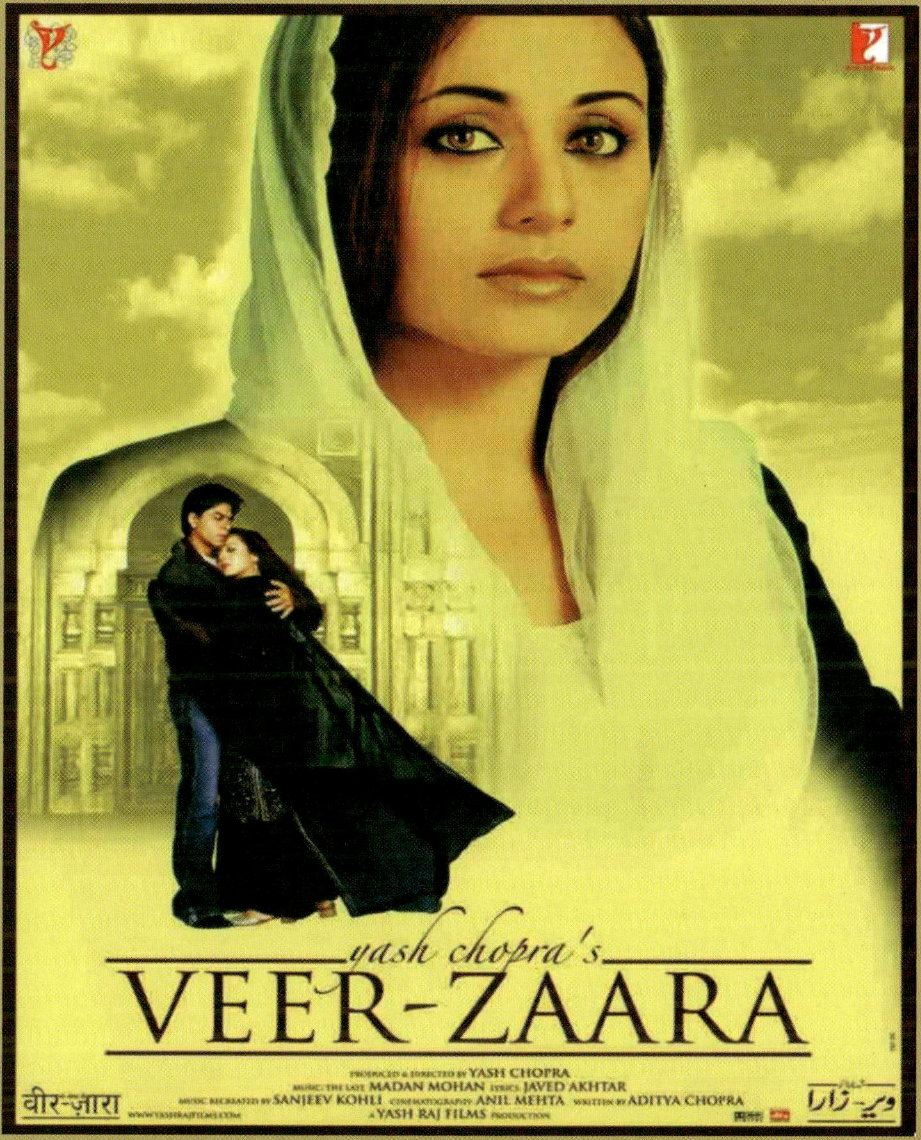

مدن موہن

برسوں بعد 'ویر زارا' میں کام آیا مدن موہن کا میوزک

ہندی سنیما میں غزل کی بات کی جائے تو، جو لوگ ہندی سنیما اور موسیقی کی تاریخ سے تھوڑا بہت بھی واقف ہیں، وہ سب سے پہلے جو نام لیں گے وہ نام ہے مدن موہن۔ مدن موہن نے فلمی سنگیت کی ایک لمبی پاری کھیلی او بہت ہی کامیاب اور یادگار گیت دیے۔ جیسے:

- آپ کی نظروں نے سمجھا پیار کے قابل مجھے (ان پڑھ)
- دو دل ٹوٹے دو دل ہارے (ہیر رانجھا)
- ہم ہیں متاعِ کوچہ و بازار کی طرح (دستک)
- آج سوچا تو آنسو بھر آئے (ہنستے زخم)

مدن موہن، کیفی اعظمی اور چیتن آنند، یہ ایک ایسی تثلیث تھی جس نے بہت ہی کمال کا کام ایک ساتھ کیا، جیسے:

- میں یہ سوچ کر اس کے در سے اٹھا تھا (حقیقت)
- میری دنیا میں تم آئیں کیا کیا اپنے ساتھ لیے (ہیر رانجھا)
- تم جو مل گئے ہو تو یہ لگتا ہے کہ جہاں مل گیا (ہنستے زخم)

مدن موہن صاحب کے ایک بیٹے ہیں سنجیو، ان کا ایک بڑا احسان ہے مجھ پر، وہ میں آپ کو بتاتا ہوں۔ ہوا یوں کہ ایک دن مجھے یش چوپڑا صاحب نے فون کیا اور ملاقات ہوئی تو کہنے لگے بھائی، یہ میں ایک پکچر بنا رہا ہوں، اس میں آپ کو گانے لکھنے ہیں، اور بہت گانے ہیں اس میں۔ میں نے پوچھا، کتنے گانے ہیں؟ یش جی نے کہا دس گانے ہیں، میں نے کہا ٹھیک ہے، لکھیں گے۔ میوزک ڈائریکٹر کون ہے؟ انہوں نے بتایا اس میں میوزک لے رہا ہوں مدن موہن کا۔ میں نے کہا کس کا میوزک لے رہے ہیں؟ کہنے لگے مدن موہن۔ میں نے کہا وہ کیسے ان کا تو انتقال ہو چکا؟ پھر انہوں نے بتایا دیکھیے یہ ان کے بیٹے ہیں سنجیو، ان کے پاس وہ کیسٹس اور وہ ٹیپس موجود ہیں جن پر مدن موہن نے اپنی دھن بنا کر رکارڈ کی تھی۔ اور یہ دھن ان کے پاس رکھی ہوئی ہے، اور یہ اتنی خوبصورت دھنیں ہیں کہ یہ تو بہت زیادتی ہوگی کہ یہ ٹیپ میں ہی رہ جائیں۔ میں نے درخواست کی ہے سنجیو سے۔ میں انہیں رکارڈ کرنا چاہتا ہوں۔ اور ان دھنوں پر آپ کو گانے لکھنے ہوں گے، میں نے کہا 'عزت افزائی' دیکھیے میں تو کبھی سوچ بھی نہیں سکتا تھا کہ میری قسمت یوں جاگے گی کہ کہاں وہ مدن موہن جو ہمیں چھوڑ کر چلے گئے، میں ان کی دھن پر گانے لکھوں گا۔

جگجیت سنگھ اور شیو-ہری کے ساتھ جاوید اختر

چلیں جیسے ہوائیں سنن سنن
اڑیں جیسے پرندے گگن گگن
جائیں تتلیاں جیسے چمن چمن
یونہی گھوموں میں بھی مگن مگن

میں دیوانی دل کی رانی
غم سے انجانی
کب ڈرتی ہوں
وہ کرتی ہوں جو ہے ٹھانی
چلیں جیسے ہوائیں...

سنگر: وسندھرا داس، کے کے
موسیقی: انو ملک

فلم: میں ہوں نا

ڈائریکٹر: فرح خان

۲۰۰۴

۷۵

جاوید انکل کا گھر ایک طرح سے ایف ٹی آئی آئی کی طرح تھا: فرح خان

فلم ڈائریکٹر اور کوریوگرافر فرح خان

تکنیکی اعتبار سے دیکھیں تو حقیقت میں جاوید سر میرے ایکس انکل ہیں۔ ان کی شادی ہنی آنٹی سے ہوئی تھی، جو میری ماں کی سگی چھوٹی بہن ہیں، تو وہ میرے موسہ یعنی خالو ہوئے۔ لیکن ایک وقت بعد ان کی شادی نہیں رہی، لیکن میں نے کبھی نہیں سوچا کہ وہ اب میرے انکل نہیں ہیں۔

ہنی آنٹی اور جاوید انکل کے بڑے بنگلے میں اسٹرگل کرتے ایکٹرز، میوزیشنز اور کیمرا مین بھی رہتے تھے۔ حقیقت میں یہ گھر ایک طرح سے ایف ٹی آئی آئی کی طرح تھا۔ دراصل میں کئی لوگوں کو جانتی ہوں چاہے وہ ستیش شاہ ہوں، یا امن کمار، یا بینجمن گیلانی یا پھر کمل جیت سنگھ وپنکج پراشر ہوں۔ کیونکہ میں ان سب سے جاوید انکل کے گھر پر بچپن میں ہی مل چکی تھی۔

اس میں کوئی شک نہیں کہ شعلے میری فیورٹ فلم ہے۔ اگر آپ میری فلم 'میں ہوں نا' دیکھیں تو اس میں شعلے فلم کو ڈھیروں ٹریبوٹ دیے ہیں۔ مجھے ان کی مجبور جیسی دوسری فلمیں بھی پسند ہیں وہ بہت اچھی سکرپٹ تھی، خاص طور پر جس کے ڈائیلاگ جاوید انکل کے لکھے ہوئے ہیں۔ لوگ آج بھی اس کے ڈائلاگ یاد کرتے ہیں گانے یاد کرتے ہیں۔ مجھے تو لگتا ہے اینگری ینگ مین اس وقت کا سب سے شاندار کریکٹر اور کریئشن ہے۔ ان کی اسکرپٹ میں نسائی کردار ہمیشہ طاقتور رہے ہیں۔ جاوید انکل عورتوں کو ان مکمل اور طاقتور لوگوں کے برابر ہی دیکھتے ہیں جن کا خود کا اپنا ایک نظریہ ہوتا ہے۔ میرے لیے وہ ہمیشہ جاوید انکل ہی ہیں، جب میں اپنی فلم کر رہی تھی تب اگر جاوید انکل گانے نہیں لکھ رہے ہوتے تو پھر یہ فلم بھی گانوں کے بغیر ہی بنی تھی۔ میں ان سے بہت جھگڑتی ہوں۔ لیکن جاوید انکل بہت کھلی ہوئی طبیعت اور ذہنیت کے مالک ہیں، کسی بھی موضوع پر اگر انہیں لگے کہ آپ صحیح ہیں تو آپ کی بات ماننے میں انہیں کوئی ایگو پرابلم نہیں، اگر آپ انہیں کچھ اچھا سجھائیں گے تو وہ یقینی طور پر اسے اپنائیں گے۔ وہ ایسے زندہ دل انسان ہیں جو بری سے بری سچویشن میں بھی ہنسی مذاق کا کوئی نہ کوئی پہلو ڈھونڈ ہی لیتے ہیں۔ ایک بار ہماری بحث صرف ایک لفظ کو لے کر ہوئی تھی۔ ان کے پسندیدہ لفظ ہیں دھرتی امبر۔ جسے بعد میں انہوں نے گگن لفظ سے بدلا تھا۔ میں جاوید انکل کے ساتھ کسی میوزک سیٹنگ میں بیٹھنا اور گانے لکھنے کے دوران ان کے ساتھ رہنا چاہتی ہوں۔ وہ ملک کے صف اول کے نغمہ نگاروں میں سے ایک ہیں۔ وہ جب گانے لکھتے ہیں تو وہ گانے کے بنیادی جذبے کو اس کی روح کو پکڑتے ہیں ان کے لیے گانے میں ایک سینٹرل پوائنٹ ہونا چاہیے۔ جیسے 'میں ہوں نا' یا 'کل ہو نہ ہو' انہوں نے بہت آسان زبان میں لکھا ہے لیکن اس میں بڑی گہرائی ہے۔ آپ کو لگے گا کہ آپ شاعری پڑھ رہے ہیں غزل پڑھ رہے ہیں لیکن یہ کمرشل گانے ہیں اور ہر کوئی انہیں سمجھتا ہے۔

وقت کے حساب سے 'ایک لڑکی کو دیکھا تو' نئی شیلی نئے انداز کا گانا ہے۔ انہوں نے میرے لیے 'راک قوالی' بھی لکھی۔ اگر مجھے تین سب سے دلچسپ انسان چننے ہوں تو ان تینوں میں جاوید انکل کا نام ضرور شامل ہوگا۔

جاوید اختر اور اے آر رحمان

۷۶

نر یٹو میں گیتوں کا پرفیکٹ استعمال: اے آر رحمان

ایک گیت گار کی حیثیت سے میرا یقین ہے کہ جاوید اختر نے نیریٹو میں گیتوں کا پرفیکٹ استعمال کیا ہے، ان کے پاس لفظوں کا ایک بڑا خزانہ ہے اور پھر بھی وہ الفاظ کے انتخاب میں بے انتہا محتاط رہتے ہیں۔ جاوید صاحب کے پاس گفتگو کرنے کا غیر معمولی سلیقہ ہے۔ بات چیت کو بے رنگ و بوجھل نہیں ہونے دیتے ،اور مسلسل دلچسپی بنائے رکھتے ہیں۔ ان میں خود کو ایکسپریس کرنے کی بھی لازوال صلاحیت ہے۔ گانے کی ریکارڈنگ کرتے وقت وہ بڑی آسانی سے جان جاتے ہیں کہ کون سا لفظ کام کر رہا ہے اور کس لفظ کو بدلنے کی ضرورت ہے۔ مثلاً ان کا گیت 'چندا رے چندا' کافی آسان ہوتے ہوئے بھی بہت مدُھر ہے۔

کہنے کو جشنِ بہاراں ہے
عشق یہ دیکھ کے حیراں ہے
پھول سے خوشبو خفا خفا ہے گلشن میں
چھُپا ہے کوئی رنگ فضا کی چلمن میں
سارے سہمے نظارے ہیں
سوئے سوئے وقت کے دھارے ہیں
اور دل میں کھوئی کھوئی سی باتیں ہیں
کہنے کو جشنِ بہاراں ہے

سنگر: جاوید علی
موسیقی: اے آر رحمان

فلم: جودھا اکبر

ڈائریکٹر: آشوتوش گوواریکر

۲۰۰۸

فرحان اختر، جاوید اختر، زویا اختر اور شبانہ اعظمی

"

'لارجر دین لائف' فلمیں دیکھنا چاہتا ہوں فرحان-زویا کی

مجھے اس بات کی بے حد خوشی ہے کہ فرحان اور زویا کے کام پر میری کوئی پرچھائیں نہیں ہے۔ ان کا اپنا رنگ ہے، اپنا انداز ہے وہ ٹوٹلی آریجنل ہیں۔ ان بچوں نے جو فلمیں بنائی ہیں وہ ان کی فلمیں ہیں، اپنے باپ کی فلموں سے بالکل الگ ہیں اور ایسا ہی ہونا چاہئے۔ بجائے اس کے کہ ہم اپنے بڑوں سے اتنے متاثر ہوجائیں کہ ان جیسے بننے کی کوشش کریں، ان سے بہتر کریں۔ بطور ڈائریکٹر اور رائٹر فی الحال میں ان پر تنقید تو نہیں کروں گا، لیکن میں ابھی ان کی بنائی ہوئی 'لارجر دین لائف' فلمیں دیکھنا چاہتا ہوں۔ میں چاہتا ہوں کہ 'میگنم اوپس' جسے کہتے ہیں وہاں سے دکھائیں یہ اپنی فلمیں۔

باپ بیٹے: جاوید اختر اور فرحان اختر

۷۸

گفتگو (جاوید اختر کے ساتھ اروند منڈلوئی)

زویا اور فرحان کی اپنی آواز ہے، اپنی پہچان ہے

رکشابندھن کے موقع پر زویا اور فرحان

آج فرحان اور زویا بہت کامیاب ہیں، آپ ان کی کامیابی کو کس طرح دیکھتے ہیں؟ ایک باپ کی حیثیت سے تو آپ یقیناً خوش ہوں گے، لیکن سینما کو جاننے، سمجھنے اور اس کا گہرا شعور رکھنے والے شخص کی حیثیت سے آپ ان کا تجزیہ کس انداز سے کرتے ہیں؟

میں ان کی کامیابی پر بہت خوش ہوں، اور یہ کسی بھی باپ کے لئے خوشی کی بات ہوتی ہے کہ اس کے بچّے کامیاب ہوں، لیکن مجھے ایک اور بھی بات کی خوشی ہے کہ وہ دونوں اپنی آواز ہیں میری بازیافت یا میری گونج نہیں۔ عام طور سے کیا ہوتا ہے کہ جب بچے اس لائن میں آتے ہیں فلمیں بناتے ہیں، تو وہ ایسی فلمیں بنانے کی کوشش کرتے ہیں جیسی ان کے باپ نے بنائی ہیں۔ وہی اسٹائل اپنانے کی کوشش کرتے ہیں، اس کی میں بہت سی مثالیں دے سکتا ہوں۔ لیکن اہم بات یہ ہے کہ ان دونوں میں ایک بھی ایسی بات نہیں ہے، چاہے وہ فرحان کی پہلی فلم ہو 'دل چاہتا ہے' یا زویا کی پہلی فلم ہو 'لک بائی چانس' یا اس کے بعد کی ان کی جو فلمیں ہیں۔ زویا کی جتنی بھی فلمیں آپ دیکھیں گے ان پر کہیں آپ کو میرے کام کا سایہ نہیں دکھائی دیگا۔ ان دونوں کی اپنی آواز ہے اپنی پہچان ہے دوسرا یہ کہ انھوں نے کامیابی کے لیے کبھی

ماں ہنی ایرانی کے ساتھ زویا اور فرحان

سمجھوتہ نہیں کیا جیسے کبھی کوئی ولگر گانا بھی اپنی فلم میں ڈال دینا، یا کوئی بیہودہ ڈائیلاگ، آف سین ڈائیلاگ ڈال دینا، کوئی ناگوار و نازیبا چیز اس لئے رکھ دیں کہ یہ پبلک کو اچھی لگے گی۔ انہوں نے ایک خاص معیار متعین کر کے اس کو قائم رکھا ہے۔ ان کی پکچر وہ چاہے کتنی چلی ہو، کتنی نہیں چلی ہو، وہ بعد کی بات ہے، لیکن اس کا ایک مخصوص کلاس ہے۔ اس میں ایک شائستگی ہے جو کہ اپنے آپ میں بہت بڑی بات ہے۔ مجھے آج کے دور میں، جب لوگ اس حد تک ڈسپریٹ ہیں کہ کسی بھی طرح فلم چل جائے، کچھ بھی ڈائیلاگ ہوں، کیسا بھی گانا ہو، کیسا بھی ناچ ہو، مگر چل جائے۔ یہ گھبراہٹ اور یہ بے چینی اور یہ بے تابی اور لالچ مجھے اپنے بچوں کے کام میں نہیں دکھائی دیتے، اس بات کی مجھے بے انتہا خوشی ہے۔

آپ زویا اور فرحان کو کیا میسج دینا چاہیں گے؟ زندگی کا ایسا کون سا تجربہ ہے جو آپ انہیں بتانا چاہیں گے؟

میں انہیں کوئی میسج نہیں دینا چاہوں گا، اس لیے کہ مجھے ایسا لگتا نہیں ہے کہ انہیں میرے کسی میسج کی اب کوئی ضرورت ہے۔ میں محسوس بھی کرتا ہوں اور اعتراف بھی کرتا ہوں کہ وہ دونوں مجھ سے بہتر انسان ہیں۔ ان کو زندگی نے بہت سی سہولیات، بہت سی آسائشیں دی ہیں لیکن اہم بات یہ ہے کہ ان سہولیات اور آسائشوں نے انہیں بگاڑا نہیں، گمراہ نہیں کیا، بلکہ بہتر انسان بنایا ہے۔ اور مجھے ان دونوں پر بہت ناز ہے۔ سچ بات تو یہ ہے کہ کبھی کبھار چپکے سے انہیں بتائے بنا بھی میں ان سے کچھ سیکھ لیتا ہوں۔

ایک فلم میکر کی شکل میں آپ زویا کو اور ان کے پورے کام کو کس انداز سے دیکھتے ہیں؟

دیکھئے میں خود رائٹر ہوں تو سب سے پہلے میرا دھیان رائٹنگ کی طرف جاتا ہے اور اس کے بعد فلم ڈائریکشن اور دوسری سمتوں اور پہلوؤں کی طرف جائے گا۔ ایک رائٹر کی حیثیت سے میں اس کی بہت عزت کرتا ہوں، میں سمجھتا ہوں کہ وہ بہت اچھا لکھتی ہے، بہت ہی اچھی رائٹر ہے۔ زویا ہندی سنیما میں ایک ایسے پہلو، ایسی چیز کو لے کر سامنے آئی ہے جو اس سے پہلے نظر نہیں آتی، جسے کہتے ہیں کردار کی تہداری یعنی اوپر اوپر سے جو کردار ہے وہ تو ہے ہی، لیکن اس کے اندر کیا ہے اور اس کے نیچے کیا ہے۔ اور اس کی جو تہہ داری ہے وہ بتاتی ہے کردار کے اس پوشیدہ پہلو کے بارے میں جسے اجاگر کرنا ہر قلمکار کے بس کی بات نہیں۔ دوسری اہم بات یہ کہ وہ کسی کردار سے نفرت نہیں کرتی، اس کے یہاں ویلن نہیں ہوتے، اس کے یہاں جو خراب آدمی بھی ہے، جسے ہم سمجھ رہے ہیں خراب آدمی، وہ اس کی بھی شخصیت کا ایک روشن پہلو اجاگر کر دیتی ہے کہ دیکھو بھائی اس کا بھی کیا قصور ہے، یہ کن حالات میں پلا بڑھا ہے، اس کے ساتھ کیا سلوک ہوا ہے، تو کیا اس کو ایسا نہیں ہونا چاہئے؟ وہ اس خراب انسان کو بھی خاص انداز سے پیش کرتی ہے، اس انسان کے لیے بھی ایک ہمدردی کا جذبہ ملتا ہے۔ مثال کے طور پر 'دل دھڑکنے دو میں' انل کپور کا کردار اس کی مثال ہے۔ اگر یہ فلم کسی عام فلم میکر نے بنائی ہوتی تو وہ انل کپور کو ایک سخت، مطلبی یا موقع پرست باپ بنا دیتا کہ صاحب وہ بچوں کو بھی اپنے مقصد کے لئے استعمال کر رہا ہے اور بیٹے کی شادی بھی اس لیے کرنا چاہتا ہے کہ بزنس میں فائدہ ہو جائے گا، اور بڑا مطلب پرست اور چالاک آدمی ہے، لیکن اس نے ایسا نہیں کیا، یہ سارے کام وہ خراب آدمی کر رہا ہے لیکن اس آدمی سے آپ کو ایک ہمدردی بھی ہوتی ہے کہ یہ بھی کیا کرے، اس کے بھی تو اپنے مسائل ہیں، مقاصد ہیں۔ تو زویا کے اندر ہر انسان کو ہمدردی و نرمی سے دیکھنے کی جو خوبی ہے وہ بہت بڑی بات ہے۔

ایسا کون سا لمحہ ہے جسے آپ زویا کے ساتھ شیئر کرتے ہوئے بڑے جذباتی بھی ہوئے اور آپ کو بہت خوشی بھی ہوئی؟

ایسے بہت سے لمحے ہوں گے، کیا کہوں، میں اپنی بیٹی پر بہت ناز کرتا ہوں، مجھے وہ بہت پسند ہے اور میرے دل میں اس کے لیے محبت تو بہت ہے لیکن عزت بھی بہت ہے، 'آئی رسپیکٹ ہر' یہ اس لیے ہے کہ مجھے ایسا لگتا ہے کہ وہ اپنے کام میں بہت ایماندار، بہت سچی ہے، اپنے ماں باپ اور سبھی رشتوں کے ساتھ بہت مخلص ہے اور اس کا دل ان جذبات و احساسات سے بھرا ہوا ہے جو کسی شخص کو ایک مکمل انسان بناتے ہیں۔

آپ کے ذہن میں فرحان صاحب سے جڑی ان کے بچپن کی کون سی یادیں ہیں جنہیں آپ پھر یاد کرنا چاہیں گے؟

ایسی بہت ساری یادیں ہیں جن کی بازیافت کے ساتھ ماحول خوشگوار ہوجاتا ہے۔فرحان جو ہے وہ بہت ہی دلچسپ بچہ تھا۔ اس لیے مجھے اس کی بہت کہانیاں یاد ہیں، میرے خیال میں وہ چار یا پانچ سال کا تھا، میں بیڈ پر لیٹا ہوا تھا، وہ میرے پاس بیٹھا ہوا تھا اور اپنے دونوں ہاتھ میرے سینے پر رکھے ہوئے مجھ سے بات کر رہا تھا ، میں نے اس سے پوچھا، کہ فرحان ایک بات بتاؤ، کہ جب میں بوڑھا ہوجاؤں گا تو پھر تو میں کام کر نہیں پاؤں گا، پھر تم میرا خیال رکھو گے؟ تو اس نے کہا ہاں بالکل آف کورس۔ میں نے کہا کہ کیا کرو گے تم میرے لیے، تب میں سگریٹ پیا کرتا تھا۔ تو اس نے کہا' میں آپ کے لئے سگریٹ لاؤں گا' میں نے کہا کہ سگریٹ کہاں سے لاؤ گے، پیسے کہاں سے لاؤ گے، تو کہنے لگا میں ممی سے لے لوں گا پیسے، میں نے کہا' مگر ممی کو تو پیسے میں دیتا ہوں، پھر جب میں کام ہی نہیں کر رہا ہوں گا تو ممی کے پاس بھی پیسے نہیں ہوں گے پھر کیا کرو گے؟ تو اس نے ایک سیکنڈ سوچا اور پھر وہ لپٹ گیا مجھ سے 'پاپا بوڑھے مت ہونا پلیز' میں نے ایک مرتبہ کہیں یہ قصہ لکھا تھا فرحان کے بارے میں اور ساتھ میں میں نے یہ بھی لکھا تھا کہ فرحان مجھ سے جس طرح کی فلموں میں گانے لکھواتا ہے جیسے 'دل چاہتا ہے'، اصل میں اس کے پیچھے سازش ہے اور سازش یہ ہے کہ وہ اس طرح کے گانے لکھوا کر یہ چاہتا ہے کہ میں بوڑھا نہ ہوجاؤں، اس لیے کہ میں بوڑھا ہوگیا تو میری ذمہ داری اس پر آجائے گی تو وہ ایسے ہی گانے لکھواتا رہتا ہے مجھ سے، جس سے میں خود کو جوان محسوس کرتا رہوں۔

آپ کو اس بات کا احساس کب ہوا کہ فرحان آپ کی اور آپ کے خاندان کی اس ادبی۔تہذیبی آرٹ اور کلچر سے جڑی روایت کو آگے بڑھائیں گے اس وراثت کو سنبھالیں گے جو آپ کے خاندان کا امتیاز ہے؟

دیکھیے سب سے پہلی روایت تو ہمارے خاندان کی یہ رہی ہے کہ ہمارے یہاں بیٹے کو نالائق سمجھا جاتا ہے۔میرے فادر کو ان کے فادر نالائق سمجھتے تھے اور میرے فادر مجھے نالائق سمجھتے تھے اور میں بھی کافی دن تک فرحان کو نالائق سمجھتا تھا۔ بہت زمانے تک مجھے فرحان کے بارے میں یہ فکر رہتی تھی کہ یہ لڑکا کچھ کرے گا بھی کہ نہیں۔ لیکن دیکھیے اس نے کیسا مجھے حیران کر دیا، اور غلط ثابت کر دیا جس کی مجھے بے حد خوشی ہے۔

ایک اسکرپٹ رائٹر کے طور پر، ایک ایکٹر کے لحاظ سے، ایک فلم میکر کی شکل میں یا ایک شاعر کی حیثیت سے، فرحان اختر کی شخصیت کا کون سا پہلو آپ کو زیادہ مطمئن اور متاثر کرتا ہے؟

دیکھیے میں بہت آبجیکٹو آدمی ہوں، مجھے اگر اپنی پکچر کے گانے نہیں پسند آتے یا کوئی گانا نہیں پسند آیا تو میں اسے کبھی دوبارہ سنتا ہی نہیں۔ مجھے کوئی اپنی لکھی اسکرپٹ نہ پسند آئے تو میں پکچر کو دوبارہ نہیں دیکھوں گا، لیکن میں فرحان کے بارے میں یہ ضرور کہوں گا کہ جو اس کی پہلی فلم تھی 'دل چاہتا ہے' وہ ایک پاتھ بریکنگ فلم تھی، وہ اپنے انداز کی پہلی فلم تھی جس نے بہت سی فلموں پر اثر ڈالا ہے۔ اس کے بعد بہت ساری فلموں کا کچھ انداز، اسٹائل اور کلاس چینج ہوگیا۔ یہ تو ایک بہت بڑا کارنامہ ہے کہ اس نے کامیابی حاصل کی، اور اصل کارنامہ یہ ہے کہ نہ صرف کامیابی حاصل کی بلکہ کامیابی ایسا کام کر کے حاصل کی ہے کہ بڑے بڑے قومی سطح کے اخبارات میں اس فلم پر اداریے لکھے گئے۔ اس پر تبصرے اور تجزیے کئے گئے، تو یہ کوئی معمولی اچیومنٹ نہیں ہے بڑی بات ہے۔ ایک ایکٹر کی شکل میں فرحان کو میں بہت پسند کرتا ہوں' میری دانست میں فرحان بہت اچھے اداکار بھی ہیں اور مکالمہ نگار بھی'۔

اپنے بچوں کو بڑی آزادی دی ہے آپ نے اور بڑی کشادہ ذہنیت کے ساتھ ان کی پرورش کی ہے۔ آپ کو کب یہ احساس ہوا کہ یہ بچے اب میرے دوست ہو گئے ہیں؟

شروع سے ہی میرا بچوں سے ایک ٹریڈیشنل باپ کا

رشتہ نہیں رہا، اور ان سے محبت سے اور بے تکلفی سے بات ہوتی رہی۔ خاص طور سے فرحان کا معاملہ یہ ہے کہ اس کا سینس آف ہیومر زبردست ہے، وہ ایک سے ایک قصے، لطیفے اور باتیں بتاتا رہتا ہے اور میں بھی پھر جواب میں کوشش کرتا ہوں کہ ایسا مت سمجھ لینا بیٹا کہ صرف تمہارے پاس ہی سینس آف ہیومر ہے۔ تو ہم لوگ ملتے ہیں تو اس انداز کی باتیں بھی کرتے ہیں۔ ان تمام باتوں کے باوجود بھی میں ان لوگوں کے ذاتی تشخص، ان کی انفرادیت، ان کے ذاتی نظریات کا، ان کی رائے ان کے خیال اور ان کی سوچ کا بہت احترام کرتا ہوں، عزت کرتا ہوں۔ یہ بچّے بہت صاف ستھرے کھلے ڈھلے، نفرت و نفاق سے پاک ماحول میں پلے بڑھے ہیں اور آج جو ان کا خیال ہے اس میں فرقہ پرستی جیسے عناصر کا تصور بھی نہیں کیا جا سکتا ہے، یعنی انہیں کبھی ایسی بات بتائی ہی نہیں گئی، دکھائی ہی نہیں گئی ہے جس سے ذہن پراگندہ ہو یا دل و دماغ پر انسانی قدروں کے حوالے سے منفی اثرات مرتب ہوں۔ مجھے یاد ہے کہ جب فرحان نو، دس سال کا تھا اسے کرکٹ میچ دیکھنے کا بہت شوق تھا، تو پہلے یہ ٹی وی کے اوپر ترنگے لگاتا تھا اور پھر ایک ترنگا ہاتھ میں لے کر ہی میچ دیکھتا تھا۔ تو ایسے بچے پر جو اس طرح بڑا ہوا ہو، جب لوگ کوئی الزام لگاتے ہیں تو مجھے دکھ ہوتا ہے اور میں اس سے یہی کہتا ہوں کہ پاگل لوگ ہیں، تم ان کی بات کو کبھی دل پر مت لگانا، دنیا میں بہت اچھے اچھے لوگ ہیں اور ہمارا ملک جو ہے بہت اچھے لوگوں کا ملک ہے۔

جب فرحان اور زویا کو لگاتار آگے بڑھتے ہوئے، ترقی کرتے ہوئے دیکھتے ہیں تو ایک باپ کی نہیں بلکہ فلمی دنیا کے ایک منجھے ہوئے تجربے کار شخص کی حیثیت سے ان کے کام اور کامیابی کے بارے میں کیا سوچتے ہیں؟

دیکھیے ان کے کام اور کامیابی سے متعلقہ کسی قسم کا اظہار ابھی قبل از وقت کہلائے گا، یہ مناسب نہیں ہے، یہ فیصلہ ابھی نہیں کیا جا سکتا ہے۔ یہ لوگ تو ابھی شروع ہوئے ہیں، ٹھیک ہے انہوں نے کئی اچھّی فلمیں بنائی ہیں لیکن ان کا اثر کب تک رہے گا اور آگے کیا ہوگا اس بارے میں کچھ کہنا، کوئی فیصلہ کرنا بہت جلد بازی ہوگی۔ یہ ضرور ہے کہ جیسے 'دل چاہتا ہے' یا ابھی جو زویا کی فلم آئی ہے 'گلی بوائے' ان فلموں نے دوسرے ینگ فلم سازوں کے سامنے ایک خاص پیمانہ خاص معیار سیٹ کیا ہے۔ آج ایک سے ایک کام کرنے والے لوگ موجود ہیں، بہت اچھا کام کر رہے ہیں، نئے لڑکے لڑکیاں۔ یہ کوئی اکیلے نہیں ہیں، اتنا میں کہہ سکتا ہوں کہ 'دل چاہتا ہے' کا بہت لوگوں پر اثر پڑا اور ینگ فلم میکرز نے اپنا انداز، تکنیک، پروڈکشن اسٹائل اور پیشکش کے انداز کو بہت تبدیل کیا ہے۔ فرحان نے اپنی فلم 'لکشے' کی شوٹنگ آئی ایم اے دہرادون میں کی تھی، ابھی تین سال پہلے وہاں اسے 'اینول کی نوٹ لیکچر' دینے بلایا تھا، اس ہال میں تقریباً ۹۰۰ نوجوان لڑکے تھے جو آرمی کے آفیسرز ہونے والے تھے۔ ان سے جب پوچھا گیا کہ تم میں سے کتنوں نے انڈین آرمی جوائن کرنے کا فیصلہ 'لکشے' کو دیکھ کر کیا تو تقریباً ۷۵ پرسنٹ ہاتھ اٹھ گئے۔ جب فرحان نے یہ قصہ مجھے بتایا تو اس کی آنکھوں میں آنسو آ گئے تھے۔

دل چاہتا ہے

کبھی نہ بیتیں چمکیلے دن

ہم نہ رہیں کبھی یاروں کے بن

دن دن بھر ہوں پیاری باتیں

جھومیں شامیں، گائیں راتیں

مستی میں رہے ڈوبا ڈوبا ہمیشہ سماں

ہم کو راہوں میں یونہی ملتی رہیں خوشیاں

دل چاہتا ہے

جگمگاتے ہیں جھلملاتے ہیں اپنے راستے

یہ خوشی رہے روشنی رہے اپنے واسطے

دل چاہتا ہے ...

سنگر: شنکر مہادیون

میوزک: شنکر احسان لائے

فلم: دل چاہتا ہے

ڈائریکٹر: فرحان اختر

۲۰۰۱

صاحب بنانے والے نے تو
ایک دھرتی بنائی تھی...
پر انسان کے لالچ نے
اس پر لوہے اور بارود کی
لکیریں کھینچ دیں۔

(صوبہ دار میجر پریتم سنگھ کے کردار میں اوم پوری)

فلم: لکشے

ڈائریکٹر: فرحان اختر

۲۰۰۴

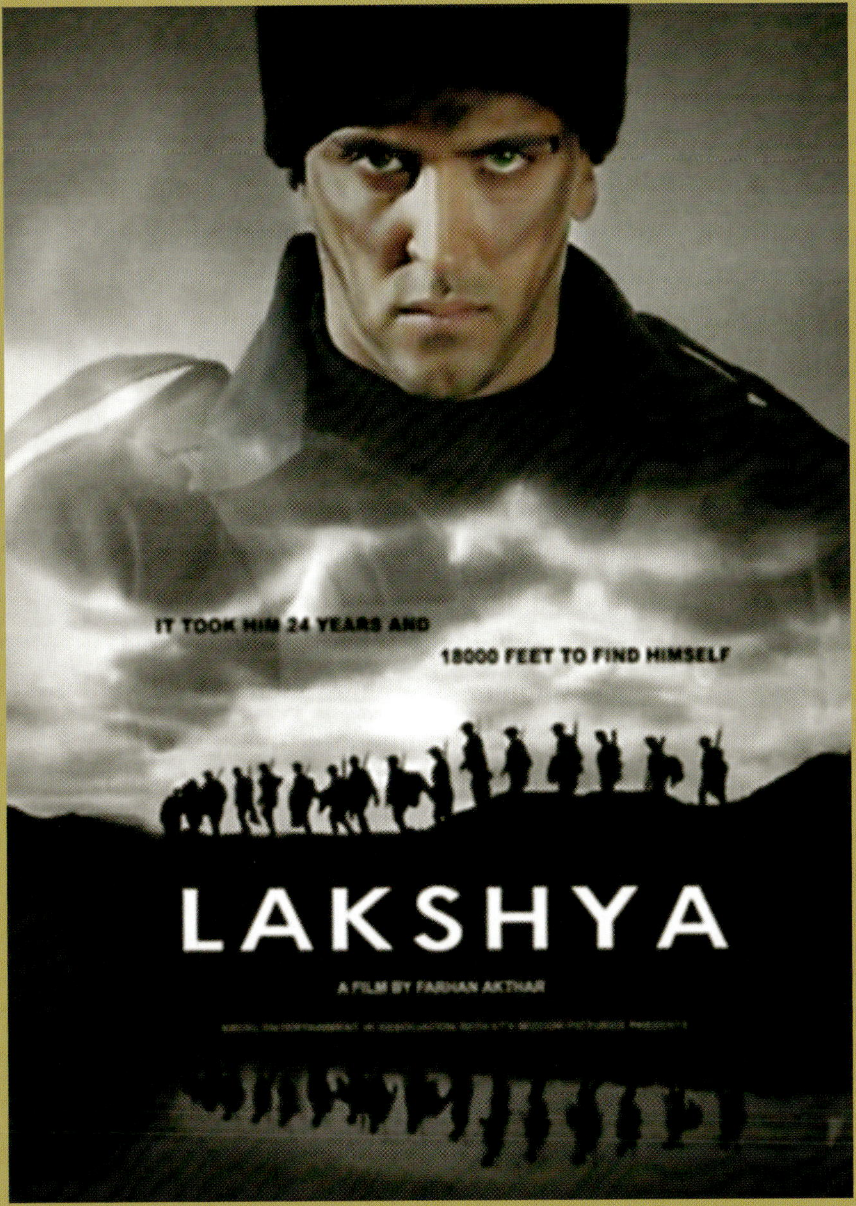

تم ہو تو گاتا ہے دل، تم نہیں تو گیت کہاں؟
تم ہو تو ہے سب حاصل، تم نہیں تو کیا ہے یہاں؟
تم ہو تو ہے سپنوں کے جیسا حسیں ایک سماں
جو تم ہو تو یہ لگتا ہے کہ مل گئی ہر خوشی
جو تم نہ ہو یہ لگتا ہے کہ ہر خوشی میں ہے کمی
تم کو ہے مانگتی یہ زندگی
تم ہو تو راہیں بھی ہیں، تم نہیں تو رستے کہاں
تم ہو تو یہاں سب ہی ہیں، تم نہیں تو کون یہاں
تم ہو تو ہے ہر اک پل مہرباں یہ جہاں
جو تم ہو تو ہوا میں بھی محبتوں کا رنگ ہے
جو تم نہ ہو تو پھر کوئی نہ جوش نہ امنگ ہے
تم ملے تو ملی یہ زندگی...

سنگر: فرحان اختر
میوزک: شنکر احسان لائے

فلم: دل دھڑکنے دو

ڈائریکٹر: زویا اختر

۲۰۱۵

آسماں ہے نیلا کیوں
پانی گیلا گیلا کیوں
گول کیوں ہے زمیں
سلک میں ہے نرمی کیوں
آگ میں ہے گرمی کیوں
دو اور دو پانچ کیوں نہیں
پیڑ ہو گئے کم کیوں
تین ہیں یہ موسم کیوں
چاند دو کیوں نہیں
دنیا میں ہے جنگ کیوں
ہے بہتا لال رنگ کیوں
سرحدیں ہیں کیوں ہر کہیں
سوچا ہے یہ تم نے کیا کبھی
سوچا ہے کہ ہے یہ کیا سبھی
سوچا نہیں تو سوچو ابھی...

سنگر: فرحان اختر
میوزک: شنکر احسان لائے

فلم: راک آن

ڈائریکٹر: ابھیشیک کپور

۲۰۰۸

۷۹

گفتگو
(زویا اختر کے ساتھ اروند منڈلوئی)

میرے فادر نے کبھی مجھ سے نہیں کہا کہ لڑکی ہو تو تم ایسے رہو یا ویسے رہو.....: زویا اختر

آپ کے مطابق وہ کون سی باتیں ہیں جو جاوید صاحب کو جاوید صاحب بناتی ہیں؟

مجھے لگتا ہے یہ ان کا سینس آف فیئرنیس، ان کی ایکویلٹی کی سوچ ہے، جب فرحان اور میں پیدا ہوئے تھے، جب ہم گرو اَپ کر رہے تھے، فرحان مجھ سے ایک سال چھوٹے تھے، تو ہم اس وقت ٹوینز کی طرح ہی رہتے تھے، میں نے کبھی کوئی فرق محسوس نہیں کیا۔ مجھے نہیں پتہ تھا کہ میری مدر کی فیملی پارسی ہے جو بہت ہی لبرل ہے، کالج میں بھی مجھے فرحان سے زیادہ آزادی تھی، جب میں اپنے دوستوں سے ملتی تھی اور پھر پتہ چلتا تھا کہ لڑکیوں کو باہر جانا الاؤڈ نہیں تو یہ میرے لیے شاک لگنے جیسا تھا، میرے فادر نے مجھے کبھی ایسے دیکھا ہی نہیں، کبھی مجھ سے نہیں کہا کہ لڑکی ہو تم تو ایسے رہو یا ویسے رہو کبھی نہیں۔

جب آپ بڑے ہو رہے تھے اس وقت جاوید صاحب کی شخصیت میں ایک فادر کی حیثیت سے کیا تبدیلیاں محسوس کیں؟

ٹین ایج میں آپ ایک دم ریبلیس ہوتے ہیں، آپ کے مزاج میں بغاوت سر اٹھانے لگتی ہے، تو میں ان کے ساتھ بہت لڑتی تھی کیونکہ مجھے یہ کرنا تھا، وہ کرنا تھا، مجھے کالج چھوڑنا تھا، مجھے نہیں پڑھنا تھا وغیرہ وغیرہ۔ ایک ہی بار انہوں نے مجھ سے کہا کہ تم جو کرنا چاہو کرو میں تمہاری لائف میں انٹرفیر نہیں کروں گا لیکن یہ میری ذمہ داری ہے کہ آپ ایجوکیٹڈ ہوں۔ اس کے بعد میں فلم اسٹڈی کرنے چلی گئی، اور ابھی دیکھتی ہوں تو بولتی ہوں 'تھینک یو ویری مچ' کیونکہ میرے کام میں میری رائٹنگ میں یہ سب میرے بہت کام آیا، پھر اس کے بعد جب ہم کام شروع کرنے لگے تو کیریر چننے میں ان سے بہت گائیڈنس ملی اور اب مجھے لگتا ہے اب ہم دوست ہیں، اب اتنے پیرنٹ اور چائلڈ نہیں ہیں بلکہ اب برابر دوست ہیں، اب ایک دوسرے کو کچھ بھی بول سکتے ہیں۔

جاوید صاحب کے ساتھ وہ کون سا پراؤڈ مومنٹ ہے جو آپ کو یاد ہے؟

میری فلم 'زندگی نہ ملے گی دوبارہ' کا جب وہ پہلی بار رف کٹ دیکھ رہے تھے تو انہوں نے میری مدد کی تھی۔ انہوں نے چھ بار دیکھا تھا اسے، ان کو بہت اچھا لگا تھا۔ 'دل دھڑکنے دو' کا بھی جب انہوں نے رف کٹ دیکھا تو اسے بھی انہوں نے بہت پسند کیا تھا۔ ایسے بہت سے لمحے ہیں جو میرے وجود واحساس کو روشن کر دیتے ہیں۔

جاوید صاحب کی زندگی کی ایسی کوئی بات جو ہم میں سے کسی کو بھی نہیں پتہ ہو، شاید ان کے دوستوں کو بھی نہیں لیکن ایک بیٹی ہونے کی وجہ سے آپ کو معلوم ہو۔

ہاں ان کو کتّوں سے بہت ڈر لگتا ہے، کتوں سے ڈرتے ہیں لیکن میرے کتوں سے نہیں، اور میرے کتے بھی ان کو پہچانتے ہیں۔ میری ماں کے پاس تو دو 'ڈابرمین' تھے اور تب ہم چھوٹے تھے۔ تو ایک بار وہ کہیں باہر سے لوٹے تو وہ گھر کے اندر نہیں آسکتے تھے، پھر فرحان اور مجھے ڈوگز کو پکڑنے جانا پڑا تھا جس کے بعد ہی وہ گھر میں آئے۔

اور کوئی خاص بات؟

ہاں ہاں، ان کی اسکن ۷۵ سال میں بھی کتنی ٹائٹ اور ہیلدی ہے، فرحان اور میں امید کرتے ہیں کہ ہم نے ان سے انہیرٹ کی ہو، یہ خوبی ہمیں ان کی یہ خوبی بھی وراثت میں ملی ہو تو ہمارے چہروں پر بھی جھریاں نہیں پڑیں گی۔ فرحان اور مجھے دونوں کو ان کی اولاد ہونے پر بے انتہا فخر ہے۔ ہماری دعا بھی ہے اور تمنّا بھی کہ خدا ان کو صحت مند رکھے اور وہ یونہی لکھتے رہیں۔

زویا اور جاوید اختر

ایک فلم میکر کی نظر سے آپ جاوید اختر کے کام کو کیسے دیکھتی ہیں؟

میں سلیم -جاوید پر ڈاکیومینٹری بنانا چاہتی ہوں۔ کیونکہ ایسا کبھی ان کے پہلے اور ان کے بعد ہوا ہی نہیں ہے کہ رائٹرز آئے ہوں اور انہوں نے ۱۱ سال تک ایک ساتھ کام کیا ہو۔ ان لوگوں نے ۲۴ فلمیں کی ہیں، ان میں سے ۲۲ فلمیں بلاک بسٹرز رہی ہیں۔ ان کا پرائس، لیڈ ایکٹرز سے تھوڑا زیادہ تھا، یہ انڈسٹری میں کبھی پہلے ہوا نہیں تھا، ان کی وجہ سے رائٹرز کا نام پوسٹرز پر آنا شروع ہوا تھا۔ 'ایچ ایم وی' ان کے ڈائیلاگ کے ریکارڈز بناتے تھے، ان کا ایک بہت ہی خاص کمبینیشن تھا، وہ جو دیش میں سماجی و سیاسی اتھل پتھل تھی، وہ جو کنٹری کا موڈ تھا، آدمی کا موڈ تھا، اس کو لے کر جو کریکٹر بنایا تھا وہ ایک 'لارجر دین لائف' بالی وڈ کریکٹر تھا جو ریالٹی اور فینٹسی کا ایک مکس تھا۔ میری جنریشن کے تو سارے فلم میکرز ہی ان کی فلمیں دیکھتے ہوئے بڑے ہوئے، تو امپریشن تو بہت ہے۔ ان کی فلمیں بہت سیکولر تھیں، دوسرے جو مجھے یونیک لگتا ہے وہ ہے سلیم -جاوید کے ڈائیلاگ۔ ۴۵ سالوں بعد ہم وہ ڈائلاگ ابھی بھی اشتہاروں میں دیکھتے ہیں، عام طور پر چلتے پھرتے سن لیتے ہیں، ابھی بھی انہیں فلم میں ریپیٹ ہوتے دیکھ لیتے ہیں۔ مطلب جو پوپ کلچر پر اس کی چھاپ پڑی ہے وہ گئی نہیں ہے امر ہوگئی ہے۔ اور نہ صرف شعلے کے ڈائیلاگ بلکہ دیوار کا ڈائیلاگ 'میرے پاس ماں ہے' اس کے میمز ابھی بھی ہماری ڈیجیٹل ایج میں بھی بن رہے ہیں۔ تو یہ میرے لیے فیسینیٹنگ ہے، قابلِ فخر ہے جو مجھے کسی اور رائٹر کے یہاں نظر نہیں آتا ہے۔

آپ کے پیرنٹس کا جو آپسی رشتہ تھا اور جب وہ دونوں الگ ہوئے تو ایک چائلڈ کے طور پر، ایک لڑکی ہونے کے ناطے، آپ کی مکمل زندگی پر اس علیحدگی کا کیا اثر پڑا؟

دیکھو! اثر تو پڑتا ہے۔ میرے پیرنٹ بہت ینگ تھے، جب انہوں نے شادی کی تھی، میری مدر ۱۸ سال کی اور فادر ۲۵ سال کے تھے، تو دس سال کے بعد یا کچھ کم زیادہ وقت رہا ہو، جب یہ ریلیشن کام نہیں کر رہا تھا۔ تب ان لوگوں نے بہت ہی مناسب اور میچیورڈ سیزن لیا تھا۔ لیکن ۷۰ کی دہائی کے اس دور میں فلم انڈسٹری میں ہونے والے ڈِوارس (طلاق) کو اسکولوں میں تھوڑا اوئرڈلی، آئی مین، ناپسندیدگی کی نگاہ سے دیکھا جاتا تھا، لوگ بات کرتے رہتے تھے کہ صرف فلم انڈسٹری کے بچے ہی ڈیوارس والے ہوتے ہیں لیکن ابھی تو یہ سب بہت کامن ہے، تو وہ بہت مناسب رہا اور اچھی بات یہ رہی کہ کبھی بھی میری ماں نے ان کے بارے میں کچھ نہیں کہا، اور انہوں نے میری ماں کے بارے میں کچھ نہیں کہا ... کبھی نہیں ...

دوراہا

اپنی بیٹی زویا کے نام

یہ جیون اک راہ نہیں
اک دوراہا ہے
پہلا رستہ
بہت سہل ہے
اس میں کوئی موڑ نہیں ہے
یہ رستہ
اس دنیا سے بے جوڑ نہیں ہے
اس رستے پر ملتے ہیں

اس رستے پر ملتے ہیں
ریتوں کے آنگن
اس رستے پر ملتے ہیں
رشتوں کے بندھن
اس رستے پر چلنے والے
کہنے کو سب سکھ پاتے ہیں
لیکن
ٹکڑے ٹکڑے ہو کر
سب رشتوں میں بٹ جاتے ہیں
اپنے پلّے کچھ نہیں بچتا
بچتی ہے

بے نام سی الجھن
بچتا ہے
سانسوں کا ایندھن
جس میں ان کی اپنی ہر پہچان
اور ان کے سارے سپنے
جل بجھتے ہیں
اس رستے پر چلنے والے
خود کو کھو کر جگ پاتے ہیں
اوپر اوپر تو جیتے ہیں
اندر اندر مر جاتے ہیں

دوسرا رستہ
بہت کٹھن ہے
اس رستے میں
کوئی کسی کے ساتھ نہیں ہے
کوئی سہارا دینے والا ہاتھ نہیں ہے
اس رستے میں
دھوپ ہے
کوئی چھاؤں نہیں ہے
جہاں تسلّی بھیک میں دے دے کوئی کسی کو
اس رستے میں

ایسا کوئی گاؤں نہیں ہے
یہ ان لوگوں کا رستہ ہے
جو خود اپنے تک جاتے ہیں
اپنے آپ کو جو پاتے ہیں
تم اس رستے پر ہی چلنا

مجھے پتہ ہے
یہ رستہ آسان نہیں ہے
لیکن مجھکو یہ بھی غم ہے
تم کو اب تک
کیوں اپنی پہچان نہیں ہے ...

دلوں میں تم اپنی بیتابیاں لے کے چل رہے ہو

تو زندہ ہو تم

نظروں میں خوابوں کی بجلیاں لے کے چل رہے ہو

تو زندہ ہو تم

ہوا کے جھونکوں کے جیسا آزاد رہنا سیکھو

تم ایک دریا کے جیسے لہروں میں بہنا سیکھو

ہر ایک لمحے سے تم ملو کھولے اپنی باہیں

ہر ایک پل اک نیا سماں دیکھیں یہ نگاہیں

جو اپنی آنکھوں میں حیرانیاں لے کے چل رہے ہو

تو زندہ ہو تم

دلوں میں تم اپنی بیتابیاں لے کے چل رہے ہو

تو زندہ ہو تم

سنگر: فرحان اختر

میوزک: شنکر احسان لائے

فلم: زندگی نہ ملے گی دوبارہ

ڈائریکٹر: زویا اختر

۲۰۱۱

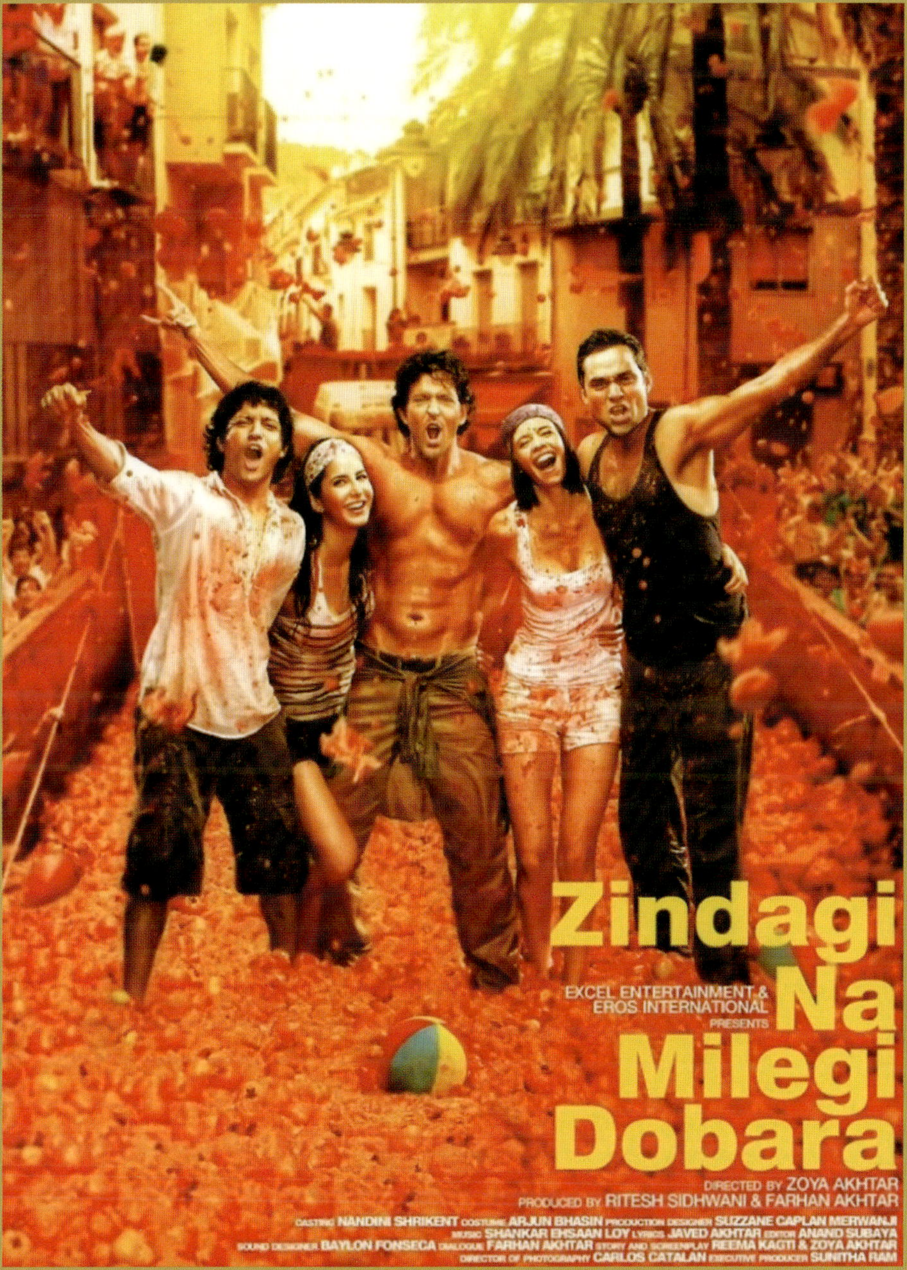

ایک ہی رستہ جس پے
چپ چاپ سر کو جھکائے ہوئے
بند آنکھیں کئے
لوگ چلتے ہیں سارے جنم
جانتے بھی نہیں
سوچتے بھی نہیں
پوچھتے بھی نہیں
ان کو یہ راستہ
لے کر کہیں جائے گا؟
یا کہیں بھی نہیں؟
چلتے چلتے کہیں
ایک موڑ آتا ہے
سیدھے رستے سے بالکل الگ

کوئی دیوانہ ہی ہوتا ہے
جو کہ اُدھر جاتا ہے
ورنہ باقی تو
سب سیدھے رستے پہ ہی
اپنے سارے جنم چلتے ہیں
سر جھکائے ہوئے
بند آنکھیں کئے
اور یہ دکھ لئے
موڑ جو دیکھا تھا
اس پہ مڑ جاتے ہم
تو نہ جانے کہاں تک
پہنچ پاتے ہم

سنگر: رنویر سنگھ
میوزک: رشی رچ

فلم: گلی بوائے

ڈائریکٹر: زویا اختر

۲۰۱۹

۸۰

گفتگو

(فرحان اختر کے ساتھ اروند منڈلوئی)

جن لوگوں سے بھی میں ملتا ہوں، وہ ہمیشہ مجھ سے یہ کہتے ہیں کہ یار تمہارے ڈیڈ جیسا ‘وِٹی’ انسان ہم نے اپنی زندگی میں کبھی نہیں دیکھا: فرحان اختر

جاوید اختر صاحب نے ہندوستانی سنیما پر ایک چھاپ چھوڑی ہے، ایک ڈائریکٹر کے طور پر آپ ان کے کام کو ان کی قربانیوں کو کس انداز سے دیکھتے ہیں؟

جب آپ ان کی فلمیں دیکھتے ہیں، چاہے وہ 'دیوار' ہو، چاہے وہ 'ہاتھی میرے ساتھی' ہو یا کئی اور دوسری فلمیں، تو جو بات بہت شدت سے محسوس ہوتی ہے، وہ یہ ہے کہ انہوں نے میلوڈرامہ کو پیچھے چھوڑ دیا تھا، جب سلیم -جاوید آئے تھے تب ان سے پہلے میرے خیال سے جس طرح کے ریلیشن شپ تھے، ان کو انہوں نے بہت رئلسٹک بہت حقیقی کر دیا تھا، بہت سچا بنا دیا تھا۔ بہت ماڈرن تھے، وہ بہت نئے انداز سے سوچتے تھے، جس طرح کے کردار انہوں نے لکھے وہ رئلسٹک بھی تھے اور زندگی کے بہت قریب بھی، اور جو ڈائیلاگ سینس تھا ان کا، وہ ہمیشہ ایسا تھا کہ ڈائیلاگ میں امپیکٹ ہونا چاہیے لیکن امپیکٹ اس طرح کا ہونا چاہیے کہ سننے اور دیکھنے والے کو ایسا نہ محسوس نہ ہو کہ ڈائیلاگ گری ہو رہی ہے، یا ڈائلاگ بازی کی جا رہی ہے۔ تو یوں کہا جائے کہ وہ بہت ہی محنت سے تیار کیا گیا کرافٹ تھا۔ ذہانت سے بھرپور اور وقت کی ضرورت کے مطابق رائٹنگ تھی۔ جس طرح انہوں نے ڈائیلاگ کا استعمال کیا، جس طرح سے انہوں نے سین شروع کیے، کہاں سین ختم کیے، یہ جو کرافٹ ہے وہ بہت ہی امپیکٹ فل کرافٹ ہے جو بہت سارے رائٹرز کے لیے آج تک مثال بنا ہوا ہے۔ آج تک ان کو متاثر کرتا ہے۔

'دلکشے' میں ڈائریکٹر کے طور پر آپ نے ان کے ساتھ، اور بطور رائٹر انہوں نے آپ کے ساتھ کام کیا تو وہ جو ایک ڈائریکٹر اور ایک اسکرین پلے رائٹر کا کمبینیشن تھا اور ایک بیٹے اور باپ کا جو کمبینیشن تھا اس کو آپ کس طرح سے دیکھتے ہیں؟

دیکھیے، ایک تو جو آپ ایک دوسرے کی خوشی اور ناراضگی بنا کچھ کہے سمجھ سکتے ہیں تو اس سمجھداری اور رویّے سے ایک بڑا مسئلہ از خود حل ہو جاتا ہے، کیونکہ کبھی کبھی آپ اگر کسی بہت بزرگ، سینئر انسان کے ساتھ یا بہت ہی تجربے کار فنکار کے ساتھ کام کر رہے ہوتے ہیں تو اس شخص سے یہ کہنا بہت مشکل ہو جاتا ہے کہ سر یہ جو لائن آپ نے لکھی ہے، میں کیسے، کس منہ سے بتاؤں آپ کو۔ تو وہ ایکسپریشن دیکھ کر ہی پتہ چل جاتا ہے کہ اچھا، اچھا، یہ لائن پسند نہیں آئی تم کو۔ 'دلکشے' کی اسٹوری انہوں نے مجھے سنائی، پھر ہم نے مل کر اسٹوری کو اسکرین پلے میں ڈیولپ کیا تو تب تک وہ بھی سمجھ گئے تھے کہ میرا فلم بنانے کا شعور، میری سینسبلٹی کیا ہے اور مشترکہ طور پر کام کرنے میں یہ بھی بہت ضروری ہے۔ اس حوالے سے سو فیصد جو کریڈٹ ہے میں انہی کو دوں گا، کیونکہ جو ایڈاپٹ کرنا تھا، وہ ایکچولی اگر آپ سوچیں تو انہیں ہی کرنا تھا مجھے تو ان کے تجربے سے سیکھنا تھا۔

جب آپ کے مدر اور فادر کا سیپریشن ہوا، وہ لوگ ایک دوسرے سے الگ ہوئے۔ اس وقت کیا تبدیلیاں محسوس کیں آپ نے اور اس علیحدگی کا آپ کے کام پر آپ کی شخصیت پر کیا اثر پڑا؟

دیکھیے، اس کا کانشئس امپیکٹ میرے خیال میں زویا کو زیادہ یاد ہوگا، میں نے ان سالوں کو ٹھیک

طرح سے ابھی تک سمجھا بھی نہیں۔ میں نے بات ان سے بھی کی ہے اور میں نے بات اپنی ماں سے بھی کی ہے کہ یہ سب کیا ہوا تھا۔ اور جب آپ خود ایڈلٹ ہوتے ہیں تو بہت سے پہلو بہت سی چیزیں شعوری طور پر خود بھی سمجھ لیتے ہیں۔ لیکن کہیں نہ کہیں کوئی کمی کوئی خلا تو یقیناً رہ جاتا ہے، اہم بات یہ ہے کہ مدر نے کبھی بھی نہ تو مجھے نہ زویا کو یہ محسوس ہونے دیا کہ انہوں نے ہمیں چھوڑ دیا ہے اور یہ بہت ضروری بات ہے اس کا بچوں سے کوئی لینا دینا نہیں ہے۔ آپ جب بھی ملنا چاہیں گے وہ آئیں گے، وہ جہاں رہ رہے ہیں جب بھی آپ جانا چاہیں تو وہ آپ کا دوسرا گھر ہے، تو کبھی ایک ڈس کمفرٹ کی فیلنگ نہیں آئی کہ اتنا کوئی چینج ہو گیا ہے کہ میں اب ان سے مل نہیں پاؤں گا۔ اور اسکے علاوہ جو ایفرٹ انہوں نے کیا، جو شبانہ جی نے بھی کیا کہ ہمیں کبھی اس بات کا احساس نہیں ہونے دیا کہ ہمارے فادر ہمیں چھوڑ کر کہیں چلے گئے ہیں، تو ایسا کبھی ہوا نہیں۔

جاوید صاحب کی شخصیت کے کئی پہلو ہیں وہ اچھے شاعر ہیں، ایک حساس و بیدار انسان ہونے کے ساتھ ساتھ بہترین شہری ہیں، ان کا ایک اپنا پولیٹیکل وژن ہے یہ سب جو شخصیت کے پہلو ہیں اس میں کون سا پہلو اپ کو زیادہ پسند ہے؟

دیکھئے! ساری چیزیں، ساری خوبیاں مل کر ہی انہیں انوکھا بناتی ہیں۔ تو اب میں ان میں کیا کہوں کہ یہ زیادہ اچھا ہے یا یہ کم اچھا ہے۔ وہ جاوید اختر اس لیے ہیں کیونکہ یہ ساری چیزیں ان میں موجود ہیں۔ وہ جو ایک تخلیقی ذمہ داری، سماجی ذمہ داری ہے، انسانیت اور انسانی رشتوں کے لئے ذمہ داری کا احساس ہے، وہ ساری ذمہ داریاں اور خوبیاں مل کر ہی ایک مکمل شخصیت کی تعمیر کرتی ہیں اور وہ شخصیت جاوید صاحب ہیں۔

جاوید صاحب کی ایسی کون سی خوبی ہے جو آپ سب سے زیادہ پسند کرتے ہیں یا وہ چیز جو ان کو جاوید اختر بناتی ہے؟

ان کی جو زبان ہے۔ ان کی جو ایک میموری ہے پوئٹری کے حوالے سے، ان کی جو ایک انڈر اسٹینڈنگ ہے، لگن اور جستجو ہے، مطلب اپنے آپ کو لگاتار امپروو کرنے کی، لگاتار کچھ نہ کچھ نیا کرتے رہنے کی، وہ کمال ہے، باعثِ ترغیب بھی ہے اور باعثِ تقلید بھی ہے۔ سوچئے وہ جس وقت لیش جی کے ساتھ کام کر رہے تھے، اسی وقت وہ میرے ساتھ بھی کام کر رہے تھے، کرن جوہر کے ساتھ بھی کام کر رہے تھے، تو ایک انسان ایک ہی سال میں 'جودھا اکبر' کے گانے لکھ سکتا ہے، 'راک آن' کے گانے بھی لکھ سکتا ہے تو اس اپروچ سے ہی پتہ چلتا ہے کہ وہ کس طرح کے انسان ہیں۔

لوگ کہتے ہیں کہ بہت مذاقیہ اور مزاحیہ ہیں جاوید صاحب، بہت مستی بھی کرتے ہیں، وہ جس ٹولی، جس منڈلی اور جس محفل میں بیٹھتے ہیں تو پوری محفل ہی لوٹ لیتے ہیں؟

ہاں، ان کی جو وِٹ ہے جو ظرافت ہے وہ کمال کی ہے، سبھی کو بہت پسند ہے۔ جن لوگوں سے بھی میں ملتا ہوں وہ مجھ سے یہی کہتے ہیں کہ یار! تمہارے ڈیڈ جیسا وِٹی انسان، ہم نے اپنی زندگی میں کبھی نہیں دیکھا۔

ساحر لدھیانوی

۸۱

وہ مجھے جاوید نہیں، 'نوجوان' کہتے تھے

دراصل ساحر صاحب سے میرا رشتہ بڑا گہرا اور پرانا ہے، میرے والد جاں نثار اختر شاعر تھے، میرے ماموں مجاز شاعر تھے اور یہ تمام ادیب چاہے وہ بیدی صاحب ہوں، کرشن چندر ہوں، عصمت چغتائی ہوں، ساحر صاحب ہوں، مجروح صاحب ہوں، ان تمام لوگوں کو میں بچپن سے ہی جانتا تھا، یہ ایک قبیلہ تھا، ایک کنبہ تھا، سارے ادیبوں، شاعروں اور قلم کاروں کا جو ایک دوسرے سے ملتے جلتے رہتے تھے۔

ساحر صاحب سے پہلی بار میں کب ملا، مجھے یہ تو ٹھیک سے یاد نہیں، بچپن میں ہی دیکھا ہے ان سب کو۔ میں جب ممبئی آیا تو میں اپنے والد سے الگ تھا اور شاید وہ مجھ میں اپنی کمسنی دیکھتے تھے۔ میں ۲۱-۲۰ سال کا تھا رہنے کا ٹھکانہ نہیں، کھانے کا ٹھکانہ نہیں، مہینوں میں ایک آدھ بار کبھی میں ساحر صاحب سے ملنے جاتا تھا، میں نے ان سے کبھی کچھ مانگا نہیں، وہ مجھے کھانا بھی کھلاتے، شراب بھی پلاتے اور بالکل برابر کے لوگوں کی طرح بات کرتے تھے۔ حالانکہ میری عمر بیس اکیس سال کی تھی لیکن ساحر صاحب کو یہ احساس تھا کہ مجھے شاعری کی سمجھ ہے۔ مجھے اس عمر میں ہی ہزاروں شعر یاد تھے، آج بھی میں دوسروں کے ہزاروں شعر آپکو گھنٹوں تک سنا سکتا ہوں، وہ جو کچھ لکھ رہے ہوتے تھے اور پچھلے ایک ماہ میں جو کچھ لکھا ہوا ہوتا تھا، خواہ وہ شاعری ہو یا گیت مجھے سناتے تھے، اور مجھ سے ردِّ عمل بھی لیتے تھے۔ وہ مجھے جاوید نہیں نوجوان کہتے تھے۔ جب ملاقات ہوتی تو کہتے 'اور سناؤ نوجوان کیا حال ہیں'۔ ایک دفعہ جب میرے پاس کوئی کام نہیں تھا اور میں بالکل بے روزگار تھا، جیب میں کوئی پیسہ بھی نہیں تھا، کچھ بھی نہیں۔ تب میں ان کے پاس گیا، حالانکہ عام طور

پرتو میں شام کو ہی جاتا تھا، رات کا کھانا کھا کر اکثر وہیں سو بھی جاتا تھا، دوسرے دن صبح واپس آتا تھا لیکن اس بار میں صبح گیا۔ وہاں پہنچ کر میں نے انہیں صاف صاف بتا دیا کہ ساحر صاحب ایسا ہے کہ میرے پاس کوئی کام نہیں ہے، آپ کہیں کہہ دیں گے تو کوئی بھی مجھے نوکری دے دے گا ہو سکے تو مجھے کوئی چھوٹی موٹی نوکری اسسٹنٹ ڈائریکٹر کی یا ڈائیلاگ رائٹر جیسا کوئی کام دلوا دیں۔ انہوں نے کہا 'ہاں ہاں نوجوان کیوں فکر کرتے ہو، ہو جاتا ہے کبھی کبھی ایسا بھی زندگی میں، ہم بھی اس اسٹیج سے گزرے ہیں۔' یہ سب باتیں کرنے کے بعد، ڈرائنگ روم کے برابر ہی ان کا کمرہ تھا، اس میں چلے گئے وہاں سے انہوں نے مجھے آواز دی 'نوجوان!' میں اس کمرے میں گیا۔

ساحر صاحب کی ایک بڑی عجیب عادت تھی، جب وہ نروس یا ٹینشن میں ہوتے تھے تو کنگھی کرنے لگتے تھے، ان کی جیب میں ایک چھوٹی کنگھی ہر وقت پڑی رہتی تھی، وہ کنگھی کریں تو سمجھ لیجیے کہ وہ کچھ پریشانی میں یا کسی الجھن میں ہیں۔ کنگھی کرتے کرتے مجھ سے کہنے لگے 'دیکھو ایسا ہے کہ، یہ سب حالات ہم نے بھی دیکھے ہیں' کبھی کبھی ایسا ہو جاتا ہے۔' پھر ٹیبل کی طرف اشارہ کرتے ہوئے کہا 'ابھی یہ کچھ تم رکھ لو، بعد میں مجھے واپس کر دینا، میں نے دیکھا کہ سامنے ٹیبل پر کچھ پیسے رکھے ہیں، تو میں نے کہا 'میں آپ سے پیسے مانگنے نہیں آیا تھا، یہ آپ رہنے دیجیے، میری تو کہیں سفارش کر دیجیے، میں وہاں کام کروں گا، اگر انہیں میرا کام ٹھیک لگا تو وہ مجھے کام پر رکھیں گے'، تو کہنے لگے کہ 'رکھ لو اور ضد کر کے انہوں نے وہ پیسے میری جیب میں ڈال دئے۔ بہر حال میں وہاں سے باہر نکلا، میں نے جیب سے وہ پیسے نکالے، ۲۰۰ روپے تھے، یہ بات ۱۹۶۶-۱۹۶۷ کی ہے، ساحر نے مجھے ۲۰۰ روپے دیے اور اس وقت ۲۰۰ روپے بڑی رقم تھی۔ اگر سوچئے تو اس زمانے کے حساب سے ان پیسوں میں میرے دو تین مہینے نکل سکتے تھے۔ خیر وقت بدلا، مجھے بھی کام مل گیا، نام بھی ہو گیا تھوڑا بہت اور پھر وہ وقت بھی آیا جب پکچروں میں ہم ساتھ تھے، جیسے دیوار، ترشول، کالا پتھر۔ وہ گیت لکھ رہے تھے اور اسکرپٹ لکھ رہے تھے سلیم- جاوید۔ ہم لوگوں کی ساتھ میں بیٹھک بھی ہوتی تھی، پارٹیز میں بھی ساتھ ہوتے تھے۔ جب سارے اسٹار، بڑے ڈائریکٹر اور دوسرے لوگ بھی ساتھ ہوتے تو میں ہمیشہ ان کے سامنے کہتا کہ 'ساحر صاحب کے دو سو ۲۰۰ روپے مجھ پر اُدھار ہیں، لیکن میں واپس نہیں کر رہا ہوں، تو وہ ذرا ایمبیریس بھی ہو جاتے اور ہنستے پھر بات ٹالنے کی کوشش کرتے ہوئے کہتے، 'نہیں نہیں بھائی! لے لوں گا میں، ایسی کیا بات ہے، میں کہتا 'وہ تو میں دینے والا نہیں، وہ تو میرے پاس رہیں گے۔' وقت گزر گیا اور ایک دن مجھے یہ فون ملا کہ ان کا انتقال ہو گیا ہے، میں ان کے گھر گیا، گھر میں کوئی اور تھا نہیں، ایک صابر دت تھے ان کے دوست، اور ایک میں تھا۔ رات کو ہم دونوں اسی گھر میں سو گئے، صبح تک دوسرے لوگ بھی آ گئے، جیسے چوپڑا صاحب اور کئی اور لوگ۔ پھر ان کا جنازہ قبرستان لے جایا گیا۔ انہیں دفن کر دیا گیا، میں باہر نکلا، تو ایک آدمی بھاگتا ہوا آیا، مجھے یاد ہے وہ کون تھا، اس نے پوچھا ۲۰۰ روپے ہیں کیا؟ میں نے کہا ۲۰۰ روپے، کیوں کیا بات ہے؟ کہنے لگا کہ وہ جو آدمی ہے جس نے قبر کھودی ہے گورکن، اس کو دینا ہے، اب یہاں تو کوئی اور ہے نہیں۔ اور مجھے تو جیسے ہی ساحر صاحب کی ڈیتھ کا معلوم ہوا تو میں ایسے ہی چلا آیا میری جیب میں تو بٹوا بھی نہیں ہے، تو میں نے جیب میں سے ۲۰۰ روپے نکال کر انہیں دے دیے اور چلا آیا میں۔ اپنی کار میں بیٹھ کر گھر آ رہا تھا اور اچانک مجھے یاد آیا، ایک قرض تھا جو آج ادا ہوا۔ بہر حال اب تو وہ نہیں ہیں، لیکن ان کے گیت ہمارے ساتھ ہیں اور جب تک ان کے گیت ہمارے ساتھ رہیں گے ساحر صاحب ہمارے ساتھ رہیں گے۔

۸۲

سُروں کا سمندر

راہل رویل کی فلم 'اور پیار ہو گیا' کا میوزک دینے نصرت فتح علی ہندوستان آئے تھے۔ اس شرط پر کہ انہیں گلوکاری کے لیے لتا منگیشکر اور نغمہ نگاری کے لئے، جاوید اختر چاہئیں۔ یہ ان کی عزت افزائی ہی تھی کہ انہوں نے میرا نام لیا وہ بھی لتا منگیشکر جیسی فنکار کے ساتھ، جس وقت ہم یہ فلم کر رہے تھے تب 'ایچ ایم وی' والوں کو یہ خیال آیا کہ، کیوں نہ ہم دونوں کے ساتھ ایک البم بنائیں، اس کے پہلے بھی مجھے اس طرح کے آفر آئے تھے، پر میں نے سوچا تھا، کہ فلموں میں لکھ رہا ہوں یہی کافی ہے۔ لیکن جب بات یہ ہوئی کہ یہ البم جس کا نام 'سنگم' ہوگا جس میں پاکستان کے فنکار نصرت فتح علی خاں ہوں گے اور ہندوستان کے رائٹر جاوید اختر ہوں گے، تو مجھے لگا کہ یہ تو ہم اپنے ملک کی قلمی نمائندگی کر رہے ہیں اور یہ تو ایک عزت کی بات ہے تو پھر میں نے بھی اس البم پر کام کرنا شروع کر دیا۔ سمندر کے کنارے ایک بنگلہ تھا، جہاں ہم یہ کام کر رہے تھے۔ وہ پورے وقت اپنی موسیقی میں ہی رمے رہتے تھے، مجھے کبھی کبھی لگتا تھا کہ میرے سامنے دو سمندر ہیں ایک تو وہ جو سامنے بہہ رہا ہے 'عربین سی' اور ایک دوسری طرف یہ آدمی جو بیٹھا ہے، یہ بھی ایک سمندر ہے۔ اس کے اندر سنگیت کا، سروں کا ایک سمندر ٹھاٹھیں مار رہا ہے۔ نصرت کے سروں کی جو سادگی ہے، اس کو حاصل کرنے کے لئے آپ کو بہت علم اور بہت گیرائی اور گہرائی چاہئے ہے۔ یہ سادگی اور گہرائی آسانی سے نہیں آتی۔ نصرت کی شخصیت نے میرے ذہن پر ایک گہرا اثر چھوڑا تھا جو آج تک قائم ہے۔ اس درمیان ان سے کئی ملاقاتیں ہوئیں اور مجھے موقع ملا انہیں سمجھنے اور قریب سے دیکھنے کا۔ ان کا فوکس صرف کام پر رہتا تھا کسی ایک آدمی کی بھی برائی نصرت کے منہ سے نہیں سنی۔ وہ یا تو میرے شعر سنتے تھے یا پھر اپنی موسیقی میں رمے رہتے تھے۔

فنکار نصرت فتح علی خان کے ساتھ جاوید اختر

حسنِ جاناں کی تعریف ممکن نہیں
آفریں آفریں آفریں آفریں
تو بھی دیکھے اگر تو کہے ہم نشیں
آفریں آفریں آفریں آفریں
چہرہ اک پھول کی طرح شاداب ہے
چہرہ اس کا ہے یا کوئی مہتاب ہے
چہرہ جیسے غزل چہرہ جانِ غزل
چہرہ جیسے کلی چہرہ جیسے کنول
چہرہ جیسے تصور بھی تصویر بھی
چہرہ اک خواب بھی چہرہ تعبیر بھی
چہرہ کوئی الف لیلوی داستاں
چہرہ اک پل یقیں چہرہ ایک پل گماں
چہرہ جیسا کہ چہرہ کہیں بھی نہیں
ماہ رو ماہ رو مہ جبیں مہ جبیں
آفریں آفریں آفریں آفریں

گلوکار : نصرت فتح علی خان

البم : سنگم

۱۹۹۶

مجھکو یقیں ہے سچ کہتی تھیں

جو بھی امّی کہتی تھیں

جب میرے بچپن کے دن تھے

چاند میں پریاں رہتی تھیں

البم : سلسلے

۱۹۹۶

سنگر : جگجیت سنگھ

۸۳

جادوئی آواز

جگجیت سنگھ ہندوستان کی ایک عظیم شخصیت تھے۔ ہمارے ملک میں گلوکاری (گائکی) کو عام طور پر فلموں سے جوڑ کر دیکھا جاتا ہے، فلمی گیت گانے والوں کو زیادہ توجہ ملتی ہے، لیکن جگجیت سنگھ جدا تھے۔ انہوں نے غزل کے ذریعے اپنا ایک مقام بنایا، جہاں تک پہنچنا سب کے بس کی بات نہیں، زمانہ بدلا، گیتوں اور گائکی کی 'شیلی' بدلی، لیکن جگجیت کا جلوہ ہمیشہ برقرار رہا۔ وہ اپنی جادوئی آواز کے ذریعے ستّر کی دہائی میں چمکے تھے اور اگلے چالیس سال تک راج کرتے رہے۔

کوئی جو ملا تو مجھے
ایسا لگتا تھا جیسے
میری ساری دنیا میں
گیتوں کی رُت اور رنگوں کی برکھا ہے
خوشبو کی آندھی ہے
مہکی ہوئی سی اب ساری فضائیں ہیں
بہکی ہوئی سی اب ساری ہوائیں ہیں
کھوئی ہوئی سی اب ساری دشائیں ہیں
بدلی ہوئی سی اب ساری ادائیں ہیں
جاگی امنگیں دھڑک رہا ہے دل
سانسوں میں طوفاں ہے
ہونٹوں پہ نغمے ہیں
آنکھوں میں سپنے ہیں ...

سنگر : شنکر مہادیون

۸۴

باصلاحیت اور شاندار گلوکار

شنکر مہادیون شاندار گلوکار اور موسیقار ہیں۔ 'بریتھ لیس' ان کا پہلا البم ہے۔ میں ان کی صلاحیتوں کا قدردان ہوں، میرے دل میں ان کے فن ان کے ہنر کی بہت عزت ہے۔

البم : بریتھ لیس

۱۹۹۸

شنکر مہادیون، جاوید اختر اور شبانہ اعظمی

۸۵

گفتگو

(اروند منڈلوئی اور شنکر مہادیون)

جاوید صاحب میرے لئے ’فادر فگر‘ ہیں، وہ بے پناہ علم اور غیر معمولی صلاحیت رکھنے والی شخصیت ہیں: شنکر مہادیون

جاوید صاحب کے ساتھ آپ کا جو البم ’بریتھ لیس‘ آیا تھا، اس پر کچھ روشنی ڈالئے، اس میں کیا خاص بات تھی؟

ہم لوگ یعنی جاوید صاحب، ایچ ایم وی والے اور میں، ان کے آفس میں ملے، ہم بات کر رہے تھے کہ کس طرح کا البم کرنا چاہیے، انہوں نے کہا کہ شنکر صاحب میرے دماغ میں ایک آئیڈیا بہت دنوں سے چل رہا ہے اور میں نے اس آئڈیے کے بارے میں کئی کلاسیکل آرٹسٹ، فلم آرٹسٹ اور کمپوزرز کے ساتھ بات کی ہے، سبھی لوگ ایکسائٹ ہوتے ہیں، لیکن آگے کیسے بڑھا جائے ان کو سمجھ میں نہیں آتا ہے، وہ ایک خاص پوائنٹ سے آگے نہیں بڑھ پا رہے ہیں۔ انہوں نے بتایا کہ جب بھی میں کلاسیکل میوزک سنتا ہوں تو اس میں عجیب عجیب طرح کے تان ہوتے ہیں، سرگم ہوتے ہیں، سب امپروائز ہوتا ہے، لیکن اس کا کوئی روپ نہیں ہے، اس کا کوئی ایک فکس ڈائریکشن نہیں ہے، جب آپ گانا گاتے ہو تو اس میں ایک بالکل بندھا ہوا مکھڑا ہوتا ہے، پھر ایک میوزک آتا ہے پھر ایک انترا آتا ہے تو اس میں لگتا ہے کہ آپ بندھے ہوئے ہیں کہیں۔ اس کے کچھ پیرامیٹرز ہیں۔ تو ہم یہ تان اور یہ سرگم کا جو پیٹرن ہے، اس پیرابولا کو کیا ہم لوگ ایک گانے میں لے کر نہیں آسکتے جس میں لفظیاتی سطح پر ہم لوگ بغیر اس پیٹرن کو استعمال کئے ہوئے کچھ کریں۔ میں بولا ’سر! البم اسی میں شروع کرتے ہیں اور پورا گانا ایک سانس میں رکھتے ہیں۔ لگنا چاہیے کہ ایک ندی بہہ رہی ہے، اس کا کوئی ڈائریکشن نہیں ہے، لیفٹ رائٹ، آگے پیچھے، اوپر نیچے جانا چاہیے، جیسے کہ کوئی تان لے رہے ہوں لیکن اس میں الفاظ ہونے چاہئیں۔

میں نے کہا کہ سر، اس کا کوئی اسٹارٹنگ پوائنٹ تو ہونا چاہیے، کہیں سے ہم شروع کریں، آپ کو ایک آدھا سیکنڈ کا میٹر دیتا ہوں، اس میٹر کو لے کر آپ چلیے، تو میں نے صرف اتنا گا کر دے دیا، تن نن نن نن... نن نن نن نن، وہ بولے چلو لکھتا ہوں، نو پرابلم... دس دن کے بعد ان کا فون آیا تو میں ان سے ملنے 'جوہو' واقع ان کے گھر 'ساگر سمراٹ' گیا، وہ چار فل اسکیپ شیٹس لے کر آئے، بولے یہ لو، شروع سے لے کر سے نیچے تک صرف لفظ ہی لفظ، لفظ ہی لفظ، لفظ ہی لفظ۔ میں نے کہا یہ کیا ہے جاوید صاحب؟ تو بولے یہ ہے آپ کا 'بریتھ لیس'، میں نے کہا کہ ایک کام کیجیے سر، آپ ایک مخصوص انداز میں اسے پڑھ کر سنائیے، تو انہوں نے پورا پڑھ کر سنایا اور پھر وہ فل اسکیپ شیٹ لے کر میں نکل گیا۔ ٹیکسی میں بیٹھ کر، جوہو سے میں نے اپنے ڈکٹافون میں کمپوز کرنا شروع کیا، ہر لفظ کو اینالائز کرتے کرتے کمپوز کرتے کرتے میں جب نوی ممبئی واقع اپنی رہائش گاہ 'واشی' پہنچا تو 'بریتھ لیس' کمپوز ہو چکا تھا۔ جب میں مطمئن ہو گیا تو میں نے کہا جاوید جی ابھی آپ آیئے اور سنیئے اپنا 'بریتھ لیس'۔ وہ آ گئے اور سن کر کہنے لگے کہ میں نے کبھی لائف میں ایسا کچھ سنا نہیں ہے۔ 'دی وے یو ہیو ایکزی کیوٹڈ'... انہوں نے بہت پیار، بہت دعائیں دیں اور وہ جو ایک کنکشن ان کے ساتھ بنا نہ وہ ابھی تک بنا ہوا ہے۔

جاوید صاحب کے ساتھ آپ نے اتنی فلمیں کی ہیں، وہ جب آپ کے لیے گیت لکھتے ہیں تو وہ ہینڈلنگ کیسے ہوتی ہے؟ آپ ان کی شخصیت کے بارے میں کیا کہیں گے، کیا خاصیت محسوس کرتے ہیں آپ؟

جاوید صاحب جیسے آرٹسٹ انڈسٹری میں لمبے وقت سے رہنے کی وجہ سے سینئر ہیں لیکن سینئرٹی کا مطلب یہ ہرگز نہیں ہے کہ وہ پرانے پڑ گئے ہیں۔ یہ ایسے فنکار ہیں جو وقت کے ساتھ آگے ہی جاتے ہیں، ایسے کلاکار ماضی کی گیلری میں نہیں جاتے، وہ وقت کے ساتھ چلتے ہیں۔ مطلب کہ نوجوانوں جیسا جوش ہے ان میں، کام کے لئے بے انتہا لگن اور سنجیدگی رکھنے والے قلمکار ہیں وہ۔ کام ہے تو دس بار فون کریں گے، ارے یار! کیا ہو رہا ہے۔ کچھ بتاؤ کیا کر رہے ہو؟ کب مل رہے ہو؟ سوچیے کتنے گانے ہیں جو ہم لوگوں نے ٹیلی فون پر لکھے ہیں۔ 'کل ہو نا ہو' جو گانا ہے ٹیلی فون پر لکھا تھا، ایمریٹس کے لاؤنج میں لکھا ہے، گاڑی میں لکھا ہے، کہیں پر بھی لکھا ہے، تو ان کے اندر جو جنون ہے، لگن ہے وہ کمال ہے۔ وہ ایک ایک لفظ کا انتخاب بڑے سلیقے سے کریں گے۔ ایک ایک لائن کو نہایت سنجیدگی سے لکھیں گے اور پھر ہر لفظ ہر لائن پر نظر ثانی کر کے، جہاں ضرورت ہوگی اسے تبدیل کریں گے، نکھاریں گے، سنواریں گے اور پھر مطمئن ہونے کے بعد ہی ہلکی سی مسکراہٹ کے ساتھ کہیں گے 'لیجیئے اب پڑھئے آپ'۔ اہم اور منفرد خاصیت یہ ہے کہ ایک آسان زبان میں وہ بہت بڑی بات کہہ دیتے ہیں، آسان بات آسان زبان میں جو ایک عام آدمی کی بھی سمجھ میں آ جائے اور اسی آسان کہنے میں اتنی گہری بات کہہ جائیں گے کہ آپ یہ کہنے پر مجبور ہو جائیں گے کہ یہ جاوید اختر ہی کہہ سکتے ہیں، جیسے وہ 'کل ہو نا ہو' والا گانا ہے، اس میں اتنی گہرائی ہے کہ وہ اس دھرتی کے سبھی انسانوں کو ٹچ کرتا ہے، بہت آسان الفاظ ہیں، جو آپ کو ٹچ کرتے ہیں۔ ان کے ساتھ میری ایک بہت ہی اسپیشل ریلیشن شپ ہے، میرا کوئی دور کا رشتہ دار بھی فلموں میں نہیں ہے، میں کچھ الگ بیک گراؤنڈ سے انڈسٹری میں آیا ہوں، تو ان کا مجھے ایک سپورٹ ہے، ہمیشہ یہ کہتے ہوئے حوصلہ افزائی کرنا کہ تم کرو یار، میں بھی تمہارے ساتھ ہوں۔ وہ ایک ایسے انسان ہیں جنہوں نے اس انڈسٹری کو ہر زاویے ہر پہلو سے دیکھا ہے، وہ یہاں کے بارے میں سب کچھ جانتے ہیں اور کس سے کیسے ڈیل کیا جائے، یہ بھی وہ خوب جانتے ہیں۔ وہ میرے لیے بڑے بھائی کی طرح ہیں، وہ میرے لیے 'فادر فگر' ہیں، ایک بہت اسٹرانگ پرسنالٹی اور بے پناہ نالج رکھنے والے شخص ہیں۔

جب آپ کو کسی اور گیت کار کے ساتھ کام کرنا پڑتا ہے تو کیا کبھی ایسا محسوس ہوتا ہے کہ شاید اس جگہ جاوید اختر کو ہونا چاہیے تھا؟

بہت بار، بہت بار یہ احساس ہوا ہے۔ دیکھئے کیا ہے کہ میں آپ کو ایک ٹیکنیکل پوائنٹ بتاتا ہوں۔ دیکھیے ایک خاص لائن میں خاص جگہ میں شاید بہت سے لفظ ٹھیک بیٹھ بھی جائیں گے، لیکن بات تب بنتی ہے جب کوئی لفظ 'لیگو بلاک' کی طرح بیٹھتا ہے۔ جب آپ لیگو بلاک بٹھاتے ہیں تو ایک فیلنگ آتی ہے کہ اس جگہ بس اسی لفظ کی ضرورت تھی۔ اس کی جگہ کوئی دوسرا لفظ لے ہی نہیں سکتا ہے۔ تو اکثر یہ احساس ہوتا ہے کہ یار گانا میٹر میں تو ہے لیکن اس کے باوجود بھی کہیں کوئی کمی کوئی خلا ہے جو اس لفظ سے پورا نہیں ہو پا رہا ہے اور یہ خلا جاوید اختر آسانی سے پورا کر سکتے تھے۔

۸۶

پرانے گانے جیسے تھے، انہیں ویسے ہی رہنے دینا چاہیے

پرانے گانوں کو ضرورت کے مطابق 'ری کریئیٹ' کرنے کا سلسلہ رکنا چاہیے۔ مجھے یہ پسند نہیں ہے لیکن یہ ایک جمہوری سماجی نظام ہے، اس لیے یہاں کسی کو بھی، کچھ کرنے کی آزادی ہے۔ میری رائے میرا مشورہ یہی ہے کہ پرانی چیزوں کو ویسے ہی رہنے دیں جیسی وہ ہیں، اور نئی چیزیں بنائیں۔ پرانی چیزوں کو نیا کرنے کی کیا ضرورت ہے۔ آج آنند بخشی صاحب جنہوں نے 'ٹپ ٹپ برسا پانی لکھا تھا' ہمارے بیچ نہیں ہیں، جو مخالفت کر سکیں۔ میرے گیت 'گھر سے نکلتے ہی کچھ دور چلتے ہی' سے چھیڑ چھاڑ کی گئی۔ مہا کوی نیرج کے گیت 'اے بھائی ذرا دیکھ کے چلو' کے ساتھ بھی ایسا ہوا ہے۔ مجھے نہیں معلوم کہ لوگ پرانے گیتوں کے 'ریمکس' کیوں بناتے ہیں، یہ موسیقی کے ڈائریکٹرز کے کم اہل یا نا اہل ہونے کی طرف ایک اشارہ ہے کہ وہ اس طرح کے گانے بنانے کے اہل نہیں ہیں۔ انہیں یقین ہونا چاہیے مکمل اعتماد ہونا چاہئے کہ وہ سپر ہٹ گانے دے سکتے ہیں، انہیں کسی کے فکر و خیال کو ادھار لینے کی کیا ضرورت ہے۔

اس کے علاوہ لتا منگیشکر، محمد رفیع، کشور کمار کے گیت یہ ہماری تہذیبی وراثت ہیں، جیسے ہمارے دیش میں اجنتا الورا کی گپھائیں ہیں۔ آج کل مکیش اور محمد رفیع کے پرانے گیتوں پر نیوڈ ماڈل ڈانس کر رہے ہیں۔ اور اس بڑھتے ہوئے خطرے کو صرف عام لوگ، عام جنتا ہی روک سکتی ہے۔

اپنے ۷۵ ویں یوم پیدائش کے موقع پر ریٹرو تھیم پارٹی میں جاوید اختر کے ساتھ شبانہ اعظمی۔
جانکی کٹیر (ممبئی ۲۰۲۰)

۸۷

سنیما میں برسوں کوئی بڑا ولین' آیا ہی نہیں

جب اپنے بچوں کو آپ چڑیا گھر لے جاتے ہیں، تو وہ سب سے پہلے اس پنجرے کی طرف بھاگتے ہیں جس میں شیر رہتا ہے۔ خوبصورت رنگ برنگے چرند پرند بعد میں دیکھے جاتے ہیں۔ اس کا بنیادی سبب یہ ہے کہ ہم سب سے پہلے ایسے طاقتور اور خطرناک جانوروں کو دیکھنا زیادہ پسند کرتے ہیں جو ڈر پیدا کرتے ہیں۔ سنیما کے ساتھ بھی ایسا ہی ہوتا ہے، جیسے شیر متاثر کرتا ہے ایسے ہی ولین میں بھی متاثر کرتا ہے۔ چاہے وہ 'زنجیر' کا 'تیجا' ہو یا 'شعلے' کا گبّر، 'شان' کا شاکال ہو یا پھر 'مسٹر انڈیا' کا موگیمبو۔ ان سب کا اپنا ایک مخصوص اسٹائل، اپنا انداز ہے اور جو بات ان سب میں کامن ہے وہ یہ کہ یہ گھٹیا عیّاش نہیں ہیں اور ان میں سے کسی نے بھی خواتین کرداروں سے چھیڑ چھاڑ کرنے کی کوشش نہیں کی ہے۔ شعلے میں گبّر بسنتی پر ایک کمنٹ کرتا ہے 'ارے او سانبھا یہ رام گڑھ والے اپنی بیٹیوں کو کون چکّی کا پسا آٹا کھلاتے ہیں رے'۔ جرا داری کے ہاتھ پانو دیکھ، بہت کرارے ہیں سالے۔ یہ اس کی جنسیت پر نہیں بلکہ اس کی طاقت پر تبصرہ ہے، یہی بات وہ گھوڑے کے لئے بھی کہہ سکتا تھا۔ فلم 'شان' میں شاکال راکھی کو اغوا کر لیتا ہے اور کہتا ہے کہ تم پنیر کا ایک ٹکڑا ہو اور تمہارا شوہر ایک چوہے کی طرح تمہارے پاس دوڑتا ہوا جال میں آئے گا۔ راکھی کمزور نہیں پڑتی ہے، لیکن شاکال کہتا ہے، فکر مت کرو، تم کو کوئی نقصان نہیں ہوگا، کیونکہ میرے پاس اس طرح کی فالتو چیزوں کے لئے کوئی وقت نہیں ہے، تم کو صرف اس وقت تک یہاں رہنا ہوگا جب تک تمہارا شوہر یہاں نہیں آجاتا۔ اس بیان کو لوگوں نے سراہا تھا اگر ولین کے پاس اس کی اپنی مخصوص انا، وقار یا خاص انداز رہے تو آڈیئنس کی سطح پر اس سے نفرت کرنے کے بجائے اس کی تعریف کی جاتی ہے۔ جیون، کنہیا لال، رنجیت اور پریم چوپڑا نے جس طرح کے کردار ادا کئے ہیں، عام ناظرین کی سطح پر اس کی تعریف نہیں کی جائے گی۔ سنیما میں ان دنوں کوئی طاقتور ولین نہیں ہے۔ برسوں سے کوئی بڑا ولین ہی نہیں آیا، رونت رائے اچھے ہیں لیکن وہ زیادہ فلموں میں نظر نہیں آتے ہیں۔

(جاوید اختر سے فوٹو جرنلسٹ پردیپ چندرا کی گفتگو سے ماخوذ)

ہندی سنیما کے مشہور ولین: اجیت، امجد خان، کل بھوشن کھربندا اور امریش پوری

ہندوستان کا جو فلم سنگیت ہے، وہ ہندوستانیوں کو جوڑتا ہے

پرانے گیت صرف گیت ہی نہیں ہوتے ہیں یہ آپ کو اُس وقت کے سنسکار اور تہذیبی اقدار سے بھی آشنا کرتے ہیں۔ ان گیتوں کے آئینے میں آپ پورا عہد اور اسکی سچی تصویریں دیکھ سکتے ہیں، لوگوں کے جینے کا انداز، ان کے طور طریقے، ایک دوسرے کے ساتھ لوگوں کے برتاؤ کیسے ہیں، رویے کیسے ہیں، ان کی قدریں کیسی ہیں، یہ سب آپ کو گیتوں کی دھنوں سے بھی معلوم ہوتا ہے، آواز سے بھی احساس ہوتا ہے اور استعمال کئے جانے والی لفظیات سے بھی پتہ چل جاتا ہے۔ ہم جب پچاس اور ساٹھ کی دہائی کے گانے سنتے ہیں تو ہمیں بخوبی اندازہ ہوجاتا ہے کہ ان میں جو بات کہی جارہی ہے تمیز سے کہی جارہی ہے، جو دھن ہے وہ سلیقے سے آگے چل رہی ہے جو گایا جارہا ہے، وہ شرافت کے ساتھ گایا جارہا ہے لیکن وہ اب آپ کو نہیں ملتا ہے۔

یہ جو بیچ میں بچولی ہیں، جو ہمارا سامان لے کر پبلک کو دیتے ہیں، وہ کہتے ہیں کہ پبلک کو یہی چاہیے، ینگ جنریشن کو یہی چاہیے۔ ارے ینگ جنریشن کو یہی چاہیے تو پھر ٹی وی پر اتنے سارے جو میوزیکل کنٹیسٹنٹس ہورہے ہیں، ان میں لڑکیاں لتامنگیشکر کے گانے کیوں گاتی ہیں؟ وہاں تو وہی پرانے گانے گائے جاتے ہیں، اس سے ظاہر ہوتا ہے کہ نئی نسل پر یہ جھوٹا الزام ہے، سچ یہ ہے کہ جن کے ہاتھ میں دھندہ ہے ان کا یہ اپنا ٹیسٹ ہے، ان کی یہ سمجھ ہے۔ اور ہندوستان کا جو فلمی موسیقی ہے، سنگیت ہے وہ ایک ایسی چیز ہے کہ آپ امریکہ چلے جایئے انگلینڈ چلے جایئے آپ پولینڈ چلے جایئے سنگاپور یا کہیں بھی چلے جایئے۔ جب کہیں بھی شام کو ریسپشن ہوتا ہے، پارٹی ہوتی ہے، وہاں تھوڑی دیر بعد آپ کو کوئی ہندی پکچر کا گانا سنائی دینے لگتا ہے۔ لوگ ان گانوں کو گاتے ہوئے ان پر تھرکتے ہوئے دکھائی دینے لگتے ہیں۔ تو ہندوستان کا جو فلم سنگیت ہے وہ ہندوستانیوں کو جوڑتا ہے۔ اس اتحاد و یکجہتی میں ہماری فلموں کے نغموں کا، نغمہ نگاروں کا، گیت گائکو، گلوکاروں کا بڑا کنٹری بیوشن ہے۔ ہمارے جو رائٹرز ہیں، شیلیندر جی، ساحر صاحب، کیا کیا لکھا ہے ان لوگوں نے۔ انہوں نے یہ ہی نہیں کہ صرف فلم کے سچویشن پر لکھ دیا ہے، ان کے گیت جو ہیں وہ ہماری زندگی کا حصہ بن گئے ہیں۔ لتا جی نے کوئی گیت گادیا وہ ہماری زندگی کا حصہ بن گیا ہے۔ کسی گیت کے ذریعے جب کوئی خاص ایموشن، خاص بھاونا یا کوئی جذبہ اور احساس لفظوں میں ڈھل جاتا ہے تو وہ ہمارا ریفرنس پوائنٹ بن جاتا ہے۔ ہمیں وہ گیت اس موڈ میں یاد آتا ہے، ان گیتوں نے کیا کیا ہمیں دیا ہے، کامن مین فلاسفی بھی ہوتی تھی ان نغموں میں۔

موسیقار لکشمی کانت اور فلم پروڈیوسر و ڈائریکٹر یش چوپڑا کے ساتھ جاوید اختر

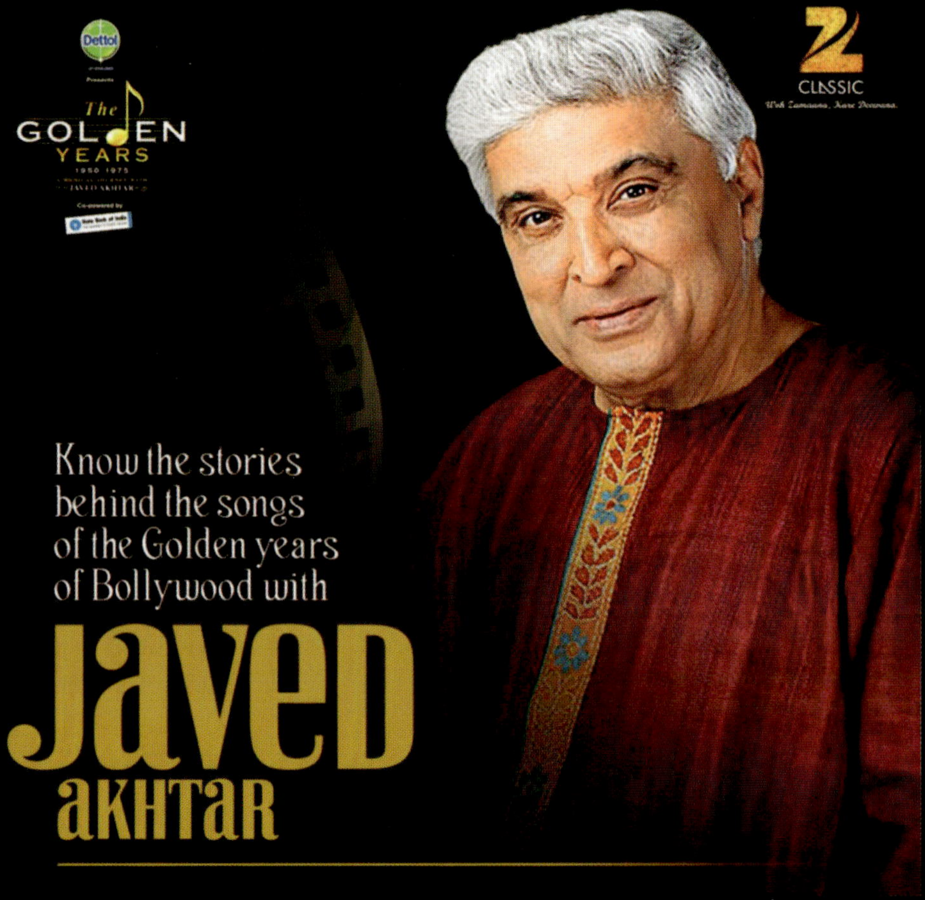

۸۹

ہندوستانی فلموں کا گیت-سنگیت

دی گولڈن ائرس ۱۹۷۵-۱۹۵۰

زی کلاسکس چینل پر ۲۰۱۶ میں آئے جاوید اختر کے مشہور ٹیلی وژن شو 'دی گولڈن ائرس ۱۹۷۵-۱۹۵۰' کے تمام اپی سوڈ سبھی ٹی وی دیکھنے اور موسیقی سے عشق کرنے والوں کے ذریعے بہت پسند کئے گئے، بے انتہا سراہے گئے، جاوید اختر کے ساتھ کئے گئے موسیقی کے اس سفر میں ہندی فلم گیت سنگیت کے ساتھ ساتھ ہندی سنیما اور فلم انڈسٹری کی کئی کہی ان کہی کہانیوں سے بھی آپ روبہ رو ہوئے۔

۹۰

کلاسک لیجنڈس: ہندی سنیما کے عظیم کلاکاروں، فنکاروں کی زندگی کا جائزہ

کلاسک لیجنڈز ہندوستانی ٹیلی ویژن پر نشر ہوا ایک ہندی انٹرٹینمنٹ شو ہے۔ جس میں ہندی فلم انڈسٹری کے مایہ ناز، قابل قدر اور باصلاحیت لوگوں کے بارے میں جاوید اختر نے بہت ہی دلچسپ پیرائے میں معنی خیز اور معلوماتی گفتگو کی ہے۔ شو کے پہلے چار سیزن زی کلاسک پر نشر کیے گئے تھے اور پانچویں سیزن کا ٹیلی کاسٹ زی انمول سنیما، زی بالی وُڈ اور زی سنیما ایچ ڈی پر ہوا تھا۔ شو میں جاوید اختر نے ہندی سنیما کے گولڈن پیریڈ کے عظیم کلاکاروں کی زندگی اور ان کی شخصیت کے مختلف پہلوؤں کا تجزیہ بہترین انداز میں پیش کیا تھا۔ انہوں نے اپنی شاندار پیش کش اور بہترین پرفارمنس سے سلور اسکرین کو باوقار بنا دیا تھا۔ شو کے پہلے سیزن کا پریمیئر گیارہ دسمبر ۲۰۱۱ کو ہوا تھا۔ اس سیریز کا ہر ایپیسوڈ ایک اہم فنکار پر فوکس ہے اور اس سیریز میں ہندی سینما کے مشہور و معروف ہیرو، ہیروئن، میوزیشن ،ڈائریکٹر، پروڈیوسر، سنگر، اور گیت کار و نغمہ نگار شامل ہیں۔

ٹاٹا اسکائی پروگرام پیش کرتے ہوئے جاوید اختر

۹۱

ٹاٹا اسکائی-جاوید اختر ایکٹو:

عام زندگی، کلاسک شاعری اور دوہے

آج کی بھاگ دوڑ والی تیز رفتار زندگی میں ٹاٹا اسکائی نے اپنے پلیٹ فارم سے ایک خاص پروگرام نشر کیا ہے جس میں معروف دانشور، قلمکار، نغمہ نگار، جاوید اختر کوئی کلاسک دوہہ، شعر، غزل یا نظم سناتے ہیں۔ اور عام زندگی کے تناظر میں ان تخلیقات کی تفہیم وتشریح پیش کرتے ہیں جو انسانی زندگی اور اس کی قدروں پر اثر انداز ہوتی ہے۔

شعر

کچھ تو ہوتے ہیں محبت میں جنوں کے آثار
اور کچھ لوگ بھی دیوانہ بنا دیتے ہیں

۔ظہیر دہلوی

واقعی ایسا ہی ہوتا ہے انسان جب کسی چیز پر فوکس کرتا ہے، جب کسی بھی چیز سے اس کی ایسی محبت ہو کہ دوسری چیز غیر اہم ہو جائے تو کچھ لوگ اسے عجیب نظروں سے دیکھتے ہیں، اس لیے کہ شاید عام طور سے انسان اتنا بکھرا ہوا ہے۔ اتنے خانوں میں بٹا ہوا ہے کہ وہ کہیں بھی پورا نہیں ہے۔ ادھورا ادھورا سا ہر طرف پھیلا ہوا ہے، کوئی شخص اپنے کام سے، کسی انسان سے، کسی مقصد سے، کسی ہدف یا کسی بات سے ایسی محبت کرتا ہے اور اسے لے کر ایک جنونی کیفیت میں آجاتا ہے کہ لوگ اسے دیوانہ سمجھنے لگتے ہیں۔ مجھے ایسا لگتا ہے کہ اس کی دو وجہیں ہوتی ہوں گی، ایک وجہ تو یہ کہ لوگ جو ہیں اسے دیوانہ اس لئے سمجھنے لگتے ہیں کہ بھائی ایک ہی چیز اتنی امپورٹنٹ اتنی ضروری کیسے ہوگئی تمہارے لیے، یہ تو دیوانگی کی بات ہے۔ دوسری یہ کہ انہیں اس کا جو یہ جنون ہے، طاقت ہے یہ جو اس کا فوکس ہے، یہ جو ایک ہی نقطے پر سمٹ جانا ہے یہ انہیں کہیں ڈراتا بھی ہے اور وہ اپنے ڈر کو نکالنے کے لیے اسے دیوانہ ہی سمجھتے ہیں۔ تو یہ دیوانہ ہے اس لیے کہ ہمارے جیسا نہیں ہے، ہمارے جیسا نہیں ہے تو غلط ہے۔

محبت کرنے والے کو دیوانہ سمجھنا کوئی حیرت کی بات نہیں ہے۔ اس لیے کہ جب کوئی انسان زندگی کی بہت ساری چیزوں کو چھوڑ دے، یہ نہیں چاہیے، وہ نہیں چاہئے، ہاں مجھے صرف یہ چاہیے۔ تو یہ جو اس کی لاپرواہی اور بے نیازی ہے باقی چیزوں سے وہ لوگوں کے اندر ڈر پیدا کرتی ہے۔ اور وہ اسی میں اپنا بھلا سمجھتے ہیں کہ اس کو دیوانہ سمجھیں اور دیوانہ کہیں۔ کچھ تو ہوتے ہیں محبت میں جنوں کے آثار۔ کچھ تو دیوانگی واقعی ہوتی بھی ہے اس میں بھی کوئی شک نہیں، اس لیے کہ زندگی کی بہت سی چیزوں کو ٹھکرانے کے لیے واقعی آپ میں ایک دیوانگی ہی ہونی چاہیے۔ زندگی میں بہت سارے چیلنج قبول کرنے کے لیے، بہت سی دیواروں کو توڑنے کے لیے آپ کے پاس ایک ایسا سر ہونا چاہیے جو آپ مسلسل دیوار پر اس وقت تک مارتے رہیں جب تک کہ دیوار میں در نہ بن جائے تو اس کے لئے تو جنون چاہیے ہی ہوتا ہے۔ ضروری نہیں ہے کہ محبت کسی انسان سے ہی ہو، کسی بھی شے یا مقصد سے ہوسکتی ہے کسی نظریے کسی مشن سے ہوسکتی ہے اور جب ہوتی ہے تو اسے حاصل کرنے اسے پانے کے جذبے بھی سر اٹھاتے ہیں، اسے حاصل کرنے کی شدت کے مطابق جنون کی کیفیت بھی پیدا ہوجاتی ہے، تو یہ سچائی ہے کہ کچھ تو ہوتے ہیں محبت میں جنوں کے آثار اور کچھ لوگ بھی دیوانہ بنا دیتے ہیں۔ اور پھر اسے دیوانہ بتا کر خود کو محفوظ بھی محسوس کرتے ہیں، اس سے ڈرتے ہیں، گھبراتے ہیں۔ میں آپ کو ایک شعر سنا رہا ہوں، ایک غزل تھی میری جو نصرت فتح علی نے گائی تھی 'سنگم' البم میں اس اس کا ایک شعر ہے :

عشق بے گھر کرے عشق بے در کرے
عشق کا سچ ہے کوئی ٹھکانہ نہیں
ہم جو کل تک ٹھکانے کے تھے آدمی
دیکھئے آج کیسے ٹھکانے لگے

ہوتا یہ ہے کہ غلامی میں بھی تو کچھ آرام ہے نا، غلامی میں کچھ چیزیں مل جاتی ہیں آپ کو، لیکن جب انسان بندھن توڑتا ہے بندشیں توڑتا ہے جب آپ غلامی سے انکار کرتے ہیں تو باقی جو چیزیں جو ان بندشوں کے ساتھ ملتی ہیں وہ چیزیں بھی کھو جاتی ہیں۔

میر، جنہیں شاعر جذبات کہا جاتا ہے، خدائے سخن، تصور کیا جاتا ہے، ان کا آپ ایک شعر سنیے ان کے یہاں واقعی جنون و دیوانگی کی کیفیت بہت زیادہ تھی :

ہوگا کسی دیوار کے سائے میں پڑا میر
کیا ربط محبت سے اس آرام طلب کو

اب آپ دیکھیے کہ میر کے بارے میں ان کا الزام ہے کہ کسی دیوار کے سائے میں پڑا ہوگا، یہ دیوار کے سائے میں کیوں پڑا ہے بھائی، وہ اپنے گھر میں کیوں نہیں، یہ میر ہے، یہ جو عشق کرنے والا ہے، محبت کرنے والا ہے، دیوار کے سائے میں پڑا ہے، تو یہ بات تو معلوم ہوگئی کہ اس کا سب کچھ جا چکا ہے، اب اس کے پاس وہی ہے۔ عشق بے گھر کرے، عشق بے در کرے۔ تو وہ سب تو ہو چکا لیکن جو محبت کرنے والے ہیں یا جو محبت کی عزت کرتے ہیں انہیں یہ بھی برداشت نہیں کہ اچھا تو تم وہاں دیوار کے سائے میں پڑے ہوئے آرام کر رہے ہو بجائے اس کے کہ اپنے جنون کی پوری نمائش کرتے، اس کے لیے جان دے رہے ہوتے، یہ اتنا سخت امتحان ہے محبت کا کہ ان کو یہ بھی برداشت نہیں ہوگا۔

جمیل الدین عالی ہمارے اردو کے بہت اچھے شاعر ہیں، دلی کے رہنے والے تھے، اب ہندوستان میں نہیں رہتے، ان کا ایک بہت اچھا شعر ہے :

کچھ نہ تھا یاد بجز کارِ محبت اک عمر
وہ جو بگڑا ہے تو اب یاد کئی کام آئے

(بجز مطلب سوائے، کارِ محبت مطلب محبت کے کام)

ایک زمانے تک سوائے محبت کے مجھے تو کچھ یاد نہیں۔ جب محبت سے دل اٹھ گیا، دل ٹوٹ گیا، اعتبار جاتا رہا یا یقین ختم ہوا، دل اچاٹ ہو گیا تو اب دھیان آیا ہے کہ کیا کیا چیزیں کھو دی تھیں، کیا کیا کام ادھورے رہ گئے تھے۔ لیکن محبت کرنے والے آج بھی ہیں، اور ہمیشہ رہیں گے، مجھے فیض کا ایک اچھا شعر یاد آرہا ہے آج کے وقت میں بھی :

ہم سہل طلب کون سے فرہاد تھے لیکن
اب شہر میں تیرے کوئی ہم سا بھی نہیں ہے

فرہاد شیریں کی بڑی مشہور کہانی ہے، جس میں فرہاد سے کہا گیا تھا کہ تم یہ پہاڑ کاٹ کے یہاں ایک دودھ کی نہر بہا دو گے تو تمہاری شادی شیریں سے کر دی جائے گی، وہ اکیلا تیشہ (کدال) جس سے پتھر توڑتے ہیں، لے کر پہاڑ کاٹتا رہا، کاٹتا رہا آخر اس نے پہاڑ کاٹ دیا تو وہ تھا فرہاد۔ ہم آرام طلب اسے کہتے ہیں جسے آرام چاہیے اور سہل طلب اسے کہتے ہیں جو آسان کام کرنا چاہتا ہے، آج دنیا بڑی مادّیت پسند ہوگئی ہے۔ مقاصد اور ہدف بدل گئے ہیں۔ سو اب کون ہے فرہاد جو شیریں کے لیے پہاڑ کاٹے، ہم تو اتنے نہیں ہیں مانا، لیکن سچ ہے کی ہم جتنی محبت کرتے ہیں، ہم میں جتنا پیار ہے، اتنا بھی کہاں دنیا میں ملتا ہے۔ یہ تھوڑا بہت جو پیار ہمیں ہے، جو محبت ہے ہمارے دلوں میں وہی رہے وہی باقی رہے تو غنیمت ہے، لیکن سچ یہ ہے کہ آج بھی فرہاد ہے آج بھی مجنوں ہے، وہ جنگل میں لیلیٰ لیلیٰ کرتے نہیں گھومتے اس لئے کہ جنگل ہی آج کل ملنا مشکل ہے، وہ شہروں میں ہی رہتے ہیں لیکن لیلیٰ بھی ہے اور مجنوں بھی ہے اور وہ سوہنی بھی ہے جو کچے گھڑے پر چناب پار کرلے... تو ...

کچھ تو ہوتے ہیں محبت میں جنوں کے آثار
اور کچھ لوگ بھی دیوانہ بنا دیتے ہیں

دوہا

رحیمن دھاگہ پریم کا مت توڑو چٹکائے
جوڑے سے پھر نہ جڑے، جڑے گانٹھ پڑ جائے

عبدالرحیم خان خانہ اکبر کے درباری شاعر تھے اور مہاکوی تلسی داس کے بہت گہرے دوست، یہ ان کا بڑا مشہور دوہا ہے۔ کہنے کو تو بڑی سیدھی سی بات ہے، لیکن جیسے اچھے دوہے میں ہوتی ہے اس میں بھی ایک گہرائی ہے، پرتیں ہیں، اگر آپ دیکھنا چاہیں تو اندر اور دور تک دکھائی دیتا ہے اور بہت کچھ دکھائی دیتا ہے، یوں تو رحیم کہہ رہے ہیں کہ رحیم پریم کا دھاگا کبھی توڑنا نہیں، اس لیے کہ وہ جڑتا نہیں ہے اور جڑتا ہے تو اس میں گرہ پڑ جاتی ہے گانٹھ پڑ جاتی ہے۔ لیکن مجھے ایسا لگتا ہے کہ اس کی دونوں لائنوں میں دونوں مصرعوں میں ایک بات اور بھی ہے۔ رحیم یہ بھی کہہ سکتے تھے کہ رحیم پریم کا دھاگا مت توڑو، چٹکائے کی جو شرط ہے یہ کیا ہے۔ چٹکائے کا مطلب ہے زور سے، جھٹکے سے مت توڑو، دوسری جو لائن ہے اس میں بھی دو باتیں ہیں، ایک طرح سے دیکھیے تو جوڑے سے پھر نہ جڑے۔ لیکن اس کے بعد پھر کہتے ہیں جڑے گانٹھ پڑ جائے۔ ایک تو وہ جڑے گا ہی نہیں، دوسرے جڑے گا تو اس میں گانٹھ پڑ جائے گی۔ اب اسے ہم شروع سے لے کر چلتے ہیں۔ پہلی بات تو سب سے اچھی یہی ہے جو رحیم کا کہنا ہے کہ رحیمن دھاگہ پریم کا مت توڑو، سچی بات یہ ہے کہ جو رشتے ہیں، محبت کے رشتے، اپنائیت کے رشتے، پیار کے رشتے یا یہ بندھن نہ ٹوٹیں تو اچھا ہے، جہاں تک ہو سکے اسے ہم نبھائیں، جہاں تک ہو سکے انہیں سنبھال کر رکھیں، یہی تو زندگی کا مقصد اور خوبصورتی ہے، یہی تو اب اصلی دھن ہے جو انسان کما سکتا ہے۔ لیکن کبھی کبھی ایسا ہوتا ہے، اور ہم سب کی زندگی میں ہوتا ہے کہ جو کچھ دھاگے پریم کے ہوتے ہیں کبھی لگتا ہے کہ انہیں توڑنا ہی پڑے گا یا وہ ٹوٹ جائیں گے، اس لیے کہ زندگی بڑی پیچیدہ ہے، اس میں بہت سی باتیں ہوتی ہیں ایسا ہو ہی نہیں سکتا کہ دھاگہ کبھی ٹوٹے ہی نہیں، ٹوٹ بھی سکتا ہے لیکن اگر دھاگہ توڑنا ہی ہے تو اس کے لیے رحیم آپ کو ایک شرط یہ دیتے ہیں کہ دھاگہ چٹکائیے نہیں۔ وہ جھٹکے سے نہ توڑو، وہ زور سے نہ توڑو، وہ بے رحمی سے نہ توڑو، بے رحم بن کے نہ توڑو۔ یہ ضروری ہے اس لیے ہے کہ میں سمجھتا ہوں اور یہ آپ کی آزمائش ہے کہ تین صورتوں میں انسان پہچان میں آتا ہے کہاوت تو دو کی ہے لیکن میں ایک بڑھاؤں گا، ۱۴ برس تک ایک انسان کے ساتھ رہو، یا ساتھ سفر کرو تو معلوم ہوتا ہے کہ وہ کیسا انسان ہے، لیکن ایک کنڈیشن اور بھی ہے یہ انسان کے جھگڑے جو ہیں یعنی غصے کی حالت میں دیکھو اسے، غصہ بھی تو انسان الگ الگ طرح سے کرتا ہے جو اس کا اصلی کردار ہے تو اس حالت میں اس کا لیول، اس کا کریکٹر جو ہے وہ باہر نکل آتا ہے۔

شریف آدمی کے غصے میں بھی ایک شرافت ہوگی، وہ رشتوں کو توڑے گا بھی تو جھٹکے سے بدصورتی سے نہیں توڑے گا اور یہی شاید رحیم آپ سے کہہ رہے ہیں اگر بات یہی ہوتی کہ رشتہ نہ توڑو تو شاید وہ کبھی کہتے ہی نہیں کہ جوڑ سے پھر نہ جڑے جڑے گانٹھ پڑ جائے، کاہے کہتے بھائی۔

رشتہ نہ توڑو، ختم ہوگئی بات لیکن یہ بات رحیم کو بھی معلوم ہے کہ کبھی کبھی رشتہ ٹوٹتا ہے، یہ دھاگہ جو ہے پریم کا کبھی ٹوٹ بھی جاتا ہے تو پھر کم سے کم اس قابل تو رہے کہ دوبارہ جڑ سکے۔ تو برے سے برے وقت میں ایسی بات نہ کہو کہ کل اگر دوستی ہو کل اگر رشتہ پھر بن سکے تو یہ تلخ کلامی یہ سخت الفاظ جو ہیں وہی دیوار بن کر کھڑے ہو جائیں، ایسا نہیں ہونا چاہیے، ہم لوگ لاپرواہی سے کام لیتے ہیں۔

لفظ بڑی خطرناک چیز ہیں، الفاظ تلوار سے زیادہ تیز اور تیر سے زیادہ نکیلے ہوتے ہیں۔ ہم بنا سوچے سمجھے ایسی باتیں کر دیتے ہیں کبھی کبھی اور خاص طور سے ان لوگوں سے جنہیں ہم اپنا سمجھتے ہیں۔ اور جنہیں ہم غیر سمجھتے ہیں، پرایا سمجھتے ہیں ان سے تو بڑے سنبھل کے بات کرتے ہیں، لیکن جنہیں اپنا سمجھتے ہیں جن سے پریم کا دھاگہ بندھا ہے وہاں لاپرواہ ہو جاتے ہیں۔ میں تو یہ

کہوں گا کہ پہلے تو یہی ہو کہ آپ کے پریم کا دھاگا نہ ٹوٹے اور ٹوٹے تو چٹکا کے نہ ٹوٹے تا کہ اگر وہ جھٹکے سے ٹوٹ بھی جائے تو جڑنے کی گنجائش رہے۔ اس کے لیے ضروری یہ ہے کہ ہم اس بات کا دھیان رکھیں کہ انسان کا نیچر بڑا عجیب ہے، کبھی کبھی پہاڑ جیسی بات بھی بھلا دیتا ہے کبھی کبھی کوئی ایک تنکا بھی اس کے دل میں جا کر چبھ جاتا ہے۔ اس لئے ہم سب کے لیے ضروری ہے کہ ہم جن سے پریم میں بندھے میں، ان کو عارضی طور پر یا سرسری طور پر نہ لیں، 'ٹیکن فار گرانٹڈ' والا معاملہ نہ ہو بلکہ ہر بات سوچ کے سمجھ کے نرمی سے اور پیار سے ہی کہیں، ورنہ ہوتا کیا ہے کہ یہ جو محبت کا دھاگہ ہے، یہ جو پودا ہے جب اسے دھیان کا نرمی کا، نرم بات کا پانی روز نہیں ملتا تو یہ پودا سوکھنے لگتا ہے، یہ دھاگہ ٹوٹنے لگتا ہے اور ہم حیران ہو جاتے ہیں کہ ایسا کیوں ہو رہا ہے؟ اس لیے یاد رکھیے بس:

رحیمن دھاگہ پریم کا مت توڑو چٹکائے
جوڑے سے پھر نہ جڑے، جڑے گانٹھ پڑ جائے

نظم

دوستو! مجاز لکھنوی کو اردو شاعری کا شیلی اور کیٹس کہا گیا ہے، جب ہم مجاز کا نام لیتے ہیں تو سب سے پہلے جس نظم کا خیال آتا ہے اس کا عنوان ہے 'آوارہ' :

راستے میں رک کے دم لے لوں مری عادت نہیں
لوٹ کر واپس چلا جاؤں مری فطرت نہیں
اور کوئی ہم نوا مل جائے یہ قسمت نہیں
اے غمِ دل کیا کروں اے وحشت دل کیا کروں

یہ نظم تو بہت لمبی ہے، اس میں ایک انسان ہے جو آوارہ گھوم رہا ہے۔ دراصل اردو شاعری میں آوارہ کوئی برا لفظ نہیں ہے، آوارہ سے مطلب یہ نہیں ہے کہ وہ جو سڑک پر کھڑا سیٹیاں بجا رہا ہے یا کسی لڑکی کو چھیڑ رہا ہے۔ یہ وہ آوارہ نہیں ہے، اردو شاعری میں آوارہ وہ ہے جو زندگی کا بندھا ٹکا، پہلے سے چلا آرہا غیر ضروری دقیانوسی راستہ ہے وہ اسے چھوڑ دیتا ہے، چھوڑ کر کہاں جا رہا ہے یہ بھی ٹھیک سے نہیں معلوم لیکن یہ راستہ مجھے نہیں چاہیے، مجھے تو اپنے الگ راستے پر جانا ہے اور جا رہا ہے تو اردو شاعری میں یہ انفرادی اپروچ جو ہے یہ بھی آوارگی کی ایک شکل ہے، ایک پہلو ہے۔

ایک بہت مشہور رائٹر تھا البرٹ کامو، اس نے اپنی ایک کہانی میں جملہ لکھا جو بڑا خوبصورت ہے، جہاں ایک مالک اپنے نوکر سے کہتا ہے کہ 'آئی ایم گوئنگ اوے فرام ہیئر، تو نوکر پوچھتا ہے 'بٹ ماسٹر ویئر آر یو گوئنگ، تو مالک جواب دیتا ہے 'کانٹ یوانڈر راسٹنڈ، آئی ایم گوئنگ اوے فرام ہیئر'، کہ میں یہاں سے جا رہا ہوں بس یہی میرے جانے کا ریزن ہے۔ یہی تو یہ آوارہ انسان ہے۔ اردو شاعری میں یہ وہ آوارہ ہے جو ایک سیکیور، ریگولر لائف ہے، جو جانی پہچانی زندگی ہے، جو جانے پہچانے ہوئے راستے ہیں انہیں چھوڑ کے کسی نئی سمت میں نئے راستے نئی منزل کی تلاش میں نکلا ہے۔ کبھی اسے معلوم ہوتا ہے کہ کس چیز کی تلاش ہے اور کبھی یہ بھی معلوم نہیں ہوتا کہ وہ کیوں بھٹک رہا ہے، لیکن وہ بھٹک رہا ہے بس، اس سفر میں عجیب عجیب لمحے آتے ہیں، ظاہر ہے کہ جب گھر سے نکلتے ہیں کہیں دور چلے جاتے ہیں تو کبھی کبھی ماضی اور ان چھوٹی ہوئی چیزوں کی بھی یاد آتی ہے۔ دیکھیے کیا خوبصورت شعر ہے۔ اور اس پر ایک عجیب غم اور ایک عجیب بے بسی اور ایک عجیب ایموشن ہے :

یہ سرد رات یہ آوارگی یہ نیند کا بوجھ
ہم اپنے شہر میں ہوتے تو گھر چلے جاتے

یہ وہ مسافر ہے، وہ انسان ہے جو شاید اپنا گھر اپنا شہر چھوڑ کے کہیں اور گیا ہے اور در، در کی ٹھوکریں کھا رہا ہے، کیوں؟ کیا تلاش ہے؟ یہ تو میں نہیں جانتا آپ اس کی ایک وجہ سوچ سکتے ہیں میں کچھ اور سوچ سکتا ہوں۔ شعر تو ایسے ہی اپنائے جاتے

ہیں۔ آپ اس آوارہ کے بارے میں اپنی رائے بتائیں میں اپنی رائے بتاؤں گا۔ کیف بھوپالی، بھوپال کے بہت اچھے شاعر تھے انہوں نے بھی کیا خوبصورت تصویر بنائی ہے :

سو گئیں شہر کی ساری سڑکیں
ایک آوارہ مگر باقی ہے

اب کچھ آوارہ ایسے بھی ہوتے ہیں جو اپنی آوارگی میں بھی ایک ناز ڈھونڈ لیتے ہیں، احساسِ فخر ڈھونڈ لیتے ہیں۔ حبیب جالب کا ایک بہت اچھا شعر ہے :

یہ اعجاز ہے اپنی آوارگی کا
جہاں بھی گئے داستاں چھوڑ آئے

یہ اعجاز ہے اپنی آوارگی کا، یہ دیکھیے ہماری آوارگی کا جادو ہے، ہماری آوارگی کا کمال ہے، جدھر سے گزرے ایک داستاں چھوڑ دی۔ یہ جو آوارہ ہے وہ یہ کرتا ہے۔ کہ اس کی اپنی ایک کہانی ہوتی ہے، وہ جو سب کی کہانی ہے اس سے الگ اس کی کہانی ہوتی ہے۔ وہ اپنا الگ راستہ ڈھونڈتا ہے یہ خوبصورت شعر سنئے :

ہمارے ہر شعورِ زندگی کا راز ٹھہرے گی
یہی آوارگی کل باعثِ اعزاز ٹھہرے گی

کہ بعد میں اگر آپ نے راستہ ڈھونڈ لیا اور منزل تک پہنچ گئے تو آوارگی ایک وصف ایک ناقابل فراموش خوبی بن جاتی ہے۔ اس کی تعریف ہوتی ہے اس کے اوپر آرٹیکل لکھے جاتے ہیں۔ کتابیں لکھی جاتی ہیں، آپ کی بائیوگرافی لکھی جاتی ہے۔ بہت خوبصورت شعر ہے شہر یار کا :

جستجو جس کی تھی اس کو تو نہ پایا ہم نے
اس بہانے سے مگر دیکھ لی دنیا ہم نے

اب اس بہانے سے دنیا بھی دیکھ لی اور معلوم ہوا جستجو بھی جو تھی وہ بھی مکمل ہوگئی، تو پھر کیا کہنے آپ کے، آپ تو آوارہ ہو گئے، 'میرے تو دونوں میٹھے' جیسے کہتے ہیں، تو اب آپ وہ جو گھومے ہیں نگر نگر اور گلی گلی، اگر ایسے ہی نہ گھومے ہوتے، اگر ایسے ہی یہ آوارہ نہ پھرے ہوتے تو اس زندگی کی دنیا کی زمین کی یہ سچائی سمجھ میں تھوڑی آتی۔ یہ جواب کامیاب ہوا ہے، اتنا بڑا بنا ہے، اتنا مشہور ہوا ہے، یہ ہوا ہی اس لئے ہے کہ اس نے اپنا عام راستہ چھوڑ دیا ہے، کہیں اور نکل گیا، شاید یہی اسپرٹ ہوتی ہے آوارگی کی :

جدھر جاتے ہیں سب جانا ادھر اچھا نہیں لگتا
مجھے پامال رستوں کا سفر اچھا نہیں لگتا

جو آوارہ جانے پہچانے راستے، پامال راستے چھوڑ دیتا ہے اور دور نکل جاتا ہے۔ اس کی زندگی میں تنہائیاں ہیں، اس کی قسمت میں دکھ بھی ہیں۔ سرد راتیں بھی ہیں، نیند کا بوجھ بھی ہے لیکن کبھی وہ ایسے ہی ڈھونڈتے ڈھونڈتے منزل پالے تو پھر یہ تمام آوارگی جو ہے اس کی زندگی کا حسن بن جاتی ہے اس کی کامیابی کی وجہ بن جاتی ہے۔ سمندر کے تل میں موتی تو پڑے ہوتے ہیں ،جنہیں کوئی کنارے سے نہیں حاصل کر سکتا، جو اتر جاتا ہے گہرے پانی میں اور اندر تک چلا جاتا ہے، یہ امکان ہے کہ وہ ڈوب بھی سکتا ہے، لیکن سمندر سے موتی لے کر تو وہی آئے گا جو سمندر میں اترے گا۔ یہ جو دیوانہ پن ہے جو آپ کی آوارگی ہے یہ جو دوسروں سے مختلف راستہ ہے یہ آپ کو تباہ بھی کر سکتا ہے۔ لیکن یہ بھی سچ ہے کہ جب یہ آوارگی آپ کو کہیں تک پہنچاتی ہے تو وہ جگہ ایسی ہوتی ہے کہ وہ لوگ جو سیدھے راستے پر چلتے رہتے ہیں۔ وہ حیرت سے اور حسرت سے آپ کو دیکھتے ہیں، میں نے ایک شعر آوارگی کی ردیف بنا کر لکھا تھا :

پھرتے ہیں کب سے در بہ در اب اس نگر، اب اس نگر
اک دوسرے کے ہم سفر، میں اور مری آوارگی

...

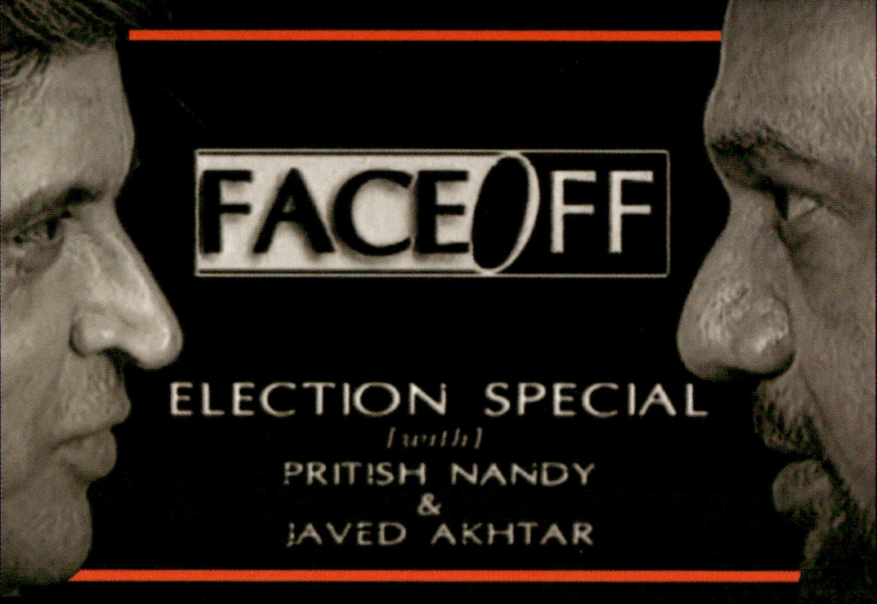

۹۲

فیس آف:
دُوردرشنؔ پر سب سے زیادہ دیکھا جانے والا الیکشن پر مبنی چیٹ شوؔ

دوردرشن پر ۱۹۹۸ میں پیش کیے گئے چناوی، یعنی الیکشن پر مبنی چیٹ شو 'فیس آف' کو جانے مانے صحافی اور کوی پریتش نندی اور جاوید اختر نے ہوسٹ کیا تھا، جس کا ڈائریکشن فلم پروڈیوسر پنکج پراشر نے کیا تھا، اس شو میں منموہن سنگھ، اٹل بہاری واجپائی، جارج فرنانڈیز، ملائم سنگھ یادو اور جیوتی بسو جیسے اہم اور مشہور زمانہ سیاست دانوں کے انٹرویوز پیش کیے گئے تھے۔ فیس آف دوردرشن پر سب سے زیادہ دیکھا جانے والا ہندوستان کا چناوی شو رہا۔ پیش ہیں دو سابق وزرائے اعظم کے بیانات :

جب ہم نے جن سنگھ بنایا تھا، یا آج ہم بھارتیہ جنتا پارٹی کے نام سے کام کر رہے ہیں، ہم نے اپنے دروازے سب کے لیے کھول رکھے ہیں، اس لیے نہیں کھول رکھے ہیں کہ یہ دروازے صرف کھلے ہوئے دکھائی دیں اور کوئی نہ آئے، ہم ایمانداری سے چاہتے ہیں کہ مسلمان ہمارے ساتھ آئیں، اور اس لیے صرف پارٹی کے دروازے ہی نہیں کھول رکھے ہیں بلکہ اپنے دلوں کے دروازے بھی کھول رکھے ہیں، مائنرٹیز یعنی اقلیتوں کے بارے میں پارٹی کا بالکل دوٹوک نظریہ ہے کہ اقلیتیں اس دیش میں برابر کی حقدار ہیں، اقلیتی طبقے کے لوگ بھی اس دیش کے شہری ہیں، ناگرک ہیں، ان کے حق برابر ہیں، ان کی ذمہ داریاں برابر ہیں، مذہب کی بنیاد پر اس دیش میں نہ پہلے کبھی تعصب ہوا ہے اور نہ آگے کوئی تفریق ہوگی۔ پوری پارٹی اس بات کو کہہ چکی ہے کہ ہندوستان ایک سیکولر ملک تھا، ہے، اور رہے گا۔

– اٹل بہاری واجپائی، سابق وزیر اعظم، ہندوستان

لوگوں کی ضرورت اور شخصیت کی اہمیت سے کسی بھی ملک میں انکار نہیں کیا جا سکتا، ہمیں پروگراموں کی ضرورت ہے، ہمیں پالیسیز کی ضرورت ہے، لیکن ہمیں لوگ بھی چاہئیں، ان سارے پروگرامز کو نافذ کرنے کے لیے، لیکن انسانی تاریخ میں ہم فرد کی اہمیت سے انکار نہیں کر سکتے۔ کچھ خاص شخصیات تاریخ میں ایسی جگہ پر ہوتی ہیں کہ وہ انقلاب کی محرک اور باعث بنتی ہیں، تبدیلیاں لاتی ہیں اور یہ ساری دنیا میں ہی ہوتا ہے۔

– منموہن سنگھ، سابق وزیر اعظم، ہندوستان

یہ کھیل کیا ہے

مرے مخالف نے چال چل دی ھے
اور اب
مری چال کے انتظار میں ھے
مگر میں کب سے
سفید خانوں
سیاہ خانوں میں رکھّے
کالے سفید مھروں کو دیکھتا ھوں
میں سوچتا ھوں
یہ مھرے کیا ھیں

اگر میں سمجھوں
کہ یہ جو مھرے ھیں
صرف لکڑی کے ھیں کھلونے
تو جیتنا کیا ھے ھارنا کیا
نہ یہ ضروری
نہ وہ اھم ھیں
اگر خوشی ھے نہ جیتنے کی
نہ ھارنے کا ھی کوئی غم ھے
تو کھیل کیا ھے
میں سوچتا ھوں
جو کھیلنا ھے
تو اپنے دل میں
یقین کر لوں

یہ مھرے سچ مچ کے بادشاہ و وزیر
سچ مچ کے ھیں پیادے
اور ان کے آگے ھے
دشمنوں کی وہ فوج
رکھتی ھے جو کہ مجھ کو
تباہ کرنے کے
سارے منصوبے
سب ارادے
مگر میں ایسا جو مان بھی لوں
تو سوچتا ھوں
یہ کھیل کیا ھے
یہ جنگ ھے جس کو جیتنا ھے
یہ جنگ ھے جس میں سب ھے جائز

کوئی یہ کہتا ہے جیسے مجھ سے
یہ جنگ بھی ہے
یہ کھیل بھی ہے
یہ جنگ ہے پر کھلاڑیوں کی
یہ کھیل ہے جنگ کی طرح کا
میں سوچتا ہوں
جو کھیل ہے
اس میں اس طرح کا اصول کیوں ہے
کہ کوئی مہرا رہے کہ جائے

مگر جو بادشاہ ہے
اس پر کبھی کوئی آنچ بھی نہ آئے
وزیر ہی کو ہے بس اجازت
کہ جس طرف بھی وہ چاہے جائے
میں سوچتا ہوں
جو کھیل ہے
اس میں اس طرح کا اصول کیوں ہے
پیادہ جو اپنے گھر سے نکلے
پلٹ کے واپس نہ جانے پائے

میں سوچتا ہوں
اگر یہی ہے اصول
تو پھر اصول کیا ہے
اگر یہی ہے یہ کھیل
تو پھر یہ کھیل کیا ہے
میں ان سوالوں سے جانے کب سے الجھ رہا ہوں
مرے مخالف نے چال چل دی ہے
اور اب
مری چال کے انتظار میں ہے

دیش کے ہم ہیں رکشک
جان بھی دیں گے بے شک
دیش کی رکشا میں
ویر جیالے ہم ہیں
شستر سنبھالے ہم ہیں
دیش کی رکشا میں
دیش کا کڑ کڑ یہ جانے
(دیش کا ذرّہ ذرّہ جانے)
دروھی بھی، دشمن بھی مانے
آنترک سرکشا ہے ہم سے
ہم رات دن ہیں یہ جانے
جے جے بھارت
جے سی آر پی ایف
بادل جو ہنسا کے چھائے
خطرے کا ڈر سر اٹھائے
ہمّت کی جوالہ جگائے
ہم یہ اندھیرے مٹائیں

سی آر پی ایف اینتھم

سی آر پی ایف کے ساتھ میرا ایک خاص رشتہ ہے۔ میں نے ان کے لئے ایک اینتھم لکھا ہے، لکھنے سے پہلے میں سی آر پی ایف کے کئی افسروں سے ملا، ان سے جو جانکاری ملی، اس نے ان بہادروں کے تئیں میرے جذبہ احترام، عزت، پیار اور وقار کو اور بڑھا دیا۔

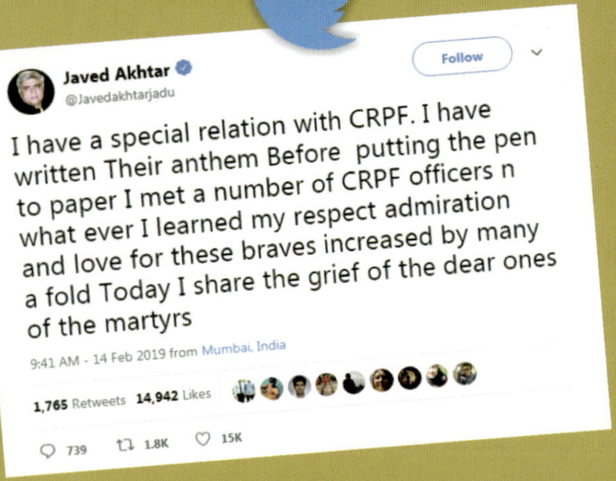
Javed Akhtar
@Javedakhtarjadu
Follow

I have a special relation with CRPF. I have written Their anthem Before putting the pen to paper I met a number of CRPF officers n what ever I learned my respect admiration and love for these braves increased by many a fold Today I share the grief of the dear ones of the martyrs

9:41 AM - 14 Feb 2019 from Mumbai, India

1,765 Retweets 14,942 Likes

739 1.8K 15K

۲۰۱۰ میں مائکرو بلاگنگ سائٹ 'ٹوئٹر' پر سرگرم جاوید اختر، مختلف قومی وعالمی ایشوز پر اپنے خیالات کا اظہار مسلسل کرتے رہتے ہیں۔

بھارت ماتا تیری قسم، تیرے رکشک رہیں گے ہم
بندے ماترم، بندے ماترم
ماں ہم نے تن من، جیون تجھ سے ہی پائے ہیں
تیری دھرتی سے جنمے ہیں تیرے پھل کھائے ہیں
ہم پر تیری ممتا تیری کرونا کے سائے ہیں
تیری باھوں میں ہیں پلے، ماں ہم ہیں تیرے لاڈلے
دیواریں ہم بنیں گے ماں، تلواریں ہم بنیں گے ماں
چھولے تجھ کو ہے کس میں دم
بھارت ماتا تیری قسم
ہم کو پیارا ہے ہر ذرّہ بھارت ماں
ہم کو پیارے ہیں تیرے پربت، جنگل ندیاں
ہم کو پیارے تیرے گاؤں نگر تیرے راستے گلیاں
کوئی دشمن کبھی اگر بھولے سے دیکھ لے ادھر
دیواریں ہم بنیں گے ماں، تلواریں ہم بنیں گے ماں
چھولے تجھ کو ہے کس میں دم
بھارت ماتا تیری قسم
بندے ماترم، بندے ماترم
بندے ماترم، بندے ماترم

آئی ایم اے (انڈین ملٹری اکیڈمی) اینتھم

بامبے بلاسٹ کے خلاف احتجاجی جلوس (ممبئی)

۹۳

آپ ہائر ایجوکیشن 'اعلیٰ تعلیم' کو بہتر بنانے میں لگے رہے اور بیسک ایجوکیشن 'بنیادی تعلیم' غائب ہوتی رہی

۱۸ فروری ۲۰۲۱ کو نئی دہلی میں معروف قلم کار پروشوتم اگروال کے ذریعے مرتّب کی گئی کتاب 'کون ہیں بھارت ماتا؟' کی رسمِ اجراء کے موقع پر جاوید اختر کے ذریعے کی گئی تقریر سے ایک اقتباس

میری زندگی کا اچیومنٹ، میری کامیابی یہ ہے کہ میں نے ’جواہر لال نہرو‘ سے آٹوگراف لیے۔ دیکھیے جب میں چودہ، پندرہ سال کا تھا تو میرے تین ہیرو تھے، پنڈت جواہر لال نہرو، کرشن چندر اور دلیپ کمار اور یہ اسی نمبرنگ میں تھے۔ مجھے ۱۹۶۴ کا وہ برا دن بھی یاد ہے جب پنڈت جواہر لال نہرو نہیں رہے۔ اور مجھے وہ خوشی کے لمحات بھی یاد ہیں سن ۶۳ میں جب ان کی آخری برتھ ڈے پارٹی ہوئی تھی تو دلی میں یوتھ فیسٹیول ہوا تھا، اور میں بھی فیسٹول کی ڈبیٹ میں شریک ہوا تھا۔ تو وہ کیسے اچھے دن تھے کہ سبھی اسٹوڈنٹس لائن لگائے ہوئے تین مورتی میں گئے، وہ برابر کے راستے سے پیچھے کے لان میں چلے گئے، نہ کوئی میٹل ڈیٹیکٹر، نہ کوئی گارڈ، نہ کوئی تلاشی، ظاہر ہے کہ اب وہ دن جب یاد آتے ہیں تو ان میں بہت سی خوبصورتی دکھائی دیتی ہے۔ مگر مجھے ایک بات پر حیرت ہے اور یہ سوال میں سب سے پہلے کرنا چاہتا ہوں۔ ۶۴ میں نہرو دنیا چھوڑ کر چلے گئے، اس دوران دنیا اقتصادی، سماجی اور سیاسی طور پر کتنی بدل گئی۔ یہ بھی صحیح ہے کہ ایک مکس ایکانومی ایک مشترکہ و مستحکم اقتصادی نظام ضروری ہے۔ وہ تعلیم ہو یا صحت ہو یا ایسے مقاصد جس میں حکومت اپنے پورے اختیارات نہیں چھوڑ سکتی لیکن جس کو ہم پرمٹ راج کہتے ہیں تو کیا یہ حقیقت ہے کہ نہیں ہے، میں پوچھ رہا ہوں، کوئی بیان جاری نہیں کر رہا ہوں، کہ جو پرائیویٹ سیکٹر تھا، اس کے لیے زندگی تھوڑی سی دوبھر ہو گئی تھی، وہ بہت زیادہ پروڈکٹو ہو سکتا تھا، مطلب مجھے وہ دن یاد ہے کہ جب آپ کو اگر ایک ’فی ایٹ‘ گاڑی خریدنی ہو تو گیارہ سال انتظار کرنا پڑتا تھا، یہ قابل غور ہے کہ ایک گاہک ہے جس کے پاس پیسہ ہے جو، کار خرید سکتا ہے، مگر گاڑیوں کا پروڈکشن اتنا کم ہے کہ اس کو ملنے میں ۱۱ سال لگیں گے۔ جب میں ممبئی گیا تھا تو ممبئی میں ٹیلی فون لگنے میں کم سے کم آٹھ سے دس سال لگتے تھے، تو حقیقت یہ ہے کہ پرائیویٹ سیکٹر کو محدود کیا گیا، پابندیاں عائد کی گئیں۔ دیکھیے سیکٹر بہت ضروری ہے اس کے بنا تو ہم آج جہاں ہیں وہاں ہوتے ہی نہیں، یہاں جو بڑی بڑی انڈسٹریز لگی ہیں، وہ ذاتی طور پر کوئی ایک شخص لگا بھی نہیں سکتا، لیکن کہیں تو کچھ ایسا ہوا ہے کہ مڈل کلاس جتنا پھل پھول سکتا تھا، اتنا نہیں پھل پھول سکا۔ ہمارے بچپن کے زمانے میں، گھر میں تین چیزیں بڑی قیمتی تھیں، ایک بجلی کی استری، ایک مرفی کا ریڈیو اور ایک اوشا کا پنکھا، تو گاؤں میں کیا ہوا میں اس پر کمنٹ نہیں کر سکتا لیکن اربن مڈل کلاس نے تو ایک چھلانگ لگائی ہے نا۔ تو کیا یہ چھلانگ پہلے نہیں لگائی جا سکتی تھی؟

▶ نئی دہلی کے جواہر بھون میں کتاب کے اجراء کے موقع پر مصنف پرشوتم اگروال اور جاوید اختر (۲۰۲۱)

ایک بات ہے کہ اس وقت کی جو ویلیوز تھیں، جو قدریں تھیں اور جو اصول وضابطے اور جو قانون بنے تھے، ایسے تھے کہ پڑھنے میں سننے میں دیکھنے میں سب اچھے لگتے تھے۔ اور وہ اصول وہ ویلیو سسٹم آج بھی، درست ہے ویلڈ ہے اس میں کوئی گڑبڑ نہیں ہے، لیکن ہر بار اس کا مس انٹرپریشن دکھائی دیتا ہے اور مس یوز دکھائی دیتا ہے۔ مثال کے طور پر آپ تعلیمی نظام کو دیکھیے، بھائی آج ہم یہاں ہیں، آئی آئی ایم کی وجہ سے اور آئی آئی ٹی اور دوسرے انسٹیٹیوشنز جو بنے ہیں ان کی وجہ سے، یہ صحیح ہے، لیکن مجھے کبھی کبھی ایسا لگتا ہے کہ ایک بلڈنگ بنائی گئی سو مالے کی اور اس میں لفٹ بھی لگائی گئی اور اس لفٹ کی انٹری ۸۰ فلور پر ہے تو بھائی اگر آپ ۸۰ فلور تک چڑھ کر آسکتے ہیں تو پھر آپ کو لفٹ ملے گی، آرام سے چلے آیئے، اوپر ہم نے سب سہولتیں دے رکھی ہیں۔ لیکن ۸۰ فلور تک کیسے آئیں گے، اس ضمن میں کوئی سیریس کوشش کوئی سنجیدہ اقدام مجھے پورے پیریڈ میں نہیں دکھائی دیا پرائمری اور بیسک ایجوکیشن میں۔ وہ غریب جو اچھی ایجوکیشن افورڈ نہیں کر سکتا، اسے اچھی ایجوکیشن ملتی تو ضرور وہ اسّی اور سو مالے چڑھ سکتا تھا، مگر یہ پرائمری اور بیسک ایجوکیشن بدتر و کم تر ہوتی جا رہی ہے تو یہ لفٹ جیسا نظام تو صرف اپر کلاس، اقتصادی طور پر اعلیٰ طبقے کے لیے ہی ہو جائے گا۔

میں آپ کو ایک سچا واقعہ سناتا ہوں کہ ابھی کچھ دن پہلے ایک چینل میں، جس میں آر این ڈی کا ڈپارٹمنٹ ہوتا ہے، وہ محکمہ جو یہ طے کرتا ہے کہ کون سا پروگرام بنے، کس انداز کا پروگرام بنے وغیرہ وغیرہ۔ اس ڈپارٹمنٹ میں کچھ لوگ، مختصر کہانیوں پر مشتمل ایک پروپوزل لے کر آئے، انہوں نے کہا کہ یہ ۱۳ شارٹ اسٹوریز ہیں، اور ان پر ہم فلم بنانا چاہتے ہیں۔ تو وہاں جو ایک آر این ڈی میں ذمہ دار خاتون بیٹھی ہوئی تھیں، انہوں نے پوچھا کہ یہ کس کی لکھی ہوئی کہانیاں ہیں؟ تو بتایا کہ یہ پریم چند کی لکھی ہوئی کہانیاں ہیں، تو اس لیڈی نے کہا 'تو پھر اس کو خود آنا چاہیے تھا پروپوزل لے کر'۔ تو یہ ہے زمانہ صاحب!

مجھے یہ بڑا عجیب لگتا ہے کہ یہ ہماری فلمیں جو ہیں سینسر ہوتی ہیں اور عجیب عجیب طرح سے سینسر ہوتی ہیں۔ ایک دو قصے سناتا ہوں، جو سچے بھی ہیں۔ ایک زمانے میں ایک کامیڈین تھے ماروتی جو ڈائریکٹر بھی ہوا کرتے تھے، انہوں نے ایک پکچر بنائی تھی یہ بمبئی ہے۔ اب وہ ایسی ہی فنی سی پکچر تھی، اس میں آدمی چھتری لیے ہوئے میرین ڈرائیور پر ہوا میں اڑ رہا تھا، تو سینسر بورڈ نے اعتراض کیا کہ یہ ممبئی نہیں ہے۔ وہاں پر میرین ڈرائیو پر چھتری لے کر کوئی نہیں اڑتا ہے۔ تو انہوں نے کہا کہ ٹھیک ہے، ٹائٹل چینج کر دیتا ہوں، انہوں نے ٹائٹل چینج کر دیا۔ کیا یہ بمبئی ہے؟ اور اس کے بعد پکچر ریلیز ہوگئی۔ سوچیے! اب ہر چیز کو سینسر بہت غور سے کیا جاتا ہے، خیر اب اس طرح کی بے وقوفیاں نہیں ہوتی ہیں لیکن سینسر تو اب بھی ہے جسے ہم سرٹیفکیشن کہتے ہیں۔ اب کچھ بھی اچھا سا نام رکھ لو پر بات تو وہی ہے اب او ٹی ٹی ہے جس کے بارے میں سوچا جا رہا ہے کہ اسے کیسے کنٹرول کیا جائے۔ اسے کیسے کاٹیں، کیسے روکیں۔ کمال یہ ہے کہ ایجوکیشن کا کوئی سینسر نہیں ہے، کوئی چیک نہیں ہے جو موسٹ ریشنیبل ایج ہے۔ تربیت کے اعتبار سے بہت اہم عمر ہوتی ہے بچے کی چھ سات سال کی عمر سے بارہ چودہ سال کی عمر تک، یہاں جو اسکول ہیں، الگ الگ طبقوں کے، کمیونٹیز کے الگ الگ ریجن اور ریلیجن کے، الگ الگ زبانوں کے، انمیں کیا پڑھایا جا رہا ہے، کون اور کیسے پڑھا رہا ہے، کوئی پوچھنے والا ہی نہیں ہے، کچھ بھی پڑھا دو... اس ملک میں کوئی دس بارہ تاریخیں ہیں۔ ایک تاریخ تو وہ ہے جو انگریز دے گئے ہیں، ایک ہسٹری وہ ہے جو ایک بڑے نامی گرامی انگریز نے لندن میں بیٹھ کر ہی لکھی ہے، جو بڑی اہم اور صحیح مانی جاتی ہے۔

ہمارے یہاں یہ ہسٹری، اتہاس کا کنسپشن کیا ہے؟ کیا واقعی اس ملک کی ہسٹری کے اتنے ورژن ہیں؟ آپ بچوں کے دماغوں کو زہر آلود کرتے ہیں اور پھر کہتے ہیں یہ ایسا کیسے ہے؟ کسی نے اس طرح کی کتابوں کو سینسر کیا ہے کسی نے دیکھا ہے کہ کیا پڑھایا جا رہا ہے؟

شاعری کا پہلا مجموعہ (کلیکشن): ترکش

▲ ترکش، ۲۰۰۱

تازگی، گہرائی، رنگا رنگی، جذبات و احساسات کی عکاسی و ترجمانی اور زندگی میں نئے پہلوؤں اور جذبوں کی تلاش جاوید اختر کی شاعری کی اہم خصوصیات ہیں۔ نازک خیالی اور فصیح البیانی ان کو وراثت میں ملی ہے۔ ترکش غمِ جاناں اور غمِ دوراں کے تیروں سے بھرا ہے، وہ ایک صداقت پسند شہری اور بہت رکھ رکھاؤ والے انسان ہیں۔ ان کا کوئی ذہنی اور جذباتی رشتہ اپنے والدین کے زمیندارانہ نظام اور صوفی سماج سے نہیں ہے۔ ان کے ماں باپ نے خود اس جاگیردارانہ نظام کو رد کر دیا تھا لیکن میرا ذاتی خیال یہ ہے کہ جاوید نے لاشعوری طور پر اردو کلچر کے ذریعے اس صوفی تہذیب کی تمام تر خصوصیات یعنی سیکولرزم، انسان دوستی، خلوص ومحبت اور اعلیٰ اقدار کی پاسداری جیسی خوبیوں کو اپنے اندر جذب کر لیا ہے۔ ترکش جدید اردو شاعری کا ایک اہم دستاویز ہے۔

- **قرۃ العین حیدر**، ناول نگار

شاعری کا دوسرا مجموعہ (کلیکشن): لاوا

▲ لاوا، ۲۰۱۲

جاوید کا اپنا ایک طرزِ سخن ہے، اپنا ایک خاص انداز ہے اور اس انداز میں عقل کی پہرے داری نے چار چاند لگا دیے ہیں، جو انہیں بے مثال بنا دیتے ہیں۔ اپنی بات ہمارے دل میں اتار دینے کے لیے جاوید اختر کے پاس جو لفظوں کا خزانہ ہے، وہ غیر معمولی ہونے کے ساتھ ساتھ بیش بہا بھی ہے اور کارگر بھی۔ ان کے لکھے جملوں، مصرعوں سے ایک بھی لفظ ادھر اُدھر کرنے یا لفظ بدلنے کی حماقت نہیں کی جا سکتی، ہر لفظ اپنی جگہ مکمل ہوتا ہے۔ صحیح لفظوں کا انتخاب بڑی مشق اور بڑے ریاض کے بعد آتا ہے، جاوید اختر کے پاس لفظوں کا ایک نہ ختم ہونے والا خزانہ ہے۔ کس لفظ کو کب، کہاں، کیسے استعمال کرنا ہے، جاوید خوب جانتے ہیں۔ پامال راستوں پر جاوید کبھی نہیں چلے۔ یہ انہی کا حوصلہ ہے۔ جاوید نیا سورج اگا رہے ہیں۔

- **پشپا بھارتی** (رائٹر)

عام طور پر پروز 'نثر' کی کتاب کھولتے ہیں تو پہلے پیج پر ایک شعر لکھا ہوتا ہے، میں نے اپنی زندگی میں پہلی شاعری کی کتاب 'ترکش' دیکھی ہے جسے کھولتے ہیں تو پہلے پیج پر ایک خوبصورت نثری اقتباس ملتا ہے، جو کرشن چندر کا ہے۔ ان کی تحریر نے مجھے بہت متاثر کیا۔

... اپنی زندگی میں تم نے کیا کیا؟ کسی سے سچے دل سے پیار کیا؟ کسی دوست کو نیک صلاح دی؟ کسی دشمن کے بیٹوں کو محبت کی نظر سے دیکھا؟ جہاں اندھیرا تھا وہاں روشنی کی کرن لے کر گئے؟ جتنی دیر جیے تو جینے کا کیا مطلب تھا؟

- **کرشن چندر** (ترکش کا انتسابی نوٹ)

شاعری اور خیالات کا کیلی گرافیکل کلیکشن: خواب کے گاؤں میں

جاوید اختر کا یہ شعری مجموعہ اپنے آپ میں نایاب ہے، کچھ کچھ تجرباتی اور تجزیاتی قسم کا ہے، جاوید اختر کی شاعری کا لطف ان کے اشعار غزلوں اور نظموں کے ساتھ ہم آہنگ ہوتی ہوئی مصوری نے کئی گنا بڑھا دیا ہے۔ کلام کرتی ہوئی یہ معنی خیز تصویریں شعری منظرکشی کی یاد دلاتی ہیں۔

'خواب کے گاؤں میں' سب سے زیادہ بکنے والی کتاب

'خواب کے گاؤں میں' کو امیزن کی بیسٹ سیلر والی فہرست میں پہلا مقام ملا ہے۔ ایسا پہلی بار ہوا ہے کہ جب اندور شہر اور مدھیہ پردیش سے شائع ہونے والی کسی کتاب کو امیزن نے سب سے زیادہ بکنے والی کتاب کے زمرے میں رکھا ہے۔ یہ ایسی کتاب ہے جس میں جاوید اختر کی شاعری، ان کے خیالات اور سماج اور فلموں کے بارے میں ان کی رائے، ان کے نظریات ہیں۔ چار سال پہلے 'منجل پبلشنگ ہاؤس، بھوپال' نے اسے شائع کیا تھا، اب تک اس کے تین ایڈیشن منظر عام پر آچکے ہیں، تہذیب و ادب کے خدمت کے اعلیٰ جذبے رکھنے والی دو اہم اور ادب نواز شخصیات اروند منڈلوئی اور اشوک دوبے کی کوششوں کے سبب یہ کتاب منظر عام پر آئی تھی۔ یہ کتاب اس لئے بھی خاصی اہم ہے کہ یہ ایک قلمی نسخہ ہے، یعنی ہاتھ سے لکھی ہوئی کتاب ہے۔

سنیما کے بارے میں، ۲۰۰۸

ٹاکنگ فلمز اینڈ سانگس، ۲۰۱۸

نسرین مُنّی کبیر کے ساتھ کھلی فضا اور آزادانہ طور پر کی گئی بے باک گفتگو 'ٹاکنگ فلمز اینڈ سانگس' جاوید اختر کی ہمہ جہت شخصیت کے سبھی پہلوؤں کو، بالخصوص انکی اسکرپٹ رائٹنگ اور سانگ رائٹنگ کی غیر معمولی صلاحیتوں کو سامنے لاتی ہے۔ یہ کتابیں بنیادی طور پر 'ٹاکنگ فلمز' (۱۹۹۹) اور 'ٹاکنگ سانگس' (۲۰۰۵) میں الگ الگ شائع ہو چکی ہیں، دونوں کتابیں بے حد مقبول رہی ہیں اور ہندوستانی سنیما کے قارئین اور تحقیق کرنے والے اسکالرز کو بہت پسند بھی آئی ہیں۔

- کتاب کے بلرب سے

جاوید اختر اور نسرین منی کبیر کی کتاب 'ٹاکنگ سانگز' پر بات کرنا ایک خوبصورت احساس اور بہترین تجربہ ہے۔ ہندی فلمی نغموں کے تمام تر رجحانات اور پہلوؤں کے بارے میں بہت زیادہ اور بہت اہم معلومات حاصل کرنے کی خواہش رکھنے والے لوگوں کے لیے یہ کتاب نہایت مفید اور کارگر ہے۔ 'ٹاکنگ سانگز' حقیقت میں گیت لکھنے کا جو طریقہ، جو آرٹ ہے اس کو جاننے اور سمجھنے سیکھنے میں دلچسپی رکھنے والے کے لیے بہت ہی اہم ہے۔ یہ کتاب ان تمام حقائق اور ضروری مرکّبات کی بات کرتی ہے جو گیتوں یا نغموں کی تخلیق میں اہم رول ادا کرتے ہیں، روشن پہلو یہ بھی ہے کہ اس میں جاوید اختر گیتوں کی لفظیات ولسانیات پر مبنی تبدیلیوں کے حوالے سے جو رائے اور جواز پیش کرتے ہیں وہ بہت اہم ہیں۔

- پرسون جوشی، گیت کار

سچ تو یہ ہے کہ میں آج تک دوسرے کسی ایسے شخص سے نہیں ملی جس کی ہندی سنیما کے بارے میں اتنی کھلی ہوئی سوچ اور اتنی وسیع معلومات ہو۔ جاوید اختر کے پاس گفتگو کا جو سلیقہ ہے وہ منفرد اور بے مثال ہے، وہ ہلکی پھلکی عام باتوں سے لے کر دانشورانہ اور گہری بات چیت کرنے میں کوئی ثانی نہیں رکھتے۔

- نسرین مُنّی کبیر، رائٹر

پنڈت جسراج اور جاوید اختر، ترنگا پروگرام میں

۹۴

جاوید کو آج کا غالب کہہ دیں تو کوئی مبالغہ آرائی نہیں ہوگی: پنڈت جسراج

پہلی ملاقات میں سچ میں ان سے پیار ہوگیا، ان کے وائبریشنز اتنے پوزیٹو ہیں کہ ان سے کوئی ایک بار ہی ملے تو بھی وہ ہمیشہ یاد رہیں گے۔ جاوید صاحب ایسی شخصیت ہیں کہ آج ہندوستان کو ایسی ہی شخصیت کی ضرورت ہے۔ ان کی تحریریں اس سچائی کو واضح کرتی ہیں کہ ہندی اردو میں اتنا آسان لکھ کر بھی گہرے معنی دیے جاسکتے ہیں۔ ان کو آج کا غالب کہہ دیں تو کوئی مبالغہ نہیں ہوگا۔ کنسرٹ 'ترنگا' میں ان کا لکھا گیت لاجواب ہے، جسے میں نے گایا ہے۔ لگتا ہے، جیسے فضا تبدیل ہوگئی ہے، ماحول سازگار ہوگیا۔ جب وہ کیسریا پر لکھتے ہیں تو لگتا ہے کہ ساری کائنات کیسریا ہوگئی ہے، جب وہ سفید پر لکھتے ہیں تو ہر طرف شانتی دکھائی دیتی ہے اور جب وہ ہرے رنگ کی بات کرتے ہیں تو ساری دھرتی سرسبز وشاداب ہوجاتی ہے

مشہور و معروف سنگر (گلوکارہ) آشا بھوسلے کے ساتھ جاوید اختر (۲۰۱۹)

گزرے زمانے میں ہمیں ساحرلدھیانوی، شکیل بدایونی، مجروح سلطان پوری جیسے کئی مہان گیت کار و نغمہ نگار ملے ہیں اور میرے خیال سے یہ بات بھی صحیح ہے کہ آج کے وقت میں بھی ہمارے پاس جاوید اختر کی شکل میں ایک مہان گیت کار و نغمہ نگار موجود ہے۔

۔ آشا بھوسلے

گلزار اور میری صورت نہیں ملتی پھر بھی لوگ دھوکا کھا جاتے ہیں۔ بات یہ ہے کہ عام انسان اور ایک ایوریج انٹیلیجنس، عام سوجھ بوجھ رکھنے والے، انسان کا دماغ ایک کباڑ خانے کی طرح ہوتا ہے جو چیز ملی کباڑ خانے میں ڈال دی۔ کوئی ترتیب سے نہیں رکھتا ارے، یہ شاعر ہے ناوہ، ہاتھ ڈالا، نکالا، تو جو بھی نام نکل آیا کباڑ خانے سے ٹھیک ہے۔ میرے ساتھ ایک واقعہ پیش آیا سنئے۔ میں اور شبانہ ایئرپورٹ پر کہیں سے آئے، جیٹ ایئرویز سے، جیٹ ایرویز کی لڑکیوں نے کہا کہ آپ دونوں بیٹھیے، ہم آپ کا سامان لاتے ہیں تو ہم دونوں ایک بینچ پر بیٹھ گئے۔ ایک جناب آئے اور مجھ سے بولے:

آداب گلزار صاحب!

تو میں نے کہا، جی آداب،

گلزار صاحب ایئرپورٹ پر کیسے؟

میں نے کہا، وہ جاوید اختر صاحب آرہے ہیں میں انہیں ریسیو کرنے آیا ہوں، وہ ذرا کنفیوز ہوئے کہ اتنا بڑا آدمی جاوید اختر کو ریسیو کرنے آیا ہے، اور پوچھا

آپ جاوید اختر کو ریسیو کرنے آئے ہیں؟

میں نے کہا، میں ہمیشہ آتا ہوں، جاوید اختر صاحب کہیں سے بھی آئیں، میں ہمیشہ آتا ہوں، تو اس کے چہرے پر جو ڈس اپائنٹمنٹ تھا کہ وہ فین گلزار کا ہے اور یہ جاوید اختر کو ریسیو کرنے آئے ہیں۔

اچھا چلتا ہوں گلزار صاحب۔ تو بات صرف یہ ہے کہ کباڑ خانے میں بھی شاعروں کے سارے نام اور پتے ایک جگہ ڈال دیے ہیں، اب نکالنے پر جو بھی نکل آئے وہ ٹھیک ہے۔

کتنی بار ہوا ہے کہ میں گانا سن رہا ہوں، جو گلزار صاحب نے آج سے ۲۰ سال پہلے لکھا تھا، کہیں میری یادداشت میں نہیں رہا، اور اس کا ایک انترا میں سن رہا ہوں۔ تب مجھے سمجھ آیا کہ یہ کس کا گانا ہے، یہ تو گلزار صاحب کا گانا ہے۔ میں نے انہیں فون کیا کہ گلزار صاحب یہ گانا آپ نے کب لکھا تھا؟ یہ نہیں پوچھا کہ یہ آپ کا گانا ہے یا نہیں۔

میں تو رشک کرتا ہوں کہ 'بیڑی جلائی لے جگر سے پیا' گانا انہوں نے لکھا، کاش یہ گانا میں نے لکھا ہوتا، یہ کمال کا گانا ہے۔ اس گانے کو سن کر آپ کہہ سکتے ہیں کہ یہ فلم کے لئے لکھا ہے؟ گانے کی ایک ایک لائن ایسی ہے جیسے اسے کئی سو سال سے لوگ گا رہے ہوں۔ اسے سن کر لوک گیت جیسا احساس ہوتا ہے۔

۹۶

ہر ڈومنٹ کے بعد کچھ نہ کچھ کھل جاتا ہے ان کے ساتھ بات کرنے کے بعد: گلزار

میں آج بھی اردو ہی میں لکھتا ہوں اردو ہی میں پڑھتا ہوں، جاوید صاحب نے زبان سیکھی ہے، آج بھی جب میں لفظوں کے تلفظ میں پھنس جاتا ہوں تو جاوید اختر صاحب کو فون کرتا ہوں۔ ہر دومنٹ کے بعد کچھ نہ کچھ کھل جاتا ہے ان کے ساتھ بات کرنے کے بعد۔ میں نے انہیں لڑتے ہوئے نہیں دیکھا ہے، جوش میں دیکھا ہے، غصے میں نہیں دیکھا ہے، کیونکہ غصے کی بات جب یہ جوش میں کرتے ہیں تو کہیں کسی جملے میں وہ ہیومر جوان کے اندر پیدا ہوتا ہے اس کو چُھاتے رہتے ہیں تو کبھی بھیانک غصہ جھگڑے کی شکل نہیں لیتا ہے، وہ روٹھ جاتے ہیں لیکن ناراض نہیں ہوتے ہیں۔

ان کی میموری بڑی ماشاءاللہ ہے۔ کم سے کم لاکھ ڈیڑھ لاکھ شعر تو یاد ہوں گے ہی انہیں۔ یہ کرشن چندر کا افسانہ پورا سنا جاتے ہیں۔ پرچھائیاں کی کاپی مجھے ساحر صاحب نے دی تھی، نصیر منی کبیر جب ساحر صاحب پر ایک ڈاکیومنٹری بنانے والی تھی تو انہوں نے مجھے فون کیا، پرچھائیاں کے سلسلے میں، میں نے کہا کہ میں ڈھونڈ تا ہوں، معلوم نہیں میں نے کتاب کہاں رکھ دی تھی تو میں نے جاوید صاحب کو فون کیا۔ آپ کے پاس ساحر صاحب کی پرچھائیاں ہے؟ کہنے لگے نہیں، ہے تو نہیں، آپ کہیں تو سنا دیتا ہوں پوری۔

میں ایک اور چیز جوڑنا چاہتا ہوں کہ ساحر صاحب کے ساتھ ان کا جو رشتہ ہے وہ بہت کمال کا ہے۔ ساحر صاحب نے ایک بڑا کمال کا کام کیا تھا۔ پرسار بھارتی پر جب گانے آتے تھے تو صرف سنگیت کار اور گایک، یعنی موسیقار اور گلوکار کا نام ہوتا تھا۔ ساحر صاحب نے احتجاج کیا کہ گانے لکھنے والے کے نام کے ساتھ رائٹر ایسوسی ایشن سے پاس کرائے جائیں۔ جب تک گیت گار کا نام شامل نہ ہو تب تک گانے نہیں جائیں گے۔ اور پھر گیت گار کا نام شامل ہوا، ساحر صاحب کی وجہ سے۔ اور جب جاوید اختر راجیہ سبھا کے ممبر ہوئے تو انہوں نے بھی بہت بڑا کام کیا ساحر صاحب سے بھی آگے کا، کاپی رائٹ کا، انہوں نے ہر زبان کے ہر ادیب و رائٹر کو اس سانکل سے آزاد کرایا جو برٹش پیریڈ سے قائم تھی اور کہیں نہ کہیں لکھنے والوں کے گلے میں پڑی ہوئی تھی تو یہ بہت بڑا کام ہے جاوید صاحب کا۔

ایک لڑکی کو میں بھی ملا تھا
بڑا اچھا لگا مل کر
میری مداح تھی
ایک فین تھی میری
وہ میری شاعری کی خوبیاں پہچانتی تھی
میرے مصرعے میری تشبیہیں اس کے دل کو چھوتی تھیں
مجھ سے مل کر اچانک بوکھلانے لگ گئی تھی
بڑی نروس ہنسی ہنس کر کہا
مجھے ڈر ہے میں اپنا نام ہی نہ بھول جاؤں
بغل گیر ہو کے موبائل پر سیلفی بھی لے لی
گئی تو نام لے کر شکریہ کہہ کر گئی
وہ میرا نام نہ تھا

ہمیشہ سے یہی ڈر تھا کہ
وہ کمبخت مجھ سے اچھا لکھتا ہے

(جاوید اختر سے متعلق گلزار کی ایک نظم)

انعام و اعزاز

بہترین نغمہ نگاری کے لئے

- پانچ بار نیشنل ایوارڈ
- پندرہ بار فلم فیئر ایوارڈ
- پانچ بار اسکرین ایوارڈ
- چھ بار آئیفا ایوارڈ (سب سے زیادہ بار آئیفا جیتنے کا ریکارڈ نغمہ نگار کی حیثیت سے)
- تین بار مرچی میوزک ایوارڈ

بہترین اسکرین پلے رائٹر کی حیثیت سے

- تین بار بیسٹ اسکرین پلے فلم فیئر ایوارڈ (سلیم خان کے ساتھ)
- دو بار بیسٹ اسٹوری فلم فیئر ایوارڈ (سلیم خان کے ساتھ)

- فلم فیئر لائف ٹائم اچیومنٹ ایوارڈ - ۲۰۰۷
- ساتواں رائل اسٹیگ مرچی میوزک ایوارڈ - ۲۰۱۵
- لائف ٹائم اچیومنٹ ایوارڈ
- ہردے ناتھ منگیشکر ایوارڈ - ۲۰۱۷

- پدم شری - ۱۹۹۹
- اودھ سمّان اتر پردیش - ۲۰۰۱
- اندرا گاندھی قومی یکجہتی ایوارڈ - ۲۰۰۵
- پدم بھوشن - ۲۰۰۷
- راجیہ سبھا میں نامزدگی - ۲۰۱۰
- ساہتیہ اکیڈمی ایوارڈ - ۲۰۱۳ (لاوا)
- ہندی اکیڈمی کا 'شلا کا' ایوارڈ - ۱۸-۲۰۱۷
- شانتی دوت ایوارڈ، سنکٹ موچن مندر، بنارس - ۲۰۱۸
- ٹاٹا لٹریچر لائیو پوئٹ لاریٹ ایوارڈ - ۲۰۲۰
- رچرڈ ڈاکنس ایوارڈ - ۲۰۲۰

۹۷

جہاں سوال کرنے کی اجازت نہیں ہوگی وہ سماج بھی ٹھیک نہیں ہوگا

ایک عجیب بات ہے دنیا میں، کہا جاتا ہے یہ روایت ہے۔ یہ تو ہمارے ریتی رواج ہیں، یہ تو ہمارے جینے کا سیکڑوں سال سے طریقہ ہے، توتم کون ہوتے ہو اس کو بدلنے والے؟ تم کیسے کہہ رہے ہو کہ یہ ٹھیک نہیں ہے؟ آج بھی دنیا میں ایسے بہت سے ممالک ہیں جہاں یہ سب کچھ ہم سے زیادہ ہوتا ہے۔لیکن ہم آہستہ آہستہ ادھر سرکنے کی کوشش کر رہے ہیں، تو اگر جو ہوتا ہے وہی ہوتا رہے یا جو ہوتا تھا وہی ہوتا رہتا تو انسان تو آج بھی گپھاؤں میں رہ رہا ہوتا یا پیڑوں اور پہاڑوں پر بیٹھا ہوتا۔ ہر آنے والی پیڑھی نے، نئے زمانے نے کوئی نئی بات سوچی ہے جو پہلے نہیں سوچی گئی، کوئی نئی بات سمجھی ہے جو پہلے نہیں سمجھی گئی، اسی سے دنیا آگے بڑھتی ہے اسی سے یہ دنیا بہتر بنتی ہے، دنیا میں ہزاروں سال تک غلامی تھی، لوگ خریدے بیچے جاتے تھے۔ یہ سب ہزاروں سال تک ہوا تھا، تو کیا سب ٹھیک ہو گیا؟ اور اب اگر کوئی اسے کہے کہ غلامی بند کرو، تو وہ برا ہے؟

جس جگہ سوال کرنے کی اجازت نہیں وہ چاہے کوئی فلاسفی ہو، چاہے کوئی سسٹم ہو، چاہے کوئی راستہ ہو، وہ خطرناک جگہ ہے۔ وہ سسٹم بھی خراب ہے، وہ سرکار بھی ٹھیک نہیں ہوگی، وہ سماج بھی ٹھیک نہیں ہوگا۔ وہ آبادی اور وہ گاؤں بھی ٹھیک نہیں ہوگا جہاں سوال کرنے کی اجازت نہیں ہوگی، آزادی نہیں ہوگی۔ انسان آج جہاں پہنچا ہے، انسان نے جتنی بھی گرہیں کھولی ہیں وہ ایک ہی طرح سے کھولی ہیں ... سوال کر کے۔

اگر نصیب کوئی چیز ہے اگر جو ہو رہا ہے وہ پہلے سے لکھا ہے تو پھر پاپ اور پُن گناہ وثواب کیسے ہو سکتے ہیں؟ ایک آدمی کے نصیب میں لکھا تھا کہ یہ میرا قتل کرے گا تو اس نے کر دیا، اب آپ اسے قاتل کیوں کہہ رہے ہیں؟ اس کا کیا قصور ہے؟ میرے نصیب میں لکھا تھا کہ میں اس کا پیسہ کھا جاؤں گا تو پھر آپ مجھے چور کیوں کہہ رہے ہیں؟ ارے بھائی! میرے تو نصیب میں ہی لکھا تھا نا، کہ میں اس کا پیسہ کھا جاؤں گا تو گناہ اور ثواب ہو ہی نہیں سکتے۔

مذہبوں کے معاملے میں اگر آپ دھیان سے دیکھیں تو ان کی آپس میں ایک بات تو ایک دوسرے سے ملتی ہے اور دوسری بات میں اختلاف نظر آنے لگتا ہے۔ اب یا تو کوئی گاڈ ہے، خدا ہے، ایشور ہے ٹوٹل کنٹرول ہے جس کا۔ ٹوٹل کنٹرول ہے تو ثواب و گناہ نہیں ہو سکتے۔ گناہ وثواب ہیں تو ٹوٹل کنٹرول نہیں ہو سکتا۔ طے کر لیجیے کیا صحیح ہے؟

ہمارے یہاں جو کمیونل مسلمان ہیں نا انہیں سیکولر ہندو بڑے برے لگتے ہیں، اور جو کمیونل ہندو ہیں انہیں سیکولر مسلمان برے لگتے ہیں، کیونکہ یہ لوگ ایک دوسرے کو غلط ثابت کر رہے ہیں۔ آپ اگر ذرا سا یاد کریں گے تو جو کمیونل مسلمان تھے وہ تو مہاتما گاندھی کی بھی عزت نہیں کرتے تھے، لیکن دلچسپ بات یہ ہے کہ کمیونل ہندو بھی نہیں کرتے تھے۔ متعصب ہندو مجھے میسج بھیجتے ہیں کہ تم تو پاکستان چلے جاؤ، تم تو جہادی ہو اور متعصب مسلمان مجھے کہتے ہیں کہ تم تو اب ہندو نام ہی رکھ لو، تم تو بک گئے ہو۔ تو جب تک دونوں مجھے گالی دے رہے ہیں تب تک میں بالکل ٹھیک ہوں۔

’رچرڈ ڈاکنس‘ ایوارڈ سے نوازے جانے والے پہلے ہندوستانی

جاوید اختر ’رچرڈ ڈاکنس ایوارڈ‘ ۲۰۲۰ سے نوازے جانے والے پہلے ہندوستانی ہیں۔ یہ ایوارڈ جاوید اختر کو ان کی غیر معمولی ذہانت، ان کے نظریہ الحاد، ان کی آزاد خیالی، آزادی اور اظہار کی آزادی کے لئے، ان کے غیر معمولی اور قابل تقلید نظریات اور ان کی دیگر بہت سی خوبیوں اور کارناموں کے لیے دیا گیا۔ یہ ایوارڈ ہر سال سائنس، تعلیم، منورنجن اور کئی دیگر میدانوں میں نمایاں خدمات انجام دینے والی شخصیت کو دیا جاتا ہے اس ایوارڈ کے لیے جاوید اختر کو امریکہ کے سینٹر فار انکوائری کے بورڈ نے منتخب کیا جس سے رچرڈ ڈاکنس فاؤنڈیشن منسلک ہے۔

Certificate of Registration

Be it known from this point forward that the National Star Association will hereby designate the star located at RA 21h24m26.70s D -23°39'57.57" epoch 2000 in the constellation Capricornus, to the name

JAVED AKHTAR

Be it further known that this star, along with name, is permanently recorded in the official National Star Association Catalog which is protected under the copyright laws of the United States of America.

Signed and sealed for the 17th day of January, 2006

Julie Steeper - Secretary

Greg Thomson - Record Keeper

جدھر جاتے ھیں سب جانا اُدھر اچھا نہیں لگتا
مجھے پامال رستوں کا سفر اچھا نہیں لگتا

غلط باتوں کو خاموشی سے سننا حامی بھر لینا
بہت ھیں فائدے اس میں، مگر اچھا نہیں لگتا

مجھے دشمن سے بھی خودداری کی امید رھتی ھے
کسی کا بھی ھو سر، قدموں میں سر، اچھا نہیں لگتا

کبھی تو انسان زندگی کی کرے گا عزت
یہ ایک امید آج بھی دل میں پل رھی ھے

نیا حکم نامہ

کسی کا حکم ہے
اس گلستاں میں
بس اک رنگ کے ہی پھول ہوں گے
کچھ افسر ہوں گے جو یہ طے کریں گے
گلستاں کس طرح بننا ہے کل کا
یقیناً پھول تو یک رنگی ہوں گے
مگر یہ رنگ ہوگا کتنا گہرا کتنا ہلکا
یہ افسر طے کریں گے
کسی کو یہ کوئی کیسے بتائے
گلستاں میں کہیں بھی پھول یک رنگی نہیں ہوتے
کبھی ہو ہی نہیں سکتے
کہ ہر اک رنگ میں چھپ کر
بہت سے رنگ رہتے ہیں
جنہوں نے باغ یک رنگی بنانا چاہے تھے
ان کو ذرا دیکھو
کہ جب اک رنگ میں
سو رنگ ظاہر ہو گئے ہیں تو
کتنے پریشاں ہیں کتنے تنگ رہتے ہیں
کسی کو یہ کوئی کیسے بتائے
ہوائیں اور لہریں

کب کسی کا حکم سنتی ہیں
ہوائیں حاکموں کی مٹھیوں میں ہتھکڑی میں
قید خانوں میں نہیں رکتیں
یہ لہریں روکی جاتی ہیں
تو دریا کتنا بھی ہو
پُرسکوں بے تاب ہوتا ہے
اور اس بے تابی کا
اگلا قدم سیلاب ہوتا ہے

جو بات کہتے ڈرتے ہیں سب، تو وہ بات لکھ
اتنی اندھیری تھی نہ کبھی پہلے رات لکھ

جن سے قصیدے لکھّے تھے وہ پھینک دے قلم
پھر خونِ دل سے سچّے قلم کی صفات لکھ

جو روزناموں میں کہیں پاتی نہیں جگہ
جو روز ہر جگہ کی ہے وہ واردات لکھ

جو واقعات ہو چکے انکا تو ذکر ہے
لیکن جو ہونے چاہئیں وہ واقعات لکھ

سنسد بھون کے باہر کھڑے ہوئے جاوید اختر

۹۹

مارکیٹنگ اسٹرانگ ہو جائے تو کریئیٹیوٹی (تخلیقیت) دبنے لگتی ہے

راجیہ سبھا میں کاپی رائٹ بل کی حمایت میں ۲۰۱۲ میں جاوید اختر کی تقریر

بڑے زمانے سے کچھ تکلیفیں تھیں، لیکن شاید ہندوستان کے کلاکار و فنکار سمجھتے تھے کہ بولیں گے تو سننے والا کون ہے۔ لیکن اب وقت بدل رہا ہے، حالات بدل رہے ہیں۔ امید کرتا ہوں قانون بھی بدلے گا اور ہندوستان کے فنکاروں کی قسمت بھی بدلے گی۔ یہ آج اس یقین سے بول رہا ہوں ان کے بارے

رہے ہیں پورے دھیان سے، پورے دل سے اور اگر بات ہندوستان کے موسیقاروں اور نغمہ نگاروں یعنی سنگیت کاروں اور گیت کاروں کی ہے تو ایسا ہی ہونا چاہیے، اس لیے کہ یہ ملک یہ دھرتی نغمہ نگاروں کی، سنگیت کاروں، فنکاروں کی دھرتی ہے۔ یہ بات میں اس لیے نہیں کہہ رہا ہوں کہ یہ بات سننے میں اچھی لگتی ہے بلکہ یہ میں اس لیے کہہ رہا ہوں کہ یہ سچی بات ہے، دنیا میں کون سا دوسرا ملک ہے جہاں ایک ہی ملک میں کلاسیکل روایت کی

میں کون سا ایسا ملک ہے جہاں لوک سنگیت کے دھنُش میں اتنے رنگ ہوں جتنے یہاں ہیں۔ کشمیر سے کنیا کماری تک جا کر دیکھ لیجئے، مہاراشٹر سے منی پور تک جا کر دیکھ لیجیے، کیا کیا رنگ ہیں میوزک کے، دنیا میں کون سا ایسا ملک ہے جہاں مقدس صحیفوں، گرنتھوں میں بھی شاعروں کا نام اور کام ملتا ہے۔ دنیا میں کہاں ایسا ملک ہے، جہاں جنم سے لے کر مرنے تک کوئی جگہ نہیں ہے، کوئی پل نہیں ہے، کوئی لمحہ نہیں ہے جس پر سینکڑوں گیت نہ ہوں، وہ احساس کی کوئی منزل ہو وہ خیال وفکر کی کوئی رُت ہو، جذبے کا کوئی رنگ ہو آپ کو سیکڑوں گیت مل جائیں گے۔ اب پھر ہمارے فلمی گیتوں کو دیکھئے، جب یہ ریلیز ہوتے ہیں تب فلمی گیت ہیں لیکن بعد میں وہ لوک گیت بن جاتے ہیں۔ وقت کی چھلنی سے سب کچھ چھن جاتا ہے ایکٹر کا چہرہ، فلم کا نام اور وہ امر گیت باقی رہ جاتا ہے جو آپ کے ماضی کا نغمہ ہے، وہ آپ کی یادوں کا حصہ بن جاتا ہے۔ آج آپ کے کانوں میں جب کوئی پرانا نغمہ گونجتا ہے تو ایسا لگتا ہے لڑکپن کے کسی دوست نے کندھے پر ہاتھ رکھ دیا ہے، بیٹھو کہاں جا رہے ہو، بات کرو، یادوں کا ہجوم گھیر لیتا ہے، میلہ لگ جاتا ہے، یہ گیت کہاں سنا تھا، کب سنا تھا، کس کے ساتھ سنا تھا اور کس کے لئے سنا تھا۔ کبھی کبھی حیرت ہوتی ہے اور حیرت سے زیادہ غم ہوتا ہے کہ جس ملک میں سنگیت کے اور شاعری کے اتنے چراغ روشن ہیں، ان کے نیچے دیکھیے تو اندھیرا ہی اندھیرا ہے۔ جس اندھیرے میں ہندوستان کے رائٹرز کی اور میوزیشنز کی زندگی برسوں سے لاچار اور بے بس بھٹک رہی ہے۔ کوئی بات نہیں لیکن دل میں ایک امید ہے کہ ایک دن آئے گا جب ہماری سنی جائے گی، ایک دن آئے گا جب ہمیں انصاف ملے گا، ایک دن آئے گا جب ہمیں ہمارا حق ملے گا۔

'آئے گا آنے والا' بڑا مشہور گیت تھا سر! ساٹھ سال سے زیادہ پرانا یہ گیت کمپوز کیا تھا پنڈت کھیم چند پرکاش نے، اپنے زمانے کے بہت بڑے سنگیت ودھوان تھے، ماہر تھے، پچھلے دنوں ایک عجیب واقعہ ہوا، کیا ہوتا ہے کہ جب ایک گانا ریگارڈ ہوتا ہے تو اس میں دو رائلٹیز جنریٹ ہوتی ہیں، ایک ساؤنڈ ریکارڈنگ رائلٹی کہلاتی ہے، جو ساؤنڈ ریکارڈنگ کے مالک لیے ہوتی ہے اور ایک پرفارمنگ ہوتی ہے، یہ پروسز یہاں بھی عمل میں ہے، یہ قانون نیا نہیں ہے، یہ قانون یہاں بھی ہے اور باہر بھی ہے۔ باہر ذرا تھوڑا سا الگ ہے وہاں سچ مچ رائٹر اور میوزیشن کو پیسہ دے دیتے ہیں۔ تو وہاں پر کہیں تیرہ چودہ ہزار روپیہ جمع ہو گیا کھیم چند پرکاش کے اکاؤنٹ میں اس کے گانے کے لیے اور وہ پیسہ یہاں بھیجا گیا۔ کھیم چند پرکاش جی تو اب اس دنیا میں ہیں نہیں تو پیسہ دینے کے لئے جب ان کی وائف کو ڈھونڈا گیا تو ان کی وائف ملاڈ اسٹیشن پر بھیک مانگتے ہوئے ملیں۔ یہ کوئی بہت حیرت کی بات نہیں ہے ایسی بہت کہانیاں ہیں۔ جب میں چھوٹا تھا تب ایک پکچر آئی تھی مجرم جس میں شمی کپور اور پدمنی ہیرو ہیروئن تھے اس کے پوسٹر پر ہیرو ہیروئن دونوں کی تصویر نہیں تھی۔ ہارمونیم لئے او پی نیر کھڑے تھے، سُر کے جادوگر او پی نیر۔ وہ او پی نیرؔ 'نالہ سپارا' نام کی ایک چھوٹی سی بستی میں ممبئی سے باہر ایک فین کے گھر میں، چھوٹے سے کمرے میں رہے، اپنی آخری عمر میں انہوں نے ہومیوپیتھی کے علاج سے اپنی بیماری کو شکست دینے کی ناکام کوشش میں زندگی گزار دی، جبکہ ان کے سیکڑوں گانے بجتے رہے اور ان کی رائلٹی میوزک کمپنیز لیتی رہیں۔ اس کے بعد مجروح، شیلندر، غلام محمد، کتنے نام بتاؤں آپ کو، جن لوگوں نے کیا کیا قربانیاں پیش کیں۔ شیلندر جیسا گیت گار پیدا ہوگا پھر؟ کیوں کیا وجہ ہے اگر ہمارے یہاں بھی رائلٹی کی اجازت ہے، ہمارے یہاں بھی قانون ہے رائلٹی کا تو حقداروں کو انکا حق کیوں نہیں ملتا؟ کس کس کے نام لوں کتنے نام گنواؤں۔ اس کے مقابلے میں دوسری طرف چلئے ۶۹-۷۰ میں بیٹلز کی ٹیم ٹوٹ گئی تھی، پچھلے سال، صرف پال میکارٹنی کو جس نے اپنے زندگی میں ۲۷ گانے لکھے ہیں اس کو یہ گانے لکھنے کے رائلٹی سولہ ملین ڈالر ملی ہے۔ ایلٹن جان جس نے پچھلے پانچ سال سے کوئی ریکارڈ نہیں بنایا، پچھلے سال اسے بائیس ملین ڈالر کی رائلٹی ملی۔ ہمارے یہاں جو رائلٹی کے سسٹم ہیں اس میں آئی پی آر ایس - انڈین پرفارمنگ رائٹ سوسائٹی میں دنیا سے رائلٹی جمع بھی کی جاتی ہے، یہ کہاں چلی جاتی

ہے؟ آپ اجازت دیں تو میں چھوٹا سا پیرا گراف آپ کو پڑھ کر سناتا ہوں جو لازمی طور پر ہر کنٹریکٹ میں شامل ہوتا ہے، سب کے لئے ہوتا ہے، وہ چاہے بھارت رتن پنڈت روی شنکر ہوں، دو آسکر کے وِنر اے آر رحمان، یا میرے جیسا معمولی آدمی ہو یا گلزار ہوں یا کوئی بھی ہو۔

"The Right assigned,included but not restricted to the right of mechanical, digital reproduction, in any manner or formate or media, will existing, or feature publication, broadcasting, reproducing, hiring, renting, translation, adaption, synchronization, making a use in cinematographic film performing in publishing any other way, whole or the part of literary work, the rights to grant the mechanical and reproduction, publication, sound and television boradcasting transmission over the airways electronically, or thought satellite, or literary works."

اب پرو اتھیکل سنئے

"Including all forms of communication, transmission, reproduction and exploitation of the literay work, that may be dicovered or invented in the future, the said work have been assigned by me, for good and valuable concentration."

یہ بونڈڈ لیبر نہیں ہے تو کیا ہے؟ صرف انگریزی میں لکھ دیا ہے، ہے تو بونڈڈ لیبر۔ اس کے اوپر کس نے شکایت کی ہے؟ اگر اے آر رحمان اور پنڈت شنکر کو شکایت ہو۔ تو باقیوں کا حال تو آپ سوچ لیں کیا ہوگا؟ اس سے بھی زیادہ شرم کی بات یہ ہے کہ یہ کانٹریکٹ صرف ہندوستانی دیسی کمپنیاں سائن نہیں کرواتی ہیں، یہ وہ کمپنیاں بھی دستخط کرواتی ہیں جو جاپان کی ہیں، جو جرمن کی ہیں، جو امریکہ کی ہیں ان کی ہمت نہیں ہو سکتی ہے کہ، جاپان میں، یا جرمنی میں، یا امریکہ میں کسی فنکار کو، کلاکار کو کہیں کی اس پر سائن کرو، کیا فرق ہے ان میں اور وہ ایسٹ انڈیا کمپنی میں۔ اور کیا فرق ہے ان ہندوستانی کمپنیوں میں اور میر جعفر میں، جو ان کے ساتھ مل کر کام کر رہے ہیں۔ یہ صرف فلم کی پرابلم نہیں ہے ہر ایک کی ہے، یہ صرف پیسے کی بھی بات نہیں ہے۔ آپ انہیں ذلیل کر رہے ہیں مارکیٹنگ اتنی اسٹرانگ ہو جائے تو تخلیقیت دبتی ہے۔

پچھلے دنوں شیو کمار شرما جی، جن پر ہمیں فخر ہونا چاہیے کہ ہمارے پاس ایک ایسا فنکار ایک ایسا کلاکار ہے، ان کو ایک میوزک کمپنی نے بلایا، کہنے لگے دیکھیے شروع بڑا دھیرے دھیرے کرتے ہیں آپ۔ وہ اینڈ میں جو تیز ہوتا ہے نا آپ اسی سے شروع کیجیے تو چلے گا۔ یہ میوزک کمپنی والا شیو کمار شرما کو بتا رہا ہے۔ انہوں نے کہا صاحب میرے محلے میں ایک بینڈ ہے جو باراتوں میں جاتا ہے آپ اس کو بلا لیجیے مجھے معاف کر دیجیے۔ ایک بار میرے ساتھ بھی ایسا واقعہ پیش آ چکا ہے۔ ایک میوزک سیٹنگ میں تھا تو میوزک کمپنی کے مالک آ گئے، میں نے سوچا شاید میرے فین ہوں گے سننے آئے ہیں۔ میں نے جو لکھا تھا وہ سنا انہوں نے، کہنے لگے وہ آپ نے پہلی لائن میں ایک ورڈ لکھا ہے روٹھنا، یہ ورڈ نکال دیجیے، میں نے کہا کیوں؟ نہیں آج کل یہ ورڈ چلتا نہیں، میں نے کہا کہاں نہیں چلتا ہے؟ میں نے کئی گانے سنائے جس میں لفظ روٹھنا تھا تو کہنے لگے ہاں ہاں ہوگا، یہ ورڈ آپ نکال دیجئے۔ میں نے کہا بھائی، اگر آپ کو اس طرح سے کام کرنا ہے تو میں تو کر نہیں سکتا ہوں۔ آپ کسی اور کو لے لیجئے۔ میری بڑی عزت کرتا تھا، وہ میری بات مان گیا اور اگلے ہی دن کسی اور کو لے لیا، مجھے نکال دیا۔

جو لوگ اس بل کے خلاف ہیں وہ کیا کہتے ہیں؟ کوئی کہتا ہے کہ، دیکھیے آپ نے تو گانا لکھا تھا، کسی نے اس گانے کو بڑے بڑے اسٹارز پر بڑی عجیب عجیب لوکیشن پر جا کر پکچرائز کیا بڑے بڑے شاٹ ڈالے، بڑے بڑے ایفیکٹ ڈالے، یہ سب کس کام کے لیے کیا؟ فلم کے لیے کیا، یہ فلم پروڈیوسر ہے، یہ

میوزک پروڈیوسر نہیں ہے، یہ گانا فلم کے لیے ریکارڈ کرتا ہے۔ ہم تو فلم سے کچھ نہیں مانگ رہے ہیں، تمہاری فلم سپر ہٹ ہو جائے تم جانو، چلے نہ چلے تم جانو، ہمارا اس سے کوئی لینا دینا نہیں ہے۔ فلم بڑی سے بڑی ہٹ ہو جائے آپ ایک نیا پیسہ نہیں دیں گے۔ میں نے بڑی سپر ہٹ فلمیں لکھی ہیں صاحب، میرے پاس تو پروڈیوسر کبھی نہیں آیا کہ حضور! آپ نے جو شعلے لکھ دی ہے، دیوار لکھ دی ہے، ترشول لکھ دی ہے۔ یہ لیجیے، کچھ آپ کے لیے لایا ہوں۔ ہم نے تو نہیں دیکھا۔ تو یہ پکچر کے لیے تھا، ہم نے پیسہ لے لیا، اب آپ کی قسمت آپ کیسے فیچر بناتے ہیں، ہم تو ذمہ دار نہیں ہیں اس کے لیے۔ اگر ہٹ ہے تو بھی آپ کا کریڈٹ، فلاپ ہے تو بھی آپ ذمہ دار۔ جب آپ اس میں سے کچھ نکالتے ہیں اور دوسری جگہ استعمال کرتے ہیں تو وہاں بھی رائلٹی ہوتی ہے، ذرا دیکھیے سرکار نے قانون بنایا تھا کہ وہ پچاس فیصد جائے گی کلاکاروں کو، اور پچاس فیصد ہمیں جائے گی۔ ہم لوگوں نے وہاں کہا، نہیں اچانک پچاس فیصد کی بات ہوگی تو اچھا نہیں لگے گا، آپ ۷۵ فیصد ہی ان کو دیجیے۔ اور یہ چینج کیا گیا ہمارے کہنے پر۔ یہ شرافت ہماری تھی، مگر ان کی شرافت یہ ہے کہ انہیں ۹۹ فیصد بھی نہیں چاہیے، انہیں ۱۰۰ سو فیصد ہی چاہیے۔ اگر یہاں بھی ان کا حق ہے، تو پھر ایک کام کیجیے۔ ایک آدمی ایک فلم بناتا ہے اس میں شاہ رخ خان ہیرو ہے، پکچر چلی، نہیں چلی، کوئی بات نہیں ہے۔ میں اس سے چار شاٹ نکال کر ایک بیڑی کے ایڈ میں استعمال کر لیتا ہوں، مجھے حق ہے۔ وہ کہے گا، میں نے یہ شاٹ تو فلم کے لیے دیا تھا، آپ نے بیڑی کے ایک ایڈ میں کیسے استعمال کر لیا ہے؟ یہی میرا سوال ہے یہ گانا ہم نے فلموں کے لیے دیا تھا، وہاں ہم کوئی کلیم کوئی دعویٰ نہیں کر رہے ہیں، آپ فلم سے نکال کر جب اسے کہیں اور استعمال کرتے ہیں تب بھی ہم کہتے ہیں ۷۵ فیصد لے لو تم ساڑھے بارہ ساڑھے بارہ دینے میں بھی تکلیف ہے تمہیں۔ یہ تو لالچ اور ہوس کی انتہا ہے۔

درحقیقت یہ پابندی ڈائریکٹر پر نہیں ہے، میوزک کمپنیز پر نہیں ہے۔ یہ پابندی ہم پر ہے، آرٹسٹوں پر ہے، رائٹرز پر ہے۔ لیکن شکایت ان لوگوں کو ہے، ہمیں شکایت نہیں ہے۔ ہندوستان کے سارے کلاکار ہاتھ جوڑ رہے ہیں سرکار کے اور اپوزیشن کے، کہ پلیز اسے ۲۵ فیصد نان۔ اسائن کروا دیجیے۔ تو یہ جو آپ ۷۵ فیصد لے رہے ہیں اور کیا چاہیے آپ کو، مگر کہتے ہیں یہ کنٹریکٹ پر ہنڈرینس ہے، اچھا تو پھر منیمم ویجز رجسٹریشن بھی کنٹریکٹ پر ہنڈرینس ہے۔ آج ہم جہاں کھڑے ہیں دلی میں، وہاں ایگریکلچر میں، اسکلڈ لیبر ۳۲۸ روپئے سے کم میں کام نہیں کر سکتی۔ اَن اسکلڈ لیبر ۲۷۰ سے کم میں کام نہیں کر سکتا، وہ کہہ رہا ہے کہ صاحب میں ایک سو پچاس میں کرنے کو تیار ہوں، تو آپ مجھے کیوں روک رہے ہیں؟ میرا تو کنٹریکٹ ہو گیا ہے۔ ڈوری پرویئنشن کیا ہے؟ پروہبشن ایکٹ۔ ایک آدمی ہے، اس کی بیٹی ہے، وہ جہیز دینے کو تیار ہے، اس کی بیٹی لینے کے لیے تیار ہے، لڑکا جہیز لینے کو تیار ہے، لڑکے کا باپ خوش ہے سرکار کو کیا اعتراض ہے؟ سرکار کو اعتراض یہ ہے کہ اسے معلوم ہے کہ یہ برابری کا فیصلہ نہیں ہو رہا ہے، یہ مجبور ہے، اس کو روکنا پڑے گا ہمیں۔ چائلڈ لیبر میں کیا گڑبڑ ہے؟ جو چائلڈ لیبر پروہبشن ایکٹ ہے، وہ کیا ہے؟ ارے بھائی ماں باپ اپنے بچے سے کام کروانے کو تیار ہیں، بچہ تیار ہے، کارخانے والے تیار ہیں، مگر ہمیں معلوم ہے کہ یہ تیاری کس حالت میں ہوتی ہے۔ اور یہ بھی دیکھیے کہ پچھلے بیس برس میں اسٹینڈنگ کمیٹی نے کہا کہ ہم کو ایک کنٹریکٹ لاکر دو، جس میں رائٹر نے اپنے پبلشنگ رائٹ تمہیں نہیں دیے ہوں، وہ نہیں لا سکے۔ اس لیے کہ ہے ہی نہیں۔ یہ بانڈڈ لیبر ہے، اس کے بعد ہمدردی بھی ہے، کہا جا رہا ہے اگر بے چارہ ضرورت پڑنے پر اچانک سب کچھ بیچنا چاہے، تو آپ نے تو اس کے ہاتھ باندھ دیے ہیں۔ میں ایم کے سنگھ صاحب کی اجازت سے شیکسپیئر کو کوٹ کرنا چاہتا ہوں، اس لیے کہ میں سمجھتا ہوں کہ یہاں اس کے کاپی رائٹ، کم سے کم اس ہاؤس میں، ان کے پاس ہیں:

tis time to fear when tyrants seem to kiss

جب ظالم ہمدردی کرے تو ڈرنے کا وقت ہے۔ جبکہ میوزک کمپنی

کہہ رہی ہے کہ بیچارے رائٹر کا کیا ہوگا؟ اگر اس کے پاس یہ رائٹ نہیں رہے، اور اس کے خلاف کون لوگ ہیں۔ جو ہاتھ جوڑ کر کہتے ہیں کہ بھائی یہ نہ کیجیے گا، سارے تو میں نام نہیں دے سکتا ہوں، لیکن کچھ نام آپ کو دے سکتا ہوں: پنڈت روی شنکر، پنڈت شیو کمار شرما، پنڈت ہری پرساد چورسیا، شوبھا مدگل، وشال بھاردواج، گلزار، پرسون جوشی، جگجیت سنگھ، امجد علی خان، امان علی خان، ایان علی خان۔ روی جی انتظار میں ہی چلے گئے۔ جگجیت بھی انتظار میں ہی چلے گئے، ان کے بھی دستخط ہیں۔ وشال شیکھر اور بہت نام ہیں۔ فلم انڈسٹری کے تو سارے نام ہیں ہی، کلاکاروں کے نام ہیں، ذاکر کا نام ہے، ساؤتھ کے سارے بڑے کلاکار بنگال کے سارے سنگر، میوزیشن کے نام ہیں۔ یہ لوگ کہتے ہیں کر دیجیے۔ کیوں بھائی؟ اچھا ایک اور بات، کہ اچھا کر دیجیے، لیکن پرانے پر نہیں ہونا چاہیے، یہ بات کسی حد تک صحیح ہے، کسی حد تک صحیح نہیں ہے، مطلب آپ یہ کل کو کہیں کہ بل آجائے گا صاحب ۱۹۱۹ میں میرا گانا ریلیز ہوا تھا، تو آپ تو مجھے حساب بتائیے۔ بے کار بات ہے، کوئی بھی قانون جو ہے، وہ ریٹرو اسپیکٹو میں نہیں لگ سکتا ہے۔ لیکن اب جب وہ گانا بجے گا تو اس کی رائلٹی ہوگی، ایسا قانون ہے، تب تک جو آپ نے کر دیا تو کر دیا بھول جائیے، ہم بھی بھول جاتے ہیں، سر جب تک یہ نہیں ہوتا ہے یہی ایک طریقہ ہے، سارے رائٹرز تو غلط نہیں ہو سکتے ہیں۔ ایک طرف یہ ہے دوسری طرف یہ ملٹی نیشنلز ہیں، دوسری طرف یہ بڑے بڑے پروڈیوسرز جو یہ پریزنٹ کر رہے ہیں کہ پروڈیوسرز کا بہت بڑا نقصان ہوگا، دراصل جو اَپ فرنٹ منی ہوتا ہے وہ تو پروڈیوسرز کو ملتا ہے، باقی کو تو ایک نیا پیسہ نہیں ملتا ہے ان کا، پہلی بار چھوٹے پروڈیوسر کو پیسہ ملے گا، جب یہ بل آئے گا۔ اس لیے کہ پبلشنگ ہمارے ہاتھ میں ہوگی اور وہ پبلشر ہوں گے۔ ورنہ میوزک کمپنی سب لے جاتی ہے بیچ دیتے ہیں اسے۔ تو ۹۰ پرسنٹ پروڈیوسر کا اس سے فائدہ ہی ہونا ہے اور جو دس پرسنٹ سمجھ رہے ہیں کہ ان کو نقصان ہوگا، ان کا بھی فائدہ ہی ہوگا، اس لیے کہ وہ جتنے میں بیچتے ہیں وہ کم ہیں، لیکن جب تک یہ بل پاس نہیں ہوگا تب تک یہ ظلم یہ ستم یہ لوٹ چلتی رہے گی، یہ ایک اندھیرا ہے جس میں ہم چل رہے ہیں اور مجھے وہ شعر یاد آتا ہے:

سیاہ رات نہیں لیتی نام ڈھلنے کا
یہی تو وقت ہے سورج ترے نکلنے کا

یہ بل آج پاس ہونا چاہئے اور ابھی۔ شکریہ

سنگیت کار شنکر مہادیون، لائے منڈوسہ، سلیمان مرچنٹ، للت پنڈت اور دیگر لوگوں کے ساتھ محوِ گفتگو جاوید اختر

۱۰۰

اگر جاوید صاحب رائٹر، شاعر اور نغمہ نگار نہیں ہوتے تو ایک بہترین وکیل ہوتے: امت دتّا

جاوید صاحب کے ذریعے ہندوستان میں کاپی رائٹ قانون بدلنے کے لئے کئی برسوں کی ہنگامہ خیز جدوجہد، اس سفر کے نشیب وفراز اور پھر اس قانون کے نفاذ کے لئے لڑی جانے والی جنگ کو دو چار صفحوں میں سمیٹنا میرے لئے بہت مشکل کام ہے، جیسے جاوید اختر نے اسکرین پلے کو نئے افق عطا کرنے، فلمی نغمہ نگاری کو نئی بلندیوں پر پہنچانے کا کام کیا ہے اسی طرح انہوں نے بھارت میں کاپی رائٹ قانون میں بنیادی تبدیلی لانے کے لئے قیادت فرما کر فلم انڈسٹری کو لیک سے ہٹ کر سمجھنے کے لئے جو کردار ادا کیا ہے اس کی کوئی دوسری نظیر نہیں۔

جاوید اختر نے مجھے قانون کو پھر سے سیکھنے سمجھنے پر مجبور کیا جبکہ مجھے اس پیشے میں بارہ سال ہو چکے ہیں، ہم اس بات پر متفق ہو سکتے ہیں کہ فن کاروں، کلاکاروں کے حقوق کو ان کے درد ان کی مشکلات کو اور اس پس منظر میں قانونی پیچیدگیوں کو خود قلم کار وشاعر سے بہتر کون سمجھ سکتا ہے۔ یہ کہنا بالکل مناسب ہوگا کہ اگر بھارت کی میوزک کمپنیوں نے ۲۰۰۴ میں جاوید صاحب کو، انڈین پرفارمنگ رائٹ سوسائٹی لمیٹڈ (آئی پی آر ایس) کے بورڈ میں آنے سے نہیں روکا ہوتا تو بھارت کے نغمہ نگاروں اور قلم کاروں کی تقدیر شاید کبھی نہیں بدلتی، قصّہ یہ ہے کہ جاوید صاحب نے آئی پی آر ایس میں شامل ہونے کی اجازت کی درخواست کی تھی لیکن مذکورہ بورڈ، نغمہ نگاروں گیت کاروں، اور میوزک کمپنیوں کی جانب سے ہوٹل، ریڈیو، ٹی وی اور دوسرے وسائل واسٹیجز سے رائلٹی جمع کرنے والی ایک اہم تنظیم ہے۔ الیکشن کے نتائج کے اعلان کے دو دن بعد جاوید صاحب کو مغربی بنگال کے دور دراز کے شہر باراسات کی ضلع عدالت سے ایک میوزک کمپنی کے ذریعے حاصل کیا گیا حکم امتناعی سونپا گیا جس نے انہیں اور دوسرے کئی ڈائریکٹرز کو عہدے ملنے سے پہلے ہی باہر کر دیا گیا۔ جیسا کہ جاوید صاحب خود بتاتے ہیں، تب تک وہ سوچتے تھے کہ میوزک پبلشنگ کا تعلق صرف کتابوں میں نغموں کی اشاعت سے ہے، جاوید صاحب نے وہ کیا جو صرف ایک سنجیدہ قائد اور گہرا شعور رکھنے والا اہم دانشور کر سکتا ہے، انہوں نے بے حد پرانے اور مضبوط بندھے ٹکے ضابطوں اور روایتوں پر سوال اٹھائے، متعلقہ ومتاثرہ پوری جماعت کو اپنے حقوق کے لئے بیدار کر کے ان میں حقوق کی حصولیابی کا جذبہ اور حوصلہ پیدا کیا۔ آئی پی آر ایس کے واقعے نے کاپی رائٹ سے متعلقہ قوانین میں جاوید صاحب کی دلچسپی پیدا کر دی اور جب حقائق ان کے سامنے آئے تو معلوم ہوا کہ ایک لمبے عرصے سے قلمکاروں پر ظلم ہو رہا ہے اور کوئی اس کے خلاف آواز اٹھانے کا حوصلہ نہیں کر رہا ہے۔ جاوید صاحب نے یہ بھی سمجھ لیا کہ یہ مسئلہ صرف فلم انڈسٹری کے رویے اور رواج کا نہیں ہے بلکہ اس کی بنیاد میں ایک قانون تھا جس نے ۱۹۵۷ میں شروعات سے ہی میوزک انڈسٹری میں قلم کاروں اور تخلیق کاروں کے حقوق اور ان کی اہمیت کو فراموش کیا تھا۔ میں پہلی بار ۲۰۰۹ کے وسط میں جاوید صاحب سے ملا اور اس طرح اسٹریٹیجی، سدھار اور ترقی کے ابواب میں میری ٹریننگ شروع ہوگئی۔ میں دعوے کے ساتھ کہہ سکتا ہوں کہ اگر جاوید اختر، گیت کار، نغمہ نگار، قلم کار یا شاعر نہ ہوتے تو وہ ایک بہترین وکیل ہوتے۔ آئندہ تین سالوں تک جاوید صاحب نے کاپی رائٹ قانون کو ہی جیا، اسی میں سانس لی، اسی پر گفتگو کی۔ انہوں برسر اقتدار وزیروں، اپوزیشن کے لیڈروں اور افسروں اور سبھی طرح کے سیاسی نظریات رکھنے والے چھوٹے بڑے لیڈروں سے ملاقاتیں کیں، تبادلہ خیال کیا، انہیں مسائل اور قلم کاروں کی قابل رحم حالت سے آگاہ کیا اور قانون میں تبدیلی کی حمایت کے لئے آواز بلند کی۔ تخلیق کاروں کی بہتری کے لئے کئے جانے والے اقدامات کی حمایت میں ان کے ساتھ ارون جیٹلی، سشما سوراج، سونیا گاندھی، کپل سبل، اس وقت کی لوک سبھا اسپیکر میرا کمار، اور پرکاش جاوڑیکر سمیت کئی اہم لوگ حامیوں کی شکل میں مل گئے، جنہوں نے لیک سے ہٹ کر قانون

عالمی سطح پر مصنّفین اور کلاکاروں کے لئے کاپی رائٹ قوانین میں تبدیلی لانے میں وکٹر ہیوگو کا قابل قدر تعاون رہا ہے، جس سے متاثر ہوکر جاوید اختر نے بھارت میں کلاکاروں کے حقوق کے لئے بڑی جدوجہد کی، جس کے نتیجہ میں ۲۰۱۲ میں بھارت سرکار نے کاپی رائٹ قانون میں مصنّفین اور کلاکاروں کے مفاد میں اہم ترامیم کیں۔

پیرس میں مشہور مصنف وکٹر ہیوگو کی رہائش گاہ پر جاوید

میں تبدیلی کی حمایت کی۔ جاوید صاحب کو اپنے اس اقدامات کے لئے بھاری قیمت بھی چکانی پڑی جو فلم انڈسٹری کے ذریعے ان سے انتقام لینے کے پیش نظر ان کا بائیکاٹ کرنے کی شکل میں تھی اور مجھے تو ایسا لگتا ہے کہ وہ کسی نہ کسی سطح پر آج بھی کہیں جاری ہے، مجھے کبھی کبھی محسوس ہوتا ہے کہ بھارت کے کاپی رائٹ قانون کو جاوید صاحب جیسے کسی شخص کی ہی ضرورت تھی جو قلمکاروں کے ساتھ امتیاز برتنے والے قانون کو بدل سکے۔ سنسد کے دونوں ایوانوں میں اپریل اور مئی ۲۰۱۲ میں بغیر مخالفت کے پیش کئے جانے اور سرکار کے ذریعے منظور کئے جانے کے بعد جون ۲۰۱۲ میں کاپی رائٹ قانون (ترمیمی) نافذ ہوگیا۔ لیکن زندگی اتنی آسان نہیں ہے، جب یہ قانون پاس ہوگیا تو اس کی مخالفت بھی بہت لوگوں نے کی، اور پھر آئندہ پانچ سال جاوید صاحب کی قیادت میں، ان تمام مخالفتوں، آپسی اختلافات اور حالات کو بہتر بنانے کی جدوجہد ہوتی رہی۔ اور پھر یہ تاریخی سمجھوتہ ہوا، جو جاوید صاحب کی منصفانہ اور دانشورانہ صلاحیتوں کے بغیر ممکن ہی نہیں تھا،

جاوید صاحب کی مسلسل تگ ودو، جدوجہد اور قائدانہ صلاحیتوں کی وجہ سے آئی پی آر ایس دنیا میں سب سے زیادہ تیزی سے ترقی کرنے والی تنظیم بن گئی، کلاکاروں کو رائلٹی دی جا رہی ہے، اور بھارت کے کلاکاروں کے لئے ہر دن اور بھی بہتر ہوتا جا رہا ہے۔

اگر آپ مجھ سے اس باب میں مختصراً کچھ بتانے کو کہیں گے تو میں یہی کہوں گا کہ قانون تو سنسد اور سرکاروں کے ذریعے بنائے جاتے ہیں کسی ایک شخص کے ذریعے نہیں لیکن کون سی سرکار اور کون سی سنسد قانون بدلتی اگر جاوید اختر جیسا شخص اسکا بیڑا نہ اٹھاتا۔

آئی پی آر ایس کے پروگرام میں جاوید اختر کے ساتھ امت دتّا اور گلزار صاحب

۱۰۱

یہ برسوں بعد ہوا ہے کہ ایک بِل لوک سبھا اور راجیہ سبھا دونوں سے اتفاق رائے سے پاس ہوا ہے

'کاپی رائٹ بل' کے پاس ہونے پر آئی پی آر ایس کے ذریعے منظم کی گئی اعزازی تقریب میں جاوید اختر کا اظہار

دوستو! ساتھیو! میں بہت شکر گزار ہوں آج بہت اچھی اچھی باتیں میرے بارے میں کہی گئی ہیں، ہاں میں نے کافی بھاگ دوڑ کی ہے اور میں کئی لوگوں سے ملا لیکن یقین کیجئے میں یہ بات دل سے کہہ رہا ہوں یہ میری جیت نہیں یہ آپ کی جیت ہے۔ جو نام میں لے کر گیا تھا، جن لوگوں کو میں بار بار لے کر جاتا رہا، ان کی کیا طاقت ہے، آپ کی کیا طاقت ہے، ہندوستان کے جو کلاکار ہیں، فنکار ہیں ان کی اپنی کیا طاقت ہے ان کو پتہ ہی نہیں ہے۔ ایک طرف تھا صرف آپ کا نام، آپ کی گڈ وِل، آپ کا کام، لوگ آپ کو جانتے ہیں آپ کے کام سے آپ کی آواز سے آپ کی دھن سے آپ کے لفظوں سے۔ دوسری طرف تو وہ سب کچھ تھا جو دنیا میں طاقت ور مانا جاتا ہے۔ تو پھر کیا ہوا؟ ہوا یہ کہ پہلی دفعہ ہمیں یہ معلوم ہوا کہ ہماری کیا طاقت ہے، یہ طاقت ایک آدمی کی نہیں اور یہ ایک آدمی کا مسئلہ ہی نہیں تھا جو کاغذ میں لے کر گیا تھا۔ ان پر بھارت رتن پنڈت روی شنکر اور دو آسکر ونر اے آر رحمان کے بھی دستخط تھے، ہم سب کے تو تھے ہی۔

جب ہم اسٹینڈنگ کمیٹی میں گئے تو ہم نے وہ کنٹریکٹ دکھائے، دوسوتین سو کنٹریکٹ، رائٹر کے، میوزک ڈائریکٹرز کے سنگرز کے۔ دیکھیے اس میں اور بندھوا مزدوری میں کیا فرق ہے؟ اور جب میوزک کمپنی کے لوگ آئے اور دوسرے لوگ آئے تو ان سے کہا گیا کہ اگر یہ سارے اپنے رائٹس اپنی مرضی سے ہی دیتے ہیں اور آپ انہیں صحیح قیمت دیتے ہیں تو بیس برس میں ایک کنٹریکٹ دکھائیے جس میں ایک رائٹر نے یا میوزک ڈائریکٹر نے یہ رائٹ نہیں لیے ہوئے ہیں۔ مگر ایسا کوئی کنٹریکٹ نہیں دکھا سکے۔ یہ جیت تو انصاف کی ہے ہم لوگ اپنے سیاسی رہنماؤں کو کبھی کبھی بہت عجیب نگاہ سے دیکھتے ہیں اور شاید صحیح بھی ہے اکثر موقع پر، لیکن سنگیت کار گیت کار اور گلوکار کیا دے سکتے ہیں کسی پولیٹیکل پارٹی کو سیاسی جماعت کو، یہ برسوں کے بعد ہوا ہے کہ ایک بل لوک سبھا سے اور راجیہ سبھا سے اتفاق رائے سے پاس ہوا ہے یہ میری کامیابی نہیں ہے، یہ سچ کی کامیابی ہے اور یہ اس بات کا ثبوت ہے کہ ہماری پارلیمنٹ میں کچھ بھی ہوتا ہے لیکن ابھی لوگوں کے سینوں میں دل ہیں۔ ہمیں اپنی طاقت کو سمجھنا چاہیے لیکن اس کا ناجائز فائدہ بھی نہیں اٹھانا چاہیے، ہمیں یہ ایک سیکنڈ کو بھی نہیں سمجھنا چاہیے کہ ہم نے اپنے پروڈیوسرز کو ہرا دیا ہے اور ہم جیت گئے ہیں، وہ بھی ایک سسٹم کے پروڈکٹ ہیں، ہم بھی ایک سسٹم کے پروڈکٹ ہیں۔ حقیقت یہ ہے کہ جو دنیا چل رہی تھی جو سسٹم اس میں چل اٹھا تھا، جو بدلا نہیں جا رہا تھا وہ پروڈیوسرز کے لیے بھی ٹھیک نہیں تھا، اس میں ان کا بھی نقصان تھا جو ان اب کی سمجھ میں آرہا ہے اور مزید رفتہ رفتہ انکی سمجھ میں آئے گا جب یہ پریکٹس شروع ہوگی۔ میں آپ کو یقین دلاتا ہوں کہ یہ جو بل ہے یہ ہمارے پروڈیوسرز کے لیے بھی بے انتہا اچھا ہے، ہمارے یہاں ۹۰ فیصد پروڈیوسرز کو ایک نیا پیسہ اپنے میوزک سے نہیں ملتا ہے بلکہ اکثر انہیں پیسہ دینا پڑتا ہے۔ دل جلتا رہتا ہے، تکلیف بھی ہوتی ہے احساس کمتری، نظر انداز کئے جانے اور توہین کا احساس بھی تھا رائٹرز میں۔ ہر ایک کو یہ احساس تھا کہ جو عزت ہم کو ملنی چاہیے جو ہمارے کام کو مقام ملنا چاہیے جو کریڈٹ ملنا چاہیے جو پیسہ ملنا چاہیے، وہ نہیں ملتا ہے، اس ناانصافی کے پہیے میں پروڈیوسر بھی گھوم رہا تھا۔ ۲۰۰۵ میں جو واقعہ ہوا اس نے شاید ہمارے صبر کے بند توڑ دیے، کہ اب بہت ہوگیا اب نہیں، سال میں ایک دفعہ ایک میٹنگ میں چلا جاتا تھا، آئی پی آر ایس کا پورا نام کیا تھا یہ بھی نہیں پتہ تھا۔ وہاں جاتے تھے چائے وائے ملتی تھی اور ایک لفافہ دے دیتے تھے جس میں ایک لاکھ روپے ڈیڑھ لاکھ روپے کا چیک ہوتا تھا۔ ہم کہتے تھے کہ یہ تو فری میں مل گیا، پیسہ لے کر آجاتے تھے۔ پھر کچھ رائٹرز میوزک ڈائریکٹرز میرے پاس آئے اور کہنے لگے کہ ہم چاہتے ہیں کہ اب جو یہ الیکشن ہو رہا ہے اس میں آپ کھڑے ہوں، یہ اس لیے کہ یہاں بڑی گڑبڑ ہے اور بڑا کنفیوزن ہے۔ میں نے کہا میں اپنی زندگی میں کبھی الیکشن نہیں لڑا ہوں، کیوں اس مصیبت میں مجھے ڈال رہے ہو؟ مجھے اس کے بارے میں کچھ پتہ بھی نہیں ہے، مگر دوستوں کے اصرار پر ان کے ساتھ کھڑا ہوگیا اور جیت بھی گیا۔ اچھا اب اس کے بعد جب ہم پہلی بورڈ میٹنگ میں پہنچے، ہم ہال میں داخل ہوئے تو میٹنگ شروع ہونے سے پہلے ہی ہمارے ہاتھ میں کورٹ کا نوٹس دے دیا گیا، میٹنگ نہیں ہوسکتی ہے، بتایا گیا کہ یہ جو الیکشن تھا غیر قانونی تھا۔ اب ہمارا اسٹرگل شروع ہوا، ہم نے بڑی کوشش کی، یہاں گئے وہاں گئے، لیکن آخرکار بات سمجھ میں آگئی کہ اس طریقے سے کچھ نہیں ہوگا، دلی سے ہی کچھ ہوسکتا ہے۔ ہمیں تو ابھی نیا نیا معلوم ہوا تھا کہ رائلٹی کیا چیز ہوتی ہے، قانون تو بہت دور کی چیز۔ پھر معلوم ہوا کہ وہاں پر ایک بہت بڑی کنسرن ہے 'لوتھرا اینڈ لوتھرا' جہاں پر کچھ وکیل ہیں جو ہندوستان کے بہترین کاپی رائٹز لایرز مانے جاتے ہیں۔ مگر وہ تو بہت بڑی کنسرن ہے، ایک ایک دن کی ان کی فیس کئی کئی لاکھ روپے ہوتی ہے، تو ہم نے کہا چلو بات کرتے ہیں۔ اتنا تو ہم آپ کو نہیں دے سکتے لیکن جو بھی دے سکتے ہیں وہ ہم آپ کو ضرور دیں گے، مجھے وہ دوپہر یاد ہے جب ہم چار پانچ لوگ تھے اور ایسا کبھی ہوا ہی نہیں کہ ہم کسی سے ملنے گئے ہوں اور جگجیت سنگھ ہمارے ساتھ نہ ہوں، مجھے ان کے نہیں ہونے کی اتنی تکلیف ہے کہ میں آپ کو بتا نہیں سکتا۔ ہم وہاں گئے، راجیو لوتھرا صاحب

جو اس کمپنی کے مالک ہیں، ان سے ملاقات ہوئی انہوں نے جو اس کام کے ایکسپرٹس ہیں، کاپی رائٹ کے، امت دتا صاحب لایر سے ہمیں ملایا، ہم نے کہا کہ ایسا ایسا مسئلہ ہے انہوں نے کہا کہ میں آپ کو بتاؤں گا کہ آپ کی ڈیمانڈ کیا ہونی چاہیے سرکار سے اور کس طرح ہونی چاہیے؟

یہاں میں حکومت کا، یو پی آئی چیئر مین کا، پرائم منسٹر کا، کپل سبل صاحب کا، ارون جیٹلی صاحب، سُشما سوراج جی کا شکریہ ادا کرنا چاہوں گا۔ میرا جی لوک سبھا کی اسپیکر کا شکریہ ادا کرنا چاہوں گا، اتنا ہی میں امت دتا صاحب کا شکریہ ادا کرنا چاہوں گا، شریمتی سونیا گاندھی جنہوں نے پرسنلی پہلی بار جب ہمارے کنٹریکٹ دیکھے اور ہماری سچویشن دیکھی تو انہوں نے خط لکھا کپل سبل صاحب کو کہ آپ کو یہ کام کرنا ہے۔ دنیا میں جو بہترین حقوق رائٹرز کے، کمپوزرز کے لئے ہوتے ہیں، وہ اس دیش میں ہونے چاہئیں۔ پرائم منسٹر منموہن سنگھ نے خط لکھا اور خوشی کی بات یہ ہے کہ کپل سبل صاحب تو اس مسئلے پر پہلے سے ہی ہمارے ہمدرد تھے ہی اور ان خطوط سے انہیں مزید تقویت مل گئی۔ کبھی کبھی کنفیوزن ہونے لگتا ہے مجھے، کہ یہ بل سرکار کا ہے یا اپوزیشن والوں کا جس طرح سے ارون جیٹلی صاحب نے اس بل کا ساتھ دیا، میں آپ کو بتا نہیں سکتا۔ راجیہ سبھا سے یہ بغیر ارون جیٹلی کے پاس ہو ہی نہیں سکتا تھا۔ جب یہ ڈیبیٹ ہو رہی تھی تو ارون جیٹلی صاحب آخر تک بیٹھے ہوئے تھے۔ عام طور سے پارلیمنٹ کی کارروائی چھ بجے ختم ہو جاتی ہے، لیکن انہوں نے اسے ساڑھے آٹھ بجے تک چلوایا۔ ہم لوگ پڑھتے ہیں 'کاریڈار آف پاور' پارلیمنٹ میں جب بھی میں چلتا ہوں مجھے یہی لگتا ہے کہ یہی ہے کاریڈار آف پاور، اب آپ بتائیے۔ یہ تو میں آپ کو ایک دن کی کہانی سنا رہا ہوں، یہ تین برس کا معاملہ ہے۔ آپ یقین کیجیے، کہاں سے بال نکل رہی ہے، کہاں روکی جا رہی ہے، کچھ سمجھ نہیں آتا لیکن یہ سب نہ ہو پاتا اگر دتا صاحب کے ذریعے ہمیں صحیح رہنمائی نہ ملتی، کس سے کس وقت ملنا ہے، کیا کہنا ہے، کیا ڈیمانڈز کرنا ہے۔ ایک ایک لیٹر جو ہم نے دیا ہے وہ دتا صاحب کا ڈرافٹ کیا ہوا ہے، ایک ایک اپیل جو ہماری ہے وہ ان کی ڈرافٹ کی ہوئی ہے، ان کے بغیر ہماری گڈ وِل کی عزت تو ہو جاتی لیکن ہمارا کام نہیں ہو پاتا۔

پنڈت شیو کمار شرما

ہ ایک تاریخی لمحہ تھا ہمارے لیے، ہم دیکھتے تھے کہ ایک شخص ہے جو سب چھوڑ کر اس میں لگا ہے۔ اکثر کیا ہوتا ہے کہ اگر میرا کام اچھا چل رہا ہے تو میں سوچتا ہوں کہ میرے لیے تو ٹھیک ہی ہے بھیا، باقی لوگ دیکھ لیں اپنا۔ اس دائرے کے باہر جا کر عام لوگوں کے لیے سوچنا، یہ ایک ایسی خوبی ہے جس کے لیے جاوید صاحب کا نام سنہرے لفظوں میں لکھا جائے گا۔

گلزار

کہنے والے بہت ہیں کرنے والے بہت کم، کہنے والے ہم سب تھے، کرنے والے جاوید صاحب، نک نیم سے انہیں جادو بلاتے ہیں، یہ پوری شخصیت ہی جادو ہے اور یہ جادو ہی کر گئے۔ کم لوگ ہوتے ہیں جو راہ دکھاتے ہیں ایک پورے فیتھ کے ساتھ، میں جہاں تک سمجھ پاتا تھا ان کو فالو کیا۔ میں یہ جانتا تھا کہ جس طرف وہ ہیں وہ راستہ ضرور صحیح ہوگا میں اس لیے ان کے ساتھ چلتا رہا۔

آنند جی بھائی

یہ بہت مشکل کام تھا، کبھی لگتا تھا ہو رہا ہے کبھی لگتا تھا نہیں ہو رہا ہے لیکن جاوید صاحب اڑے رہے اور انہوں نے یہ کر کے دکھایا اور احساس کرایا کہ آرٹسٹ کیا ہوتا ہے، جو ایک سیلف ریسپیکٹ تھی جس کو سلا دیا گیا تھا، اس کو پھر سے انہوں نے جگا دیا، بہت بڑا کام کیا ہے انہوں نے، اس کے لیے ان کو دعائیں بڑوں کی بھی ملیں گی، بچوں کی بھی ملیں گی۔ آنے والی پیڑھی کو آپ نے راستہ دکھایا ہے۔

۱۰۲

'بھارت ماتا کی جے' کہنا میرا کام نہیں، میرا حق ہے

۲۰۱۶ میں راجیہ سبھا میں جاوید اختر کی الوداعی تقریر

وقت اچھا ہو یا برا، کیسا بھی ہو گزر ہی جاتا ہے۔ یہ چھ سال بھی گزر گئے اور ایسے گزرے کہ لگا جیسے میں نے چھ بار آنکھیں جھپکائی ہیں اتنی تیزی سے نکل گئے، لیکن اس تیزی میں بھی مجھے جو کچھ دیکھنے کا موقع ملا، وہ میں زندگی بھر اپنے دل میں اپنے ذہن میں سنبھال کر رکھوں گا، وہ بڑی قیمتی چیز ہے۔ میں نے یہاں 'لیڈر آف اپوزیشن' اور اس کے بعد 'لیڈر آف دی ہاؤس' شری ارون جیٹلی کی اسکالرلی اسپیچز بھی سنی ہیں، میں نے ان کے ساتھ یہاں چدمبرم صاحب اور کپل سبل صاحب کی ڈیبیٹ سنی، میں نے یہاں ورندہ کرات اور سیتا رام یچوری کی لوجیکل تقریریں سنیں، میں نے یہاں شری روی شنکر پرساد کے وِٹ کو دیکھا، یہاں رام گوپال یادو جو سخت سے سخت بات نرم لہجے میں بھی کہہ سکتے ہیں، ان کی باتیں بھی سنی، اور بھی سنتا لیکن مجھے ایک قصہ یاد آ رہا ہے۔ مجاز اردو کے ایک بہت بڑے شاعر تھے اور ان کا سینس آف ہیومر بھی بہت غضب کا تھا۔ وہ کشمیر گئے پہلی بار کسی مشاعرے میں، وہاں کسی نے پوچھا کہ مجاز صاحب آپ پہلی بار آئے ہیں، یہاں کے قدرتی مناظر دیکھے آپ نے؟ کیسے لگے؟ کہنے لگے بہت اچھے لگے اور یہ بیچ بیچ میں کچھ پہاڑ وہاڑ آ گئے، ورنہ اور بھی دکھائی دیتے۔ میں یہی کہہ سکتا ہوں کہ بیچ میں بہت سارے ایڈجورنمنٹس آ گئے تھے ورنہ اور بھی بہت کچھ سن لیتا۔ لیکن خیر جتنا سنا وہ بھی کافی تھا۔

جب یہاں میں آیا تھا تو ایک خاص مقصد ایک خاص ہدف لے کر آیا تھا، کچھ رائٹرز کے، کمپوزرز کے مسائل تھے، اس ملک میں کاپیرائٹز کے اور وہی دکھ لے کر میں آیا تھا۔ میں سونیا جی سے ملا اپنے ساتھیوں کے ساتھ، انہوں نے ہمیں منموہن سنگھ جی کے پاس بھیجا، انہوں نے بھی جب سنا تو ان پر بھی اتنا ہی اثر ہوا جتنا سونیا جی پر ہوا تھا، منموہن جی نے کہا دیکھیے، ہم آپ کا ساتھ ضرور دیں گے لیکن آپ اپوزیشن سے خاص طور سے بی جے پی سے بات کر لیجیے۔ ان کے بغیر آپ کا کام دشوار ہو جائے گا، تو ہم ارون جیٹلی صاحب کے پاس گئے، مجھے تھوڑی حیرت بھی ہوئی، تھوڑی خوشی بھی ہوئی کہ بہت حد تک وہ ہمارا مسئلہ جانتے ہی تھے لیکن تھوڑی ڈیٹیل ہم نے اور دی، جس طرح انہوں نے ری

جاوید اختر راجیہ سبھا میں تقریر کرتے ہوئے

ایکٹ کیا تھا، اس دن مجھے معلوم ہوا کہ یہ کام ہو جائے گا۔ لیکن مجھے منموہن سنگھ کی یہ بات بہت اچھی لگی کہ اپوزیشن سے بات کر لیجیے ان کے بغیر آپ کا کام نہیں ہوگا۔ ایسا ہی ہونا چاہیے۔

دیکھیے، سرکاریں تو ان ملکوں میں بھی ہوتی ہیں جہاں ڈکٹیٹر شپ ہے۔ سرکاریں تو وہاں پر بھی ہوتی ہیں جہاں بادشاہت ہے لیکن ڈیموکریسی میں اور ان حکومتوں میں فرق کیا ہے۔ وہاں صرف سرکار ہوتی ہے، یہاں سرکار اور اپوزیشن دونوں ہوتے ہیں کسی نے صحیح کہا ہے:

چمن میں اختلاطِ رنگ و بو سے بات بنتی ہے
ہم ہی ہم ہیں تو کیا ہم ہیں تم ہی تم ہو تو کیا تم ہو

دیکھیے کیا ہے کہ ہم بڑے خوش قسمت لوگ ہیں اور ہم شکایتیں تو کرتے رہے ہیں، حکومتوں سے بھی دیش سے بھی اور سماج سے بھی۔ لیکن جو ہمارے پاس ہے اس کا اتنا شکر ہم ادا نہیں کرتے جتنا ہمیں کرنا چاہیے، جتنا اس کا احسان ماننا چاہیے اتنا ہم مانتے نہیں۔ ہمیں جس کے لئے سب سے زیادہ شکر گزار ہونا چاہئے وہ ہے ہمارا آئین، ہمارا سنویدھان۔

دیکھئے یہاں سے چلیں گے تو دوسری ڈیموکریسی آپ کو میڈیٹیرین کوسٹ پر ملتی ہے۔ وہ کیا بات ہے وہ کیا طاقت ہے ہماری، جو ہمیں یہاں ملتی ہے۔ یہ آئین ہمیں ڈیموکریسی دیتا ہے، جمہوریت دیتا ہے، لیکن یہ یاد رکھیے کہ ڈیموکریسی بغیر سیکولرزم کے نہیں قائم ہو سکتی ہے، جن ممالک میں سیکولرزم نہیں ہے، وہاں جمہوریت نہیں ہے۔ ڈیموکریسی کا مطلب ہوتا ہے کہ جس بارے میں زیادہ لوگوں کی رائے ہوگی وہ بات مانی جائے گی لیکن ڈیموکریسی یہ مان کر چلتی ہے کہ یہ جو میجورٹی اور یہ جو مائنرٹی ہے، یہ پرمانٹ نہیں ہے، ہر ایشو پر بدلے گی، اگر کوئی ایسی پریبھاشا بنا دی جائے اکثریت کی اور اقلیت کی جو پرمانٹ ہے تو پھر جمہوریت تو اسی دن ختم ہو گئی۔ ہم اگر سیکولرزم کی بات کریں، ہم اگر سیکولرزم کو بچانے کی کوشش کریں، تو کسی ایک خاص طبقے یا کسی

ملک، ایک ایسی آبادی جس میں پچاس فیصد لوگ جو ہیں وہ ستائیس سال کے نیچے ہیں، جہاں پینتیس کروڑ لوگ ینگ ہیں، دس سال اور پچیس سال کے بیچ میں ہیں، یہ ینگ ملک ہے، اتنی انرجی ہے اس کے پاس، اس کے پاس اچھا قانون ہے، اس کے پاس علم ہے، ٹیلنٹ ہے، کیلیبر ہے۔ میں ایسا مانتا ہوں اس لیے نہیں کہ میں ہندوستانی ہوں، اس لیے کہ یہ سچ بات ہے کہ ایک ایوریج ہندوستانی کا آئی کیو بھی بہت اچھا ہوتا ہے، وہ پڑھا لکھا ہو نہ ہو، وہ گاؤں میں رہتا ہو، وہ زبان ٹوٹی پھوٹی بولتا ہو لیکن اس کے پاس عقل ہے، وہ نادان نہیں ہے، ہر چیز ہمارے حق میں ہے تو پھر کیا وجہ ہے کہ آج دنیا کے سب سے زیادہ بے روزگار ہمارے ملک میں ہیں؟ کیا وجہ ہے کہ دنیا کے سب سے زیادہ ٹی بی کے مریض ہمارے ملک میں ہیں؟ دنیا کا ہر پانچواں بچہ جو پانچ برس کی عمر سے پہلے مرتا ہے، وہ ہندوستانی ہوتا ہے۔ کیا وجہ ہے کہ ہر سال ایک کیلنڈر ایئر میں پچاس ہزار عورتیں مائنر پریگنینسی کی پیچیدگی کی وجہ سے مرتی ہیں؟ ہمیں یہ سوچنا ہوگا، یہ طاقت، یہ قانون، یہ سسٹم سب ہمارے پاس ہے، ہم ترقی کرنا چاہ رہے ہیں تو کون سی، کس کا ڈیولپمنٹ اور کس کے لیے، کس چیز کی قیمت پر ڈیولپمنٹ، جی ڈی پی نہیں ہے۔ ڈیولپمنٹ ہے ہیومن ڈیولپمنٹ انڈیکس، میں آپ کو بتاؤں ایک ملک ہے دنیا میں برازیل جہاں دنیا کی تیسری سب سے بڑی پرائیویٹ پلین کی فلیٹ ہے اور ان کی ایک تہائی آبادی پاورٹی لائن کے نیچے ہے۔ یہ ہمیں اپنے دیش میں نہیں چاہیے۔ صاحب میں ایسا یقین رکھتا ہوں کہ کوئی بھی پارٹی ہو، وہ چاہتی تو یہی ہے کہ اپنے دیش کا بھلا ہو، میں دیکھتا ہوں کہ جہاں یہ مسائل ہیں بے روزگاری کے، ہاسپٹل کے، دوا کے، اسکول کے، کالج کے، انرجی کن چیزوں میں لگا رہے ہیں، وہ کیوں ویسٹ ہو رہی ہے، آئے دن کچھ ایسی باتیں سننے میں آتی ہیں جو نہ سنتے تو اچھا تھا۔ ابھی دو تین دن پہلے ایک صاحب ہیں جنہیں یہ گمان ہو گیا کہ وہ نیشنل لیڈر ہیں، حالانکہ حیثیت یہ ہے کہ وہ ہندوستان کے ایک اسٹیٹ آندھرا کے ایک شہر حیدرآباد کے ایک محلے کے لیڈر ہیں، انہوں نے یہ کہا کہ وہ 'بھارت ماتا کی جے' نہیں کہنا چاہتے اس لیے

فلمی اداکار و ڈائریکٹر نندتا داس کی فلم 'منٹو' میں جاوید اختر

دوسرے طبقے پر کوئی احسان نہیں کر رہے ہیں۔ ہم کو سیکولرزم اس لیے بچانا ہے کیونکہ اس کے بنا جمہوریت ہو ہی نہیں سکتی لیکن میں ایسا یقین رکھتا ہوں کہ ہمارے دیش میں یہ بہت بڑا اچیومنٹ ہے۔ ہم جب آزاد ہوئے تب شاید ہم ایک سوئی بنانے کے قابل بھی نہیں تھے، آج ہم ایک انڈسٹریل کنٹری ہیں، بہت بڑی پاور ہیں، بہت بڑے اچیومنٹس ہیں ہمارے۔ شاید اس سے بھی زیادہ ہو سکتے تھے لیکن جتنے ہوئے وہ بھی بہت ہیں، کتنی بڑی بات ہے کہ ہم نے اپنے دھرتی میں جن تنتر کو اتار دیا، اس کی جڑیں اتنی گہری ہیں کہ اب اکھڑ نہیں سکتی ہیں، یہ ممکن نہیں ہے، یہ بہت بڑا تحفہ ہے جو ہمارے بزرگوں نے ہمیں دیا ہے۔ ایک طرف یہ ڈیموکریسی اور ایک طرف یہ کمال کا آئین و دستور اور پھر ایک ایسا

کہ سنویدھان یہ نہیں کہتا ہے۔ سنویدھان تو انہیں شیروانی پہننے کو بھی نہیں کہتا ہے اور ٹوپی لگانے کو بھی نہیں کہتا ہے۔ میں یہ جاننے میں دلچسپی نہیں رکھتا ہوں کہ ’بھارت ماتا کی جے‘ کہنا میرا کام ہے یا نہیں ہے۔ یہ میں جاننا بھی نہیں چاہتا، اس لیے کہ یہ میرا کام نہیں ہے، یہ میرا ادھیکار ہے، میرا حق ہے، اور میں کہتا ہوں ’بھارت ماتا کی جے‘، ’بھارت ماتا کی جے‘۔ کون لوگ ہیں یہ میں اس بات کو اور ان کے اس خیال کو پوری سختی سے رد کرتا ہوں، مذمت کرتا ہوں۔ میں اتنی ہی سختی سے ایک اور نعرے کو بھی مسترد کرتا ہوں ’مسلمانوں کے دو استھان، قبرستان یا پاکستان ‘۔ میں اس کی بھی تردید و مخالفت کرتا ہوں۔ اب ہم رک نہیں سکتے، وقت رکتا نہیں ہے، اب جو ہم لوگ جائیں گے آگے یا پیچھے، ہمیں فیصلہ کرنا ہے ہم اس دوراہے پر ہیں۔ عقلمند وہ ہے جو تجربوں سے سیکھ لیتے ہیں، اس سے زیادہ عقلمند وہ ہیں جو دوسروں کے تجربوں سے سیکھ لیتے ہیں۔ دیکھ لیجیے ان ملکوں میں دھرم کا بڑا بول بالا ہے، جن ملکوں میں یہ یقین ہے کہ گزرا ہوا زمانہ بڑا اچھا تھا۔ جن ملکوں میں یہ خیال ہے کہ جو ہم کہہ رہے ہیں وہ ٹھیک ہے۔

سب ترے سوا کافر آخر اس کا مطلب کیا
سر پھرا دے انساں کا ایسا خبطِ مذہب کیا

جن ملکوں میں یہ خبط ہے وہ کہاں گئے، جہاں حق بات پر زبان کٹتی ہے، جہاں دھرم کے خلاف ایک لفظ بولنے پر پھانسی دیدی جاتی ہے، وہ ملک ہماری مثال بننا چاہیے یا وہ جہاں ہر طرح کی آزادی ہو۔ جہاں ’لاسٹ ٹیمپٹیشن آف جیسس کرائسٹ‘ بھی بن سکتا ہے، کون سے ملک صحیح ہیں، کہاں انسان آرام سے ہے، کہاں زندگی بہتر ہے، یہ دوراہا ہے آج کل جسے ہم فرنج کہتے ہیں، وہ فرنج دن بہ دن بڑی ہوتی جا رہی ہے اور اس کی ضرورت نہیں ہے۔ میں دل سے سمجھتا ہوں کہ سرکار میں بہت قابل لوگ بھی موجود ہیں اور جو بہت اچھا کام کرتے ہیں اور کر سکتے ہیں۔ میں یہی امید کروں گا کہ اپوزیشن ہو یا سرکار، اپوزیشن کا بھی رول ہے۔ اپوزیشن کو بھی سوچنا چاہیے اور سرکار کو بھی۔ یہاں کام ہو یہ التواء، ایڈجورمنٹس جو ہیں ہمیں آگے نہیں لے جائیں گے اور یہ پولرائزیشن بھی ہمیں آگے نہیں لے جائے گا۔ ایک ایسا ہندوستان بنے اور بن سکتا ہے، بہت مشکل نہیں ہے، بہت آسان ہے کہ جہاں ہر سر پر چھت ہو، جہاں پیٹ میں روٹی ہو، جہاں ہر ایک کے پاس دوا ہو، علاج ہو، اسکول ہوں، سڑکیں ہوں، بجلی ہو، پُل ہو۔ یہ ہو سکتا ہے، ذرا سا بس اگلے الیکشن کی پروا بند کر دے آدمی تو سب کچھ ہو جائے گا۔

۱۰۳

کیا ہم اپنی ’زمینی سچائی‘ کے ساتھ جی رہے ہیں یا ہم ایک ’پاتھیر پنچالی‘ بنانے کی کوشش کر رہے ہیں

ستیہ جیت رے سوسائٹی کی طرف سے کولکاتہ میں منعقد
ستیہ جیت رے میموریل لیکچر سیریز ’رے ٹوڈے‘ کا پہلا لیکچر ۲۰۰۹ میں جاوید اختر نے دیا تھا۔
پیش ہے جاوید اختر کے ذریعے دیے گئے لیکچر کا ایک مختصر اقتباس۔

ستیہ جیت رے میموریل لیکچر سیریز میں لیکچر دیتے جاوید اختر (۲۰۰۹، کولکاتہ)

میں سوچتا ہوں کہ ہندوستان کی کسی بھی کونے میں رہنے والے ایک عام ہندوستانی یا سنیما کا ذوق وشوق رکھنے والے کسی بھی شخص کے سامنے جب ستیہ جیت رے کا نام آتا ہے تو امیجز کا ایک کولاژ ابھر کر سامنے کھڑا ہو جاتا ہے، پاتھیر پنچالی، اپراجیتا، اپُرسنسار، چارُلتا، پرتی دوندی، مڈل مین، جلسہ گھر اور آپ مکمل طور پر حیرت میں مبتلا ہو جاتے ہیں، یہ انسانی نفسیات ہے، اہم بات یہ ہے کہ شاید ہم ہر چیز کو منطقی طور پر دیکھنے کے عادی ہو گئے ہیں۔ اور اسی پس منظر میں ہر چیز کو دیکھنے اور سمجھنے کی کوشش کرتے ہیں لیکن کبھی کبھی ہم اس میں ناکام ہو جاتے ہیں کیونکہ زندگی ایک سیدھی لائن کی طرح نہیں ہے، خاص طور پر آرٹ پر مبنی انسانی ترقی کئی طرح سے لوجیکل ہے، آرگینک ہے، ریشنل ہے، آپ اسے سمجھ سکتے ہیں لیکن کبھی کبھی یہ عقلمندی یہ ذہانت بھی کہاں ساتھ دے پاتی ہے۔ کوئی شخص آتا ہے جو اس آرگینک گروتھ کا حصّہ نہیں لگتا، کوئی شیکسپئر آتا ہے، کوئی بیتھوون، کوئی مائکل انجیلو، کوئی ستیہ جیت رے آتا ہے اور ہم اسے ریشنلائز کرنے کی کوشش کرتے ہیں۔ اسے سمجھنے کی کوشش کرتے ہیں، لیکن جینئس ایک ایسا ایلیمنٹ ہے جسے ہم آج تک منطقی بنیادوں پر سمجھنے میں کامیاب نہیں ہو سکے ہیں۔ تو ہمارے پاس صرف یہی ایک اچھا راستہ ہے کہ ہم ان کے ساتھ عزت واحترام سے پیش آئیں، جو کچھ انہوں نے کیا ہے اس کے لئے ان کے شکر گزار ہوں انکے احسان مند ہوں، کہ جب وہ تھے انہوں نے ہمارے لئے بہت کچھ کیا، ہمیں بہت کچھ دیا۔ جب ستیہ جیت رے سوسائٹی نے مجھے بلانے کے لئے فون کیا تو میرے دماغ میں کچھ یادیں تازہ ہو گئیں، کہ کب اور کیسے ان سے میری پہلی ملاقات ہوئی تھی، ان کو دیکھا اور سنا تھا اور کب میں نے ان کی فلم پہلی بار دیکھی تھی۔ میں بھوپال میں پری یونیورسٹی میں تھا، ان دنوں ایک خاص لڑکے سے میری ملاقات ہوئی، جس نے ایک فلم سوسائٹی بنائی تھی، اس کا نام انل تھا، اس کا سرنیم مجھے یاد نہیں رہا، شاید گپتا یا اگروال تھا، اس وقت سرنیم بہت ضروری بھی نہیں ہوتے تھے، انل مسٹر رے کو خط لکھا کرتا تھا، اسی سوسائٹی میں میں نے 'پاتھیر پنچالی' دیکھی تھی، تب تک میں نے اس طرح کی کوئی فلم نہیں دیکھی تھی۔ کچھ وقت کے بعد مجھے 'اپور سنسار' دیکھنے کا موقع ملا، 'اپراجیتا' تو میں نے بہت بعد میں دیکھی۔

کالج کے بعد میں فلم انڈسٹری میں آ گیا۔ ہم شعلے اور دیوار جیسی فلمیں لکھ چکے تھے تو ایک دن ممبئی میں ایک فلم فیسٹیول منعقد ہوا جس میں شرکت کے لئے میں نے جیسے ہی تھیٹر میں قدم رکھا، انہیں نزدیک سے بغور دیکھا، وہ سامنے کھڑے ہوئے تھے اور میں حیرت وحسرت سے انہیں دیکھ رہا تھا، ہماری نظریں ملیں، مجھے احساس ہوا کہ انہوں نے مجھے پہچان لیا تھا، وہ سامنے کھڑے تھے، میں ان کو تعجب خیز نگاہوں سے دیکھ رہا تھا۔ میں نے ان کے نزدیک جانے کا حوصلہ کیا انہوں نے اپنا ہاتھ آگے بڑھایا اور ہم نے ہاتھ ملایا، یہ میری ان سے پہلی ملاقات تھی، اس سے پہلے کہ میں کچھ کہتا وہاں کچھ دوسرے لوگ آ گئے اور ہماری ملاقات ختم ہو گئی۔ اس ملاقات کے دس پندرہ سال بعد جب میں کولکاتہ میں تھا تو میں اپنے ایک دوست ایان رشید کے ساتھ ان کے گھر گیا تھا، وہ ان سے میری دوسری ملاقات تھی، زیادہ تر وقت وہ وہی پوچھتے رہے کیونکہ مجھ میں اپنی بات کو شروع کرنے کا حوصلہ نہیں تھا، انہوں نے 'شعلے' کے بارے میں بات کی، دوسری فلموں کے بارے میں بات کی۔ دراصل ان کے لیے میرے دل میں احترام کا جذبہ تھا، کیونکہ ۱۹۷۶ میں دوردرشن پر ان کا ایک انٹرویو نشر ہوا تھا، جسے صحافی اپیتا ملک نے لیا تھا، اس میں بھی اپیتا ملک نے 'شعلے' کا ذکر کیا، لیکن توصیفی انداز سے نہیں کیا تھا، لیکن انہوں نے اس کی مخالفت کرتے ہوئے کہا تھا کہ آپ غلط بول رہی ہیں، مجھے تو فخر ہے کہ اب ایسی فلمیں ہندوستان میں بن رہی ہیں، تو یہ میرا ان سے پرسنل انٹرایکشن رہا، ستیہ جیت رے کا فن، ان کی صلاحیت ان کی دانشمندی، حساسیت اور جذباتیت کے بارے میں بات کرتے ہوئے میں خود کو عجیب سچویشن میں پاتا ہوں، پوری ایمانداری سے کہوں تو میں ان کے لیے خود کو نااہل پاتا ہوں اور ان

کی فلموں کے بارے میں سوچتا ہوں تو کچھ خاص لفظ میرے دماغ میں آجاتے ہیں جن کا سہارا لے کر میں اپنے لئے ان کے فن کا تجزیہ کرتا ہوں، وہ لفظ ہیں، ڈگنٹی، انڈر اسٹیٹمنٹ اور کمپیشن، وقار، کم سخنی اور ان کی سادہ لوحی۔ اب کیا یہ خوبیاں ہمیں سنیما اور سماج میں مل پاتی ہیں، کمرشیل سنیما کی زندگی کے لئے اس کا سماج سے ربط اور انسلاک ضروری ہے، سنیما سماج کو اور سماج سنیما کو ریفلیکیٹ کرتا ہے۔ حالانکہ اگر سرسری طور پر کہیں تو سنیما صرف حقائق کی تفہیم وتعبیر کے لئے نہیں جانا جاتا، لیکن سچائی یہ ہے کہ وہ ایک مخصوص سماجی طبقے کے لئے فلمیں بنارہا ہوتا ہے اور ارادتاً یا غیر ارادی طور پر سنیما سماج کا آئینہ دار بن جاتا ہے۔ کبھی کبھی میں سوچتا ہوں کہ اگر آپ ہندوستانی سنیما کے 'ولین' کی فہرست بنائیں تو اس ملک کے گزشتہ ساٹھ سال کی سیاسی تاریخ مرتب کرسکتے ہیں۔ چالیس کی دہائی میں ولین، غدار یا کھلنایک، زمیندار ہوا کرتے تھے۔ پچاس کی دہائی میں ولین، مالدار، انڈسٹرئلسٹ اور غیر معمولی اثر رکھنے والا آدمی ہوگیا اور ساٹھ کی دہائی میں ولین سماج کا انڈر ورلڈ مین ہوگیا۔ ستر کی دہائی میں انڈر ورلڈ پرسن ہیرو بن گیا۔ اسّی نوّے کی دہائی میں سیاسی لیڈر ولین بن گئے، نوّے کی آخری دہائی میں ایک پاکستانی گھس پیٹھیا، دہشت گرد ولین تھا اور اب ہمارے پاس ولین ہے ہی نہیں۔ ہم نے اپنے سارے ولین خرچ کردئے، تو اس طرح سے ہم دیکھیں تو، یہ ڈگنٹی، کم سخنی، خاموشی اور دیگر اہم جذبے اگر فلم میں ہیں تو سماج میں بھی ہوں گے اور اگر سماج میں ہیں تو فلم میں بھی ہوں گے، میں سمجھتا ہوں کہ ستیہ جیت رے کی فلم ان اہم اور عظیم جذبوں کی نمائندگی اور ترجمانی کرتی ہے، ڈگنٹی کی بات کریں تو اب یہ عام طور پر آوٹ ڈیٹڈ کوالٹی ہوچکی ہے، جواب چلن سے باہر ہے، لیکن جن آپ 'پاتھیر پنچالی' کے کردار پر نظر ڈالتے ہیں، جب آپ 'جلسہ گھر' اور 'اپراجیتا' کے کرداروں پر نظر ڈالتے ہیں تو وہ باوقار نظر آتے ہیں۔ بھلے ہی وہ غلط ہوں یا صحیح ہوں۔ یہ جینئس فلم میکر کسی کو بھی غلط نہیں ٹھہراتا ہے ان کے پاس سب کے لئے ہمدردی کا جذبہ ہے، مجھے 'پاتھیر پنچالی' کی وہ غریب اور بوڑھی عورت یاد آتی ہے جو انا مجروح ہونے کے بعد مرنے کے لئے نکل پڑتی ہے، وہ ایک ڈائنگ ڈگنٹی ہے۔ مجھے وہ چھوٹا بچہ یاد آتا ہے جو نیکلس چھین لیتا ہے اور اسے تالاب میں پھینک دیتا ہے، اور وہ اپنی بہن کی ڈگنٹی بچالیتا ہے۔ لیکن آج مجھے ان قدروں اور جذبوں کا فقدان نظر آتا ہے۔

کیوں؟ شاید ڈگنٹی کا مطلب ہے دوسروں کو پھر سے غور وخوص کرنے کا موقع فراہم کرنا، کیونکہ ڈگنٹی ایک ایسی سچویشن ایسا جذبہ ہے جس میں ٹھہراؤ ہوتا ہے، کہیں نہ کہیں لوگ خود اعتمادی سے محروم ہوئے ہیں، کہیں نہ کہیں ایک سماج کی شکل میں ہم اس جذبے کو بہت پیچھے چھوڑ آئے ہیں۔ ستیہ جیت رے کی فلموں کی خاص بات ہی یہ ہے کہ ان کے کردار اپنی جڑوں سے جڑے ہوئے ہیں اسی لئے یونیورسل ہوگئے ہیں۔ اپراجیتا کا ایک سین ہے جس میں لڑکا کہیں دور جارہا ہے، ماں بیگ پیک کررہی ہے، وہ بیگ میں گیتا رکھتی ہے، کچھ گھر کی بنی ہوئی چیزیں رکھتی ہے، وہ سامان رکھتی جارہی ہے اور بتاتی جارہی ہے کہ وہ اس چھوٹے سے کنستر (ٹن باکس) میں کیا کیا رکھ رہی ہے، وہ پوچھتی ہے کہ تمہارے ہاتھ میں کیا ہے، لڑکا بتاتا ہے کہ یہ ایک گلوب ہے۔ تو ایک لڑکا ہے جو ایک ہاتھ میں ہوم میڈ ریسیپی اور گیتا اور دوسرے ہاتھ میں گلوب لے کر گھر سے باہر جارہا ہے۔ مجھے لگتا ہے کہ فلم کار ایک انڈر اسٹیٹ منٹ ایک لطیفیت کے ساتھ وہی دکھا رہا ہے جو اس کی خوبی تھی۔ ایک دوسرا منظر ہے 'اپور سنسار' کا، جس میں اپور اپنے دوست کے ساتھ گاؤں جاتا ہے، جہاں اسے ایک خاص سچویشن کے تحت شادی کرنی پڑ جاتی ہے، ایسے میں وہ اپنے دوست سے یہ نہیں کہتا کہ دوست دوستی تو نبھانی پڑے گی، بلکہ وہ کہتا ہے کہ میرے پاس کوئی دوسری شرٹ بھی نہیں ہے اور مجھے شیو بھی تو کرانا ہوگا تو یہ انڈر اسٹیٹمنٹ آج کل نہیں دکھتا۔ تو چاہے وہ تلخ بیانی یا حق بیانی ہو، وقار ہو یا ہمدردی کا جذبہ ہو تو اس کا زندگی اور

سونی ٹیلی وژن کے شو 'انڈین آئیڈل' کے 'جاوید اختر اسپیشل' پروگرام میں

سنیما سے براہ راست تعلق ہے۔

جو بازار ہمارے سامنے ہے اس میں نفاست کی کوئی جگہ نہیں ہے، یہ ایک بازار ہے۔ مجھے یقین ہے کہ ٹوتھ پیسٹ کا اشتہار کرنے والی ایک اڈورٹائزنگ کمپنی کو 'مونا لیزا' بیچنا بہت دشوار ہوگا، کیونکہ وہ کہے گی کہ ہوسکتا ہے کہ یہ ایک پُراسرار مسکان ہو، پر ہمیں دانت تو دکھ نہیں رہے۔ میں جو گیت لکھتا ہوں تو سوچتا ہوں کہ تیز رفتار اور شور شرابے کے اس بے سُرے پن میں اس ہنگامے میں میرے گیتوں، میری تحریروں کو کون سمجھے گا۔ یاد کریں 'جلسہ گھر' میں ایک منظر ہے جس میں ایک کریکٹر میوزک سن رہا ہے، اور ایک جنریٹر کی آواز اسے ڈسٹرب کرنا شروع کرتی ہے، پر ہمیں جنریٹر نہیں دکھتا ہے، یہ ایک انڈراسٹیٹمنٹ ہے، لیکن جو دلچسپ ہے وہ یہ ہے کہ 'جلسہ گھر' کے زمیندار ہوں یا 'شطرنج کے کھلاڑی' میں لکھنؤ کے نواب، ان کے لئے بھی رے کے یہاں ہمدردی کا جذبہ ہے۔ ان کی ایک سمجھ ہے۔ یہ زمیندار اور نواب صحیح نہیں ہیں لیکن یہ بھی انسان ہیں، وہ اپنی روایتوں اپنی قدروں سے بندھے ہوئے لوگ ہیں، اور ڈائریکٹر اسی پس منظر میں دیکھتے ہوئے ان سے ہمدردی رکھتا ہے، لیکن یہ جذبہ آج کہاں چلا گیا ہے؟ کیا یہ ہمدردی ہمارے سماج میں ہے؟ کیا یہ ہماری فلموں میں ہے؟ اگر سنیما سماج کا آئینہ ہے تو ہم گہرے خطرے میں ہیں۔ اور میرا ماننا ہے کہ سنیما سماج کا آئینہ ہے۔

پچاس ساٹھ کی دہائی میں ہندی سنیما کا ایک ایسا دور بھی رہا ہے جب ہندی فلموں کا اوسط ہیرو ورکنگ کلاس سے ہوتا تھا۔ چاہے وہ ٹیچر ہو، وکیل ہو، مل ورکر، کسان ہو، اسٹوڈنٹ یا کلرک ہو لیکن اب ایسا نہیں ہے۔ اب ہمارا ہیرو کام نہیں کرتا ہے پچھلے دس بارہ برسوں سے وہ ورکنگ کلاس کا نہیں ہے، وہ بڑے سے گھر میں رہتا ہے، وہ بہت امیر ہے، رئیس ہے، وہ جب گھر سے نکلتا ہے تو وہ ہندوستان کی سڑکوں پر نہیں بلکہ سوئٹزرلینڈ یا نیوزی لینڈ میں ہوتا ہے۔ ایسا کیوں ہے۔ ہم بھوت پریت۔ جاسوسی رومانٹک اور محبت پر تو فلمیں بناتے ہیں، ہم ہر طرح کی فلمیں بناتے ہیں جو کسی سماجی مسئلے یا موضوع پر ہوں، پچاس ساٹھ کی دہائی میں ایسا نہیں تھا، لیکن آج ایسا ہے، ایسا کیوں ہے؟ کمپیشن کے لئے جگہ کہاں ہے؟ آج بھارت کی ۷۵ فیصد آبادی میں ہماری دلچسپی نہیں ہے، جب میں گریجویشن کے بعد ۱۹ سال کی عمر میں فلم انڈسٹری میں گیا تو وہاں فلموں کے جانکار لوگوں نے مجھے بتایا کہ اگر تم رائٹر بننا چاہتے ہو تو تمہیں ایسی اسکرپٹ لکھنی ہے جو قصبات اور چھوٹے شہروں کے لوگوں کو پسند آئے کیونکہ ہمارے پاس بڑے شہر ہیں ہی کتنے، اور بڑے شہروں میں تھیٹر کا کرایا اتنا زیادہ ہے کہ تم مشکل سے ہی پیسہ کما سکتے ہو، حقیقت میں منافع چھوٹے شہروں میں ہی ہے اس لئے تمہیں ایسی اسٹوری لکھنی ہے ایسے کردار اور ایسی فلمیں بنانی ہیں جنکا تعلق چھوٹے شہروں میں رہنے والے لوگوں کے خوابوں، ان کے مسائل ان کے حالات اور ان کی زندگی سے ہو۔ لیکن چالیس سال بعد اب یہ منظر نامہ بالکل برعکس ہے۔ آج کے فلمکاروں کا نظریہ بالکل واضح اور صاف ہے، ان کی فلمیں جب تک بڑے شہروں اور (ہندوستانی ڈایسپورا) میں اچھی طرح چل رہی ہیں تو ان کے لئے اس بات کے کوئی معنی نہیں کہ ان کی فلمیں بہار یا یوپی میں ریلیز ہو رہی ہیں یا نہیں۔ یقینی طور پر یہ فلم ساز کوئی ماہر سماجیات یا اقتصادیات کے ماہر نہیں ہیں لیکن غیر ارادی طور پر یہ کہہ رہے ہیں کہ ۷۵ فیصد لوگ ان کے لئے کوئی اہمیت کوئی معنی نہیں رکھتے۔ اور یہ جو ۲۵ فیصد لوگ جو شائننگ انڈیا میں رہتے ہیں، ان سے فرق پڑتا ہے، ہمیں ان کے لئے فلم بنانا چاہئے کیونکہ وہ پیسے خرچ کر سکتے ہیں۔

تو اگر میں ۷۵ فیصد لوگوں کے لئے فلم بنا ہی نہیں رہا ہوں تو 'سراجویا' کو کیوں دکھاؤں گا، دنیا کی سبھی 'سراجویائیں' اور سبھی اپو میری فلم کا ٹکٹ خریدنے نہیں جا رہے تو میں ان کے لئے یا ان کے بارے میں فلم کیوں بناؤں۔ ہوسکتا ہے کہ 'پاتھیر پنچالی' سمیت پچاس اور ساٹھ کی دہائی میں بنی دوسری فلموں کو بھی گاؤں کی 'سراجویاؤں' نے نہیں دیکھا ہوگا، لیکن ان فلموں میں

ایک پیشن ایک کنسرن تھا۔آج صرف سنیما میں ہی نہیں بلکہ ہر جگہ سے کمپیشن غائب ہے۔ہم تنگ دل ہو گئے ہیں، خودغرض بن گئے ہیں اور سماج میں آئی نئی ترقی نے ہمیں دوسروں کا معاون و مددگار بنانے کی جگہ لالچی اور بے حس بنا دیا ہے۔ یہ حالت فلم 'مڈل مین' میں بھی دیکھی گئی ہے، ڈائرکٹر دیکھ سکتا ہے کہ سماج میں کیا ہو رہا ہے۔لیکن یہ پاگل پن نہیں ہے، یہ ڈیپ ہرٹ ہے، ڈائریکٹر دیکھ سکتا تھا کہ سماج میں کیا ہو رہا ہے اور اگر اس نے اسے ریزالو کر لیا ہوتا تو آخر میں 'سومناتھ' نے 'شاید میں صحیح نام لے رہا ہوں' وہ نہیں کیا ہوتا جو کیا، اور ایک صاف ستھری امیج اور روح کے ساتھ باہر نکل آتا لیکن اس نے کیا اور وہ لڑکی جسکا نام کونا ہے وہ طوائف کا پیشہ اختیار کرتے وقت اپنا نام جیوتیکا رکھتی ہے، میرا اس کونا کے لئے سماج میں، سماج کے کئی سارے لوگوں سے زیادہ احترام ہے، کیونکہ کونا خود کو جیوتیکا بناتے ہوئے کہیں نہ کہیں کسی نہ کسی حد تک کسی نہ کسی طرح کونا کو بچانے کی کوشش کر رہی ہے، وہ کہنا چاہتی ہے کہ کونا کوئی دوسری شخصیت ہے میں جیوتیکا ہوں۔ یہاں تقدس و وقار کے تحفظ کے لئے ایک بہترین کوشش ہے لیکن سومناتھ کے بارے میں کیا کہیں گے اس نے تو اپنا نام نہیں بدلا اور نہ ہی ہم میں سے کسی نے بدلا۔تو دیویوں اور سجنوں میں اب شروعات کی بات کرتے ہوئے اپنی تقریر ختم کرونگا۔ ایک نوجوان اپنی عمر کی تیسری دہائی میں ہے، شادی شدہ ہے اور باپ بننے والا ہے، وہ ایک فلم بنانے کا فیصلہ لیتا ہے جو مالی طور پر چلنے والی نہیں ہے، ایسی فلم جسکا کوئی مستقبل نہیں ہے، کوئی بھی اس فلم میں ایک پیسہ بھی لگانے کو تیار نہیں ہے، سارے حالات ایسے ہیں کہ اسے اپنے فائدے مند کاموں میں ہی لگے رہنا چاہئے تھا۔لیکن اس نے اپنے خوابوں کو سچ کرنا چاہا اور اس میں اسے دو سال لگ گئے، آخر کار اس نے ایک فلم بنالی جو پوری طرح زمینی حقیقت سے دور تھی اس وقت اس فلمساز کو ہر حالت، ہر لوجک اور دنیاداری کی سمجھ نے یہ بتایا کہ اسے فلم نہیں بنانی چاہئے لیکن اس نے یہ کیا اور باقی ساری باتیں تو اب تاریخ کا حصہ ہیں۔ ہم سبھی زندگی جی رہے ہیں، سمجھوتے کئے جا رہے ہیں اپنی زندگی کو لے کر دکھی ہیں ایسے کام کر رہے ہیں جسے ہم خود بھی معاف نہیں کر سکتے اور اسے ہم زمینی سچائی کہتے ہیں۔ آپ سبھی اور میرے لئے بھی چاہے ہم ڈاکٹر ہوں، انجینئر ہوں، پینٹر ہوں تاجر ہوں یا بیکر ہوں سوال یہی اٹھتا ہے کہ کیا ہم واقعی اپنی زمینی حقیقیت زمینی سچائی کے ساتھ جی رہے ہیں؟ یا ہم ایک 'پاتھیر پنچالی' بننے کی کوشش کر رہے ہیں؟

۱۰۴

دس سے پندرہ سال کی عمر میں جاوید اختر کو دیئے گئے دیش کی جانی مانی شخصیات کے آٹوگراف

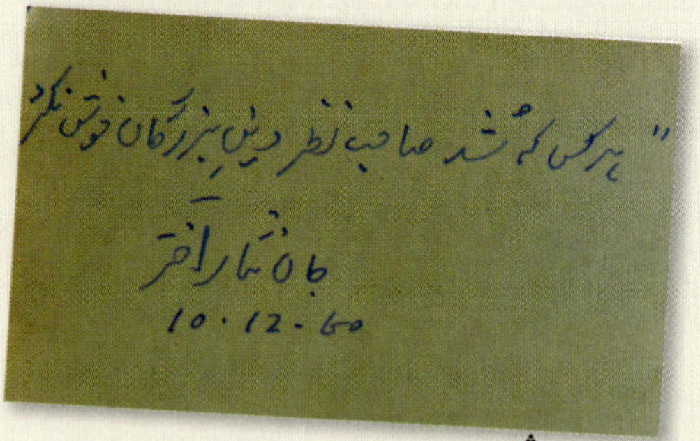

ہر وہ شخص جو سمجھ دار ہو گیا، اسے بزرگوں کے
طور طریقے پسند نہیں آئے

جاں نثار اختر

۱۰ دسمبر ۱۹۶۰

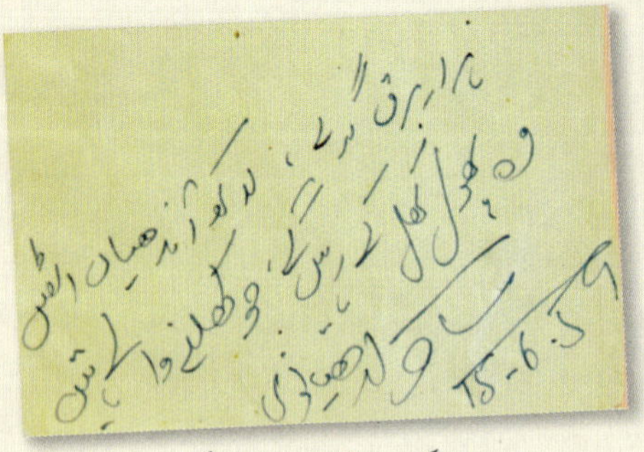

ہزار برق گرے لاکھ آندھیاں آئیں
وہ پھول کھل کے رہیں گے جو کھلنے والے ہیں

ساحر لدھیانوی

۱۶ جون ۱۹۵۹

سی کے نائڈو

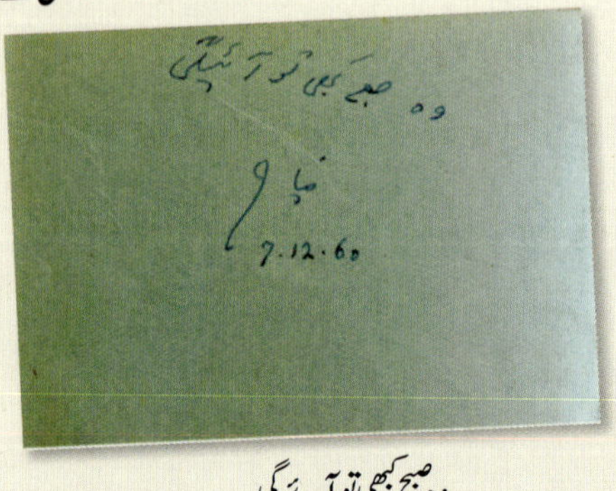

وہ صبح کبھی تو آئے گی

خیام

۷ دسمبر ۱۹۶۰

پیار!

مدھوبالا

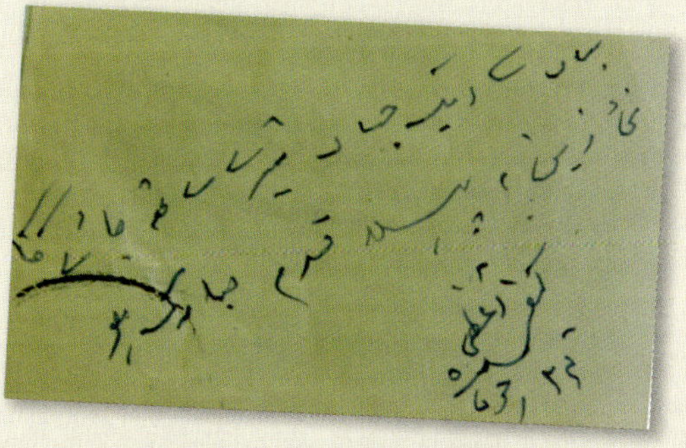

یہاں سے ایک جہاں تیرے ساتھ جائے گا
نئی زمین پہ پہلا قدم مبارک ہو
کیفی اعظمی (۶ دسمبر ۱۹۶۰)

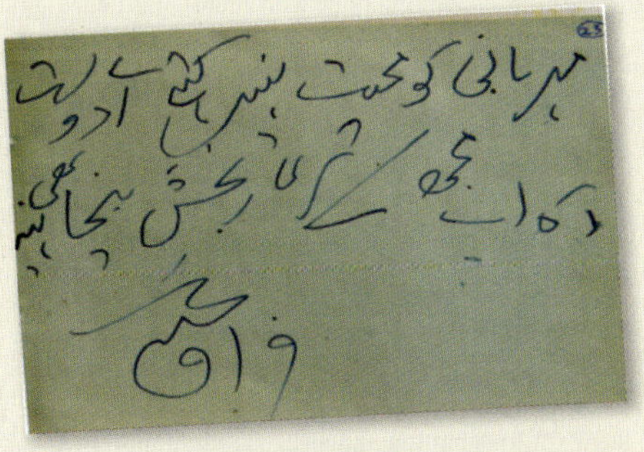

مہربانی کو محبت نہیں کہتے اے دوست
آہ اب مجھ سے تری رنجشِ بے جا بھی نہیں
فراق گورکھپوری

جواہر لال نہرو

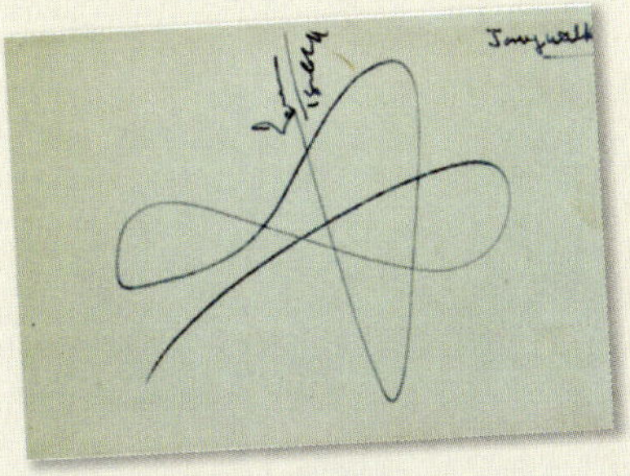

جانی واکر

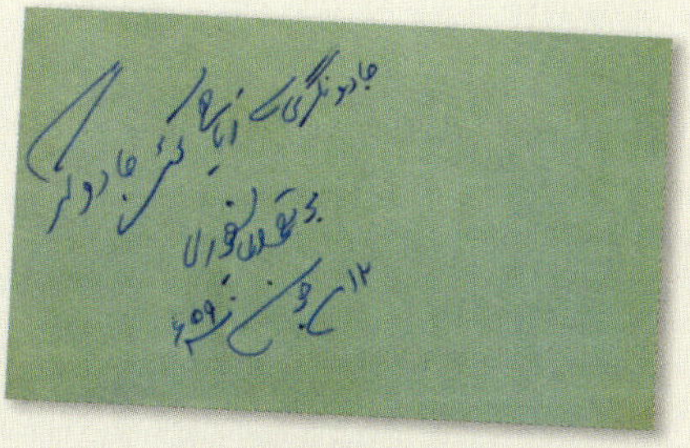

جادونگری سے آیا ہے کوئی جادوگر
مجروح سلطانپوری
۱۲ جون ۱۹۵۹

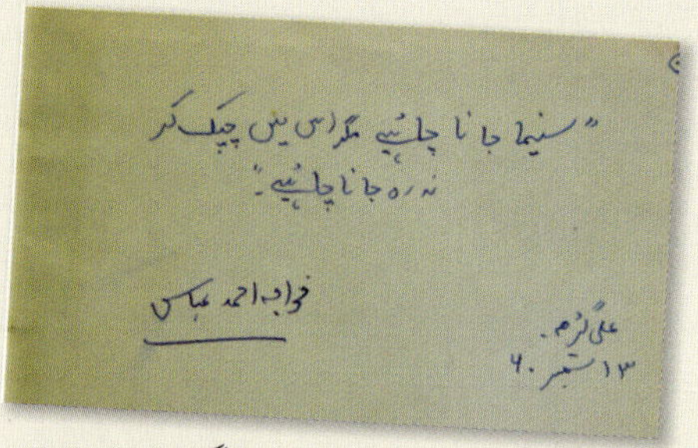

سنیما جانا چاہئے مگر اس میں چپک کر
نہ رہ جانا چاہئے
خواجہ احمد عباس
۱۳ ستمبر ۱۹۶۰، علی گڑھ

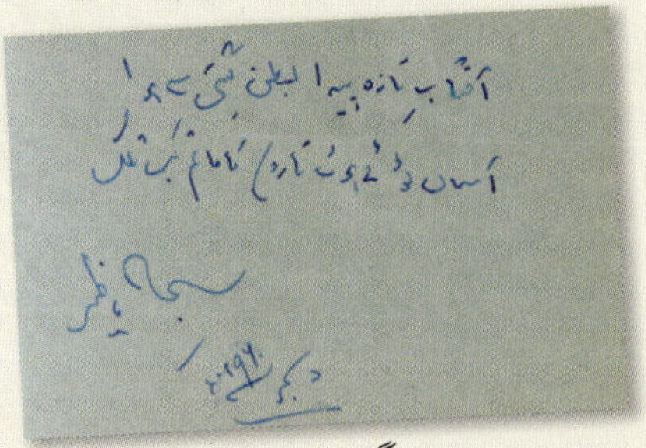

آفتابِ تازہ پیدا بطنِ گیتی سے ہوا
آسماں ڈوبے ہوئے تاروں کا ماتم کب تلک
سجاد ظہیر
دسمبر ۱۹۶۰

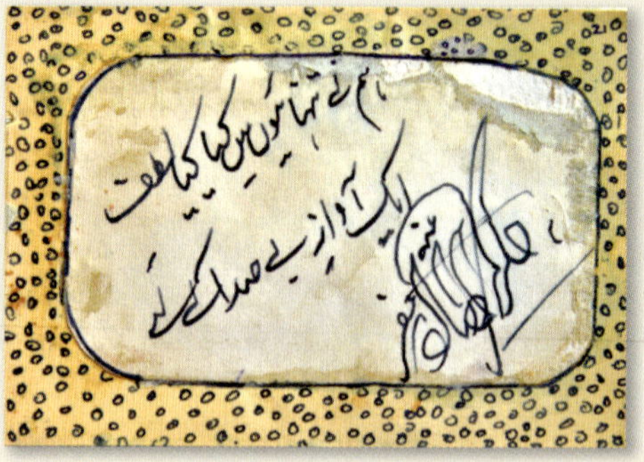

ہم نے تنہائیوں میں کیا کیا لطف
ایک آوازِ بے صدا کے لئے
جگر مراد آبادی

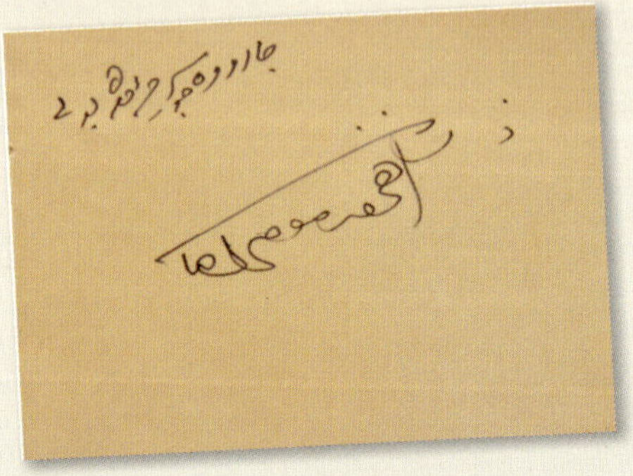

جادو وہ جو سر چڑھ کے بولے
راہی معصوم رضا

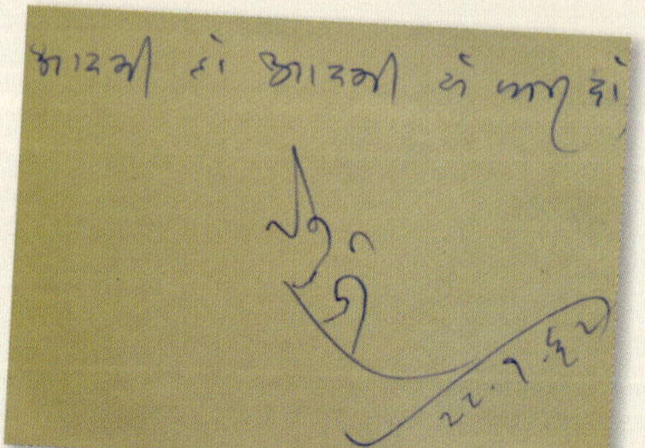

آدمی ہو آدمی کو پیار دو
نیرج

پران

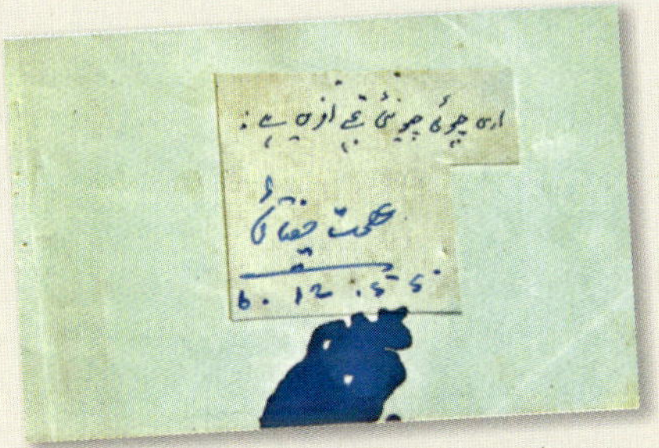

اری چھوٹی چیونٹی تجھے آفرین ہے
عصمت چغتائی
٦ دسمبر ١٩٥٥

دلیپ کمار

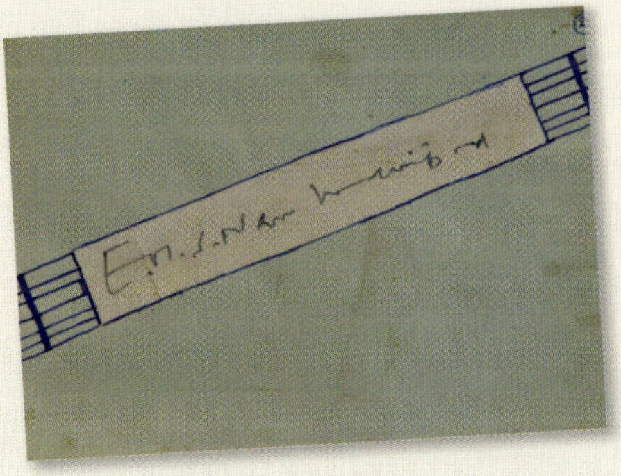

ای ایم ایس نمبودری پاد

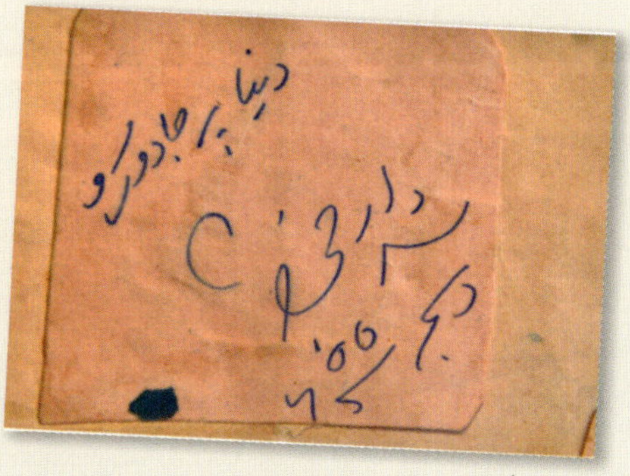

دنیا پر جادو کرو
علی سردار جعفری
دسمبر ١٩٥٥

راشٹرپتی بھون، نئی دہلی میں
ڈاکٹر اے پی جے عبدالکلام سے
پدم بھوشن اعزاز حاصل کرتے
ہوئے جاوید اختر (۲۰۰۷)

وزیر اعظم منموہن سنگھ اور یو پی اے کی صدر سونیا گاندھی سے
اندرا گاندھی راشٹریہ ایکتا پُرسکار (انعام) لیتے ہوئے (۲۰۰۵)

وزیر اعظم اٹل بہاری واجپائی کی شاعری کے البم 'سنویدنا'
کی رسمِ اجرا کے موقع پر (۲۰۰۲)

راشٹرپتی بھون میں صدر جمہوریہ پرنب مکھرجی اور شبانہ اعظمی کے ساتھ جاوید اختر (نئی دہلی، ۲۰۱۶)

وزیر اعظم منموہن سنگھ کے ذریعے دیئے گئے عشائیے (ڈنر) میں
امریکہ کے صدر براک اوباما، مشیل اوباما، شبانہ اعظمی اور سلمان خورشید کے ساتھ (۲۰۱۰)

وگیان بھون، نئی دلی میں صدر جمہوریہ ہند، کے آر نارائنن
سے نیشنل فلم ایوارڈ لیتے جاوید اختر (۲۰۰۰)

نئی دہلی میں اپنے پسندیدہ ایکٹر رابرٹ ڈی نیرو
اور شبانہ اعظمی کے ساتھ (۲۰۱۳)

نیو یارک میں رشی کپور اور نیتو سنگھ کے ساتھ (۲۰۱۹)

ہندوستانی باکسر میری کام کے ساتھ

اپٹا ممبئی کے کلاکاروں کے ساتھ

روم کی یونیورسٹی میں اپنے شعری مجموعے کے اطالوی ترجمے کی رسمِ اجرا کے موقع پر یونیورسٹی کے طلبا و طالبات کے ساتھ (۲۰۱۹)

ممبئی میں فلم 'دنیا' کی میوزک ریلیز پارٹی میں رشی کپور، اشوک کمار، دلیپ کمار، پران، آر ڈی برمن،
امریش پوری، امرتا سنگھ اور دیگر اداکاروں کے ساتھ جاوید اختر (۱۹۸۴)

کرکٹر کپل دیو اور فلم ڈائریکٹر شیام بینیگل کے ساتھ جاوید اختر

ہندی کے کامیاب ترین مشہور کوی شیومنگل سنگھ 'سُمن' کے ساتھ جاوید اختر

نوبل انعام سے سرفراز کئے گئے بنگلہ دیش کے معروف اکانومسٹ، ماہر اقتصادیات محمد یونس کے ساتھ (ممبئی، ۲۰۱۸)

راشٹر پتی بھون میں پدم النکرن کے موقع پر، وزیر اعظم اٹل بہاری واجپائی
لتا منگیشکر اور سچن تندولکر کے ساتھ (۱۹۹۹)

جاوید اختر کے ۷۵ ویں یومِ پیدائش کے موقع پر ممبئی میں منعقدہ پروگرام میں
جاوید اختر، رائٹر اروند منڈلوئی اور دیگر معزز شخصیات

نوبل انعام یافتہ، اکونومسٹ امرتیہ سین کے ساتھ

سدابہار ایکٹر دیو آنند کے ساتھ جاوید اختر اور شبانہ اعظمی

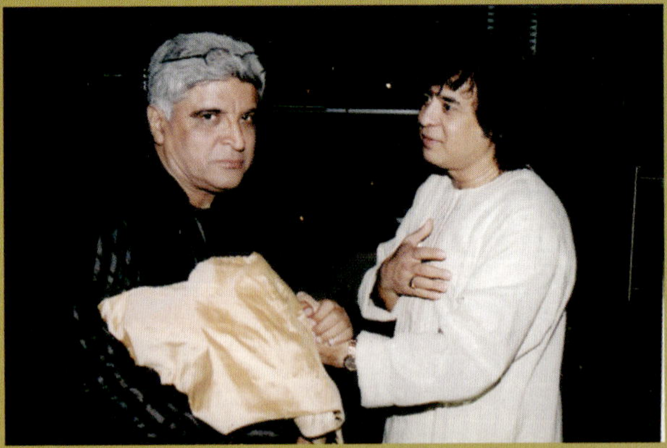

جاوید اختر اور مشہور طبلہ نواز ذاکر حسین

فلم فیئر ایوارڈ کے ساتھ جاوید اختر، الکا یاگنک اور اے آر رحمان

کھنڈالا واقع اپنے گھر 'سکون' میں جاوید اختر

جامعہ ہمدرد میں ڈاکٹریٹ کی اعزازی ڈگری لیتے ہوئے

فرصت کے پل

اپنی پوتیوں اکیرا اور شاکیا کے ساتھ جاوید اختر

۱۰۵
فیض صاحب سے ایک نشیلی ملاقات

فیض احمد فیض کے ساتھ جاوید اختر

مشہور شاعر فیض احمد فیض اور جاوید اختر کی پہلی ملاقات کا قصہ بہت ہی دلچسپ ہے، جاوید صاحب خود کہتے ہیں کہ ممکن ہے لوگ اس قصے پر یقین نہ کریں، یہاں تک کہ جب جاوید صاحب نے اس ملاقات کے بارے میں فیض صاحب کی بیٹی سلیمہ کو بتایا تو انہوں نے بھی اس کی تصدیق کرنے کے لیے اپنے والد سے پوچھا تھا، تب فیض صاحب نے کہا تھا کہ ہاں ایسا ایک واقعہ ہوا تھا۔ جاوید صاحب ان دنوں ممبئ میں اپنے مقام اور شناخت کی جستجو کر رہے تھے، جیب میں بہت زیادہ پیسے نہیں ہوتے تھے اور عمر یہی کوئی ۲۲-۲۱ برس رہی ہوگی۔ ایک دن پتہ چلا کہ فیض صاحب ایک طویل عرصے بعد، ممبئ کے ایک مشاعرے میں شرکت کے لئے ہندوستان آ رہے ہیں۔ جاوید صاحب نے جو ہمیشہ سے فیض صاحب کی شخصیت اور شاعری کے مداح تھے، سوچا یہ اچھا موقع ہے، انہیں مشاعرے میں سنا جا سکتا ہے۔ لیکن سوال یہ تھا کہ جب مشاعرہ گاہ تک پہنچنے کے ہی پیسے نہیں ہیں تو مشاعرے کا ٹکٹ بھی کیسے لیں گے۔ اس صورت حال سے جاوید صاحب بہت افسردہ اور رنجیدہ تھے کہ ایک زمانے کے بعد ان کا پسندیدہ شاعر یہاں آیا ہو اور وہ ملنے بھی نہ جا سکیں۔ اسی افسردگی اور مایوسی کے نتیجے میں جاوید صاحب نے شراب پی، اتنی پی کہ ہوش ہی باقی نہیں رہا، اسی مدہوشی میں اس بات کا جنون بھی شامل ہو گیا کہ فیض صاحب سے ملنے جانا ہے، تو وہ بنا ٹکٹ ہی لوکل ٹرین میں چڑھے اور مشاعرہ گاہ کے قریب ہی اسٹیشن پر اتر گئے۔ رات بہت ہو گئی تھی اس لیے کوئی گارڈ باہر نہیں تھا وہ سیدھے اندر مشاعرے کی محفل میں پہنچ گئے، کچھ سرور سا تھا ہی تو اسی مدہوشی کے عالم میں سیدھے اسٹیج تک بھی پہنچ گئے۔ وہاں ایک شاعر کے ساتھ بیٹھے، گاؤ تکیہ کو ٹھیک کیا، پہلے تھوڑی جھپکی لگی پھر وہیں سو گئے۔ آنکھ کھلی تو دیکھا کہ مشاعرہ ختم ہو چکا ہے، اب انہیں افسوس ہوا کہ فیض صاحب کو تو سن ہی نہیں پائے، پھر دیکھا کہ فیض صاحب کچھ والنٹیرز کے ساتھ اپنی گاڑی کی طرف جا رہے ہیں، تبھی جاوید صاحب اسی طرف دوڑے اور زور سے چلا کر کہا انہیں پیچھے کیجیے فیض صاحب! اور آپ میرے ساتھ آیئے۔ اس کے بعد انہوں نے بھیڑ کو ہٹایا، فیض صاحب کی گاڑی کا گیٹ کھولا۔ انہیں بٹھایا اور ساتھ میں خود بھی بیٹھ گئے، آگے ایک والنٹیر بھی بیٹھا، لیکن وہ جاوید صاحب سے تھوڑا سہم گیا، جاوید صاحب نے اسے کہا کہ آپ گاڑی چلایئے کس قسم کا انتظام ہے یہاں پر، پھر پلٹ کر فیض صاحب سے کہا، بہت دنوں کے بعد آنا ہوا فیض صاحب، فیض صاحب بولے، ہاں اس دفعہ تھوڑا زیادہ وقت ہو گیا اسی بات چیت میں فیض صاحب کا ہوٹل آ گیا، آگے بیٹھے شخص نے پوچھا سر گاڑی رکھیں گے، یا جانے دیں، جاوید نے یہ بات فیض سے پوچھی تو انہوں نے کہا کہ جانے دو، پھر جاوید صاحب پلٹے اور کہا کہ گاڑی لے جاؤ، اس کے بعد دونوں ہوٹل کے اندر آئے جاوید صاحب نے کمرے کی چابی لی اور کمرے میں داخل ہوئے، اس کے بعد ایک سگریٹ اپنی سلگائی اور ایک فیض صاحب کو دی۔ اور پھر وہ اردو زبان اور اسکرپٹ کی باتیں کرنے لگے۔ کچھ دیر بعد جاوید اختر وہیں بستر پر جا کر سو گئے۔ صبح آنکھ کھلی تو پتہ چلا کہ کمرے میں پریس کانفرنس چل رہی ہے اور مشاعرے کے مہتمم کلثوم سیانی نے کانفرنس کے بیچ سے ہی پوچھا فیض صاحب یہ کون صاحب سو رہے ہیں؟ ادھر فیض صاحب بار بار سوال ٹال رہے تھے کیونکہ انہیں خود نہیں پتہ تھا کہ یہ صاحب کون ہیں، اور ادھر جاوید چادر کے بھیتر سے ساری باتیں سن رہے تھے، سوچ رہے تھے کہ یہاں سے کیسے نکلا جائے، تبھی انہوں نے سوچا کہ مہلت نہیں دینی چاہیے، وہ فوراً اٹھے اور بولے تو فیض صاحب مجھے اجازت دیجیے۔ فیض صاحب نے کہا ہاں جایئے اس کے بعد جاوید وہاں سے نکلے اور سیدھے اپنے گھر آ گئے۔

جاوید اختر کی باندرہ واقع رہائش گاہ پر فیض احمد فیض اور راجندر سنگھ بیدی (۱۹۷۹)

۱۰۶

اور میں نے زندگی کا انتخاب کیا...

میں اس احساس کے ساتھ ہی جی رہا تھا کہ شراب کا پورا لطف اٹھاتے ہوئے جیوں گا، میں تنہائی، مایوسی اور اس طرح کے کسی احساس یا غم میں ڈوب کر نہیں پی رہا تھا، میں پیتا تھا کیونکہ مجھے پینا بہت پسند تھا، لیکن زندگی میں ایک ایسا وقت بھی آیا جب مجھے دو چیزوں میں سے کسی ایک کا انتخاب کرنا تھا وہ دو چیزیں تھیں شراب اور زندگی۔ میں نے زندگی کو چُنا۔

میں نے اپنی زندگی میں شاید ۲۶-۲۷ سال تک شراب پی۔ شراب پینا میں نے بہت ینگ ایج میں شروع کر دیا تھا، جب میں گریجویشن کرنے کے بعد ممبئی آیا تھا، تب میری عمر 19 سال تھی۔ اپنے دوستوں کے ساتھ شراب پیتا تھا تب انڈسٹری میں اپرینٹس تھا، پھر اسسٹنٹ بنا، پہلے تو پیسے نہیں ہوتے تھے لیکن جب کام ملا تو پیسے بھی ہو گئے اور پھر زیادہ پینے لگا۔

ایک زمانہ ایسا تھا، میں سمجھتا ہوں گیارہ بارہ سال ایسے بھی گزرے جب میں نے روز ایک بوتل شراب پی۔ وجہ کیا ہے؟ لوگ شراب کیوں پیتے ہیں؟ میرے خیال سے ینگ لوگوں میں شراب کا ایک گلیمر ہے، کچھ ایسا لگتا ہے کہ ہم شراب پیتے ہیں تو بڑے ہو گئے ہیں، ایڈلٹ ہو گئے ہیں، ہماری جوانی کی فلموں میں جو ہیرو ہوتا تھا وہ شراب پی کے گانا گاتا تھا اور گانا بڑا اچھا ہوتا تھا، لیکن شراب ویسی نہیں ہوتی جیسے فلموں میں دکھائی جاتی تھی یا اب بھی کبھی کبھی دکھائی دیتی ہے۔ ہیرو تو شراب پی کر اچھے ڈائیلاگ بولتا ہے، جو بہت اچھا لگتا ہے لیکن اصل زندگی میں جو شرابی ہوتے ہیں وہ ایسے نہیں ہوتے ہیں۔ میں نے اپنی ایڈلٹ لائف میں کوئی بھی غلطی بنا شراب پیے ہوئے نہیں کی، پر وہ دن ہے اور آج کا دن ہے، ۲۱ سال ہو گئے میں نے شراب کو چھوا بھی نہیں۔ میں لوگوں کو یہی صلاح دوں گا کہ وہ ہو سکے تو آپ شراب نہ پئیں۔

انڈیا ٹوڈے کنکلیو میں جاوید اختر (۲۰۰۵، نئی دہلی)

۱۰۷

کرشن، گوتم، کبیر اور وویکانند کی فلاسفی پر ہر ہندوستانی فخر کرتا ہے

انڈیا ٹوڈے کنکلیو، ہندوستان کا سب سے بڑا پلیٹ فارم ہے جہاں فکر و خیال کے تبادلے کے لیے ہر میدان کے پروفیشنل، لیڈرز، سیاسی رہنما، دانشور اور آئیکان اکٹھا ہوتے ہیں۔ نئی دہلی میں منعقد ہونے والے اس کنکلیو کے ۱۵ ویں پروگرام میں، ہندوستان کی جانی مانی شخصیت جاوید اختر نے مذہب روحانیت، منافقت، ڈھکوسلہ، سائنس، معقولیت اور روحانیت جیسے موضوعات پر اپنے خیالات رکھے۔ پیش ہیں جاوید اختر کی تقریر کے کچھ (حصّے) اقتباس۔

بھائیو اور بہنو!

میں بہت پر یقین ہوں کہ اس باوقار اجلاس میں اس وقت میری جو جگہ ہے اسے لے کر کسی کو بھی کوئی تشویش نہیں ہوگی کوئی پریشانی نہیں ہوگی۔ شری شری روی شنکر جیسی کرشمائی اور زبردست شخصیت کی تقریر کے بعد کچھ کہنا۔ سچن تندولکر کی شاندار سینچری کے بعد اپنی پاری کھیلنے کے لیے جانا اور پھر پویلین کی طرف لوٹ کر آنے جیسا ہے۔ لیکن میں نے ہی اپنے کچھ کمزور لمحوں میں اس کے لیے خود کو پرعزم کرلیا تھا۔ کچھ باتیں ہیں جو میں شروع میں ہی صاف کر دینا چاہتا ہوں۔ میرے نام جاوید اختر پر نہ جائیے گا، میں کوئی راز اُجاگر نہیں کر رہا ہوں، میں وہی کہہ رہا ہوں جو میں نے اپنے بیانات، اپنی تحریروں میں ٹی وی پر اور پبلک پلیٹ فارم پر کئی بار کہا ہے۔ میں ایک ناستک 'ملحد' ہوں، دھرم میں میرا کوئی یقین نہیں ہے۔ ظاہر ہے کہ کسی طرح کے اسپریچولٹی یعنی روحانیت میں بھی میرا کوئی یقین نہیں، یہ تو ہوئی پہلی بات۔ دوسری بات یہ ہے کہ میں یہاں بیٹھے ہوئے کسی بھی شخص پر تنقید کرنے یا اس کا تجزیہ کرنے یا پھر اس پر کوئی الزام یا تہمت لگانے یا اس کی توہین کرنے کے لئے نہیں کھڑا ہوا ہوں۔ ہمارے بیچ ایک خوشگوار اور بہترین تعلق ہے۔ یہاں کسی خیال، کسی رویے یا کسی نظریے پر بات ہو رہی ہے اور میں اپنی بات کسی خاص شخص کے لیے نہیں کہہ رہا ہوں، جب اس سیشن کی شروعات کی گئی تو مجھے ایک لمحے کے لیے لگا کہ میں غلط جگہ پر آ گیا ہوں، کیونکہ اگر ہم کرشن، گوتم، کبیر اور وویکانند کی فلاسفی پر بات کر رہے ہیں چرچا کر رہے ہیں تب، میرے پاس کہنے کے لیے کچھ بھی نہیں ہے۔

میں یہاں ایک ایسی عظیم تاریخ پر بولنے یا چرچا کرنے نہیں آیا ہوں جس پر، جیسا کہ مجھے لگتا ہے، کہ ہر ہندوستانی ناز کرتا ہے سب فخر کرتے ہیں اور جو مناسب بھی ہے۔ میں یہاں الجھے ہوئے مشکوک حال پر اظہار کرنے آیا ہوں۔ انڈیا ٹوڈے نے مجھے مدعو کیا ہے اور میں یہاں آج کی روحانیت پر بات کرنے آیا ہوں۔

جب مجھے اس بات چیت کے لیے بلایا گیا تھا، میں نے محسوس کیا کہ میں ناستک ہوں کسی بھی حالت میں لوجیکل ہونے کی کوشش کرتا ہوں۔ شاید اس لیے مجھے بلایا گیا ہے، ایک اور خوبی جو مجھ میں اور ان ماڈرن ایج گروؤں یعنی ہم دونوں میں ہے وہ یہ ہے کہ ہم دونوں ہی سپنوں کے سوداگر ہیں، خواب بیچتے ہیں۔ ہم دونوں ہی غلط فہمیاں اور شکوک پیدا کرتے ہیں ہم دونوں ہی آئیکان بناتے ہیں۔ لیکن ہم میں کچھ فرق ہے۔ ہم تین گھنٹوں کے بعد اپنا پلے کارڈ کھیلتے ہیں جس پر لکھا ہوتا ہے دی اینڈ اور ہم پھر سے حقیقت کی دنیا میں لوٹ آجاتے ہیں۔ لیکن یہ گرو نہیں لوٹتے۔ پلیٹو نے اپنی کتاب 'ڈائیلاگز آف پلیٹو' میں جو اہم باتیں تحریر کی ہیں ان میں سے ایک یہ بھی ہے کہ کسی موضوع پر اظہار کرنے سے پہلے لفظوں کے معنی طے کر لینے چاہئیں۔ تو چلیے اس روحانیت کا معنی طے کر لیتے ہیں۔ کیا اس کا مطلب انسانیت کے لیے محبت ہے جو کہ سبھی مذہبوں، ذات پات اور نسل سے بڑھ کر ہے، تب مجھے کوئی پرابلم نہیں سوائے اس کے کہ میں اسے انسانیت کہوں گا۔ کیا اس کا مطلب پیڑ پودوں پہاڑوں ساگروں ندیوں اور جانوروں کے لیے محبت ہے، اگر ایسا ہے تب مجھے کوئی پرابلم نہیں ہے سوائے اس کے کہ میں اسے ماحولیات کے لئے بیداری کہوں گا۔ کیا اس کا مطلب سماجی اداروں اور معاشرتی نظام مثلاً حقوقِ انسانی، نظام عدل وانصاف، والدین اور بزرگوں کا احترام، فائن آرٹ اور ادب سے دلچسپی و محبت ہے تب بھی مجھے کوئی دشواری نہیں کوئی مسئلہ نہیں ہے۔ جی، میں ان سے کیسے غیر متفق ہوسکتا ہوں سوائے اس کے کہ میں اسے سماجی ذمہ داری کا احساس ہی کہوں گا۔ کیا اس کا مطلب ہے کہ ہم اپنی ہی دنیا میں جا کر کے اپنے زندگی کا مطلب سمجھنا چاہتے ہیں اگر ایسا ہے تب مجھے کوئی مسئلہ نہیں ہے سوائے اس کے کہ میں اسے خود احتسابی سے تعبیر کروں گا کیا اس کا مطلب یوگا ہے، ریاضت ہے تو پتنجلی کا شکریہ جنھوں نے ہمیں یوگا کی تفصیل اور اس کے بارے میں معلومات فراہم کی، ہم اسے آسن، آیام کسرت، سوریہ نمسکار یا کسی بھی نام سے منسوب و معنون کر سکتے ہیں لیکن میں سے ہیلتھ کئر یا فزیکل فٹنس کہوں گا۔

انڈیاٹوڈے کنکلیو میں جاوید اختر، راجیو مہروترا
اور شری شری روی شنکر (۲۰۰۵)

کیا یہ صرف لفظوں کی سائنس ہے؟ اگر یہی سب روحانیت ہے تو کیا بحث ومباحثہ اور کیا اظہارِ خیال؟ میں نے جتنے بھی لفظوں کا استعمال کیا ہے، میں سمجھتا ہوں، وہ سب ہی مناسب اور قابل قبول ہیں۔ ان میں کوئی بھی لفظ قابل وضاحت یا پیچیدہ نہیں ہے، تو پھر ہم کیوں اس لفظِ روحانیت کے ساتھ چپکے رہیں؟ پلٹ کر مجھ سے اب بھی کوئی پوچھ سکتا ہے کہ مجھے کیا پریشانی ہے کہ جو میں اس لفظ کو بدلنا چھوڑنا یا اس میں تبدیلی کا خواہاں ہوں۔ میں بتاتا ہوں کہ میرا اس لفظ کے تعلق سے یہ احساس کیوں ہے؟ اس میں ایسی کیا بات ہے جو مجھے بے چین کرتی ہے۔

لغت میں اس لفظ کے معنی اسپرٹ یعنی روح سے تعلق ہے، جب انسان کو یہ نہیں پتہ تھا کہ زمین گول ہے یا چپٹی تب ہی انسانوں نے یہ طے کرلیا تھا کہ انسان دو چیزوں کا مرکب ہے جسم اور روح، جسم فنا ہوجاتا ہے اور روح یعنی آتما امر رہتی ہے، کیا میں اسے، نان بایوڈگریڈبل کہہ سکتا ہوں؟ آپ کے جسم میں لیور، آنتیں دل پیٹ اور دماغ ہے لیکن کیونکہ دماغ جسم کا ہی ایک حصہ ہے اور دل دماغ کے اندر ہی پایا جاتا ہے۔ آخر میں دماغ بھی جسم کے ساتھ ہی فنا ہوجائے گا، لیکن فکر نہ کیجئے آپ نہیں مرنے والے ہیں کیوں کہ آپ اپنی اسپرٹ اپنی روح ہیں آتما ہیں اور یہ آتما ہی ہمیشہ زندہ رہے گی، آپ کا جو بھی مسئلہ ہے اس کی وجہ یہ ہے کہ آپ اپنے دماغ کی سنتے ہیں، اس کی سننا بند کر دیں، اس روح کی سنیں جو کائنات کی سچائی سے واقف ہے۔ اب اگر آپ اپنا دماغ چھوڑ جاتے ہیں تو آپ کیا کرتے ہیں؟ آپ کو شعور کا پتہ لگانے کے لئے، جو کہیں آتما میں ہی ہے ایک استاد ایک رہنما کی ضرورت ہوتی ہے۔ گرو اس شعوری انتہا تک پہنچ گیا ہے، وہ کائنات کی سچائی سے واقف ہو چکا ہے۔ تو کیا وہ آپ کو بتائے گا، جی نہیں، تو کیا آپ خود تلاش کر سکتے ہیں، جی نہیں۔ آپ کو ان کی ضرورت ہے لیکن وہ اس بات کی گارنٹی نہیں لیگا کہ آپ بھی اس حقیقی سچائی کو جان ہی لیں گے، تو وہ حقیقی سچ کیا ہے؟ اس کائنات سے جڑا ہوا وہ کون سا سچ ہے؟ میں اسے کیسے ریلیٹ کروں میں سمجھ نہیں پا رہا ہوں، جب ہم سولر سسٹم سے باہر جاتے ہیں تو پہلا اسٹار الفاسنٹوری ملتا ہے جو ہم سے چار لائٹ ایر (چار پرکاش ورش) کے فاصلے پر ہے، تو اب گرو کو بھی مال و زر دھن دولت رتبہ ملتا ہے جو کہ اتنا ضروری نہیں ہے لیکن اس مقلد کو کیا ملتا ہے؟ جب میں ان تقلید کاروں کو دھیان سے دیکھتا ہوں تو پاتا ہوں کہ ان کے بھی درجات ہیں ان میں الگ الگ طرح کے بھکت ہیں مرید ہیں۔

ایک طبقہ جو کافی امیر ہے، کامیاب ہے اپنی زندگیوں میں خاصہ بہتر کام بھی کر رہا ہے، پیسہ کما رہا ہے، پراپرٹی بنا رہا ہے، اب چونکہ اس کے پاس سب کچھ ہے تب اس کو نجات یعنی موکش بھی چاہئے، تب گرو اس کو بتاتا ہے کہ تم جو کچھ بھی کر رہے ہو وہ بے لوث کام ہے، بے کار ہے، یہ جو تم روز دھن دولت کما رہے ہو، پراپرٹی بنا رہے ہو یہ سب موہ مایا ہے، تم اس سے اصل میں جذباتی طور پر نہیں جڑے ہو، تم صرف ایک کردار ہو، تم میرے پاس آئے ہو کیونکہ تم حقیقی سچ کی تلاش میں ہو۔ ہوسکتا ہے تمہارے ہاتھ میلے ہوں لیکن تمہاری آتما اور روح پاک ہے اور یہ آدمی اپنے بارے میں کچھ دنوں کے لئے اچھا محسوس کرنے لگتا ہے، اور دنیا کا استحصال اسی طرح کرتا رہتا ہے اور ساتویں دن جب گرو کے چرنوں میں، قدموں میں جا کر بیٹھتا ہے تو محسوس کرتا ہے کہ میں نہایت جذباتی، نرم دل اور اچھا انسان ہوں۔

ایک اور طبقہ ہے وہ بھی اس مالدار طبقے سے ہی آتا ہے، لیکن وہ پہلے والے طبقے کی طرح بہت کامیاب اور فتحیاب نہیں ہے، آپ جانتے ہی ہیں کہ جیتنا ہارنا بھی تقدیر ہی ہے اتفاقی ہی ہے۔ اگر ایک رکشے والا فٹ پاتھ پر جوئے میں سو روپے جیت جاتا ہے تو وہ خود کو کامیاب محسوس کرے گا لیکن ایک کارپوریٹ جگت کا آدمی تین سوملین ڈالر کماتا ہے تب بھی وہ ہارے ہوئے شخص کی طرح ہی محسوس کرے گا کیونکہ اس کا بھائی ارب پتی ہے۔ اب یہ ناکام امیر انسان کیا کرے گا، اسے گرو کی ضرورت ہے، یہ بتانے کے لئے کہ کون کہتا ہے کہ تم ناکام ہو، تمہارے پاس ایک اور دنیا ہے، ایک وژن ہے ایک الگ شعوری احساس ہے جو تمہارے بھائی کے پاس نہیں ہے، تمہارے بھائی کو لگتا ہے کہ وہ کامیاب ہے لیکن وہ درحقیقت ناکام ہے، غلط فہمی میں ہے اسے۔ یہ دنیا بڑی ظالم ہے یہ بتادیتی ہے کہ تمہیں دس میں سے تین ملے ہیں اور اسے دس میں سے سات ملے ہیں۔ یہ دنیا آپ سے ایسے ہی ملتی ہے اور ایسے ہی برتاؤ بھی کرتی ہے، یہاں اسے ہمدردی ملتی ہے اور پھر وہ دوسرا کھیل کھیلتا ہے۔ اگلے طبقے کے بارے میں کسی اہانت کسی احساس برتری یہ کسی کڑواہٹ کے ساتھ نہیں بلکہ اس طبقے کے لوگوں کے لئے ہر ممکن ہمدردی کے جذبے کے ساتھ بات کرونگا۔ یہ ایک ناخوش امیر عورت ہے یہ وہ انسان ہے جس نے اپنی شخصیت، اپنے خواب، اپنی آرزوئیں اور خواہشیں سب کچھ شادی کے منڈپ پر نیوچھاور کردیا ہے، اور اس کے بدلے میں اسے ایک عام سا مایوس اور اداس جیون ساتھی ملا ہے، جس نے اس عورت کو کل ملا کر کچھ بچے دئے ہیں، جو یا تو کام میں مصروف ہے یا دوسری عورتوں کے ساتھ۔ اس عورت کو بھی کندھے کی ضرورت ہے۔ اسے پتہ ہے کہ وہ ایک ایسی عورت ہے جسے مسلسل ناکامیابی ملی ہے اس کے لئے یہاں کچھ بھی نہیں بچا ہے اور اس کے سامنے ایک خالی پن ہے، اداس آرام سے بھرا ہوا لیکن بے مقصد زندگی ہے۔ یہ ایک افسوسناک سچائی ہے۔ یہاں اور بھی لوگ ہیں جن کی زندگی میں اچانک کوئی حادثہ پیش آیا ہے، کسی نے بچے کو کھویا ہے، کسی کی بیوی مرگئی ہے، کسی کا شوہر نہیں رہا، کسی نے اپنی پراپرٹی، جائداد کھودی ہے، کسی نے تجارت میں نقصان اٹھایا ہے یعنی کچھ ایسا ہوا ہے جس سے ان کو تکلیف پہنچی ہے۔ ان کا صرف ایک سوال ہے میں ہی کیوں؟ وہ یہ کس سے پوچھیں گے؟ وہ گرو کے پاس جاتے ہیں، گرو انہیں بتاتا ہے کہ یہ کرما ہے۔ لیکن اگر تم میری تقلید کرو تو ایک دوسری دنیا ہے جہاں کوئی دکھ نہیں ہے، موت نہیں ہے، جہاں صرف خوشی ہے، وہ بھی دکھی آتماؤں کے ساتھ یہی کرتا ہے۔ میرے پیچھے آؤ اور میں تمہیں جنت یا سورگ میں لے جاؤں گا جہاں کوئی تکلیف نہیں ہے۔ معاف کیجئے گا یہ مایوس کن ہے مگر سچ یہ ہے کہ ایسی کوئی دنیا نہیں ہے۔ زندگی میں ہمیشہ ایک طے شدہ مقدار میں ناکامی، دکھ، زخم اور شکست موجود ہوتے ہی ہیں، لیکن اس سے بھی کسی طرح کا اطمینان مل ہی جاتا ہے۔ میں ان لوگوں کی بڑی عزت کرتا ہوں جو روحانیت سے بھرے ہوئے یا مذہبی ہیں اور اس کے باوجود بھی وہ اچھے لوگ ہیں میرے پاس وجہ ہے کیوں کہ میرا ماننا ہے کہ ہر جذبے کی اپنی ایک حد ہے لمٹ ہے، آپ ایک حد تک دیکھ سکتے ہیں، اس حد کے بعد چیزیں دھندلی دکھائی دینے لگتی ہیں۔ آپ سن سکتے ہیں لیکن ایک حد تک ہی، آپ روسکتے ہیں لیکن ایک مدت تک ہی اس کے بعد آپ کا رونا بھی رک جائے گا، آپ خوش ہوں گے لیکن ایک وقت کے بعد یہ خوشی بھی نہیں رہے گی ٹھیک اسی طرح یہ بھی صحیح ہے کہ آپ کی شرافت یا انسانیت کی بھی ایک حد ہے اب اگر اس شرافت کو ایک عام انسان میں دس یونٹ میں بانٹ دیں تو ہر کوئی جو مسجد میں جا کر پانچ بار نماز پڑھتا ہے، یا کوئی مندر جاتا ہے یا اپنے گرو کے چرنوں میں جا کر بیٹھتا ہے تو وہ اپنی شرافت کے اس پانچ یونٹ کا استعمال کرلیتا ہے جو کہ بالکل مناسب ہے۔ میں نماز نہیں پڑھتا، میں کسی گرودوارے، مسجد یا مندر یا چرچ نہیں جاتا۔ میں اپنی شرافت یا انسانیت کے کوٹے سے کسی کی مدد کرتا ہوں، مجھے کسی کا پیٹ بھرنا ہے، مجھے کسی کو چھاؤں دینے راحت پہنچانے کے لئے کام کرنا ہے، وہ لوگ جو اپنی شرافت کا کوٹا پوجا

پاٹھ کرنے، عبادت کرنے اور مذہبی وروحانی لوگوں کے مہیما منڈن میں استعمال کرتے ہیں اوراس کے بعد بھی ان میں شرافت باقی رہ جاتی ہے تو ایسے لوگوں کو میرا سلام۔

آپ مجھ سے پوچھ سکتے ہیں کہ میرا مذہبی لوگوں کے تعلق سے ایسا نظریہ ایسا خیال ہے تو پھر کرشن کبیر اور گوتم کے لئے احترام کیوں ہے؟ میں بتا تا ہوں کہ ایسا کیوں ہے؟ یہ سب انسانی تہذیب کے عظیم معمار ومعاون ہیں، جو تاریخ میں الگ الگ وقتوں پر الگ الگ حالات میں پیدا ہوئے لیکن ان سبھی میں ایک کامن بات ہے وہ یہ ہے کہ سبھی ناانصافی کے خلاف کھڑے ہوئے، انہوں نے مظلوموں کے لئے آواز اٹھائی ،لڑائی لڑی۔ چاہے راون یا کنس ہوں، فیرو، ہائی پریسٹ اور پونٹیس پائلیٹ ہوں یا گاندھی کے سامنے کھڑی برٹش حکومت ہو یا کبیر کے وقت میں فیروز تغلق کا متعصّبانہ حکومتی نظام ہو، وہ دبے کچلے لوگوں کے لئے لڑے۔ مجھے جو سب سے زیادہ حیران کرتا ہے اور میرے سب سے منفی نظریے کی تائید کرتا ہے وہ یہی ہے کہ کائناتی سچائی کو جاننے والے لوگوں میں اس طرح کوئی بھی ایسی ناانصافی کے خلاف آواز نہیں اٹھا رہا، کوئی بھی حکومتی نظام کے خلاف آواز نہیں اٹھا رہا ہے، کوئی بھی خصوصی اختیار رکھنے والے طبقے کے خلاف نہیں بول رہا ہے۔ میں یہ جاننا چاہتا ہوں کہ ایسا کون گروہ ہے جو دلتوں کو ان مندروں میں لے گیا جن کے دروازے آج بھی دلتوں کے لئے بند ہیں۔

کلاکاروں کے حالات اور رول پر بات کرتے ہوئے جاوید اختر (۲۰۱۶، نئی دہلی)

۱۰۸

گھُٹّی میں جو چیز ملتی ہے

جب میری عمر تین چار سال رہی ہوگی، تب کمیونسٹ پارٹی بین ہوئی تھی، تلنگانا موومنٹ کے دوران اور اس وقت جو کمیونسٹ لوگ تھے وہ یا تو جیل میں تھے یا انڈر گراؤنڈ تھے جیسے مجروح صاحب، جعفری صاحب جیل میں تھے، کیفی صاحب انڈر گراؤنڈ تھے، میرے والد بھی انڈر گراؤنڈ تھے، ان کی سرکاری نوکری تھی، وہ نوکری بھی چلی گئی تھی ہماری ماں تھیں صفیہ ان کے ساتھ میں اور چھوٹا بھائی سلمان رہتے تھے، وہاں پڑھاتی تھیں اور ہمیں پال رہی تھیں۔ ہماری ماں بتاتی رہتی تھی کہ ابھی انقلاب آئے گا اور تمہیں بھی بڑے ہوکر انقلاب کے لیے لڑنا ہے انقلاب کے لیے لوگ جیل جاتے ہیں۔ جب کھانے پر میں کوئی اعتراض کرتا تھا، کہ جیسے یہ دال اچھی نہیں ہے، تو میری ماں کہتی تھیں جیل میں اگر یہی دال ملی تو کیا کروگے۔ تو میں چپ چاپ کھا لیتا تھا پھر پتہ نہیں مجھے کس نے بتا دیا تھا کہ جیل میں جو کھانا ہوتا ہے اس میں مرچ بہت ہوتی ہے تو میں بہت ہی بچپن میں ہری مرچ کھانے کی کوشش کرنے لگا تھا۔ یہ سیکھنے کے لیے کہ کبھی جیل جائیں گے تو پرابلم نہ ہو۔ میں جب ان باتوں کو یاد کرتا ہوں تو مجھے حیرت نہیں ہوتی ہے کہ کوئی آدمی بڑا ہوکر بھی مذہبی کیسے رہتا ہے، اس بیچارے کو بچپن میں سکھا دیا ہوگا جیسے مجھے بچپن میں سکھا رہے تھے۔ شکر ہے، میں تو تھوڑا سا نکل آیا ہوں لیکن باقی لوگ نہیں نکلتے ہیں وہ جو بچپن میں بتا دیا گیا تو بتا دیا گیا۔ اس طرح گھٹی میں جو چیز ملتی ہے تو اس کا بڑا گہرا اثر ہوتا ہے۔ خیر وہ سب چھوڑیے لیکن 'بیسک لو فار ہیومنٹی'۔ سائنس آف ایکولٹی، سائنس آف فیئرنس، کمزور اور غریب طبقے کے لیے ہمدردی وہ جو آپ کے اندر گھس جاتی ہے وہ نہیں نکل سکتی اور نکلنا بھی نہیں چاہیے یعنی جو کمیونسٹ گھر میں پیدا ہوا ہے، سوشلسٹ گھر میں پیدا ہوا ہے وہ کتنا بھی کہیں چلا جائے

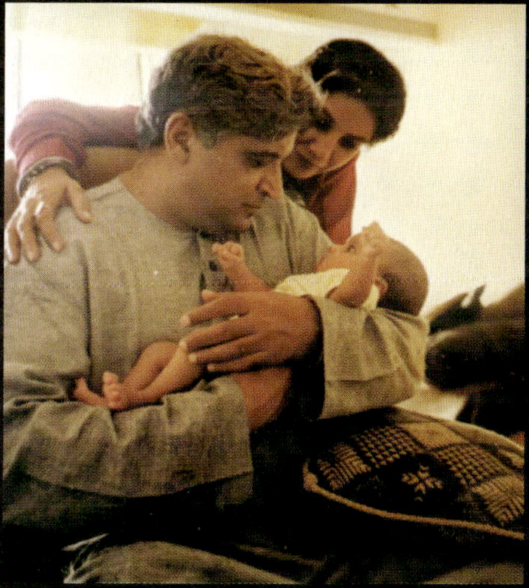

پوتی شاکیا کے ساتھ جاوید اور شبانہ

لیکن اس کا جو بیسک ہیومن سائیڈ ہے کیمونزم کا یا سوشلزم کا وہ اس میں سے کبھی نہیں جاتا۔ فلموں کا شوق مجھے بہت ہی بچپن سے تھا جب فرسٹ اسٹینڈرڈ میں میرا ایڈمشن کرایا گیا، تو مجھ سے کہا گیا کہ تمہارا ایڈمشن ہو گیا ہے تو تم اب 'زو' دیکھنے چلوگے یا فلم دیکھنے؟ میں نے کہا کہ میں فلم دیکھنے چلوں گا۔ مجھے یاد ہے میں نے ہوش سنبھالنے کے بعد جو پہلی فلم دیکھی وہ تھی 'آن'۔ کوئی چھ یا سات سال کی عمر رہی ہوگی میری۔ اس طرح بچپن سے ہی مجھے فلموں کا شوق تھا وہیں دوسری طرف ادب کا شوق تھا، میں سیفیہ کالج میں پڑھتا تھا جہاں میں نے کبھی فیس ہی نہیں دی، انہوں نے مجھے کمرہ دے دیا تھا اس میں بھی میں فری میں ہی رہتا تھا، ان دنوں ایک ڈیڑھ سال وہ کمرہ میرے پاس رہا وہ کمرہ ایک مسجد کے پاس تھا اس سے زیادہ میں کبھی کسی مسجد کے قریب نہیں رہا۔

۱۰۹

بچوں پر مذہب نہیں تھوپنا چاہیے اور نہ ہی ناستکتا، یعنی الحاد

بچہ پیدا ہوتا ہے اس سے پہلے کہ اسکے پاس کوئی چوائس ہو ماں باپ اپنا دھرم اس میں انجیکٹ کر دیتے ہیں، بچے کی کوئی چوائس تھوڑی ہوتی ہے وہ وہی سیکھ لیتا ہے جو ماں باپ سکھا دیتے ہیں۔ دیکھیے، ماں باپ اگر انجینئر ہیں، ماں باپ اگر ڈاکٹر ہیں، ماں باپ اگر بینکر ہیں، تو ماں باپ ایسا تو نہیں کرتے نا کہ وہ بچے کو بچپن سے ہی انجینئر بنانے لگتے ہیں ڈاکٹر بنانے لگتے ہیں یہ بینکر بنانے لگتے ہیں، تو بھئی بچپن سے ہی مسلمان یا ہندو کیوں بنانے لگتے ہو بچوں کو۔ ایسا تو نہیں ہوتا کہ دو سال کے بچے کو انجینئرنگ کا کورس شروع کروا دیتے ہیں۔ میں نے اپنے بچوں کو کوئی دھرم کی تعلیم نہیں دی اور نہ ہی انہوں نے گھر میں کبھی کسی طرح کی کوئی مذہبی رسوم وروایات دیکھیں، اگر کسی کو میری بات پر شک ہے تو ایک کام کیجیے کہ اب اگر کوئی بچہ پیدا ہو آپ کی فیملی میں، اس کو کسی مذہب سے وابستہ مت کیجئے اور جب وہ ۱۸ سال کا ہو تو اس سے کہیے کہ بیٹا تجھے جو دھرم پسند ہو جو مذہب تجھے پسند ہو وہ اپنا لے، میں کہتا ہوں کہ وہ کوئی بھی مذہب نہیں اپنائے گا۔ ہمیں اپنے بچوں کو مذہب نہیں اپنی تہذیب سکھانی چاہیے لیکن وہ بھی بدلتی ہوئی ہونی چاہیے۔ آپ نے دیکھا ہوگا کہ بچے ڈوری میں ایک چھوٹا سا کنکر باندھتے ہیں اور وہ کنکر باندھ کر اپنے سر کے اوپر سے گھماتے ہوئے دھیرے دھیرے ڈوری چھوڑتے ہیں اور وہ سرکل جو ہے وہ بڑے سے بڑا ہوتا چلا جاتا ہے اس میں یہ پتھر جو ہے یہ ریولٹ ہے، یہ پتھر دور جانا چاہتا ہے، یہ ڈوری جو ہے یہ ٹریڈیشن ہے وہ اسے روکتی ہے اگر آپ ڈوری توڑ دیں گے تو پتھر بھی گر جائے گا اور اگر آپ پتھر نکال دیں گے تو ڈوری اتنی دور تک جا ہی نہیں سکتی یہ دونوں چیزیں چاہئیں۔ ہم اپنے ٹریڈیشن کو چھوڑیں نہیں، لیکن آہستہ آہستہ اسے دھکیلتے رہیں اسے آہستہ آہستہ آگے بڑھاتے رہیں۔ جو چیزیں کمزور ہیں خراب ہیں، جو پتے سوکھے ہیں وہ شاخ سے گرتے رہیں گے اور جو نئے پھول پتے ہیں ان کو اجازت دیجئے کہ وہ ابھریں وہ آہستہ آہستہ کھلتے رہیں اس طرح دونوں ہی چیزیں چاہیے ہوں گی کہ ایک سے کام نہیں چلے گا، ٹھیک اسی طرح جس طرح ایک پیڑ کو جڑیں بھی چاہیے اور شاخیں بھی چاہیے، پیڑ صرف جڑ نہیں ہوتا ہے پیڑ صرف شاخ نہیں ہو سکتا ہے۔ جتنا اونچا پیڑ جائے گا اتنا ہی وہ پھیلے گا اتنی ہی اس کی جڑیں گہری ہونی چاہئیں ورنہ وہ ڈس بیلنس ہو کر گر جائے گا، لہٰذا سب سے بڑی بات ہمارا ٹریڈیشن ہے اور ٹریڈیشن آتا ہے ہماری زبان سے، بچوں کو بھی مادری زبان آنی چاہیے، لیکن ساتھ ہی یہ انگلش کی قیمت پر نہیں ہونا چاہیے۔ اسے انگلش بھی آنی چاہیے۔ آپ کی زبان آپ کو جڑوں سے جوڑے رکھے گی، ہم اپنی زبان سے کٹ گئے تو اپنی روایتوں سے اپنی پرمپراؤں سے اپنی ٹریڈیشن سے اپنی ہسٹری سے اپنی شناخت اپنی آئڈنٹٹی سے کٹ جائیں گے، زبان آنا ضروری ہے چاہے جو زبان ہو آپ کی، دوسری انگریزی آنا بھی ضروری ہے اس لیے کی اس کے بنا اب آپ دنیا میں پھیل نہیں پائیں گے۔ ہم لوگ غلطی کرتے ہیں کہ ہم ٹریڈیشن کو پرمپرا کو کلچر کو ریلیجن بنا دیتے ہیں، ہم سوچتے ہیں کہ صرف ریلیجن میں ہی ہے وہ لیکن ایسا نہیں ہے، ہمیں تو نہیں سکھایا گیا ریلیجن۔ تو کیا ہمارے اندر ٹریڈیشن نہیں ہے؟ ہم اپنی زمین سے نہیں جڑے ہوئے ہیں؟ بلکہ بچے کو زیادہ مذہبی بنانا خطرناک بات ہوتی ہے وہ کنویں کا مینڈھک ہو جاتا ہے، اس کے اندر عجیب عجیب غیر فطری بدلاؤ آنے لگتے ہیں جبکہ تہذیب میں ایسا نہیں ہے لیکن مذہبی اور دھارمک ہونے میں ہے۔

جاوید اختر، فرحان، زویا اور شبانہ اعظمی

شبانہ اور جاوید (اسپین، ۲۰۱۶)

جب زبان خواب دیکھتی ہے تو شاعری ہوتی ہے

اکثر لوگ سوال پوچھتے ہیں کہ آج کے گانے کیوں یاد نہیں رہتے۔ جب تک پکچر چلتی ہے گانے چلتے ہیں اور جس دن پکچر اتر جاتی ہے وہ گانا بھی اتر جاتا ہے۔ دوسری طرف کیا وجہ ہے کہ مجھے یا آپ کو ہی نہیں بلکہ ۱۸ اور ۲۰ سال کے بچوں کو بھی وہ پرانے گانے یاد ہیں۔ تو سوچنا پڑے گا کیوں؟ اس حوالے سے میں سونگ رائٹرز یعنی نغمہ نگاروں کو کوقصوروار نہیں ٹھہراؤں گا، اگر ڈائیلاگ اچھے نہیں ہیں تو ڈائیلاگ رائٹر کو قصوروار نہیں ٹھہراؤں گا، حقیقت یہ ہے کہ لوگوں کو اچھی رائٹنگ چاہیے ہی نہیں، وہ شکایت کرتے ہیں کہ یہ کیا لکھ رہے ہو بھائی تم۔ میں نے جب ابتدائی دور میں گانے لکھنے شروع کیے تھے تو ایک ڈسٹریبیوٹر نے میرے پروڈیوسر بونی کپور سے کہا، کہ دیکھو بھیا تم اس سے اسکرپٹ لے لینا گانے نہ لکھوانا وہ گانوں میں پوئٹری لکھ دیتا ہے۔ جب میں انڈسٹری میں آیا تھا تب ہر پروڈیوسر ڈائریکٹر پبلک کی بات کرتا تھا جیسے اس کا پبلک سے ڈائریکٹ رشتہ ہو۔ آج پبلک آؤٹ آف ڈیٹ ہوگئی ہے، پبلک کا نام اب کوئی نہیں لیتا پبلک کی جگہ اب یوتھ ہے، اب یوتھ کی پوجا ہوتی ہے، مطلب ایک ۶۰ سال کا پروڈیوسر یا ڈائریکٹر یہ کہتا ہے کہ یوتھ یہ پسند نہیں کرے گا، ارے بھائی تمھیں کیسے معلوم کہ یوتھ کیا پسند کرے گا، اُس زمانے میں ساحر بننا بہت مشکل کام تھا کیونکہ زیادہ تر سونگ رائٹر بہت اچھے تھے، ایسے وقت میں ساحر نمبر ایک پر تھے۔ اس وقت دنیا انہیں مانتی تھی، ان کے نہ جانے کتنے ہی گانے ہیں جو دنیا کو زبانی یاد ہیں لوگ ان کے گانے بنا میوزک کے ایسے ہی سنا دیتے ہیں اتنی طاقت ہے ان کے گانوں میں، ایسا اس لیے ہوا کیونکہ انہوں نے اپنے کام کی عزت کی، ہم اپنے کام کی عزت کریں یہ ضروری ہے، اس زمانے میں بھی کئی ایسے نغمہ نگار تھے جو کہتے تھے ارے چلتا ہے ایسے ہی کر دو۔ لیکن یہ کام ساحر نے نہیں کیا، ساحر نے کہا اگر

میں گانا لکھوں گا تو اچھا لکھوں گا، ٹھیک لکھوں گا، ورنہ میں نہیں لکھوں گا، ان کا بڑے بڑے میوزک ڈائریکٹر سے جھگڑا ہوا، ان کے وقت کے زیادہ بڑے میوزک ڈائریکٹروں نے ان کے ساتھ کام کرنا چھوڑ دیا، کئی سنگرز سے بھی ان کا جھگڑا ہوا، ان سنگرز نے ساحر کے لکھے ہوئے گانے، گانا بند کر دیے، لیکن ساحر نے خود کو ثابت کیا، سروائیو کیا۔ آہستہ آہستہ فلم انڈسٹری نے مانا کے گانے میں جہاں ایک بہت اچھی آواز چاہیے جہاں ایک بہت اچھی دھن چاہیے وہیں اچھے لفظ بھی چاہئیں، دھن اور لفظ کا رشتہ ساحر نے پیش کیا مجھے ایسا لگتا ہے کہ دھن کسی گانے کا جسم ہے اور الفاظ اس کی روح ہیں اگر الفاظ اچھے ہوتے ہیں تو پھر ایک ایسا رشتہ بنے گا جو زندگی بھر چلے گا۔ بنا اچھے لفظ کے گانا چالیس برس اور پچاس برس تک نہیں جی سکتا، آج کل کے گیت کاروں نغمہ نگاروں کو ساحر کے گیت سننے ہی نہیں بلکہ پڑھنے بھی چاہئیں انہیں دیکھنا چاہیے کہ ان کی کیا کرافٹ ہے ان کا کیا طریقہ ہے، کہتے ہیں کہ 'پوئٹری از اے لینگویج آف ڈریم'۔ صرف میٹر سے اور رائم سے شاعری نہیں ہوتی اور صرف رائم اور ردم سے بھی پوئٹری نہیں ہوتی، اگر ہوتی تو ۷۱، ۷۲، ۷۳، ۷۴، ۷۵ بھی پوئٹری ہوتی، شاعری ہوتی، پوئٹری تھاٹ سے خیال سے ہوتی ہے۔ کبھی کبھی مجھے لگتا ہے کہ پوئٹری لینگویج کا ڈریم ہے، جب لینگویج ڈریم دیکھتی ہے تو پوئٹری ہوتی ہے، جب لینگویج جاگ رہی ہوتی ہے تو پروز ہے، نثر ہے، جب خواب دیکھ رہی ہوتی ہے تو پوئٹری ہے۔ ہمارے یہاں ایک ایجوکیشن سسٹم ہے چاہے وہ اسکول کالج میں ہو یا گھر میں ہم نے اس تعلیمی اور گھریلو نظام میں زبان وادب اور شاعری کو اہمیت ہی نہیں دی اسے اپنے نظام میں رکھا ہی نہیں تو یہ نئی نسل کی نہیں بلکہ ہماری غلطی ہے، سوچ یہ ہے کہ، بچوں کو صرف وہی سکھاؤ جس سے وہ کچھ کما سکیں، انکو صرف وہ سکھاؤ جس سے انہیں کچھ اچھی نوکری مل سکے، وہ سکھاؤ جس سے وہ کوئی دھندا کر سکیں، اس میں کوئی شک نہیں کہ یہ چیزیں بھی ضروری ہیں تاکہ وہ اپنے پیروں پر کھڑے ہو سکیں مگر اس کے بعد کیا، اس کے بعد وہ کیا کریں گے۔ آج فوک، یعنی لوگ گیت صرف ہمارے گھروں سے ہی نہیں بلکہ گاؤں تک سے غائب ہوتے جا رہے ہیں۔ پہلے شادیوں میں جو فوک سونگ جو لوک گیت گائے جاتے تھے کہاں کھو گئے وہ، آج شادیوں میں فلمی گانے بجائے جاتے ہیں، پچھلی پیڑھیوں نے ہم تک جو لوک پرمپرائیں، عوامی روایات پہنچائیں وہ ہم آنے والی نسلوں تک نہیں پہنچا پائے، یہی لوگ تو آگے چل کر فلمیں بنائیں گے، یہی لوگ تو آگے چل کر فلمیں ڈائریکٹ کریں گے، آج کل تو ڈائریکٹر تک آپ کو ایک انگریزی پاپ سانگ کی سی ڈی دیتے ہیں اور کہتے ہیں کہ ایسا ہی کچھ بنا لاؤ، ان کا ایکسپوزر ہندی مووی تک نہیں ہوتا، فوک تو خیر جانے ہی دیجیے۔ ان کا ریفرنس پوائنٹ ہندی میوزک نہیں بلکہ امریکہ کا پاپ سانگ ہے، اب ایسے حالات میں گانے کیسے ہوں گے آپ خود ہی سوچ لیجیے۔ دنیا میں جب بھی مارکیٹنگ والے کریٹو لوگوں کو تخلیق کاروں کو یہ بتانے لگیں گے کہ کیا چاہیے تو سمجھیے وہاں گڑبڑ ہے۔ ہونا یہ چاہیے کہ تخلیق کار اپنا کام کر دیں اس کے بعد مارکیٹنگ والے اس کریئیشن اس تخلیق کو بیچنے کی ذمہ داری لیں۔

گریجویشن کرنے کے پیچھے میرا مقصد

جب میں کالج میں تھا میں نے اسی وقت طے کر لیا تھا کہ فلم انڈسٹری میں جانا ہے۔ اس کے لئے میں نے خود ہی یہ فیصلہ کیا تھا کہ گریجویشن کرنے کے بعد ہی فلم انڈسٹری میں جاؤں گا۔ دراصل گریجویشن کرنے کے پیچھے میرا مقصد کوئی تعلیم حاصل کرنا نہیں تھا۔ دراصل اس زمانے میں ہندی اردو کی کچھ میگزین شائع ہوا کرتی تھیں، اس میں ایک مخصوص کالم آتا تھا کسی فلم پرسنالٹی کی بارے میں، کوائف کے اعتبار سے مثلاً کہاں پیدا ہوئے، کیا کام کیا، کیا مشغلہ ہے، کیا خاص عادتیں ہیں، پسند ناپسند اور شوق کیا ہیں، تعلیم کہاں ہوئی وغیرہ وغیرہ۔ اس میں ایک کالم جو تعلیم کا ہوتا تھا تو اس کالم میں زیادہ تر یہی لکھا ہوتا تھا کہ تعلیم گھر پر ہی حاصل کی۔ میں نہیں چاہتا تھا کہ جب میں فلمی دنیا میں جاؤں، میرا کچھ نام ہو تو میرے تعلیم والے خانے میں بھی یہی لکھا ہو۔ میں چاہتا تھا کہ کم سے کم گریجویٹ تو لکھا ہی ہونا چاہئے۔

۱۱۰

غالب صرف ہندوستان میں ہی ہوسکتے ہیں

یہ ملک ہر معاملے میں بڑا امیر ہے، ہمارے پاس جتنی زبانیں ہیں وہ بھی ایسی زبانیں ہیں جن کی ایک روشن تاریخ ہے جن کا اپنا ایک لٹریچر ہے ۔ادبی سرمایہ ہے ۔جتنی زبانیں ہمارے پاس ہیں اتنی دنیا کے کسی دوسرے ملک میں نہیں ہیں ۔ہماری زبانوں کی جو شاعر ہیں جو رائٹر ہیں وہ زبان کے رائٹر تو ہیں ہی لیکن وہ دراصل ہندوستان کے رائٹرز ہیں۔ وہ غالب ہوں، وہ ٹیگور ہوں، وہ مجروح ہوں وہ نظرل ہوں، نرالا ہوں، بشیر ہوں، ملیالم کے، کے آر نارائن ہوں یہ سب ہندوستان کے رائٹر ہیں ۔جن الگ الگ زبانوں میں انہوں نے لکھا ہے یہ ساری ہندوستانی زبانیں ہیں۔ یہ جو اردو ہے یہ بھی ہندوستانی زبان ہے اکثر اس کے بارے میں غلط فہمیاں ہوتی ہیں کہ یہ کہیں اور کی زبان ہے لیکن سچ بات یہ ہے کہ یہ ہندوستان میں ہی بولی گئی، اور اگر دنیا میں کسی اور بھی کونے میں اس کے بولنے والے ہیں تو وہ یہیں سے گئے ہوئے ہیں، کوئی نیوزی لینڈ سے وہاں نہیں گیا ہے کوئی کینیا سے نہیں گیا ہے وہ سارے ہندوستانی ہیں، اب ان کی شہریت کچھ اور ہوگئی تو ہو جائے لیکن ان کی رگوں میں تو صدیوں سے ہندوستان کا خون بہہ رہا ہے اسی لئے اردو بولتے ہیں وہ۔

غالب اور اردو۔اردو اور غالب یقیناً ایک بڑا رشتہ ہے، اور ان دونوں کے بارے میں کئی غلط فہمیاں بھی ہیں، مثال کے طور پر جب دو قومی نظریے کی بات کی گئی جس نے ہمارے ملک کو تقسیم کرایا اس میں ہر چیز کا ایک پروجیکٹ بنا، ایک ہسٹری کا ورجن بنا، ایک کلچر کا ورجن بنا تو یہ زبان تو زندہ ثبوت تھی کہ ٹو نیشن تھیوری غلط ہے اس لیے کہ یہ تہذیب کی پیدائش ہے لہٰذا اس کا ہم کیا کرتے؟ اب یہ تو ہو نہیں سکتا تھا کہ ناؤن، سنگیا، پاکستانیوں کو دے دیتے اور، کریا، ہم رکھ لیتے یہ ممکن نہیں تھا۔ ٹو نیشن تھیوری کو صحیح ثابت کرنے کے لیے اس زبان کو ایک طرف دھکیل دیا جانا تھا۔ اور دھکیل دیا گیا۔ دنیا میں جتنی بھی زبانیں ہیں جب ان میں شاعری شروع ہوئی ہے تو ہمیشہ مذہبی فکر وخیال سے شروع ہوئی ہے اس کے بعد آہستہ آہستہ دوسرے ٹاپک آئے ہیں۔اردو پہلے دن سے ہی سیکولر زبان ہے۔ اس میں کوئی بڑا شاعر ریلیجس پوئٹ نہیں ہوا، میر انیس نے بھلے ہی کچھ مرثیے لکھے ہیں اور ان کے ڈسکرپشن کیے ہیں، جس میں کلچر تو اودھ کا دکھائی دیتا ہے، یہ سب تو اپنی جگہ ہے لیکن پروپگینڈا آف ریلیجن کا کوئی شاعر بڑا نہیں ہوا۔ جتنے بڑے شاعر ہیں ان کے خیالات اینٹی فنڈامنٹلسٹ ہیں، اینٹی ریگریسو تھاٹس ہیں۔ میں جب پندرہ سال کا تھا تب ایک دفعہ میں نے اپنے والد سے پوچھا تھا کہ ایک بات بتائیے کہ غالب سچ میں اتنا ہی بڑا شاعر ہے جتنا لوگ بتاتے ہیں، تو انہوں نے کہا نہیں اس سے بھی بہت بڑا ہے۔ کلاسک شاعری میں ایک بات تو ہے کہ وہ پرانی نہیں ہوتی اتنی سی کتاب ہے غالب کی چند ہزار شعر لکھے ہیں انہوں نے، ان کے مقابلے میں مصحفی، میر وغیرہ نے تو کئی کئی دیوان لکھ ڈالے مگر غالب کا ایک دیوان ہے وہ بھی اتنا سا، زندگی کو کوئی الجھن ہو، کوئی موضوع ہو کوئی معاملہ اور موقع ہو کوئی موڑ ہو اس پر آپ کو غالب کا کوئی نہ کوئی شعر اس کتاب میں مل جائے گا، کیا اس آدمی کی رینج ہے، کیا کینوس ہے اس آدمی کی سوچ کا۔ غالب کی زبان آج تو کیا اس زمانے میں بھی مشکل مانی جاتی تھی، سو بات کی ایک بات کہتا ہوں، ہندوستان کے باہر غالب ہو ہی نہیں سکتا۔ غالب، ہندوستان کے فلسفے ہندوستان کی تاریخ اور پرشین اور مغل کلچر کے اشتراک کا ایک ایسا نمائندہ، بے جوڑ اور کمال کا سنتھیسس ہے کہ جس کی دوسری ایک ہی مثال ہے اور وہ ہے تاج

مہا کوی نیرج کے ساتھ جاوید اختر

محل۔ صرف تنہا فارسی یا اردو غالب نہیں پیدا کرسکتی ہیں۔ غالب کہتے ہیں:

جلا ہے جسم جہاں دل بھی جل گیا ہوگا
کریدتے ہو جو اب راکھ، جستجو کیا ہے

یہ جسم کہاں جلتے ہیں، راکھ کہاں کریدی جاتی ہے، عرب میں ایران میں یا ہندوستان میں؟ ان کا ایک اور شعر ہے:

نہ کچھ تھا تو خدا تھا کچھ نہ ہوتا تو خدا ہوتا
ڈبویا مجھ کو ہونے نے نہ ہوتا میں تو کیا ہوتا

اس شعر پر ان مذہبوں کو سایہ نہیں جن کے خدا الگ الگ بیٹھے ہوئے آپ کے عذاب وثواب، پاپ اور پن گن رہے ہیں اور ایک دن آپ کو سزا یا جزا عطا کریں گے، یہاں تو وہ فلاسفی دکھائی دیتی ہے جس میں تخلیق اور تخلیق کار ایک ہیں۔ یہ فلاسفی ہندوستان کی نہیں تو کہاں کی ہے؟ غالب صرف ہندوستان میں ہی ہو سکتے ہیں۔

اردو ایک بہت ہی نفیس زبان ہے۔ یہ اربن لینگویج ہے اس کے فینکنس پر بہت کام ہوا ہے جس کی وجہ سے اردو اتنی بن سنور گئی ہے، اتنی مستحکم ہوگئی ہے کہ اس میں وہ لوچ وہ وسعت اور وہ باریکی سما گئی ہے کہ اس زبان کے ذریعے کوئی بھی بات آپ آسانی اور شائستگی سے کہہ سکتے ہیں۔ کسی صاحب نے ایک تجزیہ کیا تھا کہ جب سے ہماری پارلیمنٹ بنی ہے اور جب سے اس میں کام شروع ہوا ہے تو اس وقت سے اب تک، وقتاً فوقتاً جو شعر بھی پڑھے گئے ہیں، پوئٹری سنائی گئی ہے اس میں سے ۹۰ فیصد اردو شاعری ہے۔ ظاہر ہے پارلیمنٹ میں ہندوستان کے ہر علاقے سے لوگ آتے ہیں۔ اس پر خاص طور پر دھیان دینے کی ضرورت ہے۔ تو یہ خوبیاں ہیں اس میں لیکن افسوس کی بات یہ ہے کہ لینگویج جو ہے وہ اپنی ایستھیٹک بیوٹی سے زندہ رہتی ہے وہ، اپنی اکنامک یوٹیلیٹی سے زندہ رہتی ہے، یہ تو میں داد دیتا ہوں اردو کو کہ جس کی اکنامک یوٹیلیٹی آج کچھ نہیں رہی ہے، یہ اتنی سخت جان لینگویج ہے کی مرتی ہی نہیں۔ یہ ٹی وی میں چلی جاتی ہے، یہ سینما میں چلی جاتی ہے، یہ نوجوانوں کی نوٹ بکس میں چلی جاتی ہے لیکن زندہ رہتی ہے یہ لوگوں کی بات چیت میں رہتی ہے۔

ہندوستان کی جدوجہد آزادی میں اُردو شاعری کا اہم کردار رہا ہے

ہندوستان کی جدوجہد آزادی میں اردو شاعری کا اہم رول رہا ہے۔اس میں کوئی شک نہیں کہ اردو مر تو نہیں گئی لیکن ماری جارہی ہے۔اردو کے بارے میں لوگوں کو کچھ معلوم نہیں ہے وہ اردو کو لے کر کہتے ہیں کہ صاحب بڑی خوبصورت زبان ہے،شاعری بڑے مزے کی ہوتی ہے اس میں ،لیکن اردو تو ایک طرح سے صرف تفریح طبع یعنی ،انٹرٹینمنٹ کی زبان بن کر رہ گئی ہے۔ایک انتہائی جیتی جاگتی خوبصورت اور بہت ہی اچھی ویلیوز رکھنے والی زبان ہے جس کے ساتھ پچھلے سو برسوں میں بہت ناانصافی ہوئی ہے۔

یہ لوگ سمجھتے ہیں کہ اردو شاعری میں صرف شراب اور محبوبہ ہے جبکہ ہندوستان کے فریڈم مومنٹ میں، جدوجہد آزادی میں ہر اسٹیج پر دیکھیں تو اردو شاعری کا اہم رول رہا ہے۔تیس کی دہائی میں ترقی پسند تحریک یعنی پروگریسو رائٹرس مومنٹ آیا جس میں ساری زبانوں کے رائٹر شامل تھے، اس میں ایک گلیکسی آف اسٹارس اردو لٹریچر نے پیدا کیا وہ کرشن چندر ہوں ، وہ عصمت ہوں، وہ بیدی ہوں، وہ مجاز ہوں، وہ فیض ہوں، وہ سردار جعفری ہوں، مجروح ہوں یا ساحر ہوں، ان کی شاعری لبرل اور پروگریسو ویلیوز کی شاعری ہے۔کرشن چند اور عصمت کی کہانیاں پروگریسو لبرل ویلیوز کی کہانیاں ہیں۔تو یہ اردو ہمیشہ ایک بڑی پروگریسو لبرل سیکولر فارورڈ لُکنگ زبان رہی ہے۔اس کے بارے میں لوگ جانتے نہیں ہیں۔ایک مرتبہ کسی نے مجھ سے بڑا عجیب سوال کیا، کہنے لگے مسلمانوں میں سینس آف ہیومر بہت ہوتا ہے، میں نے کہا نہیں ،اردو بولنے والوں میں ہوتا ہے ، جہاں جہاں اردو بولنے والے ہیں ان میں سینس آف ہیومر ہوگا۔

اردو سننے والے اور دوسرے دلچسپی رکھنے والے اردو پوئٹری سے محبت کرنے والے دن بہ دن بڑھتے جارہے ہیں اور اسکرپٹ پڑھنے والے دن بہ دن گھٹتے جارہے ہیں، وہ اردو کی کتاب نہیں پڑھ سکتے لیکن اس کتاب میں جو لکھا ہے وہ پڑھنا چاہتے ہیں، اردو کو پڑھنے والے دن بہ دن کم ہوتے جارہے ہیں پر اردو سننے والے دن بدن بڑھ رہے ہیں، یہ ابھی تک کسی زبان کے ساتھ نہیں ہوا ہے اس لیے اردو شاعری تو لوگوں تک جارہی ہیں لیکن کرشن چندر، عصمت چغتائی اور اور قرۃ العین حیدر کی تحریریں لوگوں تک نہیں پہنچ پارہی ہیں۔بہت سے لوگوں نے تو شاید ان کے نام بھی نہ سنے ہوں۔دراصل آج اردو کی بات کرنے والے اردو سن کر بات کرتے ہیں انہوں نے اردو پڑھی ہی نہیں ہے۔پوئٹری تو ہم ادھر ادھر سے سن لیتے ہیں لیکن پروز، نثر کون پڑھ کر سناتا ہے وہ تو خود ہی پڑھنا پڑے گی اور اردو ہم نے پڑھی ہی نہیں ہے۔

گلوکار مہدی حسن، مجروح سلطان پوری، اور کیفی اعظمی کے ساتھ جاوید اختر

۱۱۲

زبان کو خالص بنانے کا خیال پیاز کے چھلکے اُتارنے جیسا ہے

جب ہم کوئی زبان سیکھنے جاتے ہیں تو جو چیز ہمیں سب سے زیادہ پریشان کرتی ہے وہ چیز ہوتی ہے اس کا سنٹیکس، اس کی گرامر پھر اس کی لفظیات، اس میں سے آپ کو دو چیزیں تو سیکھنی ہی نہیں، نہ آپ کو اس کی گرامر سیکھنا ہے وہ تو اپ جانتے ہیں اور نہ آپ کو اس کی لفظیات، زیادہ تر تو آپ جانتے ہی ہیں اور پوری لفظیات تو آپ کسی بھی زبان کی نہیں جانتے۔ تو آپ کو سیکھنا ہے صرف اسکرپٹ جسے سیکھنے میں صرف بارہ سے پندرہ دن لگیں گے۔ لہٰذا جو کوئی بھی ہندوستانی بولتا ہے وہ بارہ سے پندرہ دن میں اردو سیکھ سکتا ہے۔ قصہ یوں ہے کہ جب میں اور آپ بات کر رہے ہوں گے، جب تک آپ کی باتمیں سمجھ رہا ہوں تو میں کہوں گا کہ یہ ہندی بول رہے ہیں اور جب آپ کی بات سمجھنے میں مجھے مشکل پڑے گی تب میں کہوں گا یہ اردو میں بات کر رہے ہیں۔

یہ آپ کو معلوم نہیں ہے مگر آپ سب اردو جانتے ہیں۔ ہوتا یہ ہے کہ جب تک اردو آپ کی سمجھ میں آرہی ہے تب تک آپ اسے ہندی کہتے ہیں جب سمجھنا بند ہوتا ہے تب کہتے ہیں کہ یہ اردو ہے۔ ہندی اور اردو دونوں کا سنٹیکس ایک ہے، دونوں کی گرامر ایک ہے، دونوں کے ۹۰ فیصد الفاظ ایک ہیں اردو کا کوئی جملہ بنا ہندی کے لفظ کے استعمال کے لکھا ہی نہیں جا سکتا تھا اردو میں آپ ہندی کے لفظ کے بنا ایک جملہ نہیں لکھ سکتے۔ ہندی کی کوئی ڈکشنری کم سے کم پانچ ہزار پرشین الفاظ کے بغیر مکمل نہیں ہو سکتی ہے۔ آپ لوگ جو بات کرتے ہیں اپ کو معلوم ہی نہیں ہوتا ہے کہ آپ فارسی کے کتنے لفظ بول رہے ہیں۔ دشمن، رابطہ، صبح، شام، ہوا، زمین اور آسمان یہ سب فارسی کے لفظ ہیں۔ زبان کو پیور کرنے کا کنسیپٹ ایسا ہے جیسے ایک پیاز کے چھلکے اتارنا شروع کرو، پیاز ڈھونڈنا ہے تو آپ کہاں پہنچیں گے۔ ارے اس کے چھلکے ہی تو پیاز ہیں۔ اگر تم نے سارے چھلکے اتار دیے تو پیاز ہی نہیں رہی۔ زبانیں ہمیشہ دو طرح کی رہی ہیں دنیا میں ایک عوام کی زبان اور ایک سرکار کی۔ سرکار کی زبان، ہمیشہ سے یہ ہوتا ہے کہ سرکار کو اس بات کی پروا نہیں ہے کہ آپ اس کی زبان سمجھ رہے ہیں یا نہیں، بلکہ شاید سرکار تو یہی چاہے گی کہ آپ نہ سمجھیں تو بہتر ہے، لہٰذا سرکاری زبان ہے تو سمجھ میں آتی ہی نہیں ہے اور جن لوگوں کو سرکاری تحفظ حاصل ہوتا ہے وہ بھی وہی زبان استعمال کریں گے اس لیے کہ انہیں تو یہی دکھانا ہے کہ ان کا یہ خیال ہے کہ آپ ان سے رعب تب ہی کھائیں گے جب آپ ان کی بات نہیں سمجھیں گے کیونکہ اگر آپ سمجھ گئے تو پھر تو آپ رعب تو کھا نہیں سکتے، وہیں عوام کی زبان کمیونیکیشن کی زبان ہوتی ہے ترسیل کی زبان ہوتی ہے، کیونکہ ہمیں ایک دوسرے سے بات کرنی ہے ایک دوسرے کو سمجھنا سمجھانا ہے وہ چاہے ہندی ہو یا اردو ہو آپ جب اسے اتنا مشکل کر دیتے ہیں کہ وہ سمجھ میں نہ آئے تو بے کار ہے۔ یہی وجہ ہے کہ ہم ہر زبان سے لفظ لیتے ہیں تاکہ کمیونیکیشن بہتر سے بہتر ہو سکے۔ ہم جن لفظوں کو لیتے ہیں وہ اپنے شرطوں پر لیتے ہیں جیسے ہوا، یہ فارسی کا لفظ ہے لیکن ہوائیں، ہواؤں یہ ہمارے بنائے ہوئے ہیں، فارسی میں ہوائیں نہیں ہوتی ہیں اور ہواؤں بھی نہیں ہوتا، راستہ ہے تو فارسی لیکن راستے ہمارا ہے ہم جمع، یعنی پلورل بنا لیتے ہیں اور ناؤن کو ایڈجیکٹو بنا سکتے ہیں یا ایڈجیکٹو کو ناؤن بنا سکتے ہیں، یہ ہم اپنی طرح سے کرتے ہیں ساتھ ہی لفظوں کے تلفظ بھی بدل جاتے ہیں۔ جیسے اوریجنل لفظ تھا فَضا ہم لوگ فِضا بولتے ہیں۔ لفظ آتے ہیں تو ان میں ہماری زبان کے مزاج کے حساب سے تبدیلیاں بھی آتی ہیں۔

۱۱۳

اگر انصاف اور تعلیم کا نظام صحیح ہے تو ہر چیز صحیح ہوتی چلی جائے گی

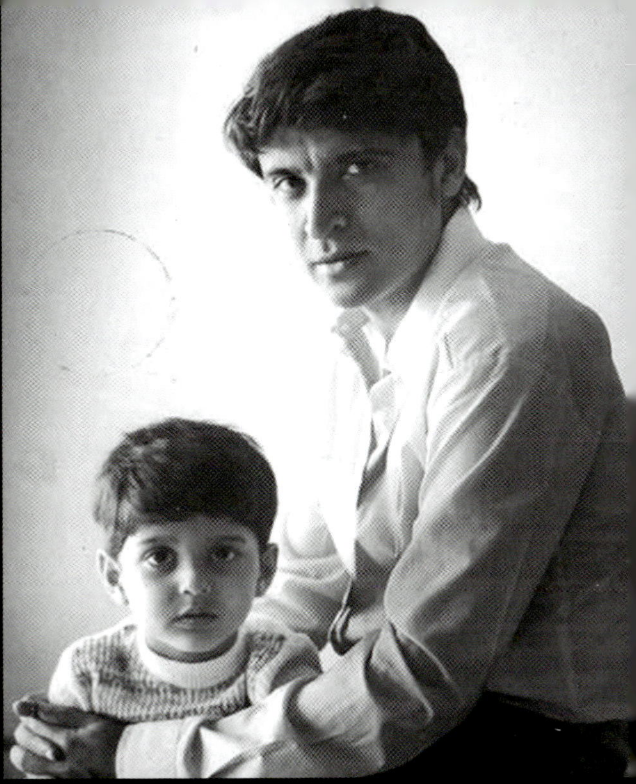

فرحان کے ساتھ جاوید اختر

ہمارے یہاں دو تین باتیں ہیں، اگر وہ صحیح ہو جائیں تو باقی چیزیں اپنے آپ صحیح ہو جائیں گی، ان میں سے پہلی ہے صحیح تعلیم، دراصل ہم نے پرائمری یا بیسک پرائمری ایجوکیشن کو نظر انداز کر دیا ہے۔ ہائر ایجوکیشن، اعلیٰ تعلیم کے تو ہم نے بہت اچھے ادارے بنالئے ہیں جن میں ورلڈ کلاس انسٹی ٹیوشن بھی ہیں۔ لیکن نیچے کی سیڑھی کمزور ہے، حقیقت میں ایجوکیشن پورے دیش میں ایک جیسی ہونی چاہیے۔ دوسری چیز ہے کہ عدل وانصاف کا جو نظام ہے اگر مناسب اور مکمل ہے، صحیح ہے۔ تیز رفتار ہے۔ اور غیر متعصبانہ ہے تو سوسائٹی دھیرے دھیرے صحیح جگہ پر آجاتی ہے اگر نظام انصاف صحیح ہے اور ایجوکیشن کا نظام صحیح ہے تو ہر چیز صحیح ہوتی چلی جائے گی۔

میں حالیہ تعلیمی نظام سے متفق نہیں ہوں۔ موجودہ سسٹم میں آپ جو جانتے ہیں بس وہی جانتے ہیں۔ آپ اگر انجینئر ہیں تو آپ کو ہسٹری کا کوئی سینس نہیں ہے، آپ اگر ڈاکٹر ہیں تو آپ ہندوستان کے فوک آرٹ کے بارے میں کچھ نہیں جانتے ہیں۔ اگر آپ جانتے ہیں۔ تو یہ آپ کی اپنی کوششیں ہیں، اس میں تعلیمی نظام کا کوئی رول نہیں ہے۔ آج جو لوگ سائنٹسٹ بن رہے ہیں، ڈاکٹر بن رہے ہیں، ٹیکنیشن بن رہے ہیں، انجینئر بن رہے ہیں، ان کا نہ اس ملک کے کلچر سے، نہ اس ملک کی مائتھولوجی سے، نہ اس ملک کے فوک آرٹ سے، نہ فوک میوزک سے، نہ لٹریچر سے کوئی واسطہ ہے۔ اور یہ خطرناک بات ہے، ہم روبوٹ تیار کر رہے ہیں یا انسان؟

آج تاریخ کے ساتھ جو کھیل کھیلا جا رہا ہے۔ جس انداز سے تاریخ مسخ کی جارہی ہے وہ غیر یقینی اور افسوسناک ہے اور اگر آپ اس کے خلاف بولیں کہ یہ ہسٹری تو ٹھیک نہیں ہے تو آپ جاہل تو مانے ہی جاتے ہیں اینٹی نیشنل بھی کہے جاتے ہیں۔ یہ سارے مسائل بڑے سنجیدہ ہیں اور یہ دن بدن زیادہ سے زیادہ پیچیدہ ہوتے جا رہے ہیں۔

میں نے ٹی وی دیکھنا تو چھوڑ ہی دیا ہے، اس کا کوئی مطلب بھی نہیں ہے، آج ٹی وی چینلوں پر ہر وہ بات ہو رہی ہے جس کا سچ پوچھیں تو اس ملک کے مستقبل سے کوئی تعلق ہی نہیں، یہ بیکار کی باتوں پر ڈسکشن چل رہا ہے، مباحثے ہو رہے ہیں، اینکرز اور لوگ بیکار کی باتوں پر چلاّ رہے ہیں۔ اس سوسائٹی کو اس ملک کو بہت اوپر تک لے جانا کوئی بہت مشکل کام نہیں ہے ذرا سا ڈسپلن، ذرا سی ایمانداری، ذرا سی سنجیدگی قائم ہو جائے تو ہم کہاں سے کہاں پہنچ سکتے ہیں۔

۱۱۴

لفظوں کی عزت کیجئے
لفظوں سے محبت کیجئے

لفظوں کی عزت کیجیے، لفظوں سے محبت کیجیے، جو چیزیں ہمارے قریب ہوتی ہیں ان کے بارے میں ہم ذرا کم سوچتے ہیں۔ کتنے لوگ سوچتے ہیں کہ ہوا ٹرانسپرنٹ کیوں ہوتی ہے، پانی گیلا کیوں ہوتا ہے، کتنے لوگ سوچتے ہیں کہ وقت کیا ہے؟ یہ کیا آیا اور کیا گزر گیا؟ اسی طرح ہم صبح سے شام تک جو الفاظ بولتے رہتے ہیں اور سنتے رہتے ہیں کتنی بار ہم نے سوچا ہے کہ الفاظ ہیں کیا؟ یہ لفظ بڑی عجیب چیز ہے۔ تصور کیجئے ایک جانور ہے۔ اسے دیکھ کر میں نے طے کرلیا کہ یہ 'کیٹ' ہے، جبکہ کیٹ تو ساؤنڈ ہے کیٹ کا جانور سے کوئی واسطہ نہیں ہے لیکن میں نے طے کرلیا ہے یعنی میں نے ساؤنڈ میں ایک جانور کے معنی بھر دیے ہیں۔ اس کے بعد میں نے ایک سیمی سرکل لیا ایک پیرامڈ بنایا، جسے بیچ سے کاٹ دیا، پھر ایک سیدھی لکیر کھینچی اور اس کے نیچے ایک ٹیڑھی لکیر کھینچ دی کہ یہ کیٹ لکھا ہوا ہے ان ٹیڑھی میڑھی لکیروں میں ساؤنڈ بھر دیا ساؤنڈ میں معنی بھر دئے۔

اب وہ چاہے محبت کی باتیں ہوں کہ وہ غصے کی بات ہو، خیال ہو، کہ درد ہو، غم ہو خوشی ہو حیرت ہو جذبہ ہو احساس ہو ہر چیز کو ہم نے آواز دے دی ہے اور ان آوازوں کو ٹیڑھی میڑھی لکیریں، جنہیں ہم اسکرپٹ کہتے ہیں۔ رائٹنگ کہتے ہیں۔ تین چیزیں جن کا ایک دوسرے سے کوئی واسطہ نہیں تھا انہیں جوڑ کر آپ نے لفظ بنا دئے۔ مینگ ساؤنڈ جو کہ دراصل 'جبرش' ہی ہے ہم نے ڈال دیا اس میں اور یہ آڑھی ترچھی لکیریں لفظ ہو گئے۔ کمال کی چیز ہے۔ مجھے تو لگتا ہے کہ وقت کے ساتھ الفاظ بھی انسان کی طرح ہو جاتے ہیں جیسے آدمی کے بارے میں کہا جاتا ہے کہ 'اے مین از نون بائی دی کمپنی ہی کیپس' جس طرح انسان اپنی صحبت سے پہچانا جاتا ہے اسی طرح الفاظ بھی اپنی شناخت قائم کرتے ہیں۔ یہ لفظ کس کے ساتھ رہا ہے، اسکے ساتھ کون سے بڑے الفاظ استعمال ہوتے رہے ہیں، ایک عام ناؤن یا عام ورب سے ایک عام ذہن میں تیزی سے کتنے ریفرنس بنتے ہیں، کہاں سنا تھا، کیا دیکھا تھا، اس سے کیا یاد آتا ہے اس کا تعلق، اس کا انسلاک کیا ہے، کب یہ بات ہوئی تھی، میرا کیا ربط ضبط رہا ہے اس سے۔ ایک بڑی بھیڑ آتی ہے یادوں کی۔ ایک اچھا لکھنے والا ایک اچھا بولنے والا وہ ہے جو یہ جانتا ہے کہ جب میں یہ لفظ استعمال کروں گا تو ایک عام ذہن میں اس کے تعلق سے کیسی کیسی یادیں ابھریں گی، کون سی چیزیں اسے یاد آئیں گی، تب ہی وہ لفظ کے چاروں طرف صحیح فضا بنا سکے گا، لفظ کی طاقت کیا ہے چاہے وہ ماں کی لوری ہو یا نیتا کی تقریر ہو یا کسی محبت کرنے والے کے محبت سے بھرے خط ہوں یا کسی کی شکایت ہو، کوئی انقلاب کا نعرہ ہو، غصہ ہو، غم وخوشی ہو، حیرت ہو اپنائیت ہو، غیریت ہو دنیا کی کوئی چیز ہو دنیا کا کوئی خیال ہو، دنیا کا کوئی جذبہ دنیا کا کوئی احساس، جب تک لفظ میں نہیں ڈھلے گا تو اسے پوری طرح دوسرے تو کیا آپ خود بھی نہیں سمجھ پائیں گے۔ لفظ جو ہے وہ تھاٹس نہیں ہے جیسے کہ اینٹیں مکان نہیں ہیں، لیکن مکان اینٹوں سے بنتے ہیں اگر اینٹیں کم ہیں تو چھوٹے مکان بن پائیں گے، آپ کے پاس جتنے لفظ ہوتے ہیں اتنا صاف آپ سوچ سکتے ہیں۔ اور اپنی بات کر سکتے ہیں۔ میں اکثر ینگ لوگوں سے سنتا ہوں 'یونو آئی مین'۔ تو میں

ان سے کہتا ہوں 'نو آئی ڈونٹ نو واٹ یو مین'، تم بتاؤ۔ یو نو وہاٹ آئی مین میں لفظ ختم ہو جاتے ہیں۔ ہر چیز تیز ہو گئی ہے تو کمیونیکیشن بھی تیز ہوا ہے، لیکن دکھ کی بات یہ ہے کہ یہ جو لفظ ہیں ان کا استعمال جو ہے وہ گہرائی اور گیرائی کی قیمت پر ہوا ہے اور یہ سودا گھاٹے کا ہے۔ اس لیے ظاہر ہے ہر چیز تیز ہو رہی ہے تو زبان بھی تیز ہو گئی ہے، کمیونیکیشن بھی تیز ہو گیا ہے لیکن اس کمیونیکیشن کی تیزی میں جو ڈیپتھ تھی وہ چلی گئی ہے۔ اس کا مطلب یہ ہے کہ باقیوں کا غم مت کیجئے۔ آپ اپنا ہی کام دیکھئے کہ آپ اپنی بات، اپنا احساس، اپنا جذبہ، اپنے خیالات پوری تفصیل کے ساتھ ٹھیک سے بتا پا رہے ہیں یا نہیں۔ انسان کو ایک طرح سے الفاظ سے جدا کر دیجئے تو وہ ایک کلچر سے جدا ہو جائے گا وہ ایک تاریخ سے کٹ جائے گا، یہ ہمارے ساتھ ہو رہا ہے، تو زبان بہت طاقتور چیز ہے، لیکن اپنے آپ میں وہ نہ اچھی ہے نہ بری۔ ہم لفظوں سے محبت کریں اور جانیں کہ ان کی طاقت کیا ہے، کیونکہ دنیا میں جو کچھ ہوا ہے وہ تو الفاظ سے ہی ہوا ہے، ورنہ ہوتا ہی نہیں۔ ہم لفظوں میں اپنا تجربہ، اپنا شعور اپنی سمجھ اپنے جذبات جمع کر کے ایک نسل سے دوسری نسل کو دے سکتے ہیں۔ ہم نے آہستہ آہستہ صدیوں میں جو تجربات حاصل کئے ہیں، جو علم و شعور حاصل کیا ہے اس نے کیسے سفر کیا ہے لفظوں میں؟ ہم دوسری مخلوقات سے اسی لئے آگے نکل پائے ہیں کیونکہ ہمارے پاس زبان تھی، اگر زبان نہیں ہوتی تو ہم یہاں نہیں ہوتے ہم وہیں ہوتے جہاں سے شروع ہوئے تھے... اور زبان کا مطلب الفاظ... اس لئے الفاظ کی عزت کیجئے لفظوں سے محبت کیجئے ان سے دوستی کیجئے، انہیں دھیان سے سنئے اور دھیان سے بولئے۔

کیلیفورنیا یونیورسٹی برکلے میں 'بھارتیہ فلم بھارتیہ سماج' کے موضوع پر بات کرتے ہوئے (۲۰۱۹)

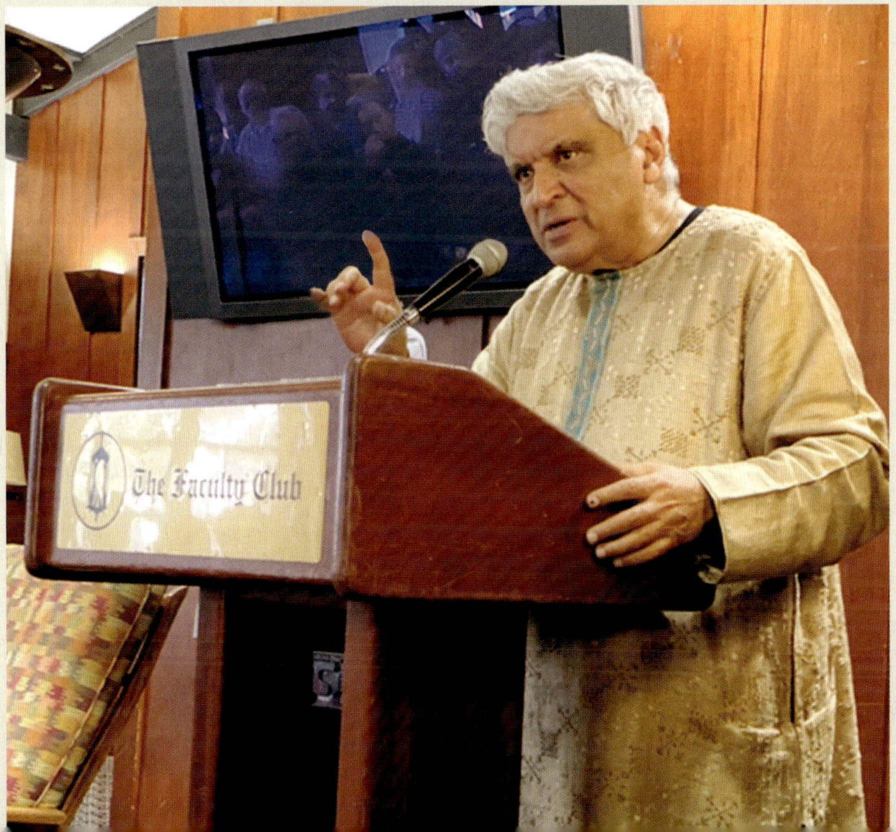

۱۱۵

لِرکس (گانوں) اور شاعری میں فرق

غزل میں کبھی آپ کمزور بھی ہو سکتے ہیں۔ کہیں آپ 'سمبولزم' سے امید کر سکتے ہیں کہ جو معنی میں نے نہیں سوچے وہ بھی نکل آئے لیکن نظم میں یہ فریب نہیں چل سکتا۔

موجودہ دور میں گیت دو طرح کے ہو گئے ہیں، ایک ہمارے لوک گیت جو وقت کے ساتھ آگے بڑھتے تھے پھر انہیں جنریشن امپرووائز کرتی رہتی تھی پروان چڑھاتی رہتی تھی اس طرح ایک پیڑھی سے دوسری پیڑھی تک وہ چلے جاتے تھے، کس نے لکھا، کب لکھا کچھ پتہ ہی نہیں، کیا پتہ کب یہ ڈیولپ ہوا، شاید یہ کبھی لکھا ہی نہیں گیا، ممکن ہے وہ گاتے گاتے ہی بن گیا۔ اب یہ جو فلمی گیت ہیں یہ تو لکھے جاتے ہیں ان کی ٹیون پہلے بنائی جاتی ہے، ان میں سچویشن ہوتی ہے، اگر ہم لوک گیتوں کی بات کریں تو کہہ سکتے ہیں کہ وہ زمین سے اگتے ہیں اور رُتوں کے ساتھ آہستہ آہستہ بدلتے ہیں اور ان کو کس نے لکھا کس نے سوچا پتہ ہی نہیں چل سکتا، وہ دراصل ہمارے وقت اور تہذیب کا حصہ ہوتے ہیں، دوسرے یہ گیت ہیں جو فلموں میں لکھے جاتے ہیں ان گیتوں کا قصہ یہ ہے کہ شاعری سے یوں مختلف ہیں کہ شاعر جب شاعری کرتا ہے تو اس کا جو دل چاہتا ہے جس طرح سے لکھنے کو دل چاہتا ہے جس میٹر میں لکھنے کو دل چاہتا ہے جس لفظیات میں لکھنے کو جی چاہتا ہے وہ لکھتا ہے، موضوع بھی خود منتخب کرتا ہے اس پوئم کا یا غزل کا اسٹرکچر بھی خود چنتا ہے لیکن فلمی گیت ایک نریٹو کا حصہ ہوتے ہیں، ایک اسکرپٹ ہے جس میں یہ طے کیا گیا ہے کہ یہاں اس پوائنٹ پر یہ گانا آئے گا، یہاں یہ سچویشن ہے ایک ڈائریکٹر یا ایک اسکرپٹ رائٹر سونگ رائٹر کو سچویشن بتاتا ہے، ایک میوزک ڈائریکٹر ہوتا ہے، یہاں فلموں کا رواج ذرا الٹا ہے، بہت دلچسپ ہے کہ اکثر ٹیون پہلے بن جاتی ہے جب ٹیون بن جاتی ہے تو شاعر سے کہا جاتا ہے کہ یہ سچویشن ہے اور یہ ٹیون ہے اب اس پر آپ گیت لکھ دیجئے۔

جہاں تک شاعری کا تعلق ہے کسی بھی وقت کسی دور میں بہت اچھی شاعری بھی ہوئی ہے، ساتھ میں بہت بری شاعری بھی ہوئی ہے یہی فلمی گیتوں کا ہے کہ بہت اچھے فلمی گیت بھی لکھے گئے ہیں اور بہت برے بھی لکھے گئے ہیں، تھوڑا سا افسوس یہ ہے کہ آج کل برے زیادہ لکھے جا رہے ہیں۔

غزل میں کبھی آپ کمزور بھی ہو سکتے ہیں، کہیں آپ علامتوں استعاروں سے امید کر سکتے ہیں کہ جو معنی میں نے نہیں سوچے وہ بھی نکل آئیں لیکن نظم میں یہ فریب نہیں چل سکتا۔ نظم میں شاعر کا شعور و معیار صاف نپ جاتا ہے، غزل کے لئے جو امکانات ہیں وہ تو لامحدود ہیں ان کی کوئی حد ہی نہیں ہے اور یہی وجہ ہے کہ اس میں کہیں خوف ہوتا ہے کہ اتنے امکانات جہاں موجود ہوں وہاں ہم کہاں تک جا پائیں گے، جبکہ جو استاد ہیں انہوں نے کیسی کیسی غزلیں لکھی ہیں، انہوں نے کیا کچھ کہا ہے، اتنے بڑے اور اتنے کمال کے کام کئے ہیں کہ عقل حیران ہو جاتی ہے۔

میوزک پروگرام میں جاوید اختر

۱۱۶

جو 'تلسی داس' کے ساتھ ہوا
وہی 'شاہ عبدالقادر' کے ساتھ بھی ہوا

یہ کہنا کہ زبانیں مذہبوں کی ہوتی ہیں بالکل غیر معقول بات ہے، یہ ہو ہی نہیں سکتا۔ بھئی پنجاب کی زبان پنجابی ہوگی، بنگال کی زبان بنگلہ ہوگی، گجرات کی زبان گجراتی ہوگی، سندھ کی زبان سندھی ہوگی، علاقوں کی زبان ہوتی ہے، اٹلی کی زبان اطالوی ہے۔ یہ پہلی بار ہم نے سنا کہ زبان کا مذہب بھی ہوتا ہے۔ دلی میں ایک اسکالر تھے شاہ عبدالقادر جنہوں نے ۱۷۹۸ میں پہلی بار قرآن کا ترجمہ اردو میں کیا، قرآن کا ٹرانسلیشن سندھی میں اس سے سات سو سال پہلے ہو چکا تھا، جب شاہ عبدالقادر نے قرآن کا ترجمہ اردو میں کیا تو جتنے بھی اس زمانے میں علماء تھے سب نے انہیں کفر کا فتویٰ دے دیا کہ اس بے شرم آدمی نے ایسی پاک کتاب آسمانی صحیفے کا ترجمہ یہ کیسی زبان میں کر دیا۔ ۱۷۹۸ سے پچاس سال بعد اسی اردو کے سر پر ٹوپی رکھ دی گئی اور داڑھی چپکا دی گئی۔ یہ جو شاہ عبدالقادر کے ساتھ ہوا وہی تلسی داس کے ساتھ بھی ہوا، تلسی داس نے شاہ عبدالقادر سے دو سو سے ڈھائی سو سال پہلے رامائن کو، جو سنسکرت میں تھی، رام چرت مانس ک کے عنوان سے اکبر کے وقت اودھی میں از سر نو تحریر کیا تھا، اس بات پر بڑے بڑے مہنت اور گرو پریشان ہو گئے تھے کہ رامائن جیسے مقدس گرنتھ کو اس نے اودھی جیسی معمولی زبان میں لکھ ڈالا، تب ان کا بھی سماجی بائکاٹ کر کے، حقہ پانی بند کر دیا گیا تھا، اس کے اوپر ایک چوپائی ہے، وہ میں آپ کو سنا تا ہوں بڑی دلچسپ ہے:

دھوت کہو اودھوت کہو رجپوت کہو جولہا کہو کوؤ
کاہو کی بیٹی سو، بیٹ ابہ بیاہ بہ، کاہو کی جاتی بگار نہ سوؤ
تلسی سرعنام گلاموہے رام کو، جا کو روچے سو کہے کچھو کوؤ
مانگی کے کھیبو، مسیت کو سوئی بو، لیبو کو، ایکو نہ دیبے کو دوؤ

شدت پسند بنیاد پرست لوگوں کو اردو اور اودھی میں یہ برداشت نہیں، باقی باتوں کو تو چھوڑ ہی دیجئے آپ یہ دیکھئے کہ دس کروڑ مسلمان جو بنگلا دیش میں تھے، انہوں نے کہا ہم اردو نہیں پڑھیں گے ہم بانگلا پڑھیں گے، میری مادری زبان اردو ہے لیکن میں اس حوالے سے ان کے ساتھ ہوں کہ ان کو اپنی مادری زبان پڑھنے کا پورا حق ہے اور انہیں کوئی مجبور نہیں کر سکتا کہ وہ اپنی مادری زبان کی قیمت پر اردو پڑھیں۔ جب دس کروڑ مسلمانوں نے کہہ دیا کہ ہمیں اردو نہیں پڑھنی، ہمیں بانگلا پڑھنی ہے تو یہ بات کس منہ سے کوئی کہہ سکتا ہے کہ اردو مسلمانوں کی زبان ہے۔

فلموں میں آنا 'لیفٹسٹ رائٹرز' کا سوچا سمجھا شعوری قدم تھا

مجھے لگتا ہے کہ جو لیفٹسٹ رائٹر تھے وہ چاہے پروز رائٹر ہوں یا شاعر ہوں، انہوں نے سوچے سمجھے طریقے سے یہ طے کیا کہ یہ جو ماس میڈیا ہے سنیما ہمیں اس کے اندر چلے جانا چاہئے اور فلم کے ذریعے ہم اپنا جو میسیج ہے، پیغام ہے یا جو ہماری قدریں ہیں وہ ہم لوگوں تک پہنچا سکتے ہیں۔ ایک طرف وہ چاہے شیلندر ہوں، ساحر ہوں، مجروح ہوں، کیفی ہوں، جاں نثار اختر ہوں، دوسری طرف کرشن چندر، راجندر سنگھ بیدی، عصمت چغتائی یہ سارے چاہے پروز رائٹر ہوں یا شاعر ہوں، یہ آگے پیچھے پانچ چھ سال کے درمیان ہی ہندی سنیما میں گئے اور ایسا نہیں ہے کہ انہیں آکر سیدھا اپنے میسیج یا اپنی قدروں کی بات کرنے کا موقع ملا۔ دراصل جب آپ کمرشیل میڈیا میں کام کرتے ہیں تو بہت وقت آپ کو بہت سے اور بھی کام کرنے ہوتے ہیں، گیت لکھنے یا ڈائلاگ لکھنے ہوتے ہیں، کہانیاں بھی لکھنی ہوتی ہیں۔ لیکن اس کے ساتھ ساتھ آپ غور سے ساحر کے، کیفی کے، شیلندر کے، جاں نثار اختر کے، مجروح کے گانے سنیں گے تو آپ کو کتنے ہی ان کے گیت ملتے ہیں جو پاپولر سنیما میں الگ طرح کی قدروں کی نمائندگی کر رہے ہیں۔ آپ کو کتنے ڈائلاگ ملیں گے، کتنے سین ملیں گے، کرشن چندر کے لکھے، بیدی کے لکھے، عصمت چغتائی کے لکھے، یہ لوگ آپ کے اندر ایک اہم بیداری خاص شعور پیدا کر رہے ہیں کہ کیا استحصال ہے، کیا معیاری جدوجہد ہے یہ سب مین اسٹریم سنیما میں ہی لے کر آئے تھے، لہٰذا مجھے لگتا ہے کہ اتفاق نہیں تھا بلکہ یہ پاپولر ماس میڈیا کے ذریعے اپنا پیغام پہنچانے کا ایک بہت منظم سوچا سمجھا قدم تھا، ساحر کو پڑھیں گے تو ان کی وہ نظم 'وہ صبح کبھی تو آئے گی' تو ایک طرح سے مینیفیسٹو ہے سوشلزم کا۔ شیلندر نے بڑے ہی آسان الفاظ میں کیسی کیسی گہری باتیں کہیں۔

اندر راج آنند کی لکھی ایک فلم کا ڈائلاگ ہے جسمیں ہیرو سڑک پر چلا جا رہا ہے وہ غریب ہے بھوکا ہے کسی صاحب کا نوٹوں سے بھرا ہوا بٹوا جو گر گیا ہے اسے اٹھا کر جاتا ہے اور صاحب سے کہتا ہے کہ صاحب آپ کا بٹوا گر گیا ہے، وہ صاحب موتی لال ہیں تو موتی لال وہ بٹوا لیتے ہیں اس کی (راجکپور) کی حالت دیکھتے ہیں کہتے ہیں آؤ میرے ساتھ چلو، فائیو اسٹار ہوٹل میں پارٹی چل رہی ہے وہاں لے جاتے ہیں تو یہ غریب آدمی حیرت سے دیکھتا ہے، کہتا ہے یہ کون لوگ ہیں؟ موتی لال کہتے ہیں یہ وہ لوگ ہیں جنہیں 'نوٹوں سے بھرے بٹوے ملے تھے لیکن انہوں نے واپس نہیں کئے، تو یہ جو شعور ہے حساسیت ہے مجھے دکھ ہے کہ وقت کے ساتھ یہ جذباتیت کمرشیل سنیما سے، گیتوں اور ڈائلاگ سے بھی غائب ہو رہی ہے۔

کاؤنسل آف یوروپین نیشن کے دورے پر تقریر کرتے ہوئے (۲۰۱۹)

۱۱۸

سب سے پہلے مجھے کرشن چندر نے متاثر کیا

اگر آپ ایک آدمی سے متاثر ہوں تو پھر آپ اس کی گونج بن جاتے ہیں، اس کی نقل بن جاتے ہیں اور آپ اگر بہت سارے لوگوں سے متاثر ہو جائیں تو پھر آپ ریسرچ اسکالر اور دانشور کہلاتے ہیں۔

اتفاق سے 'قسمت تو میں نہیں مانتا' میں جس گھر میں پیدا ہوا وہ رائٹرز کا گھر تھا، میری ماں بھی رائٹر تھیں، والد بھی رائٹر تھے پھر میرے ماموں بہت بڑے مشہور شاعر مجاز بھی رائٹر تھے، ان لوگوں کے جو دوست تھے، وہ بھی رائٹر تھے پچاس اور ساٹھ کی دہائی کے جن بڑے قلم کاروں کے نام آپ لوگوں نے سنے ہوں گے ان لوگوں کو میں بچپن سے ذاتی طور پر جانتا تھا، ان کے ساتھ بیٹھا اٹھا ساری میگزینز آتی تھیں، کتابیں مجموعے، ناول۔ تیرہ سال کی عمر تک میں نے وہ کتابیں پڑھ لی تھیں جو آدھی میں سمجھ پایا تھا آدھی نہیں سمجھ پایا تھا، پشکن اور گورکی وغیرہ کو میں ۱۳ سال کی عمر میں ہی پڑھ چکا تھا، کیونکہ سب پڑھتے تھے، بچے وہ نہیں کرتے جو آپ کہتے ہیں کہ کرو بچے وہ کرتے ہیں جو آپ کرتے ہیں، جب بچے دیکھتے ہیں کہ ماں باپ کتاب پڑھ رہے ہیں اور اس کے بارے میں بات کر رہے ہیں تو ان کے دل میں خود بہ خود کتاب کے لئے دلچسپی اور احترام پیدا ہوتا ہے۔

خیر جن قلم کاروں نے ٹین ایج میں مجھے متاثر کیا وہ زیادہ تر ترقی پسند قلمکار تھے، سب سے پہلے مجھے کرشن چندر نے متاثر کیا، عام طور پر نثر کی کتاب کھولتے ہیں تو پہلے صفحے پر ایک شعر لکھا ہوتا ہے، جب میری اپنی، شاعری کی پہلی کتاب 'ترکش' چھپی اسے کھولتے ہیں تو پہلے صفحے پر ایک نثر کا ٹکڑا ہے جو کرشن چندر کا ہے۔ ان کی رائٹنگ نے مجھے متاثر کیا لیکن ایک اچھی بات ہے کہ اگر آپ ایک آدمی سے متاثر ہیں تو پھر آپ اس کی گونج اور بازگشت بن جاتے ہیں، اس کی نقل بن جاتے ہیں اور اگر آپ بہت سے لوگوں سے متاثر ہو جائیں تو پھر آپ محقق و دانشور کہلاتے ہیں۔ میں بہت سے لوگوں سے امپریس ہوا، میں کالج یونیورسٹیز میں جاتا ہوں تو کہتا ہوں کہ پڑھو، کلاسیکل لٹریچر پڑھنا بہت ضروری ہے لیکن اس کے ساتھ ہلکا پھلکا لٹریچر بھی پڑھو، اس کے ساتھ ریلوے اسٹیشن پر جو ناول ملتے ہیں، پیپر بیک وہ بھی پڑھو، تھرلرز بھی پڑھو، ملس اینڈ بون بھی پڑھو، ہر طرح کا لٹریچر پڑھو صرف بہت لٹریری ادب ہی پڑھو گے تو تم خشک بھی ہو سکتے ہو۔

۱۱۹

گیت لکھنا ہے تو یاد رکھیے کہ ہر آواز کا ایک وِیژوَل (نظری و بصری) اثر ہوتا ہے

کسی چیز کو دلچسپ بنانے کے لیے پہلے خود آپ کی اس میں دلچسپی ہونی چاہیے۔ اگر آپ خود اپنے کام میں پوری طرح شامل نہیں ہوں گے تو آپ دوسروں کو اس میں کیا شامل کریں گے، لیکن اگر آپ خود اپنے کام میں پوری طرح شامل ہیں تو دوسرے بھی ضرور اس میں شامل ہوں گے۔

بڑا شاعر ہونا اتنا ضروری نہیں ہے جتنا کہ ہر فن مولا ہونا ضروری ہے۔ اور موسیقی پر، سنگیت پر کیسے لکھا جائے یہ آنا بھی بہت ضروری ہے۔ اگر آپ طرز پر لکھ رہے ہیں تو آپ کو عام چھندوں میں نہیں عجیب و غریب چھندوں میں کام کرنا پڑے گا۔ اس کے علاوہ آپ کو محبت کے گیت لکھنے پڑیں گے، لوری لکھنی پڑے گی، بھجن لکھنے پڑیں گے، قوالی لکھنا پڑے گی، لاوارث بچوں کے گانے لکھنے پڑیں گے، کیبرے گانے، غمگین گانے اور گاؤں والوں کے گانے لکھنا پڑیں گے، آپ کو ہر طرح کے کردار کے لیے لکھنا پڑے گا آپ کے پاس ایک ووکیبلری یعنی ایک وسیع لفظیاتی نظام ہونا بہت ضروری ہے جس سے آپ کے گانوں کے الفاظ مختلف کرداروں کے موافق و مناسب بن سکیں، الفاظ کے معنی کی کافی اہمیت ہوتی ہے، لیکن ان کی آواز کی اہمیت بھی کم نہیں، آخر کار گانا گائے جانے کے لیے ہی تو لکھا جاتا ہے اسی لیے اس کو سننے میں اچھا تو لگنا ہی چاہیے۔ الفاظ میں موسیقیت ہونی چاہیے اگر آپ موسیقی میں دلچسپی رکھتے ہیں تو یہ تو اپنے آپ ہی ہوتا ہے۔ آپ محسوس کرتے ہیں کہ فلاں لفظ فلاں طرز پر سننے میں اچھا نہیں لگ رہا، بات چیت جیسا لگ رہا ہے۔ اس میں اتنی موسیقیت نہیں یہ اتنا سنگیت مے نہیں ہے جتنا ہونا چاہیے، یہ سروں کے ساتھ گھل مل نہیں رہا تو جو بات میں کہنے جا رہا ہوں وہ آپ کو عجیب لگ سکتی ہے لیکن ہر آواز کا کچھ نہ کچھ ویژول یعنی نظری یا بصری اثر ہوتا ہے اگر آپ 'ج' کو لے لیں تو اس میں ایک چمک ہے جو بہت سفید ہے، لیکن 'چ' میں بھی چمک ہے پر یہ ذرا پیلی اور سنہری سی پڑ گئی ہے، 'ٹ' ایسا لگتا ہے کہ جیسے آپ نے کسی ٹھوس زمین پر کوئی گیند پھینکی ہو، لیکن اگر آپ گیلی زمین پر کوئی گیند پھینکیں تو آپ کو 'تھ' آواز ملے گی، اگر آپ لکڑی کی کھوکھلی دیوار پر گیند ماریں تو 'ڈھ' آواز ملے گی، آوازیں آپ کے ذہن میں الگ الگ تصویریں بناتی ہیں مثلاً 'دھ' چپچپی آواز ہے، 'گھ' سکھن آواز ہے، 'گ' صاف آواز ہے۔ آج ہم ایسی چیزوں کے زمانے میں جی رہے ہیں جنھیں ہم استعمال کر کے پھینک دیتے ہیں۔ سنگیت سمیت زیادہ تر چیزوں کا آج یہی حشر ہوتا ہے لہٰذا آج کے سنگیت میں ہماری دلچسپی زیادہ دیر تک برقرار نہیں رہتی، کیونکہ اس میں ٹکے رہنے کی قوت ہی نہیں ہے، وہ آتی ہے، آپ کا منورنجن کرتی ہے (میرا تو نہیں کرتی) اور غائب ہو جاتی ہے وہ آپ کے دل میں گہرائی تک نہیں اترتی کیونکہ اسے اس گہرائی اور گیرائی تک جانے کا وقت ہی نہیں ملتا، آج کے گانوں کا ٹیمپو ہی اتنا تیز ہے کہ ایسا ممکن ہی نہیں ہو پاتا۔ اگر طرز الفاظ کو مناسب جگہ ہی نہیں دے گی، اگر طرز آپ کو سوچنے کا موقع ہی نہیں دے گی 'ارے تو گانا یہ کہہ رہا ہے' تو وہ گانا زیادہ دیر تک آپ کے ساتھ نہیں رہے گا یہ حقیقت ہے۔ میں واقعی یہ نہیں جانتا کہ مجھے کب تک گیت لکھنے میں مزہ آتا رہے گا، جیسے ہی مجھے اس کام میں مزہ آنا بند ہو جائے گا ویسے ہی میں کوئی دوسرا کام کرنے لگوں گا، میں تب تک ہی کی لکھوں گا جب تک مجھے لگے گا کہ اس کام میں چنوتی ہے، چیلنج ہے، کچھ کر کے دکھانا ہے۔ اگر آپ کو ایک ہی میدان میں کام کرنا ہے تو پھر اپنی منزل آگے کی طرف ہی سرکاتے رہنا چاہیے، جیسے ہی آپ کو یہ لگنے لگے گا کہ آپ کو اپنی منزل مل گئی ہے ویسے ہی سب کچھ ختم ہو جائے گا۔

اگر آپ کو ایک ہی میدان میں کام کرنا ہے تو پھر اپنی منزل آگے کی طرف
سرکاتے رہنا چاہیے، جیسے ہی آپ کو یہ لگنے لگے گا کہ آپ کو اپنی منزل مل گئی ہے
ویسے ہی سب کچھ ختم ہو جائے گا۔

۱۲۰

زبان الفاظ سے نہیں گرامر سے بنتی ہے

زبان میں نئے نئے الفاظ شامل ہورہے ہیں یہ کوئی نئی بات نہیں، میرے خیال سے جس دن زبان بنتی ہے اسی دن سے یہ کام شروع ہوجاتا ہے۔ محمد حسین آزاد نے 'آب حیات' میں اس کا کافی ذکر کیا ہے کہ ہماری زبان میں کہاں کہاں کے الفاظ ہیں، میں اپنی بات یہیں سے شروع کرتا ہوں اور آپ کو چھوٹے چھوٹے سے کچھ جملے سناتا ہوں، یہ عام ہندوستانی زبان ہے جو ہم بولتے ہیں۔ ایک مکان کے ایک کمرے میں ایک گوراچٹّا آدمی اور ایک ننھا بچہ ناشتہ کرنے کے لیے بیٹھے۔ ناشتہ کرنے سے پہلے ایک بالٹی پانی سے نہالیے۔ اس کے بعد باورچی ناشتہ لایا ناشتے میں اڑد کی دال اور ٹوسٹ تھے، بعد میں وہ آدمی اٹھا چک ہٹائی، صندوق کھولا، اس میں سے ایک پستول نکالا، دیوار پر ٹنگی بندوق لی اور چلا گیا۔ بچہ وِوش ہوکر دیکھتا رہا۔

اب دیکھتے ہیں: مکان ہے عربی، کمرہ۔ اٹالین، بالٹی۔ پرتگیز، چٹّا۔ پنجابی، ننھا۔ گجراتی، بچہ۔ پرشین، اڑد۔ تمل، ٹوسٹ۔ انگریزی، چک۔ ٹرکش، صندوق۔ ٹرکش، پستول۔ انگلش، دیوار۔ پارسی، بندوق۔ ٹرکش اور وِوش۔ سنسکرت ہے۔

میں نے یہ بھی سنا ہے کہ 'سالار جماعت مصرعِ اولیٰ کی نغمہ سنجی میں مصروف ہے۔ تاوقتِ دیگر اصحاب جماعت مصرعِ ثانی کے بقیہ ارکان کی ادائیگی کررہے ہیں'، اس کا مطلب یہ ہے کہ لیڈ وائس فرسٹ لائن گارہی ہے، کورس سیکنڈ لائن گارہا ہے، میں نے یہ بھی سنا ہے 'ایک پکے ماٹی کے پاتر میں دُگدھ۔ شرکرا یکت، ذرا کندرا اپجت اُشن پے پردان کرو' اسکا مطلب ایک پیالی چائے دے دو۔

زبان کو لے کر ہم ہندی اور اردو والوں کا رویہ کچھ اور ہے اور انگریزی والوں کا رویہ کچھ اور ہے۔ وہ ہر بار یہ فخر سے بتاتے ہیں کہ اس بار ہم نے جو ڈکشنری چھاپی ہے اس میں ساٹھ ۶۰ لفظ بڑھائے ہیں۔ ہم ہر بار اس بات پر فخر کرتے ہیں کہ پچھلے دنوں ۲۰۰ لفظ ہم نے نکال دیے، ۱۰۰ سو الفاظ اور نکالنے والے ہیں۔ اب یہ بتائیے کہ اس میں پیورٹی کس چیز کی ہے، زبان ہوتی کیا ہے، کیا زبان اپنی اسکرپٹ ہے اگر زبان اسکرپٹ ہے تو پھر یورپ کی ساری زبانیں ایک ہیں، کیونکہ انہوں نے لیٹن کی اسکرپٹ لی ہے، پنجابی تین اسکرپٹ میں لکھی جاتی ہے، پنجابی گرمکھی میں بھی لکھی جاتی ہے، دیوناگری میں بھی لکھی جاتی ہے اور فارسی رسم الخط میں بھی لکھی جاتی ہے مگر پنجابی تو پنجابی ہی رہتی ہے۔ دراصل زبان گرامر ہوتی ہے، زبان اپنی اسکرپٹ نہیں ہوتی زبان اپنی ووکیبلری بھی نہیں ہوتی آپ لفظ کہیں سے بھی لے سکتے ہیں زبان اپنی گرامر اور سنٹیکس ہوتی ہے۔ اب یہ دیکھیے کہ اردو کا سنٹیکس کیا ہے اردو کا سنٹیکس کھڑی بولی ہے اسی طرح کھڑی بولی جو سنسکرت کی اسکرپٹ تھی وہ ہوگئی دیوناگری، لہٰذا دونوں زبانوں کا سنٹیکس ایک ہی ہے اس لیے اپنی ووکیبلری میں نئے لفظ لانے سے ڈرنے کی ضرورت نہیں ہے کیونکہ ووکیبلری زبان ہے ہی نہیں، زبان تو سنٹیکس ہے۔ اور جب تک سنٹیکس سلامت ہے تب تک سب ٹھیک ہے۔ ہوا یہ ہے، سماج میں وہ ووکیبلری سمٹ رہی ہے، ہم لوگوں کی نظر میں لینگویج کی کوئی امپورٹنس ہی نہیں ہے، ہم بھی نہیں سمجھتے کہ زبان صرف کمیونیکیشن کے لیے ہی نہیں ہے زبان سے ہی ہماری شناخت ہے، آپ کتنے بھی مذہبی ہوں ۲۴ گھنٹے میں ۱۵ منٹ ہی لگاتے ہوں گے اپنے مذہب پر، باقی وقت تو آپ زبان کے ساتھ ہی ہوتے ہیں۔ میں تو یہی کہوں گا کہ جو امپورٹنس لوگ مذہب کو دیتے ہیں وہ غلط ہے اور جو زبان کو امپورٹنٹ نہیں دیتے وہ بہت ہی غیر مناسب ہے۔ لوگوں کو اپنی زبانوں سے محبت ہونی چاہئے، مذہب سے محبت تھوڑی کم بھی کرلیں گے تو اچھا ہی رہے گا۔

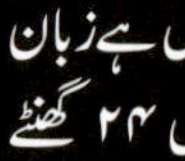

آرٹ آپ کے ایموشنز یعنی جذبات ہیں اور کرافٹ میتھ میٹکس

کوئی بھی جو آرٹ فارم ہے اس میں دو چیزیں ہوتی ہیں ایک تو اس میں پیور آرٹ ہے اور ایک چیز اس میں ہوتی ہے کرافٹ، یہ دونوں اختلافی چیزیں ہیں، ایک طرح سے ایک دوسرے کی مخالف ہیں۔ آرٹ کا مطلب ہے کہ آپ ڈوب جائیں، آپ کی فینٹسی آپ کے ایموشن۔ آپ کے خواب آپ کے اسپریشن آپ کے جذبات جہاں مکمل طور پر ڈوب گئے کھو گئے آپ۔ کرافٹ جو ہے وہ بالکل کیلکولیشن ہے ،ٹوٹل میتھ میٹکس ہے، جو پائتھا گورس نے کہا تھا تین ہزار سال پہلے کہ 'ایک سطح پر موسیقی دراصل ریاضی بن جاتی ہے' بالکل صحیح کہا تھا وہی پوئٹری کے بارے میں ہے۔ وہی آرٹ میں ہے ،اس کے پیچھے ایک ایک رکن کا حساب چلتا ہے ، ہر چیز کے پیچھے ایک کرافٹ ہے ۔فل پروف کرافٹ ،وہ کرافٹ سیکھنا ضروری ہے ، اگر آپ شاعری کرنا چاہتے ہیں تو خوب شاعری پڑھیے، ہے اور ہر طرح کی شاعری پڑھیے ، آپ میرا کو بھی پڑھیے ، کبیر کو بھی پڑھیے ، غالب و میر کو بھی پڑھیے ، نظیر و بشیر کو بھی پڑھیے ۔ نیرج کو بھی پڑھیے اور آج کے جو ینگ پوئٹس ہیں ان کو بھی پڑھیے، پروگریسو رائٹرز کو پڑھیے، کلاسیکل شاعری پڑھیے، اگر آپ نے صرف فلمی گانے سن کر پوئٹری لکھنا شروع کر دی تو بات نہیں بنے گی ،آپ کسی بھی آرٹ فارم میں جاتے ہیں تو اس کے لیے آؤٹ پٹ سے پہلے انٹیک ضروری ہے اور جتنا انٹیک ہو اتنا ہی اچھا ہے۔

اپنی تحریری کاوشوں میں مصروف جاوید اختر

۱۲۲

ہماری تہذیب ایک مہاساگر ہے اس میں ڈوب کر ہی پار ہوا جاتا ہے

۲۰۱۸ میں بنارس کی سنکٹ موچن مندر کمیٹی نے جاوید اختر کو 'شانتی دوت ایوارڈ' سے سرفراز کیا تھا۔ اس موقع پر جاوید اختر کے ذریعے کی گئی تقریر کے کچھ اقتباسات۔

ایسا بہت کم ہوتا ہے لیکن آج ہو رہا ہے، میں ایک رائٹر ہوں، ہمارا تو کام ہی لفظوں کا ہے، اور الفاظ سے ہی سارے کام چلتے ہیں، کبھی کبھی ایسا ہوتا ہے کہ لفظ کم پڑ جاتے ہیں۔ اور ایسا لگتا ہے کہ جو بات دل میں ہے وہ لفظوں میں آ نہیں پائی، میں جب یہاں آ رہا تھا تو میں نے ایک دو بار سوچنے کی کوشش کی کہ میں وہاں جاؤں گا تو کہوں گا کیا؟ پھر ایک بات ذہن میں آئی کہ یہ بات سوچنے کی نہیں یہ تو محسوس کرنے کی بات ہے، اور میں نے سوچنا بند کر دیا۔ بس اتنا فیصلہ کیا کہ جب آپ لوگوں کے سامنے ہونگا تب جو دل میں آئے گا وہی کہہ دونگا، تو میں آج کچھ سوچ کر نہیں آیا، یہاں پہنچ کر مجھے جب یہ میسیج مجھے ملا کہ 'ہم آپ کو آج شانتی دوت سمان دینے والے ہیں' تو مجھے ایسا لگا کہ میں تو اس قابل نہیں ہوں، شانتی دوت تو یہ مندر ہے، شانتی دوت تو ویر بھدر جی ہیں، کچھ لوگ ایسے ہوتے ہیں کہ جنہیں یہ بتانے کی ضرورت نہیں ہوتی کہ وہ کتنے مہان کتنے عظیم ہیں، ان کے چاروں طرف ایک اجالا سا ہوتا ہے، میں نے مہنت جی کے چاروں طرف وہ اجالا دیکھا، جب چلتے تھے تو ایک اورا ان کے ساتھ سفر کرتا تھا کہ اس گیانی اس عالم میں صرف نیکی ہے، صرف کرونا ہے رحم ہے، پیار ہے، انہوں نے جو کچھ کیا اگر اس کا سوواں حصہ بھی ہم لوگوں کے من میں پیدا ہو جائے تو یہ دنیا ایک سورگ ایک جنت بن جائے گی، میں نے اپنی زندگی میں بہت کم لوگوں کے پیر چھوئے ہیں اور بہت کم لوگوں کے پیر چھوتا ہوں، وہ ایک ایسے انسان تھے جن کی پیر میں ہمیشہ چھوتا تھا۔ یہاں یہ جو سنگیت سمّیلن ہے، یہاں جو لوگ آتے ہیں یہ ہے اصلی بھارت، یہی ہے سچا ہندوستان یہ جو ہمارا ملک ہمارا کلچر ہماری تہذیب ہے وہ ایک مہاساگر ہے، یہ وہ دریا ہے جس میں ڈوب کر ہی پار ہوا جاتا ہے۔ یہ جو ایک دوسرے سے ہمارا باہمی رشتہ ہے، جو محبت ہے نہ اس میں زبان آتی ہے نہ بھاشا آتی ہے نہ ذات پات آتی ہے اور نہ کوئی طبقہ فرقہ اور مذہب آتا ہے، کچھ نہیں صرف ایک سچی شردھا اور عقیدت آتی ہے۔

ایک چھوٹا موسیقار جب ایک بڑے موسیقار کے پیر چھوتا ہے تب محبت و پیار کے ساتھ بڑا سنگیت کار چھوٹے سنگیت کار کو آشیرواد دیتا ہے، دعائیں دیتا ہے کہ وہ پھلے پھولے اور بہت اوپر جائے، ہماری جو ٹہنیاں ہیں وہ اوپر جائیں، لیکن جتنا ہم اوپر پھیلیں گے اتنا ہی ہماری جڑیں اگر زمین میں نہیں پیوست ہوتیں تو پیڑ گر جائے گا، بڑا پیڑ وہی ہے جو اوپر بہت اوپر تک ہو لیکن نیچے بھی بہت اندر تک ہو، ہمیں بھی اپنی روایتوں سے اپنے کلچر اپنی تہذیب اپنی تاریخ سے جڑے رہنا ہے۔ اور تاریخ یعنی اتہاس بھی دو طرح کے ہیں ایک اتہاس وہ جو نفرت سکھاتا ہے اور دوسرا وہ جو پیار سکھاتا ہے، ہمیں وہ اتہاس یاد کرنا ہوگا جہاں پر کرونا ہے ایکتا ہے، جہاں لوگوں نے ملکر کام کیا ہے، جہاں اِس دیش کے سنگیت میں، کلا میں ڈانس میں ادب و ساہتیہ میں آرکیٹیکچر میں سب

لوگوں نے ایک ہوکر کام کیا ہے۔ وہی اصل تہذیب ہے اور اسی کا نام ہندوستان ہے، ہمیں اسی ہندوستان کی حفاظت کرنی ہے، ہمیں اس تہذیب اور ان روایتوں کی حفاظت کرنی ہے جو ہمیں ایکتا اور پیار کے ساتھ اپنی دھرتی سے پیار کرنا سکھاتی ہیں محبت کرنا سکھاتی ہیں۔ آپ کے ہی شہر کے بہت بڑے شاعر تھے نظیر بنارسی، میں جب یہاں آرہا تھا تو انہیں پڑھ رہا تھا، انہوں نے بہت خوبصورت کویتا لکھی ہے گنگا کے تین روپ، جب میں پہلی بار تلسی گھاٹ پر گیا تھا مجھے انہی کا شعر یاد آیا، انہوں نے کہا تھا:

یہ گھاٹ تلسی کے نام کا ہے
یہیں وہ کرتے تھے جاپ دیکھو
جہاں پہ گنگا وہیں پہ تلسی
پوتر تا کا ملاپ دیکھو

اور پھر ہر سطح ہر لیول پر یہی ہونا چاہئے۔ محبت پاک ہے اور نفرت ناپاک ہے، دوستی پاک ہے اور دشمنی ناپاک ہے۔

میں تو یہی چاہوں گا کہ جو تقدس ہماری تہذیب ہماری سنسکرتی میں ہے اسی کو ہم اجاگر کریں سچا ہندوستانی ہونے کا یہی مطلب ہے۔ اپنے ملک کی روایتوں سے، آرٹ سے اپنے شہروں سے اپنی ندیوں سے اپنی مائتھالوجی سے اپنی ثقافت کھان پان اور وینجن سے پریم کریں، آج یہاں آیا ہوں اور آپ کا بہت اُپکار بڑا احسان ہے کہ آپ نے مجھے یاد کیا یہ بہت عزت وسمّان کی بات ہے کہ یہاں مجھے شانتی دوت کہا گیا ہے، یوں تو دنیا بھر میں بڑے ایوارڈ ملے ہیں لیکن میں سمجھتا ہوں کہ یہاں بلا کر یہ جو ایوارڈ مجھے آپ نے دیا ہے اس سے بڑا ایوارڈ اور سمّان کوئی نہیں ہو سکتا۔

بنارس کے مشہور سنکٹ موچن مندر کا شانتی دوت ایوارڈ لیتے ہوئے (۲۰۱۸)

فوٹو: جاوید اختر

۱۲۳

گفتگو

(جاوید اختر کے ساتھ اروند منڈلوئی)

جاوید صاحب یہ بتایئے کہ زندگی کیا ہے؟

دیکھئے، زندگی جو ہے وہ نہیں ہونے اور پھر نہیں ہونے کے بیچ ہونے کا ایک چھوٹا سا وقفہ ہے جس میں ایک بلبلے کو سننے، دیکھنے سوچنے، چکھنے اور چھونے کا موقع اور احساس مل جاتا ہے، پھر وہ بلبلا پھوٹ جاتا ہے اور ختم ہو جاتا ہے لیکن یہ جو بیچ کا گیپ یعنی وقفہ ہے اس میں ایک عجیب بات ہوتی ہے کہ جیسے ہی آپ جنم لیتے ہیں آپ کو ایک کلب کی ممبر شپ مل جاتی ہے، یہ پرمانٹ نہیں ہے عارضی ہے۔ یہ کلب ہے انسانی سماج، اس میں آپ سے پہلے بھی بہت سے بلبلے بنے ہیں اور پھوٹے ہیں لوگ آئے ہیں اور چلے گئے ہیں لیکن جن لوگوں نے اس کلب میں کچھ نہ کچھ تعاون کیا ہے وہی لوگ کام کے تھے، کسی نے بجلی ایجاد کی، کسی نے موٹر اور ریل گاڑی بنائی، ہوائی جہاز بنائے، کسی نے ریڈیو بنایا، ٹیلی ویژن بنایا، ٹیلی فون بنایا، طرح طرح کی ایجادات ہوئی ہیں کپڑے بنے، مکان بنائے اور ہم نے تو یہ سب نہیں کیا ہے۔ یہ کوئی اور لوگ تھے جو ہم سے پہلے تھے، جنہوں نے کیا جس کی وجہ سے ہم کو میوزک بھی سننے کو ملتا ہے اور کھانا بھی کھانے کو ملتا ہے اور سڑکوں پر چلتے پھرتے بھی ہیں وغیرہ وغیرہ۔ ہمیں زندگی میں جو سہولیات ملی ہیں وہ ہم سے پہلے آئے ہوئے لوگوں نے اس سماج میں اس کلب میں پیدا کی ہیں۔ تو اب یہ ہمارا فریضہ ہے ہماری ذمہداری بنتی ہے کہ ہمیں جو یہ اس کلب کی ممبر شپ مل گئی ہے اس میں ایسا نہ کریں کہ جو پہلے کی چیزیں تھیں وہ خراب ہوں اور اگر ہو سکے تو اس سے پہلے کہ ہماری ممبر شپ ختم ہو جائے ہم بھی اس کلب کے لیے کوئی چیز ایسی چھوڑ کر چلے جائیں جس سے آگے آنے والے ممبرز کو کچھ راحت کچھ آرام نصیب ہو جائے بس یہی زندگی ہے۔

آپ کی اب تک کی جو زندگی ہے اس میں آپ نے جو چاہا، کیا وہ حاصل ہوا؟ اور شاعری، اسکرپٹ اور دیگر چیزوں کے ذریعے جو کرنا چاہتے تھے وہ کر لیا یا ابھی کچھ کچھ باقی ہے؟

جس دن باقی نہ رہے اس دن زندگی ہی باقی نہ رہے گی، دیکھئے میرا خیال یہ ہے کہ سب کا خوشی سے فاصلہ بس ایک قدم ہے، ہر گھر میں بس ایک ہی کمرہ کم ہے۔ تو یہ گھر جو ہے اسے مکان نہ سمجھئے یہ زندگی ہے، وہ چاہے آپ کی شاعری ہو، آپ کی پینٹنگ ہو، آپ کی سماجی خدمات ہوں، آپ جو لکھتے ہیں، جو پڑھتے ہیں یا کوئی بھی کام کرتے ہیں اس میں ہمیشہ ایک کمرہ کم رہتا ہے، لگے گا کہ بس ایک کمرہ اور بن جائے تو بات مکمل ہو لیکن جب وہ ایک کمرہ بن جاتا ہے تو پھر ایک کمرہ اور چاہئے ہوتا ہے اور یہ کمرہ صرف اپنے لئے نہیں ہے، آپ کی آرٹ کے لئے ہوسکتا ہے، کلا کے لئے ہوسکتا ہے، کسی فن یا خواہش کی تکمیل کے لئے ہوسکتا ہے، سماج کو بہتر طور پر دیکھنے کے لئے ہوسکتا ہے، تو جب تک کہ آپ کو ایک کمرے کی کمی محسوس ہوتی رہے گی اور کمرہ بنانے کا جذبہ زندہ رہے گا تب تک ہی آپ بھی زندہ رہتے ہیں، جس دن سب مکمل ہو گیا تو پھر کیا بچا، زندگی مکمل ہوگئی، ختم ہوگئی۔

نہیں میرا سوال تھا کہ کیا آپ کو لگتا ہے کہ جو سفر کرنا چاہیے تھا وہ بالکل ٹھیک طرح طے ہوا ہے اور اس کو یہاں تک ہی پہنچنا چاہے تھا؟

یہی میں آپ سے کہہ رہا ہوں کہ جس دن میں یہ سوچ لوں کہ میں وہاں پہنچ گیا ہوں جہاں مجھے پہنچ جانا چاہیے تھا تو اس دن تو زندگی ختم ہوگئی چلیے اسی بات پر میں ایک شعر سناتا ہوں:

ہمارے شوق کی یہ انتہا تھی
قدم رکّھا کہ منزل راستہ تھی

جاوید اختر کے ذریعہ کھینچا گیا فوٹو

جب تک منزلیں راستہ بن رہی ہیں آپ زندہ ہیں جہاں آپ پہنچ گئے وہ منزل نہیں ہوسکتی ،منزل تھوڑی آگے ہے اور وہ جب تک تھوڑی آگے ہے تب تک آپ زندہ ہیں، جب تک آپ چل رہے ہیں، تب تک آپ بڑھ رہے ہیں اور اگر آپ کو لگا کہ ہم تو وہاں پہنچ گئے جہاں ہم کو پہنچنا تھا تو سمجھ لیجئے ختم ہو گئے آپ۔

کوئی ایسی بات ایسا واقعہ جسے اپ چاہیں کہ زندگی میں ایک بار اور رونما ہونا چاہیے؟

زندگی میں کوئی بھی چیز دوبارہ ہوتی نہیں ہے لیکن میں آپ کو یہ بتاؤں کہ ایسی کئی یادیں ہیں جن کے بارے میں میں سوچتا ہوں کہ زندگی میں دوبارہ نہ ہوں تو اچھا ہے۔ میں نے ایک مرتبہ علی گڑھ سے ،شاید میں تیرہ چودہ سال کا تھا، تھرڈ کلاس کمپارٹمنٹ میں ممبئی آنے کے لئے سفر کیا تھا، وہ سفر میں کبھی بھول نہیں سکتا ،اس لیے کہ وہ شاید ڈھائی دن کا سفر تھا اور اس ڈھائی دن کے سفر میں مجھے کہیں بیٹھنے کی بھی جگہ نہیں ملی تھی اور میری کیسی حالت تھی وہ مجھے یاد ہے، وہ تھکان مجھے آج تک یاد ہے، مطلب کہ تھرڈ کلاس کمپارٹمنٹ لوگوں سے بری طرح بھرا ہوا ہے، نیند سے جسم ٹوٹا جا رہا ہے، لیکن کہیں بھی کسی دیوار سے ٹک کر بھی کھڑے ہونے کی جگہ نہیں۔ تو میں کبھی کبھی فائیو اسٹار ہوٹل کے بڑے کشادہ بیڈ پر اکیلا لیٹا ہوتا ہوں تو سوچتا ہوں کہ اتنا بڑا بیڈ تو کیا وہ جو سامنے چھوٹا سا صوفہ پڑا ہے یار اتنی ہی جگہ اس وقت مل گئی ہوتی؟ مجھے کچھ راتیں یاد آتی ہیں جب میں کئی دن سے بھوکا تھا اور بھوک کے مارے رات کو نیند نہیں آرہی تھی، مجھے ان میں سے ایک رات خاص طور سے یاد ہے کہ مجھے شدید بھوک لگ رہی تھی اور میری سمجھ میں نہیں آرہا تھا کہ میں کیا کروں تو اٹھ کر راِدھر اُدھر سڑک پر گھومنے لگا۔ رات کے دس ساڑھے دس بجے کا وقت ہوگا، مجھے لگ رہا تھی کہ کہیں سے مجھے کچھ کھانے کو مل جائے گا لیکن گھوم میں اس لیے رہا تھا کہ مجھے بھوک لگ رہی تھی۔ اب کبھی ناشتے یا دوپہر کے کھانے پر میں بیٹھتا ہوں اور میں جب وہ کھانا دیکھتا ہوں تو اکثر مجھے وہ رات یاد آتی ہے، اس کھانے کو میں دیکھ کر بہت شکر ادا کرتا ہوں اپنے دل میں ،اور جب میں آرام سے لیٹتا ہوں تو میں بہت شکر ادا کرتا ہوں، ہر بار مجھے خیال آتا ہے کہ برسوں تک ناشتے کا تو مجھے کوئی خیال ہی نہیں تھا کہ ناشتہ ہوتا کیا ہے، میں تو اٹھ کر سوچتا تھا کہ آج کب کیسے اور کہاں کھانا ملے گا ،دوپہر میں مل جائے تو بڑی بات ہے ،صبح جب ٹرے میں ناشتہ کو دیکھتا ہوں تو اکثر دل میں ڈر بھی لگتا ہے اور خود کو خوش نصیب بھی تصور کرتا ہوں، میں ایسا نہیں سمجھتا ہوں کہ مجھ میں اتنی خوبیاں ہیں جن کے سبب مجھے یہ سب کچھ مل گیا ہے، میں کبھی کبھی اپنی کار میں بیٹھا رہتا ہوں، تھوڑا ٹریفک کا وقت ہوتا ہے، جب لوگ دفتروں سے نکل رہے ہوتے ہیں فٹ پاتھ پر لوگ ہی لوگ ہوتے ہیں ممبئی میں، تو میں ان لوگوں کو دیکھتا ہوں اور سوچتا ہوں کہ ابھی یہ لوگ بھی اس لوکل ٹرین میں بیٹھیں گے جس میں کبھی میں بھی سفر کرتا تھا، ان میں سے کچھ لوگ بس کی لمبی لائن میں کھڑے ہوں گے، تو ان لوگوں کو میں دیکھ کر سوچتا ہوں کہ کیا میں ان سب سے زیادہ عقلمند ہوں، میں سب سے زیادہ باصلاحیت ہوں جو ایئر کنڈیشن کار میں بیٹھا ہوں، اور یہ جو فٹ پاتھ پر پیدل جا رہے ہیں کیا یہ سب مجھ سے کمتر ہیں، کیا ان کو اتنی عقل نہیں ہے جتنی مجھ میں ہے، کیا ان میں اتنا ٹیلنٹ نہیں ہے جتنا مجھ میں ہے۔ لیکن نہیں ایسا نہیں ہے۔ ہوتا کیا ہے کہ کبھی کبھی پتّے صحیح بٹ جاتے ہیں اور آپ کا کھیل بھی ٹھیک رہتا ہے۔ آپ اچھا کھیلتے ہیں، برا کھیلتے ہیں اس کا بھی دخل ہے، لیکن اگر خراب پتے ہوں گے تو کیسے اچھا کھیلیں گے بھائی۔ پتے بھی اچھے چاہیے ہوتے ہیں نا۔ نہ جانے کتنے لوگ ہیں جو اچھا کھیل سکتے ہیں لیکن انہیں پتے اچھے نہیں ملے ہیں، تو اگر ان کے بارے میں ہم یہ سوچتے ہیں کہ ہم ان سے اچھے کھلاڑی ہیں تو یہ غلط سوچ ہے۔

آپ کن لوگوں کی یاد کرنا چاہیں گے، جن کے بارے میں آپ کو لگتا ہے کہ وہ آپ کی زندگی کے اہم کردار رہے ہیں؟

فوٹو: جاوید اختر

دیکھیے اگر آپ زندگی کو دھیان سے دیکھیں گے تو آپ کی زندگی میں کوئی ایسا کردار آیا ہی نہیں ہیں جو اہم نہیں ہے، سچ بات تو یہ ہے کہ جو ہم ایسا دیکھتے ہیں، زندگی کو ایک اسکرین پلے بنا لیتے ہیں، سین بنا لیتے ہیں، سین نمبر ایک سے لے کر سین نمبر سو تک ہو گئے، اب آپ نے سوچا کہ وہ سین نمبر ۶۳ جو ہے وہ بہت امپورٹنٹ نہیں تھا، اس میں کوئی خاص بات نہیں ہے، سین نمبر ۶۳ کہانی سے نکال دو، جب آپ کو جو چیز سب سے کم اہم لگ رہی ہے اسے آپ نے نکال دیا تو معلوم ہوا ارے اس کی وجہ سے تو سین نمبر ۷۵ بھی چلا گیا ہے جو بہت اچھا تھا، وہ اس لیے کہ کہیں سے تو کنکشن بنا تھا سین نمبر ۷۵ سے۔ یہ زندگی ایسی گتھی ہوئی ہے کہ اگر یہ جو آپ کا آج ہے اور آپ اس سے خوش ہیں تو پیچھے کی کوئی شکایت کرنے کا حق نہیں بنتا آپ کو، اس لیے کہ جو غم تھے جو دکھ تھے جو ناکامی تھی جو ہار تھی اگر ان میں سے کوئی بھی ایک چیز کم ہوتی تو آپ وہاں نہیں ہوتے جہاں آپ آج آئے ہیں، آپ کی کہانی کہیں اور چلی جاتی، ہر آدمی کی زندگی میں سکھ بھی ہے دکھ بھی ہے اچھے لوگ بھی آتے ہیں، وہ لوگ بھی آتے ہیں جو مدد کرتے ہیں، وہ لوگ بھی آتے ہیں جو مدد لیتے ہیں، وہ لوگ بھی آتے ہیں جو نقصان کر دیتے ہیں لیکن وہ سب جو ہیں وہ برابر کے امپورٹنٹ ہیں آپ کی کہانی جو بھی ہے وہ ان کرداروں کے بغیر بن ہی نہیں سکتی تھی۔

آپ نے جو اپنی فلموں کے کردار لئے وہ کس حد تک آپ کی ذاتی زندگی سے تعلق رکھتے تھے؟

دیکھیے بہت ساری تو ایسی اسکرپٹس ہیں جو میں نے اکیلے نہیں لکھی ہیں، سلیم صاحب اور میں نے مل کر لکھی ہیں، تو دونوں ہی کی زندگی سے متاثر ہوں گی، لیکن آپ لکھ تو وہی سکتے ہیں جو آپ جانتے ہیں، جو آپ کے سنسکار، آپ کی تہذیب کے حساب سے اچھا یا برا ہو۔ اگر آپ کسی کو برا دکھائیے گا تو آپ کے سنسکار جس بات پر برا کہتے ہیں وہی دکھائیں گے آپ، اگر کسی کو اچھا دکھانے کی کوشش کریں گے تو آپ کے سنسکار جس بات کو اچھا کہتے ہیں وہی دکھائیں گے، تو آپ چاہے دیو اور پری کی کہانی بنائیں چاہے آج کے شہر کی کسی سچے انسان کی کہانی بنائیں کہانی میں آپ تو ضرور ہوں گے، اس لیے کہ آپ کی زندگی کے واقعات ہوں، حادثے ہوں، نہیں ہوں، لیکن جو آپ کی سمجھ ہے جو آپ کا شعور ہے اچھے اور برے کی تمیز کا، جو آپ کا ٹیسٹ ہے جو آپ کو خوبصورت لگتا ہے اور جو بدبصورت لگتا ہے، جو چیز بھلی لگتی ہے اور جو چیز بری لگتی ہے وہ تو آپ ہی طے کریں گے کہ کیا اچھا ہے کیا برا۔ تو کہیں نہ کہیں آپ کی تہذیب آپ کے سنسکار آپ کی سوچ آپ کا یقین آپ کا زندگی کو دیکھنے کا انداز اس دیو اور پری کی کہانی میں بھی آجائے گا۔ تو ہر کہانی میں اس کا جو رائٹر ہے وہ تو ہوتا ہی ہے۔

۱۲۴

ہم ہندوستانیوں کی سب سے بڑی خوبی یہ ہے کہ ہم میں قوت برداشت ہے، ہم صابر ووضع دار ہیں

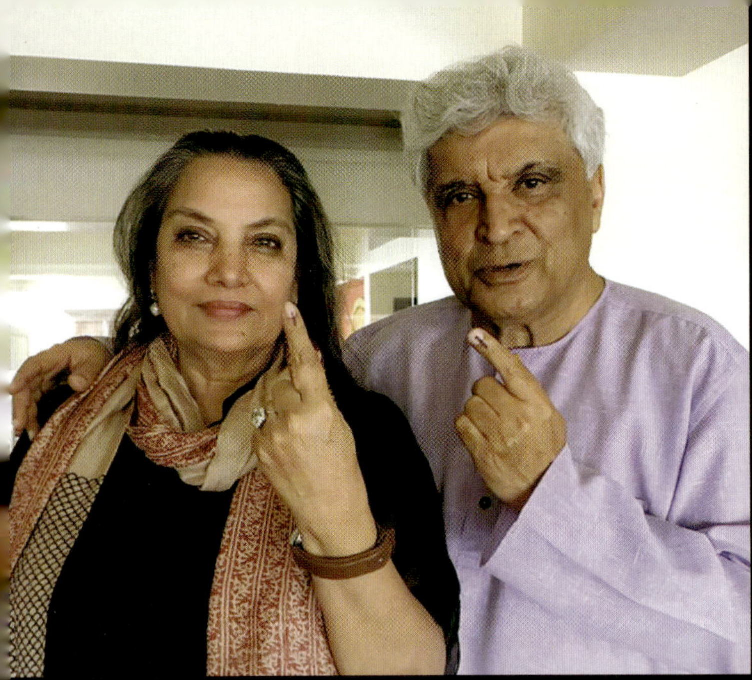

لوک سبھا الیکشن ۲۰۱۹ میں ووٹ ڈالنے کے بعد جاوید اختر اور شبانہ اعظمی

کبھی کبھی کچھ موضوعات کچھ سبجیکٹس ایسے ہوتے ہیں جن پر ہم لوگ ایکسٹریم اسٹینڈ لیتے ہیں آخری درجے کا فیصلہ کر لیتے ہیں اور یہ انتہائی فیصلہ کبھی کبھی صحیح نہیں ہوتا، نیشنلزم ایک نیچرل بات ہے کہ جس طرح آپ کو اپنے شہر سے، اپنے محلے سے، اپنے گھر سے اپنی زبان سے پیار ہوتا ہے تو پھر یہ کیسے ہوسکتا ہے کہ جس دیش میں آپ پیدا ہوئے ہیں اس سے آپ کو پیار نہ ہو۔ اب آپ اسے دیش بھکتی کہیں یا قوم پرستی کہیں یا دیش پریم وحب الوطنی کہیں جو چاہیں عنوان دیں لیکن حقیقت یہ ہے کہ جسے آپ دیش پریم کہتے ہیں وہ اتنا ہی نیچرل ہے جتنا کہ آپ کو اپنے شہر سے پیار ہے، جتنا کہ آپ کو اپنی فیملی سے پیارا اپنے پریوار سے پیار ہے۔

دیش میں بہت سی ایسی جگہیں ہیں ایسے مقامات ہیں جہاں میں کبھی گیا ہی نہیں لیکن ان مقامات کے لوگوں کی کامیابی دیکھ کر تو مجھے خوشی ہوتی ہے، یہ خوشی کیوں ہوتی ہے، میرا کیا رشتہ ہے ان سے، میرا رشتہ یہ ہے کہ ہم ایک دیش کے ہیں لہٰذا اس قدرتی جذبے کو آپ یہ نہیں کہہ سکتے کہ یہ ابسولیٹ ہے اور یہ تو بہت نیگیٹو ہے۔ میں اپنے دوستوں سے اپنی فیملی سے اپنے خاندان سے اپنے شہر سے پیار کرتا ہوں مگر اس کا یہ مطلب نہیں کہ میں دوسروں سے نفرت کرتا ہوں۔ ہماری حب الوطنی تو ہماری گھٹی میں ہے، ہمارے خون میں ہے ہماری رگ رگ میں ہے وہ جا ہی نہیں سکتی۔ ہم کسی کو برداشت بھی کرلیں گے، کوئی دوسری بات کہے گا تو سن بھی لیں گے، اس سے کیا فرق پڑتا ہے ہم کو۔ اور اگر ہم نہیں سنیں گے تو ہم اس دیش کی روایتوں کی، اس کی قدروں کی توہین کریں گے۔ دیش پریم کا مطلب یہ نہیں ہے کہ صرف نعرے لگاتے رہو اور دیش کے لیے کچھ بھی نہ کرو، یہ نہیں ہے۔ چاہے کوئی بھی کچھ کہے میں ایک ہی بات جانتا ہوں کہ ایک ہندوستانی اپنے کو تباہ نہیں کرسکتا اپنے ملک کا برا نہیں سوچ سکتا، وہ وہی کرے گا جو اس دیش کے لیے اچھا ہے۔ ہم ہندوستانیوں میں یہ خوبی ہے کہ ہم برداشت کی قوت رکھتے ہیں ہماری خوبی یہ ہے کہ ہم ہمیشہ ہر طرح کے نظریات کو جگہ دیتے رہے ہیں اور اسلئے ہمارا دانشورانہ شعور پروان چڑھا ہے اسلئے ہمارے یہاں بہتر دماغ پیدا ہوئے ہیں، اسی لیے ہمارے پاس ڈیموکریسی ہے، جمہوریت ہے۔

یہ دیش کبھی غیر متوازن ہو ہی نہیں سکتا یہ ممکن ہی نہیں ہے، میں اپنے خون سے لکھ کر دے دوں آپ کو، اونچی نیچی لہریں آتی رہتی ہیں، ہماری کشتی ڈگمگاتی تو ضرور ہے لیکن یہ کبھی ڈوب نہیں سکتی ہندوستان نے کئی زمانے دیکھے ہیں لیکن وہ چلتا رہا ہے۔ وہ اقبال نے کہا ہے نا کہ:

کچھ بات ہے کہ ہستی مٹتی نہیں ہماری
صدیوں رہا ہے دشمن دورِ جہاں ہمارا

۱۲۵

سچ یہ ہے کہ سماج فلموں پر بُرا اثر ڈال رہا ہے

آپ اگر دھیان سے دیکھیں تو فلمیں سب کچھ بتاتی ہیں، فلمیں بتاتی ہیں کہ آپ کی کیا مورل ویلیوز ہیں ،کیا اخلاقی قدریں ہیں، آپ میں کیا تبدیلیاں آرہی ہیں، سماج کی کیا توقعات وخواہشات ہیں کیا آرزوئیں ہیں یہ سب سمجھ میں آتا ہے۔ مثلاً چالیس کی دہائی میں جو فلمیں بنتی تھیں ان کے 'ولین' زمیں دار ہوتے تھے ،اس کے بعد ولین جو ہے وہ مل مالک ہو گیا، جیسے جیسے شہری جرائم بڑھے تو محلے کا دادا یا شہر کا انڈر ورلڈ ولین ہو گیا، پھر ٹیررزم یعنی دہشت گردی بڑھی تو پڑوسی ملک میں آپ نے ولین دیکھا ،ایک زمانے میں ہمارا ہیرو دیوداس جیسا ہوتا تھا جو خود کو تباہ کرنے میں یقین رکھتا تھا، پھر الگ طرح کے ریبیل ،باغی اسٹار آنے لگے جو یہ سوچتے تھے کہ زندگی خوبصورت ہے زندگی میں محبت کرو پھر کہیں جب سوسائٹی میں ڈیٹرنس آئی تو اینگری ینگ مین جیسے ہیرو ہوئے ،پھر جب زندگی میں کمفرٹ آیا ،لبرائزیشن آیا اربن مڈل کلاس خوشحال ہوا تو اس کا اثر نظر آیا، پھر وہ دور آیا جس میں فلموں میں اچھے اچھے گھر نظر آتے تھے ہیرو امیر ہوتے تھے ہیروئن امیر ہوتی تھی ،وہ بہت اچھے کپڑے پہنے ہوئے ہوتے تھے ،کوئی بھی غریبی کی ،مشکلات کی پریشانی کی بات نہیں کرتے تھے ،اس لیے کہ انہوں نے وہ سب دیکھا نہیں تھا ،وہ خوش تھے ہمارے ماڈل کلاس کی طرح ہمارا مڈل کلاس بھی صرف باتیں کرتا رہتا ہے مگر جو سچ مچ کی پرابلم ہیں ان میں دلچسپی کہاں دکھاتا ہے۔ لیکن وقت پھر تبدیل ہوا، اب مڈل کلاس بھی ملک کے مسائل کی طرف دیکھ رہا ہے۔ فلموں میں یہ آہستہ اور مبہم نظر آرہا ہے، لیکن او ٹی ٹی میں یہ صاف صاف دکھائی دے رہا ہے۔

عام طور سے یہ کہا جاتا ہے کہ فلمیں سماج پر برا اثر ڈالتی ہیں ،جبکہ سچ یہ ہے کہ سماج فلموں پر برا اثر ڈال رہا ہے، سماج کا جو فلموں پر اثر ہے اس سے میں پریشان ہوں ،فکر مند ہوں۔ اور سماج کو سدھارنا بہت ضروری ہے ورنہ فلمیں ٹھیک نہیں ہو پائیں گی ،اس کی وجہ یہ ہے کہ دیکھیے یہی فلم انڈسٹری تھی جس نے سُجاتا ، دو بیگھا زمین ،شری ۴۲۰ ، مدر انڈیا جیسی فلمیں شروع میں بنائی ہیں۔ اب کیا ہوا۔ کیا اب اچھے فلم میکر نہیں ہیں۔

دیکھیے فلموں میں ہیرو کون ہے، ہیرو مطلب کوئی میل کریکٹر نہیں ،نایک ہے ،بھائی کون ہے جسے ہم ایڈ مائر کرتے ہیں ،وہ امیجز کیسے بنتی ہیں جو سماج کی آرزوئیں ہیں ،خواہشیں ہیں ،توقعات ہیں۔ ان کو ملا کر جب آپ ایک کردار تعمیر کرتے ہیں تو وہ ہیرو ہے، جب آپ کے ایمبیشنز چینج ہوتے ہیں اور آپ کی مورل ویلیوز چینج ہوتی ہیں تو ہیرو یا ہیروئن تبدیل ہو جاتے ہیں ،آپ اگر ہیرو، ہیروئن سے مورل ویلیوز نہیں لیتے بلکہ اپنی اخلاقی قدروں اور خواہشوں کے مطابق ہیرو ہیروئن بناتے ہیں اس طرح وقت کے ساتھ جب ہمارا معاشرہ بدلتا ہے تو فلمیں اور ہیرو ہیروئن بدل جاتے ہیں۔ اگر آج آپ کو فلموں سے کوئی بھی شکایت ہے گلہ شکوہ ہے تو اسے آج فلمیں ٹھیک نہیں کر سکتیں، آپ سماج کو ٹھیک کیجیے وہ خود بخود ٹھیک ہو جائیں گی۔ ایسا نہیں ہو سکتا ہے کہ سوسائٹی میں سیلفش نیس ہو، سیلف سینٹرڈ نیس ہو اور فلمیں گریٹ کازز پر بن رہی ہوں، ممکن ہی نہیں۔ جب لوگوں میں کمٹمنٹ تھا جب لوگوں میں 'میں' کے بجائے ہم (وی) کا کانسیپٹ تھا تب اس طرح کی فلمیں بنتی تھیں۔

۱۲۶

زندگی بھی ایک کرافٹ ہے

عجیب ہے زندگی ۔ ہوتا کیا ہے کہ جب آپ کوئی کام شروع کرتے ہیں تو آپ میں جذبہ زیادہ ہوتا ہے اور عقل کم ہوتی ہے، وقت کے ساتھ آپ کی عقل بڑھتی چلی جاتی ہے اور جذبہ کم ہو جاتا ہے، آپ چاہے زندگی لیجئے یا آرٹ لیجیے، جب آپ شاعری شروع کرتے ہیں تو آپ کو بہت سی باتوں کا خیال رکھنا ہوتا ہے آپ کی شاعری میں تاثیر ہے یا نہیں، الفاظ کا صحیح استعمال آپ

نے کیا ہے یا نہیں وغیرہ وغیرہ ۔ ایسی بہت ساری باتیں آپ کو نہیں معلوم ہوں گی ، مجھے بھی نہیں معلوم تھیں ،لیکن جوش تھا ایک ایموشن ایک جذبہ تھا، آپ کی ٹیکنیک اور آپ کی فینٹسی ۔ آپ کا آرٹ اور آپ کی زندگی دو چیزوں میں بٹے ہوئے ہیں اور دونوں کی ضرورت ہے، عجیب بات ہے کہ دونوں ایک دوسرے سے مختلف ہیں اور دونوں کی ضرورت آپ کو ایک ہی وقت میں ہے ایک طرف یوٹیلٹی

لکھنے میں آپ کو اموشن چاہیے، آپ کو خیال چاہیے، تصور، خیال، خواب، درد، یادیں چاہئیں، دوسری طرف ایک کرافٹ مین ہے، جو کہتا ہے یہ کریکٹ ہے یہ صحیح ہے، اس کے لیے اسی میٹر میں لکھو، تم دیکھو اس میں تم کو قافیے صحیح مل جائیں گے، وہ جو دوسری زمین تم سوچ رہے ہو نا اس میں قافیے کم ہیں، تین چار شعر کے بعد تمہیں قافیے نہیں ملیں گے، زیادہ قافیے ہیں نہیں اس میں۔ ادھر آ جاؤ تم، یہ پابند نظم مت لکھو، یہ فری ورس میں لکھو۔ اس لیے کہ اس میں تمہیں زیادہ گنجائش زیادہ اسکوپ ملے گا۔ اب ادھر آدمی جذبات میں ڈوبا ہے، فکر و خیال میں محو ہے، کوشش کر رہا ہے اور وہ لکھ رہا ہے اور ادھر، ارے ادھر مت جانا یہ راستہ بند ہے وہ راستہ تنگ ہے، یہ بند گلی ہے اس میں نہ داخل ہو جانا، ادھر جاؤ تو یہ ادھر چلا جاتا ہے۔ تو آدمی ہوشیار یسے کام کو دیکھ رہا ہے۔ وہ چاہے پینٹنگ بن رہی ہو یا غزل لکھی جا رہی ہو یا نظم لکھی جا رہی ہو یا ایکٹنگ کی جا رہی ہو اس میں ایک طرف تو وارفتگی ہے ایک سیلف فارگیٹ فل نیس ہے، ڈوب رہے ہیں آپ اس کام میں، دوسری طرف اسی دماغ کے اندر ایک ہے کوئی جو آپ کو کریکٹ راستہ بتا رہا ہے نہیں یہ نہیں کرو یہ کرنا ہے۔ یہ زیادہ ہوشیاری کا کام ہے یہ سب ساتھ میں ہو رہا ہے۔

زندگی میں بھی یہی ہوتا ہے مگر دکھ کی کیا بات ہے کہ چاہے وہ آپ کی شاعری ہو چاہے آپ کی پینٹنگ ہو یا زندگی۔ وقت کے ساتھ یہ جو جذبہ ہے یہ جو ایموشن ہے تھوڑا سا مدھم پڑنے لگتا ہے، آپ کو کچھ مل رہا ہے لیکن کچھ کھو بھی رہا ہے جس کی خبر کسی اور کو بھلے ہی نہ ہو آپ کو ہے۔ تو بھائی زندگی کا بھی ایک کرافٹ ہے، کس سے کتنے تعلقات رکھنے ہیں، نہیں رکھنے ہیں، کس سے کیا بات کرنی ہے، نہیں کرنی ہے، یہ آپکو اگر نہیں پتہ ہے تو کوئی تعریف کی بات نہیں ہے یہ بری بات ہے۔ آپ کو آنا چاہیے، لیکن اگر یہ ساری سمجھداری اور شعور آپ میں ہے تو اس کا مطلب نہیں ہے کہ آپ کٹھور ہو جائیں، آپ چالاک ہو جائیں، خود غرض بن جائیں، لوگوں کا استعمال کریں، لوگوں کا استحصال کریں۔ زندگی کو شطرنج سمجھنا بھی ٹھیک نہیں ہے۔ جب تک آپ لوگوں سے محبت کرتے ہیں، جب تک آپ کے دل میں کوئی قربانی دینے کا جذبہ ہے، خواہش ہے، جب تک آپ کسی مخصوص جذبے سے، جس میں شاید نقصان ہونے کا بھی امکان ہو، متاثر ہونے کو تیار ہیں تب تک آپ جی رہے ہیں ایسے ہی جینے کی کوشش کیجئے، ورنہ آپ آہستہ آہستہ مشین بن جائیں گے۔ لیکن یہ بھی ضروری ہے غالب کی زبان میں کہیں تو، سادگی و پُرکاری بے خودی و ہوشیاری۔ یہ چاروں چیزیں ایک ساتھ چاہئیں۔ ان میں سے اگر کوئی بھی کم پڑ جائے تو معاملہ بڑا ہو جاتا ہے لیکن اگر چوائس ہی یہ ہے کہ بھائی ایک تو کم پڑنا ہے تو میں کہوں گا کہ پرکاری کم پڑ جائے سادگی نہ کم پڑے، ہوشیاری کم پڑ جائے بے خودی کم نہ پڑے، لیکن بہتر یہ ہے کہ دونوں ہی نہ کم پڑیں، اس لیے کہ پھر ہوگا کیا کہ اپ اپنے کو تباہ کر لیں گے یہ کوئی اچھی بات نہیں ہے۔ مجاز تھے یا جون ایلیا تھے یہ وہ تھے جنہوں نے وہ کرافٹ ڈیویلپ نہیں کیے۔

عشق ہی عشق ہے دنیا میری
فتنۂ عقل سے بیزار ہوں میں

یہ مجاز کا شعر ہے۔ نہیں بھائی فتنۂ عقل بھی چاہیے اور عشق بھی چاہیے۔ کبھی کبھی یہ احساس ہم کو ہوتا ہے کہ وقت سے، حالات سے، ہمارے کام سے جو دھول اڑتی ہے وہ ہم پر آ کے جمتی رہتی ہے اور کبھی کبھی بعد میں پھر اگر ضمیر کے آئینے میں صورت دیکھو تو ایسا لگتا ہے جیسے شکل بہت میلی ہو گئی ہے، تو یہ بات ٹھیک نہیں ہے، پھر چہرہ دھونا بھی چاہئے کسی بھی طرح سے۔ چاہے اشکِ ندامت سے یا کسی اور ترکیب سے۔ کبھی کبھی ایسا لگتا ہے شعور تو آ گیا ہے یا شاید آ رہا ہے لیکن سوال یہ ہے کہ جذبہ کتنا آ رہا ہے، احساس کتنا زندہ ہے۔

۱۲۷

میں تہواروں کو اپنی تہذیب اور روایت کا حصہ مانتا ہوں

یہ تو ظاہر ہے کہ میں مذہبی نہیں ہوں لیکن میں تہواروں کو اپنی تہذیب اور روایات کا حصہ مانتا ہوں، وہ چاہے ہولی ہو دیوالی ہو عید ہو یا کرسمس ہو، میں یہ سبھی تہوار مناتا ہوں مگر ہولی کی مستی کی بات ہی کچھ الگ ہے، میں ہمیشہ سے یہ مانتا رہا ہوں کہ ہولی کا تہوار ہماری زندگی میں رنگ بھرنے کے لیے آتا ہے، تبھی تو جہاں ہم ایک چھوٹے سے داغ سے گھبرا جاتے ہیں وہیں ہولی کے دن نہ جانے کتنے رنگوں میں خوشی خوشی رم جاتے ہیں، ہولی سے میرا اتنا لگاؤ ہے کہ ابھی بھی میں جی بھر کر خود کو رنگوں میں رنگ دیتا ہوں۔ دیش بھر میں منائے جانے والے تہواروں پر میں نے لمبی چوڑی ریسرچ کی ہے اور پایا ہے کہ ہمارے یہاں ہر تہوار کے پیچھے سماج کے لیے ایک سیکھ ہے ایک سبق ہے۔ میرا بچپن لکھنؤ میں گزرا ہے اسی لیے ہولی اور دیوالی جیسے تہوار میرے دل کے کافی قریب ہیں حالانکہ لکھنؤ میں بچہ تھا تب مجھے دوسروں کے رنگ لگانے کا زیادہ موقع نہیں ملا کیونکہ بچہ سمجھ کر جسے دیکھو مجھے ہی وہ رنگ جاتا تھا، پھر اسکول کی پڑھائی کے لیے میں علی گڑھ چلا گیا وہاں جا کر ہولی کے لیے میرا پیار اور زیادہ بڑھ گیا، وہاں پر ہمارے پروفیسر سے لے کر اسکول کے ٹیچر اور پوری فیکلٹی تک سب ہولی مناتے تھے علی گڑھ میں، میں نے ہولی کا ایک الگ جوش وخروش دیکھا ہے وہاں میں، رنگ لگانے میں دوسروں سے کہیں پیچھے نہ رہ جاؤں، اسی لیے دوسروں کو رنگ لگانے والی ٹولی کا ممبر بن جاتا تھا کہ صبح سے ہی وہ باہر پچکاری اور گلال اکٹھا کر کے رکھیں تا کہ جب دوسری ٹولی ہم پر رنگ لگانے آئے تو ہم ان سے پیچھے نہ رہیں۔ جب تک میں لکھنؤ اور علی گڑھ میں رہا میری ہر ہولی ایک یادگار رہی بس میری ایک تمنا وہاں پر پوری نہیں ہوئی جس کا ابھی تک مجھے ملال ہے۔ دراصل میں نے کسی کے گھر میں ایک بار پیتل کی پچکاری دیکھی تھی اور وہ پچکاری میرے بال من میں اس قدر گھر کر گئی کہ ہر ہولی پر مجھے وہ یاد آجاتی ہے۔ حالانکہ بہت کوشش کرنے کے بعد مجھے اسٹیل کی ایک بھاری بھرکم پچکاری پکڑا دی گئی تھی لیکن اس میں وہ بات نہیں تھی جو پیتل کی اس پہلی پچکاری میں تھی۔

جانکی کٹیر میں ہولی کھیلتے ہوئے شبانہ اور جاوید (ممبئی، ۲۰۱۴)

علی گڑھ کے بعد میں بھوپال چلا گیا وہاں پر بھی خوب جوش وخروش کے ساتھ ہولی منائی، پھر ممبئی آیا اور فلم انڈسٹری کی ہولی دیکھ کر تو میں دنگ ہی رہ گیا۔ پہلے کہا جاتا تھا کہ جو انڈسٹری میں آ کر یش راج اسٹوڈیو اور امیتابھ جی کی ہولی پارٹی میں نہیں گیا سمجھو وہ ابھی یہاں کا ممبر بنا ہی نہیں، خود یش جی اپنے یہاں آئے ہر ایک ممبر کو رنگ بھی لگاتے تھے اور اس کا والہانہ استقبال بھی کرتے تھے، اسی طرح امت جی کے گھر اور آر کے اسٹوڈیو کا عالم بھی یہی رہتا تھا، کئی کلاکاروں کو تو اسی پارٹی میں کام بھی مل جایا کرتا تھا۔ آر کے اسٹوڈیو کی ہولی تو کسی فلمی ہولی سے کم نہیں ہوتی تھی، حالانکہ اب سب بدل گیا ہے، یش جی کے جانے کے بعد یش راج کی ہولی کے رنگ پھیکے پڑے تو وہیں امت جی نے بھی بیماری کی وجہ سے ہولی منانی بند کر دی۔ اسی لیے اب ہر سال شبانہ، شبانہ کے بھائی بابا، بھابھی تنوی اعظمی اور ہمارا خاندان جانکی کٹیر میں قریب ۲۰۰ سے ۳۰۰ لوگوں کے ساتھ ہولی مناتا ہے اور آج آپ کہہ سکتے ہیں کہ ہماری ہولی فلم انڈسٹری کی سب سے بڑی ہولی ہوتی ہے۔ میں نے ابھی تک جتنا بھی دیکھا اس کے حساب سے کہہ سکتا ہوں کہ آج کا دور سب سے اچھا ہے، اب تہواروں کو لوگ ذات ودھرم میں نہیں بانٹتے اور نہ ہی ان کے نام پر ہونے والی برائیوں کو برداشت کرتے ہیں، آج کا نوجوان جانتا ہے کہ تہوار خوشیاں منانے کے لیے ہوتے ہیں، ملنے ملانے کے لیے ہوتے ہیں اسی لیے آج لوگ تہواروں کے نام پر تشدد اور برائی پھیلانے والوں کو سخت جواب دے دیتے ہیں۔ یہ جواب ہی ہندوستان ہے، ہندوستان کی خوبصورت تصویر ہے۔

ہولی کے رنگ میں فرحان اور جاوید اختر

۱۲۸

گفتگو

(جاوید اختر کے ساتھ اروند منڈلوئی)

قومی یکجہتی یعنی ’نیشنل انٹیگریشن‘ کی ایک مکمل تصویر
آپ کو ہر فلم کے رولنگ ٹائٹل میں ملے گی

کبھی آپ کو موقع ملے، تو کیا آپ کسی فلم کو ڈائریکٹ کرنا چاہیں گے؟

دیکھیے، یہ خواب میں دیکھتا رہتا ہوں لیکن یہ کام ذرا محنت کا ہے۔ وہ اب کیا ہے کہ رائٹنگ کرتے کرتے عادت ہوگئی ہے ٹیبل چیئر پر بیٹھے اور لکھ دیا۔ زیادہ سے زیادہ آپ کو دو ایک لوگ جھیلنے پڑتے ہیں، یہ ڈائریکٹر ہے، یہ میوزک ڈائریکٹر ہے یہ پروڈیوسر ہے، لیکن جب آپ ڈائریکٹر ہوتے ہیں تو آپ کو اتنے لوگ جھیلنے پڑتے ہیں کہ جس کی کوئی حد نہیں ہے، مطلب لوگوں کو ہینڈل کرنا، کتنی ایگوز، کتنے کمپلیکس سب کو ڈائریکٹر ہینڈل کرتا ہے، وہ صرف پکچر ہی تھوڑی ڈائریکٹ کرتا ہے وہ سو ڈیڑھ سو لوگوں کو ڈائریکٹ کرتا ہے ساتھ میں۔ تو مجھے گھبراہٹ بھی ہوتی ہے اس خیال سے لیکن میری جو کوئی خواہشیں ہیں ان میں سے ایک یہ بھی ہے۔

چلئے اگر یہ آرزو یہ خواہش پوری ہوگئی تو اسٹار کاسٹ کیا ہوگی؟

اسٹار کاسٹ تو کہانی پر منحصر ہوتی ہے، اگر میں پکچر بناؤں گا، جب بھی کبھی، وہ اسٹار کاسٹ کے لیے نہیں بناؤں گا لیکن جب میں بناؤں گا تو ایک دوسری طرح کی کہانی ہوگی جس میں اگر ایکٹرس ہوں گے تو وہی جو واقعی بہت اچھے ایکٹر ہوں گے۔

ایسی کوئی کہانی آپ نے لکھی ہے کہ جس پر آپ کوئی فلم بنانا چاہتے ہیں؟

ہاں ایک کہانی ہے مگر وہ کہانی میں آپ کو سنانا نہیں چاہتا دکھانا چاہتا ہوں۔

اب کوئی ایسی بات جو ایک میسیج بھی ہو اور جو آپ کی خواہش و تصور بھی ہو؟

میں تو ایک ہی بات کہوں گا فلموں کا ذکر نکلا ہے تو اسی کے حوالے سے بولتا ہوں کہ دیکھیے ہماری فلم انڈسٹری سے بہت سارے لوگ الگ الگ سیاسی جماعتوں میں ہیں جن کی الگ الگ آئیڈیالوجی ہے، تھنکنگ ہے لیکن جب ہم فلم بناتے ہیں، یا فلم میں کام کرتے ہیں تو سب کی ایک تھنکنگ ہوتی ہے وہ یہ ہے کہ پکچر کامیاب ہونی چاہیے۔ آپ اگر کبھی کسی بھی فلم کے رولنگ ٹائٹل دیکھیں، جو اینڈ میں آتے ہیں، تو آپ دیکھیں گے کہ اس میں ملک کے ہر اسٹیٹ کا ملک کے ہر مذہب کا ہر ذات کا ہر طرح کا انسان ہے جو اس فلم کی یونٹ میں موجود ہے، کسی نہ کسی حیثیت میں کام کر رہا ہے ایک کمپلیٹ نیشنل انٹیگریشن کی تصویر آپ کو ہر فلم کے رولنگ ٹائٹل میں ملے گی، جب وہ فلم میں کام کرتے ہیں تو انہیں صرف فلم کی کامیابی کی فکر ہوتی ہے۔ آپ، کسی کمیونٹی سے ہوں، کسی سیکٹر سے ہوں، آپ کی کوئی ذات ہو، کوئی طبقہ ہو کوئی نظریہ ہو۔ مقصد صرف فلم کو کامیاب بنانا ہے۔ خواہ کوئی کسی بھی رول کسی بھی حیثیت میں کام کر رہا ہو۔ باقی سب باتیں بے کار ہیں۔ اسی طرح سے اگر آپ یہ طے کر لیں کہ ہمارا دیش سپر ہٹ ہونا چاہیے تو پھر آپ کمیونلزم کسی بھی طرح کا ہو اس کو برداشت نہیں کر سکتے۔ چاہے وہ ریجنل ہو، لینگویج پر مبنی ہو، دھرم پر ہو ذات پر ہو، یا کاسٹ پر ہو آپ افورڈ ہی نہیں کر سکتے۔ اس لیے کہ آپ کو تو اپنا دیش سپر ہٹ کرانا ہے اور اگر آپ ان چیزوں کے چکر میں پڑتے ہیں تو اس کا مطلب ہے کہ آپ کو دیش کو سپر ہٹ کرانے میں نہ کوئی دلچسپی ہے اور نہ آپ میں کامیابی کا جذبہ ہے۔

آج اتنے برسوں بعد
اپنی زندگی کو دیکھتا ہوں
تو لگتا ہے کہ
پہاڑوں سے جھرنے کی طرح اترتی
چٹانوں سے ٹکراتی
پتھروں میں اپنا راستہ ڈھونڈتی
امڑتی بل کھاتی انگنت بھنور بناتی
تیز چلتی اور اپنے ہی کناروں کو کاٹتی ہوئی
یہ ندی اب میدانوں میں آکر شانت اور گہری ہوگئی ہے
پھر یہ خیال آتا ہے
کہ میں جتنا کر سکتا ہوں
اس کا تو ایک چوتھائی بھی اب تک نہیں کیا
اور اس خیال کی دی ہوئی بے چینی
جاتی نہیں

Javed Akhtar

شکریہ...

شرد دوشی، اندور

پروین اگروال، مہو

وکاس رکھیجا، منجل پبلشنگ ہاؤس

کیرول ڈسوزا، منیجر اختر اینڈ اعظمی، ممبئی

فوٹو

بابا اعظمی، ممبئی

پردیپ چندرا، ممبئی

راگھویندر سنگھ، ممبئی

ایس ایم ایم اوسجا، ممبئی

پورٹریٹ / اسکیچ

صفدر شامی، ممبئی

ایڈیٹوریل اسسٹنٹس

اشوک دوبے

شری پرکاش

ترجمہ

ڈاکٹر طارق قمر

ٹرانسکرپشن

عزیز عرفان، شری پرکاش

جے شری پروہت، دنیش درد، راج ٹھاکر

گرافکس / لے آؤٹ

محمد طارق اشرف

ڈاکٹر طارق قمر

لوجسٹک سپورٹ

روپانکن ٹیم